BEIHEFTE DER
HISTORISCHEN ZEITSCHRIFT

(Neue Folge)

HERAUSGEGEBEN VON THEODOR SCHIEDER †
AB HEFT 10 VON LOTHAR GALL

Beiheft 44: **Geschichte der Politik**
Alte und neue Wege
Herausgegeben von Hans-Christof Kraus und Thomas Nicklas
2007. VI, 423 S., 12 Abb.   ISBN 978-3-486-64444-9

Beiheft 45: **Politik und Religion: Eigenlogik oder Verzahnung?**
Europa im 16. Jahrhundert
Herausgegeben von Robert von Friedeburg und Luise Schorn-Schütte
2007. VI, 165 S.   ISBN 978-3-486-64455-5

Beiheft 46: **Meistererzählungen vom Mittelalter**
Epochenimaginationen und Verlaufsmuster in der Praxis mediävistischer Disziplinen
Herausgegeben von Frank Rexroth
2007. VIII, 122 S.   ISBN 978-3-486-64450-0

Beiheft 47: **Die Macht der Wenigen**
Aristokratische Herrschaftspraxis, Kommunikation und ‚edler‘ Lebensstil in Antike und
Früher Neuzeit
Herausgegeben von Hans Beck, Peter Scholz und Uwe Walter
2008. VIII, 411 S., 19 Abb.   ISBN 978-3-486-58726-5

Beiheft 48: **Geld – Geschenke – Politik**
Korruption im neuzeitlichen Europa
Herausgegeben von Jens Ivo Engels, Andreas Fahrmeir, Alexander Nützenadel
2009. VI, 307 S.   ISBN 978-3-486-58847-7

Beiheft 49: **Die Frühe Neuzeit als Epoche**
Herausgegeben von Helmut Neuhaus
2009. VIII, 494 S., 25 Abb.   ISBN 978-3-486-59087-6

Beiheft 50: **Die kulturelle Seite der Währung**
Europäische Währungskulturen, Geldwerterfahrungen und Notenbanksysteme im
20. Jahrhundert
Herausgegeben von Bernhard Löffler
2010. V, 254 S., 7 Abb., 8 Tabellen   ISBN 978-3-486-59169-9

Beiheft 51: **Machiavellismus in Deutschland**
Chiffre von Kontingenz, Herrschaft und Empirismus in der Neuzeit
Herausgegeben von Cornel Zwierlein und Annette Meyer
2010. VIII, 340 S., 4 Abb.   ISBN 978-3-486-59213-9

Beiheft 52: **Technik und Symbolik vormoderner Wahlverfahren**
Herausgegeben von Christoph Dartmann, Günther Wassilowsky und Thomas Weller
2010. VIII, 221 S., 8 Abb.   ISBN 978-3-486-59654-0

Die Beihefte können im Abonnement mit ca. 20% Ermäßigung bezogen werden.

Oldenbourg

Technik und Symbolik vormoderner Wahlverfahren

HISTORISCHE ZEITSCHRIFT

Beihefte
(Neue Folge)

Herausgegeben von Lothar Gall

Band 52

R. Oldenbourg Verlag München 2010

Christoph Dartmann, Günther Wassilowsky,
Thomas Weller (Hrsg.)

Technik und Symbolik vormoderner Wahlverfahren

R. Oldenbourg Verlag München 2010

Bibliografische Information der Deutschen Nationalbibliothek

Die Deutsche Nationalbibliothek verzeichnet diese Publikation in der Deutschen Nationalbibliografie; detaillierte bibliografische Daten sind im Internet über <http://dnb.d-nb.de> abrufbar.

© 2010 Oldenbourg Wissenschaftsverlag GmbH, München
Rosenheimer Straße 145, D-81671 München
Internet: oldenbourg.de

Umschlaggestaltung: Dieter Vollendorf, München
Gedruckt auf säurefreiem, alterungsbeständigem Papier (chlorfrei gebleicht).
Satz: Schmucker-digital, Feldkirchen b. München
Druck und Bindung: Memminger MedienCentrum, Memmingen

ISBN 978-3-486-59654-0

Inhalt

Vorwort

Die Beiträge des vorliegenden Beiheftes gehen zurück auf ein Kolloquium, das am 31. Mai und 1. Juni 2007 im Münsteraner Sonderforschungsbereich 496 „Symbolische Kommunikation und gesellschaftliche Wertesysteme vom Mittelalter bis zur Französischen Revolution" stattgefunden hat. Da die Wahlthematik in ganz unterschiedlichen Teilprojekten dieses Forschungsverbundes eine Rolle spielte, erschien es sinnvoll, diesen klassischen Gegenstand der Politik-, Verfassungs- und Kirchengeschichte gemeinsam und fächerübergreifend mit dem im SFB entwickelten Instrumentarium zu interpretieren und zusammen mit auswärtigen Wahlforschern zu debattieren.

Die Organisatoren der Tagung und Herausgeber des Bandes, die dem Münsteraner SFB allesamt mehrere Jahre ideale Forschungsbedingungen und wichtige inhaltliche Anregungen verdanken, sind allen Autoren und Diskutanten herzlich verbunden. Stellvertretend für viele hier zu nennende SFB-Mitglieder danken wir der Sprecherin, Barbara Stollberg-Rilinger, deren Arbeiten zu vormodernen politischen Verfahren unsere Fragestellung sehr wesentlich geprägt haben. In praktischen Fragen der Organisation von Tagung und Drucklegung hat sich Maria Hillebrandt erneut als aufmerksame und hilfsbereite Stütze erwiesen.

Besonderer Dank gilt auch den Herausgebern der Historischen Zeitschrift für die Aufnahme des Bandes in die Reihe der Beihefte sowie Christian Jerger und Eckhardt Treichel für die kompetente Redaktion und Sabine Walther für das Lektorat.

Münster, Linz, Mainz, im August 2009   Die Herausgeber

Technik und Symbolik vormoderner Wahlverfahren – Einleitung

Von

Thomas Weller

„Wahlen ändern nichts, sonst wären sie verboten" – so lautet ein oft fälschlicherweise Kurt Tucholsky zugeschriebenes Diktum, dessen Ursprünge wohl eher auf irgendeiner Hauswand im Frankfurter Westend oder im Berlin-Kreuzberg der 1970er Jahre zu vermuten sind.[1] Ganz gleich, wie man zum politischen Gehalt dieser Aussage stehen mag: In polemischer Zuspitzung wird hier ein für die Frage nach dem Verhältnis von Technik und Symbolik von Wahlverfahren zentraler Sachverhalt angesprochen. Der Sinn und Zweck politischer Wahlen – so unterstellt der Slogan – bestehe nicht etwa darin, grundlegende gesellschaftliche oder politische Veränderungen zu ermöglichen. Wahlen dienten vielmehr gerade nicht der Änderung, sondern der Bestätigung und Legitimierung der bestehenden Macht- und Herrschaftsverhältnisse, und zwar ganz unabhängig davon, wer nach der Wahl die Regierung stellt. Dem wird man sicher nicht unumwunden zustimmen. Andererseits ist auch von politisch gänzlich unverdächtiger Seite, ja sogar von Parteivertretern selbst in jüngster Zeit wiederholt beklagt worden, daß sich die Positionen der im Parlament vertretenen politischen Parteien in vielen westlichen Demokratien mittlerweile so weit angenähert hätten, daß der Wähler heute kaum noch vor eine Wahl zwischen echten Alternativen gestellt sei.[2] Mag dieser Befund abhängig von konkreten historischen Bedingungen und damit prinzipiell wandelbar sein, so kommt ein prinzipielles Strukturproblem repräsentativer Demokratien hinzu, für das sich in der wahlsoziologischen Forschung die Bezeichnung „Wahlparadoxon" eingebürgert hat.[3] Da angesichts der großen Anzahl der Wahlberechtigten die Auswirkung einer einzelnen Stimme auf den Ausgang der Wahl verschwindend gering ist, erscheint es im Sinne einer individuellen Kosten-Nutzen-Rechnung keineswegs rational, sich überhaupt an einer Wahl zu beteiligen. Trotzdem aber tut dies nach wie vor die große Mehrheit der Wahlberechtigten.

---

[1] Lediglich von der Tendenz her ähnlich äußert sich Tucholsky in seinem Gedicht „Vor und nach den Wahlen", in: Die Weltbühne, Nr. 19, 8. 5. 1928, 711.
[2] Vgl. etwa *Helmuth Schulze-Fielitz* (Red.), Parteien ohne Volk. Zur Zukunftsfähigkeit der Parteiendemokratie. (Veröffentlichungen des Adolf-Arndt-Kreises, Bd. 6.) Berlin 2008.
[3] Vgl. *Anthony Downs*, An Economic Theory of Democracy. New York 1957; *Henrike Fröchling*, Ökonomie und Wahlen in westlichen Demokratien. Eine vergleichende Rational-Choice-Analyse. Opladen 1998.

Technik und Symbolik vormoderner Wahlverfahren – Einleitung

Von

Thomas Weller

„Wahlen ändern nichts, sonst wären sie verboten" – so lautet ein oft fälschlicherweise Kurt Tucholsky zugeschriebenes Diktum, dessen Ursprünge wohl eher auf irgendeiner Hauswand im Frankfurter Westend oder im Berlin-Kreuzberg der 1970er Jahre zu vermuten sind.[1] Ganz gleich, wie man zum politischen Gehalt dieser Aussage stehen mag: In polemischer Zuspitzung wird hier ein für die Frage nach dem Verhältnis von Technik und Symbolik von Wahlverfahren zentraler Sachverhalt angesprochen. Der Sinn und Zweck politischer Wahlen – so unterstellt der Slogan – bestehe nicht etwa darin, grundlegende gesellschaftliche oder politische Veränderungen zu ermöglichen. Wahlen dienten vielmehr gerade nicht der Änderung, sondern der Bestätigung und Legitimierung der bestehenden Macht- und Herrschaftsverhältnisse, und zwar ganz unabhängig davon, wer nach der Wahl die Regierung stellt. Dem wird man sicher nicht unumwunden zustimmen. Andererseits ist auch von politisch gänzlich unverdächtiger Seite, ja sogar von Parteivertretern selbst in jüngster Zeit wiederholt beklagt worden, daß sich die Positionen der im Parlament vertretenen politischen Parteien in vielen westlichen Demokratien mittlerweile so weit angenähert hätten, daß der Wähler heute kaum noch vor eine Wahl zwischen echten Alternativen gestellt sei.[2] Mag dieser Befund abhängig von konkreten historischen Bedingungen und damit prinzipiell wandelbar sein, so kommt ein prinzipielles Strukturproblem repräsentativer Demokratien hinzu, für das sich in der wahlsoziologischen Forschung die Bezeichnung „Wahlparadoxon" eingebürgert hat.[3] Da angesichts der großen Anzahl der Wahlberechtigten die Auswirkung einer einzelnen Stimme auf den Ausgang der Wahl verschwindend gering ist, erscheint es im Sinne einer individuellen Kosten-Nutzen-Rechnung keineswegs rational, sich überhaupt an einer Wahl zu beteiligen. Trotzdem aber tut dies nach wie vor die große Mehrheit der Wahlberechtigten.

---

[1] Lediglich von der Tendenz her ähnlich äußert sich Tucholsky in seinem Gedicht „Vor und nach den Wahlen", in: Die Weltbühne, Nr. 19, 8. 5. 1928, 711.

[2] Vgl. etwa *Helmuth Schulze-Fielitz* (Red.), Parteien ohne Volk. Zur Zukunftsfähigkeit der Parteiendemokratie. (Veröffentlichungen des Adolf-Arndt-Kreises, Bd. 6.) Berlin 2008.

[3] Vgl. *Anthony Downs*, An Economic Theory of Democracy. New York 1957; *Henrike Fröchling*, Ökonomie und Wahlen in westlichen Demokratien. Eine vergleichende Rational-Choice-Analyse. Opladen 1998.

Sucht man nach einer Erklärung für dieses Phänomen, so gelangt man schnell zu der Einsicht, daß Wahlen offenbar auch in unserer Gegenwart neben ihrem instrumentellen Zweck, der Besetzung politischer Ämter und der Übertragung von Entscheidungskompetenzen an die gewählten Amtsträger, symbolische Funktionen aufweisen, die über diesen unmittelbaren Zweck hinausweisen. Nach Murray Edelman verstärken Institutionen wie Wahlen in demokratischen Ländern „den Glauben an die Realität einer staatsbürgerlichen Mitwirkung an Politik und an die rationale Grundlage staatlichen Handelns".[4] Auch wenn Wahlen keine Änderungen des politischen Systems oder gar der Macht- und Eigentumsverhältnisse bewirken, so verändern sie doch die Vorstellung, die wir von den gewählten Personen und die diese Personen von sich selbst haben; sie verwandeln sie gleichsam in einem Akt „sozialer Magie".[5] Auch aus den streitbarsten und umstrittensten Kandidaten werden nach der Wahl Regierende, deren Entscheidungen allgemein akzeptiert werden.

Zwischen der symbolischen Funktion und der technischen Seite des Wahlverfahrens besteht dabei ein untrennbarer Zusammenhang. Um unseren Glauben an die Realität politischer Partizipation aufrechtzuerhalten und die politischen Entscheidungen der Gewählten als legitim zu akzeptieren, reicht es nicht aus, *daß* in regelmäßigen Abständen gewählt wird. Es kommt vor allem darauf an, *wie* dies geschieht. Nur die strikte Einhaltung bestimmter Grundprinzipien, wie Allgemeinheit, Gleichheit und Freiheit der Wahl, und daraus abgeleiteter Verfahrensregeln garantiert die bedingungslose Akzeptanz des Wahlergebnisses und all seiner Konsequenzen auch durch die Anhänger der unterlegenen Partei. Verstöße gegen diese Prinzipien hingegen machen das Ergebnis anfechtbar und können im schlimmsten Fall zur Destabilisierung oder zeitweiligen Lähmung des politischen Systems führen. Letzteres gilt nicht etwa nur für die fragilen Demokratien vieler Entwicklungsländer[6] oder

---

[1] *Murray Edelman.* Politik als Ritual. Die symbolische Funktion staatlicher Institutionen und politischen Handelns. 3., erw. Aufl. Frankfurt am Main/New York 2005, 10; vgl. dazu auch *Gerhard Göhler* u. a. (Hrsg.), Institution – Macht – Repräsentation. Wofür politische Institutionen stehen und wie sie wirken. Baden-Baden 1997; *Karl-Siegbert Rehberg*, Weltrepräsentanz und Verkörperung. Institutionelle Analyse und Symboltheorien. Eine Einführung in systematischer Absicht. in: Gert Melville (Hrsg.), Institutionalität und Symbolisierung. Verstetigungen kultureller Ordnungsmuster in Vergangenheit und Gegenwart. Köln/Weimar/Wien 2001, 3–52.
[5] *Pierre Bourdieu.* Was heißt sprechen? Die Ökonomie des sprachlichen Tausches. Wien 1990, 86.
[6] Vgl. *Eric C. Bjornlund*, Beyond Free and Fair. Monitoring Elections and Building Democracy. Washington, D.C., 2004; *Samuel Hickey/Giles Mohan*, Participation, from Tyranny to Transformation? Exploring New Approaches to Participation in Development. London 2004; *Thomas E. Smith.* Elections in Developing Countries. A Study of Electoral Procedures Used in Tropical Africa, South-East Asia, and the British Caribbean. London 1960.

für die Nachfolgestaaten der ehemaligen Sowjetunion[7], sondern gerade auch für Länder, in denen Wahlen eine lange Tradition haben. Erinnert sei in diesem Zusammenhang nur an die Präsidentschaftswahlen des Jahres 2000 in den USA, bei denen es zu zahlreichen Unregelmäßigkeiten bei der Abgabe und Auszählung der Stimmen kam, was schließlich dazu führte, daß der scheinbar schon feststehende Wahlsieger, George W. Bush, erst dann in sein Amt eingesetzt werden konnte, nachdem der oberste amerikanische Gerichtshof Nachzählungen im US-Bundesstaat Florida untersagt und das Ergebnis damit für gültig erklärt hatte.[8]

Auch wenn in diesem Fall das politische System aufgrund von Verfahrensfehlern nicht dazu in der Lage war, eine verbindliche Entscheidung herbeizuführen, was denn auch sofort zur Krise führte, so sind Wahlen – das belegt das Beispiel ja gerade *ex negativo* – ein Paradebeispiel für jenen Prozeß, den Niklas Luhmann als „Legitimation durch Verfahren" bezeichnet hat.[9] Die Legitimität staatlichen Handelns, das heißt die „generalisierte Bereitschaft, inhaltlich noch unbestimmte Entscheidungen" politischer Funktionsträger zu akzeptieren, wird vom politischen System selbst mittels bestimmter Verfahren erzeugt.[10] Obwohl Luhmann die Bedeutung symbolischer Handlungen für diesen Vorgang durchaus anerkennt, indem er etwa äußerst treffend darauf verweist, daß die Beteiligten an einem solchen Verfahren „unbezahlte zeremonielle Arbeit"[11] leisten, grenzt er das Verfahren doch strikt von Ritual und Zeremoniell ab. Während Luhmann unter Ritualen Handlungsketten versteht, die einem strengen, zuvor festgelegten Ablauf folgen, wobei sich die eine Handlung zwingend aus der anderen ergibt, definiert er als wesentliches Merkmal des Verfahrens seinen prinzipiell ungewissen Ausgang.[12]

Bei Wahlverfahren ist dieser Zusammenhang besonders augenfällig, motiviert doch in modernen Demokratien vor allem die Ungewißheit des Wahlausgangs die Wähler zur Stimmabgabe. Fehlt es hingegen an solcher Ungewißheit, wie zum Beispiel bei Wahlen in Einparteiensystemen, dann handelt es sich nicht mehr um ein Verfahren im Sinne der Luhmannschen Definition,

---

[7] Vgl. etwa *Geert-Hinrich Ahrens*, Die Präsidentschaftswahlen in der Ukraine. Die schwierige Mission der OSZE/ODIHR-Wahlbeobachter (August 2004 bis Januar 2005). (Discussion Paper, Zentrum für Europäische Integrationsforschung, C 151.) Bonn 2005; *Paul J. D'Anieri*, Democratization and Elections in Post-Communist Ukraine. (Soviet and Post-Soviet Politics and Society, 63.) Stuttgart 2007.

[8] Vgl. *David A. Kaplan*, The Accidental President. How 413 Lawyers, 9 Supreme Court Justices, and 5,963,110 (give or take a few) Floridians Landed George W. Bush in the White House. New York 2001; *Howard Gillman*, The Votes that Counted. How the Court Decided the 2000 Presidential Election. Chicago 2001; *Abner Greene*, Understanding the 2000 Election. A Guide to the Legal Battles that Decided the Presidency. New York 2001.

[9] *Niklas Luhmann*, Legitimation durch Verfahren. 4. Aufl. Frankfurt am Main 1997.

[10] Ebd. 28.

[11] Ebd. 114.

[12] Ebd. 38 ff.

sondern lediglich um eine „ritualistische Darstellung", zu der die Beteiligten „extern motiviert" werden müssen.[13] Von den Problemen, die eine solche strikte Gegenüberstellung von Ritual und Verfahren insbesondere mit Blick auf vormoderne Verfahren birgt, ist gleich noch zu sprechen.

Neben der Ergebnisoffenheit hebt Luhmann als zweites wichtiges Grundprinzip moderner politischer Verfahren die Verfahrensautonomie hervor. Das heißt, der Ablauf und das Ergebnis des Verfahrens dürfen nicht von externen Faktoren bestimmt werden, nur dann kann es erfolgreich Legitimation stiften. Allen am Verfahren beteiligten Personen werden bestimmte Verfahrensrollen zugewiesen, die prinzipiell unabhängig von anderen Rollenzusammenhängen sein müssen. Auch dieser Aspekt tritt bei Wahlverfahren in modernen Demokratien besonders deutlich zutage. Die Geheimhaltung der Stimmabgabe sowie die gleiche Gewichtung jeder abgegebenen Stimme, unabhängig vom sozialen oder politischen Status des Wählers, sollen dafür sorgen, externe Rollenzwänge so weit wie möglich auszublenden.[14]

An diesem Punkt wird allerdings auch deutlich, daß die genannten Verfahrensregeln keineswegs der Erreichung der offiziell ausgegebenen Ziele des Verfahrens dienen. Die Gleichheit und Freiheit der Wahl garantiert etwa keineswegs notwendig die Wahl des am besten befähigten Kandidaten für das Amt, es sei denn, man setzt einen umfassend informierten, nach rein rationalen Kriterien entscheidenden Wähler voraus. Ebensowenig, oder jedenfalls nur in einem sehr eingeschränkten Ausmaß, ermöglicht die Wahl die Beteiligung der Wähler am politischen Willensbildungs- und Entscheidungsprozeß. Denn der im Rahmen der Wahlhandlung „zugelassene Kommunikationsakt"[15] beschränkt sich allein auf die Stimmabgabe für einen bestimmten Kandidaten beziehungsweise eine Liste. Für die Äußerung konkreter politischer Interessen hingegen ist innerhalb des Verfahrens gar kein Raum vorgesehen. Dies führt zu der paradoxen Situation, daß im Anschluß an Wahlen Politiker, Journalisten und Parteienforscher über den Wählerwillen räsonieren, den man aber allein aus der prozentualen Verteilung von Wählerstimmen auf bestimmte Parteien ableiten kann. Die Gewährung oder Versagung politischer Unterstützung wird auf diese Weise also gleichsam von der Artikulation konkreter politischer Forderungen durch den Wähler und vor allem vom Austrag gesellschaftlicher Konflikte abgekoppelt. Die Wahl stellt damit eine erste Stufe zur schrittweisen „Absorption von Konflikten" dar, die auf diese Weise „in das politische System hinein- statt aus ihm herausgeleitet" werden.[16]

[13] Ebd. 511.
[14] Vgl. ebd. 159f.
[15] Ebd. 165.
[16] Ebd. 163.

Auch das zuletzt Gesagte gilt, wie sich noch zeigen wird, mit Blick auf vormoderne Wahlverfahren nur sehr eingeschränkt. So bezieht sich Luhmann mit allem, was er über die legitimitätsstiftende Funktion von Verfahren schreibt, auch ausschließlich und ganz dezidiert auf moderne oder im Sinne der Systemtheorie „funktional-differenzierte"[17] Gesellschaften. Nur in letzteren werde die Rekrutierung der politischen Führungsspitze überhaupt zu einem Problem, das derartiger Verfahren bedürfe. Einfache Gesellschaften, wozu auch die „segmentären" beziehungsweise „stratifizierten" Gesellschaften des Mittelalters und der Frühen Neuzeit gerechnet werden[18], vergäben politische Rollen und Entscheidungsrechte hingegen zumeist nach „askriptiven Kriterien", das heißt in fester „Anknüpfung an schon vorhandene andere Rollen", etwa als Erstgeborener einer bestimmten Familie, Grundbesitzer, Hauseigentümer oder Zunftmeister.[19]

Auch wenn dies der Tendenz nach durchaus zutreffen mag, so sind Wahlen als solche doch mitnichten eine Erfindung der Moderne. Gewählt wurde schon in der Antike, und viele der noch heute verwendeten Begriffe und Verfahrenselemente haben ihre Wurzeln bekanntlich in der antiken Polis.[20] Aber auch in den auf den ersten Blick gänzlich anders organisierten Gesellschaften des Mittelalters und der Frühen Neuzeit finden sich zahlreiche Beispiele für Amtsträger und politische Institutionen, die jeweils in sehr unterschiedlicher Weise und von einem unterschiedlichen Kreis von Personen gewählt wurden: Päpste, Bischöfe und Äbte[21], die Kaiser und Könige des Heiligen Römischen

---

[17] Vgl. *Niklas Luhmann*, Die Gesellschaft der Gesellschaft. Frankfurt am Main 1998, 743 ff.
[18] Zu den Begriffen ebd. 634 ff., 678 ff.
[19] *Luhmann*, Legitimation (wie Anm. 9), 156.
[20] Vgl. *Klaus Stüwe/Gregor Weber* (Hrsg.), Antike und moderne Demokratie. Ausgewählte Texte. Stuttgart 2004; allgemein zu Wahlen in der Antike *Eastland Stuart Staveley*, Greek and Roman Voting and Elections. London 1972; *Martin Jehne*, Die Dominanz des Vorgangs über den Ausgang. Struktur und Verlauf der Wahlen in der römischen Republik, in diesem Band, 17–34.
[21] Vgl. *Bernhard Schimmelpfennig*, Papst- und Bischofswahlen seit dem 12. Jahrhundert, in: Reinhard Schneider/Harald Zimmermann (Hrsg.), Wahlen und Wählen im Mittelalter. (VuF, Bd. 37.) Sigmaringen 1990, 173–195; *Franz-Reiner Erkens* (Hrsg.), Die früh- und hochmittelalterliche Bischofserhebung im europäischen Vergleich. (AKG, Beih. 48.) Köln 1998; *Klaus Schreiner*, Wahl, Amtsantritt und Amtsenthebung von Bischöfen. Rituelle Handlungsmuster, rechtlich normierte Verfahren, traditionsgeschützte Gewohnheiten, in: Barbara Stollberg-Rilinger (Hrsg.), Vormoderne politische Verfahren. (ZHF, Beih. 25.) Berlin 2001, 73–117; *Günther Wassilowsky*, Werte- und Verfahrenswandel bei den Papstwahlen in Mittelalter und Früher Neuzeit, in diesem Band, 139–182; *Hubert Wolf*, Präsenz und Präzedenz. Der kaiserliche Wahlkommissar und die Entwicklung von Verfahren und Zeremoniell bei den frühneuzeitlichen Bischofswahlen, in diesem Band, 183–200; *Klaus Unterburger*, Kanonisch und frei. Das Verfahren der frühneuzeitlichen Abtwahl als Spiegel konkurrierender Wertesysteme, in diesem Band, 201–218.

Reiches[22]. Stadträte und Zunftmeister[23], Universitätsrektoren[24] und viele andere verdankten ihr Amt und ihre Entscheidungskompetenzen in irgendeiner Form einer Wahl.

Bleibt zu fragen, was diese Wahlen von heutigen demokratischen Wahlen unterschied. Daß auch Wahlen in der Vormoderne Legitimation stifteten, steht wohl außer Zweifel. Es fragt sich jedoch, auf welche Weise dies geschah: Spielten die Ergebnisoffenheit und die Autonomie des Verfahrens in diesem

---

[22] Vgl. *Ernst Schubert*, Königswahl und Königtum im spätmittelalterlichen Reich, in: ZHF 4, 1977, 257–233; *Ulrich Reuling*, Zur Entwicklung der Wahlformen bei den hochmittelalterlichen Königserhebungen im Reich, in: Schneider/Zimmermann (Hrsg.), Wahlen und Wählen (wie Anm. 21), 227–270; *Jörg Rogge*, Die deutschen Könige im Mittelalter. Wahl und Krönung. (Geschichte Kompakt.) Darmstadt 2006; *Stefanie Rüther*, Eine sichere Wahl? Geleit, Verfahren und Versprechen in der spätmittelalterlichen Königswahl, in diesem Band, 71–94; *Helmut Neuhaus*, Die römische Königswahl vivente Imperatore in der Neuzeit. Zum Problem der Kontinuität der frühneuzeitlichen Wahlmonarchie, in: Johannes Kunisch (Hrsg.), Neue Studien zur frühneuzeitlichen Reichsgeschichte. (ZHF, Beih. 19.) Berlin 1997, 1–53.
[23] Vgl. *Knut Schulz*, Wahlen und Formen der Mitbestimmung in der mittelalterlichen Stadt des 12./13. Jahrhunderts. Voraussetzungen und Wandlungen, in: Schneider/Zimmermann (Hrsg.), Wahlen und Wählen (wie Anm. 21), 323–344; *Hagen Keller*, Wahlformen und Gemeinschaftsverständnis in den italienischen Stadtkommunen (12./14. Jahrhundert), in: ebd. 345–374; *ders.*, „Kommune": Städtische Selbstregierung und mittelalterliche „Volksherrschaft" im Spiegel italienischer Wahlverfahren des 12. bis 14. Jahrhunderts, in: Gerd Althoff u. a. (Hrsg.), Person und Gemeinschaft im Mittelalter. Karl Schmid zum 65. Geburtstag. Sigmaringen 1988, 537–616; *Jörg Rogge*, Ir freye wale zu haben. Möglichkeiten, Probleme und Grenzen der politischen Partizipation in Augsburg zur Zeit der Zunftverfassung (1368–1548), in: Klaus Schreiner/Ulrich Meier (Hrsg.), Stadtregiment und Bürgerfreiheit. Handlungsspielräume in deutschen und italienischen Städten des späten Mittelalters und der Frühen Neuzeit. (Bürgertum, Bd. 7.) Göttingen 1994, 244–277; *Gerd Schwerhoff*, Apud populum potestas? Ratsherrschaft und korporative Partizipation im spätmittelalterlichen und frühneuzeitlichen Köln, in: ebd. 188–243; *ders.*, Wahlen in der vormodernen Stadt zwischen symbolischer Partizipation und Entscheidungsmacht. Das Beispiel des Kölner Ratsherrn Hermann von Weinsberg (1518–1597), in diesem Band, 95–116; *Wolfgang Herborn*, Wahlrecht und Wahlen im spätmittelalterlichen und frühneuzeitlichen Köln, in: Wilhelm Brauneder (Hrsg.), Wahlen und Wahlrecht. Tagung der Vereinigung für Verfassungsgeschichte in Hofgeismar vom 10. 3.–12. 3. 1997. (Der Staat, Beih. 14.) Berlin 2001, 7–53; *Dietrich W. Poeck*, Rituale der Ratswahl. Zeichen und Zeremoniell der Ratssetzung in Europa (12.–18. Jahrhundert). (Städteforschung, Rh. A, Bd. 60.) Köln 2003; *Uwe Goppold*, Politische Kommunikation in den Städten der Vormoderne. Zürich und Münster im Vergleich. (Städteforschung, Rh. A, Bd. 74.) Köln/Weimar/Wien 2007, 71–196; *Antje Diener-Staeckling*, Der Himmel über dem Rat. Zur Symbolik der Ratswahl in mitteldeutschen Städten. (Studien zur Landesgeschichte, Bd. 19.) Halle 2008; *Thomas Weller*, Ritual oder politisches Verfahren? Zum Status der Ratswahl im frühneuzeitlichen Leipzig, in: Stadtgeschichte. Mitteilungen des Leipziger Geschichtsvereins, Jahrbuch 2008, 13–35.
[24] *Rainer Christoph Schwinges*, Rektorwahlen. Ein Beitrag zur Verfassungs-, Sozial- und Universitätsgeschichte des alten Reiches im 15. Jahrhundert. (VuF, Sonderbd. 38.) Sigmaringen 1992; *Marian Füssel*, Zeremoniell und Verfahren. Zu Wahl und Einsetzung des Rektors an der frühneuzeitlichen Universität, in: Daniela Siebe (Hrsg.), „Orte der Gelahrtheit". Personen, Prozesse und Reformen an protestantischen Universitäten des Alten Reiches. (Contubernium, Bd. 66.) Stuttgart 2008, 119–142.

Zusammenhang eine vergleichbare oder eine eher nachgeordnete Rolle? Welche anderen, möglicherweise auch außerhalb des Verfahrens liegenden Faktoren trugen dazu bei, daß das Wahlergebnis als legitim anerkannt wurde? In welchem Verhältnis standen Technik und Symbolik der Verfahren?

Diesen Fragen gehen die Autoren der im vorliegenden Band versammelten Beiträge an höchst unterschiedlichen Fallbeispielen nach: Papst-, Bischofs- und Abtwahlen (*G. Wassilowsky, H. Wolf, K. Unterburger*), die Königswahl im Heiligen Römischen Reich (*S. Rüther*) sowie Wahlen im frühmittelalterlichen Merowinger- und Karolingerreich (*H. Keller*) geraten dabei ebenso in den Blick wie Wahlen in der römischen Republik (*M. Jehne*) und in den städtischen Gemeinwesen des Mittelalters (*Chr. Dartmann*) und der Frühen Neuzeit (*G. Schwerhoff, T. Weller*). Zeitlich spannt sich der Bogen damit von der Antike bis zum Ende des Ancien Régime; räumlich geraten neben dem deutschsprachigen Raum auch Rom und Italien, der Westen Europas sowie die Iberische Halbinsel in den Blick. So unterschiedlich die jeweiligen Fallbeispiele und die Zeiten und Räume, in denen sie angesiedelt sind, so unterschiedlich fallen zum Teil auch die Ergebnisse aus. Gleichwohl lassen sich einige gemeinsame Tendenzen und Grundstrukturen erkennen, die teils die Befunde der älteren Forschung bestätigen, teils aber auch ganz neue Aspekte hervortreten lassen.

Die Gretchenfrage in bezug auf das Thema „Wahlen in Antike, Mittelalter und Früher Neuzeit" ist und bleibt wohl das bereits angesprochene Verhältnis zwischen vormodernen und modernen Wahlen. Lange Zeit dominierten zwei Extrempositionen die Diskussion: Auf der einen Seite gab und gibt es nach wie vor Autoren, die ganz dezidiert die Kontinuität zwischen vormodernen und modernen Wahl- und Stimmverfahren betonen, teilweise sogar mit der erklärten Absicht, einen Nachweis für weit zurückreichende demokratische Traditionen heutiger politischer Gemeinwesen zu erbringen. Das Ergebnis derartiger Bemühungen reicht von den einschlägigen Forschungsbeiträgen zum Kommunalismus[25] bis hin zu meist an ein breiteres Publikum gerichteten Jubiläumsbänden mit programmatischen Titeln nach dem Muster „X Jahre politische Wahlen in Y".[26] Der Name des jeweiligen Ortes oder der Region ist dabei im Prinzip beliebig austauschbar und die Zeitangabe in erster Linie abhängig vom jeweiligen Einsetzen der archivalischen Überlieferung. Denn gewählt wurde eben fast überall in Europa schon lange vor dem Ausbruch der

[25] Vgl. zusammenfassend und bilanzierend *Peter Blickle*, Kommunalismus. Skizzen einer gesellschaftlichen Organisationsform. 2 Bde. München 2000, zu Wahlen bes. Bd. 2, 147–149.
[26] Ein willkürlich herausgegriffenes Beispiel: *Hermann Terhalle*, Vom fürstbischöflichen Privileg zu demokratischen Wahlen. 400 Jahre politische Wahlen in Vreden, Stadt und Land. (Beiträge des Heimatvereins Vreden zur Landes- und Volkskunde, 68.) Vreden 2005.

Französischen Revolution. Ob diese Abstimmungen mit den Urnengängen in modernen Demokratien aber mehr gemeinsam hatten als die – mögliche Wesensunterschiede gerade verwischende – gemeinsame Bezeichnung als „Wahlen". wäre eben zu diskutieren.[27]

Ebenso verfehlt wäre es aber, vormoderne Wahlen von vornherein als bloße Inszenierungen oder Scheinwahlen – „ritualistische Darstellungen" im Sinne Luhmanns – abzuqualifizieren. Daß die meisten Autoren mittlerweile zurückhaltender mit solchen Bewertungen sind, hat wohl auch etwas mit dem allgemein gewachsenen Interesse an Ritualen und anderen Formen symbolischer Kommunikation zu tun, denen seit einigen Jahren ein zentraler Stellenwert für das Verständnis insbesondere vormoderner Gesellschaften beigemessen wird.[28] So hat sich unter dem Eindruck dieser neueren Forschungstendenzen der Blick insbesondere auf städtische Wahlen in den letzten Jahren ganz erheblich gewandelt, eine Entwicklung, die freilich ihrerseits das Risiko in sich birgt, die Perspektive nun, gewissermaßen unter umgekehrten Vorzeichen, gänzlich auf die symbolische Dimension des Wahlgeschehens zu verengen.[29]

Es gilt also, die technische und die symbolische Seite vormoderner Verfahren gleichermaßen zu berücksichtigen, ohne aus der Dominanz der einen oder der anderen Dimension vorschnell auf die vermeintliche ‚Fortschrittlichkeit' oder ‚Rückständigkeit' eines bestimmten Verfahrens zu schließen. Bei näherem Hinsehen beruhen beide vorstehend skizzierten Extrempositionen auf der Neigung, Wahlen als ein uns aus unserer Gegenwart vertrautes Phänomen nach vermeintlich überzeitlichen, letztlich aber gegenwartsaffinen Maßstäben zu beurteilen, deren normativer Gehalt oft nicht hinreichend reflektiert wird.[30] Zu differenzierteren Ergebnissen kommt man indes wohl auch hier, wenn man zunächst einmal von der Fremd- und Andersartigkeit eines auf den ersten Blick vertrauten Phänomens ausgeht, sich dem Gegenstand also eher mit dem

---

[27] Vgl. dazu bereits die Überlegungen von *Monika [Neugebauer-]Wölk*, Wahlbewußtsein und Wahlerfahrungen zwischen Tradition und Moderne, in: HZ 238, 1984, 311–352; *Hagen Keller*, Wählen im früheren Mittelalter, in diesem Band, 35–52.

[28] Vgl. *Gerd Althoff*, Spielregeln der Politik im Mittelalter. Kommunikation in Frieden und Fehde. Darmstadt 1997; *Barbara Stollberg-Rilinger*, Zeremoniell, Ritual, Symbol. Neue Forschungen zur symbolischen Kommunikation in Spätmittelalter und Früher Neuzeit, in: ZHF 27, 2000, 389–405; *Melville* (Hrsg.), Institutionalität und Symbolisierung (wie Anm. 4); *Rudolf Schlögl/Bernhard Giesen/Jürgen Osterhammel* (Hrsg.), Die Wirklichkeit der Symbole. Grundlagen der Kommunikation in historischen und gegenwärtigen Gesellschaften. Konstanz 2004; *Dietrich Harth/Gerrit Schenk* (Hrsg.), Ritualdynamik. Kulturübergreifende Studien zur Theorie und Geschichte kulturellen Handelns. Heidelberg 2004; mit weiterer Literatur zuletzt *Barbara Stollberg-Rilinger*, Symbolische Kommunikation in der Vormoderne. Begriffe – Forschungsperspektiven – Thesen, in: ZHF 31, 2004, 489–527.

[29] Davor warnt ganz ausdrücklich *Schwerhoff*, Wahlen in der vormodernen Stadt (wie Anm. 23), hier 95–116.

[30] Vgl. dazu bereits die Kritik von *Reinhard Schneider*, Zur Einführung, in: ders./Zimmermann (Hrsg.), Wahlen und Wählen (wie Anm. 21), 9–14.

verfremdenden Blick des Ethnologen nähert als mit dem gelegentlich verein-
nahmenden der traditionellen Politikgeschichte.[31] Wenn man aber bestrebt ist, vormoderne Wahlverfahren zunächst einmal
als Phänomen sui generis zu betrachten, so muß man sich wohl auch fragen,
ob es dann überhaupt zielführend ist, sich zu diesem Zweck im ‚Theoriebau-
kasten' des 20. Jahrhunderts zu bedienen. Birgt nicht gerade der Rekurs auf
die Systemtheorie Luhmannscher Prägung das Risiko, bei der Analyse vormoderner Phänomene im Ergebnis immer nur zu einem Noch-Nicht zu gelangen, mit je nach dem gewählten historischen Fallbeispiel lediglich graduellen
Abstufungen?[32] Derartige Einwände sind sicherlich nicht unberechtigt: Daß
die Systemtheorie bei vorsichtiger Handhabung und entsprechender Modifi-
kation bestimmter Analysekategorien indes auch für die Analyse vormoderner Gesellschaften fruchtbar gemacht werden kann, ist in den letzten Jahren
bereits verschiedentlich unter Beweis gestellt worden.[33] Im Hinblick auf politische Verfahren ist dabei insbesondere auf den heuristischen Nutzen des bereits angesprochenen Konzepts der „Verfahrensautonomie" hingewiesen worden, das ganz allgemein als brauchbarer Indikator für die Ausdifferenzierung
des politischen Systems innerhalb einer Gesellschaft dienen kann. Ob man
„solche hochgradig autonome Verfahren ‚modern' oder ‚vormodern' nennen
möchte", ist hingegen eine ganz andere Frage.[34]

Dies läßt sich an Wahlverfahren besonders gut ablesen. Wer hier eine kon-
tinuierliche historische Entwicklung hin zu immer mehr Verfahrensautonomie
erwartet, wird schon bei einem oberflächlichen Blick auf den Gegenstand ent-
täuscht. Vielfach verlief die Tendenz genau in die entgegengesetzte Richtung.
Ursprünglich weitgehend ergebnisoffene, kompetitive Wahlen veränderten im
Lauf der Zeit ihren Charakter im Zuge von Oligarchisierungsprozessen – ein

[31] Vgl. dazu immer noch grundlegend *Hans Medick*, „Missionare im Ruderboot"? Ethno-
logische Erkenntnisweisen als Herausforderung an die Sozialgeschichte, in: GG 10, 1984,
296–319; *Thomas Mergel*, Überlegungen zu einer Kulturgeschichte der Politik, in: GG 28,
2002, 574–606, hier 590; *Barbara Stollberg-Rilinger*, Einleitung, in: dies. (Hrsg.), Was
heißt Kulturgeschichte des Politischen? (ZHF, Beih. 35.) Berlin 2005, 10–24, hier 12f.;
kritisch *Andreas Rödder*, Klios neue Kleider. Theoriedebatten um eine Kulturgeschichte
der Politik in der Moderne, in: HZ 283, 2006, 657–688, hier 670f.
[32] Vgl. dazu auch *Michael Sikora*, Der Sinn des Verfahrens. Soziologische Deutungsangebote, in: Stollberg-Rilinger (Hrsg.), Vormoderne politische Verfahren (wie Anm. 21), 25–
51, hier 41.
[33] Vgl. *Frank Becker* (Hrsg.), Geschichte und Systemtheorie. Exemplarische Fallstudien.
(Campus Historische Studien, Bd. 37.) Frankfurt am Main 2004; *Rudolf Schlögl*, Historiker, Max Weber und Niklas Luhmann. Zum schwierigen (aber möglicherweise produktiven) Verhältnis von Geschichtswissenschaft und Systemtheorie, in: Soziale Systeme 7,
2001, 23–45; *ders.* (Hrsg.), Interaktion und Herrschaft: die Politik der frühneuzeitlichen
Stadt. (Historische Kulturwissenschaft, Bd. 5.) Konstanz 2004; zuletzt *ders.*, Kommunikation und Vergesellschaftung unter Anwesenden, in: GG 34, 2008, 155–224.
[34] *Barbara Stollberg-Rilinger*, Einleitung, in: dies. (Hrsg.), Vormoderne politische Verfahren (wie Anm. 21), 9–24, hier 19.

Phänomen, wie es sich in vielen Städten des Heiligen Römischen Reichs in der Frühen Neuzeit beobachten läßt – oder machten gar gänzlich anderen Formen der Rekrutierung Platz, wie etwa in den italienischen Stadtstaaten.[35] Es ist also immer danach zu fragen, wann und unter welchen historischen Rahmenbedingungen sich Wahlen als relativ autonome und ergebnisoffene Verfahren für politische Gemeinwesen als funktionsadäquat erwiesen und unter welchen konkreten historischen Umständen sie durch andere Formen der Rekrutierung abgelöst wurden.

Generell ist dabei von einer enormen Bandbreite von ganz unterschiedlichen Wahl- und Rekrutierungsverfahren auszugehen.[36] Während in den Flächenstaaten der Neuzeit politische Wahlen bis hinunter zur kommunalen und lokalen Ebene nach mehr oder weniger einheitlichen Verfahrensregeln abliefen, konnten im Mittelalter und in der Frühen Neuzeit vergleichsweise ‚moderne' Stimmverfahren und ‚archaisch' anmutende Akklamationsrituale sich nicht nur in zeitlich enger Folge ablösen, sondern auch in unmittelbarer räumlicher Nachbarschaft, oft sogar innerhalb ein und desselben Herrschaftsgebietes, nebeneinander existieren, ohne daß die Zeitgenossen dies notwendig als Widerspruch wahrnehmen mußten.[37]

Grundsätzlich und ganz unabhängig von den jeweiligen lokalen und regionalen Unterschieden waren der Autonomie vormoderner Wahlverfahren aber auch durch konkurrierende gesellschaftliche Grundprinzipien strukturelle Grenzen gesetzt, und hier dürfte in der Tat ein prinzipieller Unterschied zur Moderne liegen.

Herrschaft bedurfte in der Vormoderne stets der religiösen Legitimierung. Die Legitimität einer Wahlentscheidung, die frei von göttlicher Mitwirkung allein durch das Verfahren selbst gestiftet wurde, mußte den Vorstellungshorizont der Zeitgenossen sprengen. Gleichwohl treffen wir gerade im kirchlichen Bereich besonders häufig auf Wahlverfahren. Und insbesondere die Papstwahl kann auch noch in der Frühen Neuzeit durchaus als ergebnisoffen und bis zu einem gewissen Grad autonom gegenüber äußeren Einflüssen gelten. Es wäre folglich zu diskutieren, ob zwischen „transzendenter Legitimationsbedürftigkeit" von Entscheidungen und geringer politischer Verfahrensautono-

---

[35] Vgl. dazu die oben in Anm. 23 aufgeführte Literatur.

[36] Vgl. *Werner Maleczek*, Abstimmungsarten. Wie kommt man zu einem vernünftigen Wahlergebnis?, in: Schneider/Zimmermann (Hrsg.), Wahlen und Wählen (wie Anm. 21), 79–134.

[37] Besonders deutlich läßt sich auch dies am italienischen Beispiel erkennen, vgl. *Keller*, Kommune (wie Anm. 23); *ders.*, Wahlformen und Gemeinschaftsverständnis (wie Anm. 23); *Ulrich Meier*, „Nichts wollen sie tun ohne die Zustimmung ihrer Bürger". Symbolische und technische Formen politischer Verfahren im spätmittelalterlichen Florenz, in: Stollberg-Rilinger (Hrsg.), Vormoderne politische Verfahren (wie Anm. 21), 175–206; *Christoph Dartmann*, Eine Kultur der Niederlage? Wahlen in der italienischen Stadt des Hoch- und Spätmittelalters, in diesem Band, 53–70.

mie"[38] tatsächlich immer ein notwendiger Nexus bestand beziehungsweise ob und wie die Zeitgenossen in der Lage waren, beide Prinzipien miteinander zu vereinbaren.[39]

Ein weiteres, zentrales Problem für alle frühneuzeitlichen Wahl- und Stimmverfahren, das eng mit dieser Frage zusammenhängt, bestand in der konfessionellen Spaltung der lateinischen Christenheit, deren Folgen für die politischen Gemeinwesen im allgemeinen und Wahl- und Stimmverfahren im besonderen notorisch sind. In allen gemischtkonfessionellen Territorien und Institutionen des Heiligen Römischen Reichs mußten verfahrenstechnische Lösungen für dieses Problem gefunden werden, die im Kern auf einen religiösen Minderheitenschutz hinausliefen.[40]

Die Zuweisung von Verfahrensrollen ohne Rücksicht auf andere gesellschaftliche Rollen war aber nicht nur durch die Frage der Konfessionszugehörigkeit prinzipiell eingeschränkt. In einer Gesellschaft, die auf dem Grundprinzip politisch-sozialer Ungleichheit beruhte, waren Verfahrensrollen auch ganz allgemein nur schwer ablösbar von der Stellung, die die am Verfahren Beteiligten innerhalb der Hierarchie der ständischen Gesellschaft einnahmen. Die daraus resultierenden Konflikte waren oft mit hohen sozialen Folgekosten verbunden, aber offenbar schlechthin unvermeidbar.[41] Dies macht zugleich deutlich, daß bei vormodernen politischen Verfahren – und das gilt prinzipiell auch für Wahlen – mithin gar nicht das Ergebnis im Vordergrund stand, das vielfach keine Überraschungen barg, sondern die symbolische Darstellung und Bekräftigung von politischen Partizipationsrechten oder anderen Privilegien der am Verfahren beteiligten Personen oder Personengruppen.[42]

Ein weiteres Grundprinzip vormoderner Gesellschaften, das sich mit der Autonomie von Wahlverfahren nur schwer vereinbaren ließ, war das der Ver-

[38] *Stollberg-Rilinger*, Einleitung (wie Anm. 34), 20.
[39] Vgl. *Wassilowsky*, Werte- und Verfahrenswandel (wie Anm. 21), 139–182.
[40] Vgl. zu diesen Problemen auf Reichsebene *Martin Heckel*, Itio in partes. Zur Religionsverfassung des Heiligen Römischen Reiches Deutscher Nation, in: ZRG KA 64, 1978, 180–308; *Klaus Schlaich*, Maioritas – itio in partes – corpus Evangelicum. Das Verfahren im Reichstag des Heiligen Römischen Reiches Deutscher Nation nach der Reformation, in: ZRG KA 94, 1977, 264–299; dazu mit weiterer Literatur jetzt auch *Andreas Kalipke*, „Weitläuffigkeiten" und „Bedencklichkeiten". Die Behandlung konfessioneller Konflikte am Corpus Evangelicorum, in: ZHF 35, 2008, 405–447.
[41] Vgl. *Barbara Stollberg-Rilinger*, Zeremoniell als politisches Verfahren. Rangordnung und Rangstreit als Strukturmerkmale des frühneuzeitlichen Reichstages, in: Kunisch (Hrsg.), Neue Studien zur frühneuzeitlichen Reichsgeschichte (wie Anm. 22), 91–132; *dies.*, Rang vor Gericht. Zur Verrechtlichung sozialer Rangkonflikte in der frühen Neuzeit, in: ZHF 28, 2001, 385–418; *Marian Füssel*, Gelehrtenkultur als symbolische Praxis. Rang, Repräsentation und Konflikt an der Universität der frühen Neuzeit. Darmstadt 2006; *Thomas Weller*, Theatrum Praecedentiae. Zeremonieller Rang und gesellschaftliche Ordnung in der frühneuzeitlichen Stadt: Leipzig 1500–1800. Darmstadt 2006.
[42] So für die Wahlen in der römischen Republik auch das Fazit von *Jehne*, Die Dominanz des Vorgangs (wie Anm. 20), 17–34.

wandtschaft, und zwar im weitesten, eben vormodernen Sinne des Wortes. Die legitime Sorge für die eigenen Angehörigen, nicht nur Blutsverwandten, sondern auch Freunde und Klienten, schloß die Vergabe politischer Ämter als wichtige Machtressource und ökonomische Einkunftsquellen mit ein.[43] Eine entsprechende Einflußnahme auf Wahlverfahren war die notwendige Konsequenz. Diese weit verbreitete Praxis trat indes auch in der Vormoderne bereits verschiedentlich in Konkurrenz zu einer an Leistung und Qualifikation orientierten Vergabe politischer Ämter. Auch hier lag mitunter ein enormes Konfliktpotential.[44]

Daß sich Technik und Symbolik von Wahlverfahren selbst mit Blick auf unsere Gegenwart kaum voneinander trennen lassen, ist eingangs bereits deutlich geworden. Eine klare Trennung zwischen den von der traditionellen Politikgeschichte gern bemühten „harten Fakten"[45] auf der einen und der Symbolizität politischen Handelns auf der anderen Seite, erscheint mit Blick auf politische Wahlen besonders fragwürdig. Gleichwohl lassen sich innerhalb von Wahlverfahren durchaus Elemente erkennen, deren „technisch-instrumenteller" Nutzen auf den ersten Blick eher gering zu veranschlagen ist und die ganz offensichtlich primär „symbolisch-expressive" Funktion haben – und umgekehrt.[46] So wird etwa die Bedeutung des Wahltags noch in unserer Gegenwart unter anderem dadurch hervorgehoben, daß an allen öffentlichen Gebäuden die Nationalflagge weht. Für das ordnungsgemäße Zustandekommen des Ergebnisses ist die Beflaggung aber nicht konstitutiv. Versieht ein Wähler den Wahlzettel hingegen mit irgend etwas anderem als einem Kreuz an der dafür vorgesehenen Stelle, wird seine Stimme ungültig. Die Unterscheidung in symbolisch-expressive und technisch-instrumentelle Elemente des Verfahrens fällt jedoch mit Blick auf vormoderne Wahlverfahren ungleich schwerer.

In einer Gesellschaft, die in einem ganz anderen Ausmaß als heute darauf angewiesen war, sich ihrer hierarchischen Ordnung stets aufs neue symbolisch zu vergewissern, diente jede öffentliche Zusammenkunft stets der Dar-

---

[43] Vgl. *Antoni Mączak* (Hrsg.), Klientelsysteme im Europa der Frühen Neuzeit. (Schriften des Historischen Kollegs, Kolloquien, Bd. 9.) München 1988; *Wolfgang Reinhard*, Amici e creature. Politische Mikrogeschichte der römischen Kurie im 17. Jahrhundert, in: QuFiAB 76, 1996, 308–334; zuletzt *Heiko Droste*, Patronage in der Frühen Neuzeit – Institution und Kulturform, in: ZHF 30, 2003, 555–590; *Birgit Emich* u.a., Stand und Perspektiven der Patronageforschung. Zugleich eine Antwort auf Heiko Droste, in: ZHF 32, 2005, 231–265.
[44] Vgl. *Dartmann*, Eine Kultur der Niederlage? (wie Anm. 37), 53–70; *Schwerhoff*, Wahlen in der vormodernen Stadt (wie Anm. 23), 95–116; *Weller*, Repräsentation per Losentscheid. Wahl und Auswahlverfahren der *procuradores de Cortes* in den kastilischen Städten der Frühen Neuzeit, in diesem Band, 117–138; *Wassilowsky*, Werte- und Verfahrenswandel (wie Anm. 21), 139–182.
[45] Vgl. *Rödder*, Klios neue Kleider (wie Anm. 31), 686.
[46] Vgl. dazu *Luhmann*, Legitimation durch Verfahren (wie Anm. 9), 224 ff.; *Stollberg-Rilinger*, Einleitung (wie Anm. 34), 12 ff.

stellung und symbolischen Bekräftigung der politisch-sozialen Ordnung in ihrer Gesamtheit.[47] Politische Verfahren stellten diesbezüglich keine Ausnahmen dar. Die für stratifizierte Gesellschaften in dieser Hinsicht geradezu paradigmatische Form der Wahl war die offene Abstimmung nach dem Umfrageprinzip. Die Reihenfolge, in der dabei die Voten abgegeben wurden, entsprach in der Regel dem Rang, den die Abstimmenden innerhalb des Wahlgremiums einnahmen, und dieser sollte sich wiederum idealiter mit der ständischen Qualität der betreffenden Person beziehungsweise mit dem politisch-sozialen Rang decken, der ihr außerhalb des Verfahrens zukam. Durch dieses Prinzip erhielten nicht nur die abgegebenen Stimmen unterschiedliches Gewicht – wer zuerst stimmte, strukturierte das Ergebnis oft vor –, auch Konflikte um die Reihenfolge der Voten waren keine Seltenheit.[48] Um zu einer raschen und eindeutigen Entscheidung zu gelangen, scheint dieses Verfahren auf den ersten Blick nur sehr bedingt geeignet. Gleichwohl konnte unter den spezifischen Bedingungen der vormodernen stratifizierten Gesellschaften gerade die eingeschränkte Autonomie des Verfahrens beziehungsweise die Überlappung von Verfahrensrolle und sozialer Rolle zur Legitimität des Ergebnisses beitragen.[49]

Die Durchführung einer geheimen Mehrheitsabstimmung wiederum erscheint auf den ersten Blick mit den Grundprinzipien der ständischen Gesellschaft gänzlich unvereinbar.[50] Häufig bedurfte diese Form der Abstimmung deshalb auch einer besonderen zeremoniellen Rahmung, die die Verfahrensrollen der Beteiligten in Abgrenzung zu ihren anderen Rollen besonders markierte und das Verfahren deutlich aus dem Alltag der ständischen Gesellschaft heraushob. Ein per Mehrheitsentscheidung zustande gekommenes Ergebnis

---

[47] Vgl. *Marian Füssel/Thomas Weller* (Hrsg.), Ordnung und Distinktion. Praktiken sozialer Repräsentation in der ständischen Gesellschaft. (Symbolische Kommunikation und gesellschaftliche Wertesysteme, Bd. 8.) Münster 2005.
[48] Vgl. *Stollberg-Rilinger*, Zeremoniell als politisches Verfahren (wie Anm. 41), 108–113; *Weller*, Theatrum Praecedentiae (wie Anm. 41), 299–306.
[49] Vgl. *Sikora*, Der Sinn des Verfahrens (wie Anm. 32), 46 f.; *Tim Neu*, Zeremonielle Verfahren. Zur Funktionalität vormoderner politisch-administrativer Prozesse am Beispiel des Landtags im Fürstbistum Münster, in: Stefan Haas/Mark Hengerer (Hrsg.), Im Schatten der Macht. Kommunikationskulturen in Politik und Verwaltung 1600–1950. Frankfurt am Main/New York 2008, 23–50.
[50] Vgl. *Bernd Schneidmüller*, Konsensuale Herrschaft. Ein Essay über Formen und Konzepte politischer Ordnung im Mittelalter, in: Paul-Joachim Heinig u. a. (Hrsg.), Reich, Regionen und Europa in Mittelalter und Neuzeit. Festschrift für Peter Moraw. Berlin 2000, 53–87; *Yves M.-J. Congar*, Quod omnes tangit, ab omnibus tractari et approbari debet, in: Heinz Rausch (Hrsg.), Die geschichtlichen Grundlagen der modernen Volksvertretung. Die Entwicklung von den mittelalterlichen Korporationen zu den modernen Parlamenten. Bd. 1: Allgemeine Fragen und europäischer Überblick. Darmstadt 1980, 115–182; *Klaus Ganzer*, Unanimitas, maioritas, pars sanior. Zur repräsentativen Willensbildung von Gemeinschaften in der kirchlichen Rechtsgeschichte. (Abhandlungen der Akademie der Wissenschaften und der Literatur, Geistes- und Sozialwissenschaftliche Klasse, Jg. 2000, Nr. 9.) Mainz 2000.

war in der Regel in ganz besonderer Weise legitimationsbedürftig und brauchte nicht selten eine zusätzliche Absicherung.

Dies wiederum hing mit dem in der Vormoderne generell problematischen Status dissentierender Minderheiten zusammen. Die von Luhmann hervorgehobene Leistung von politischen Wahlen, gesellschaftliche Konflikte zu absorbieren und in das politische System hineinzuleiten, wo sie wiederum zum Gegenstand geregelter Verfahren der Beratung und Entscheidungsfindung werden, muß wohl als Resultat historischer Prozesse von langer Dauer angesehen werden. In der Vormoderne bestand keineswegs immer die Gewißheit, daß die Anhänger der unterlegenen Partei den Sieger einer Wahl auch anerkennen und dessen politische Entscheidungen in Zukunft als bindend akzeptieren würden. Dies gilt für die mittelalterliche Königswahl ebenso wie für Wahlen in den italienischen Kommunen.[51] Auch die allmähliche Ablösung kompetitiver Wahlen durch andere Formen der Rekrutierung, zum Teil bei Wahrung der äußeren Form der Wahl, war nicht selten die Folge innerer Konflikte und Parteienkämpfe.[52]

Daß letztere offenbar besonders oft aus Anlaß von Wahlen zum Ausbruch kamen, dürfte mit einem weiteren Charakteristikum von Wahlverfahren zusammenhängen. Wahlen unterscheiden sich von anderen politischen Verfahren, etwa von Beratungs- und Gesetzgebungsverfahren, in mindestens einer Hinsicht grundlegend: Bei einer Wahl geht es stets um die Übertragung von Machtbefugnissen und Entscheidungskompetenzen an eine bestimmte Person oder eine Gruppe von Personen, die sich dieser Befugnisse dann im Auftrag ihrer Wähler oder im Namen des politischen Gemeinwesens bedienen. Das heißt, Wahlen begründen in der Regel ein Repräsentationsverhältnis, was unter den Bedingungen vormoderner „Präsenzkulturen" stets mit besonderen Problemen verbunden war.[53]

Prinzipiell lassen sich mit Hasso Hofmann zwei Grundformen der Repräsentation unterscheiden: die Identitäts- und die Stellvertreterrepräsentation.[54] Im ersteren Fall repräsentiert eine Person oder eine Gruppe von Personen eine

[51] *Rüther*, Eine sichere Wahl? (wie Anm. 22), 71–94; *Dartmann*, Eine Kultur der Niederlage? (wie Anm. 37), 53–70.
[52] *Weller*, Repräsentation per Losentscheid (wie Anm. 44), 117–138.
[53] Vgl. allgemein zum Problem der Stellvertretung *Wolfgang Sofsky/Reiner Paris*, Figurationen sozialer Macht. Frankfurt am Main 1994, 158 ff.; *Johannes Weiß*, Handeln und handeln lassen. Über Stellvertretung. Opladen 1998; zum Konzept der „Präsenzkultur" *Hans-Ulrich Gumbrecht*, Ten Brief Reflections on Institutions and Re/Presentation, in: Melville (Hrsg.), Institutionalität und Symbolisierung (wie Anm. 4), 69–76; *ders.*, Diesseits der Hermeneutik. Über die Produktion von Präsenz. Frankfurt am Main 2004; vgl. auch *Rehberg*, Weltrepräsentanz und Verkörperung (wie Anm. 4); *Schlögl*, Kommunikation unter Anwesenden (wie Anm. 33).
[54] *Hasso Hofmann*, Repräsentation. Studien zu Wort- und Begriffsgeschichte von der Antike bis ins 19. Jahrhundert. Berlin 2003, 191–285; *ders.*, Der spätmittelalterliche Rechtsbegriff der Repräsentation in Reich und Kirche, in: Der Staat 27, 1988, 523–546.

ideelle Personengesamtheit. Repräsentieren heißt dabei, daß die Handlungen und Entscheidungen der entsprechenden Personen oder Personengruppe so angesehen werden, als handele die als solche faktisch handlungsunfähige Personengesamtheit: die Korporation, die Stadt, das Land. Im zweiten Fall fungiert der Repräsentant aufgrund einer Vollmacht lediglich als Stellvertreter eines Herrschaftsträgers oder einer Korporation nach außen, wobei letztere in diesem Fall, anders als bei der Identitätsrepräsentation, eine größere Rechtsmacht besitzt als ihr Repräsentant.[55]

In den Fällen, in denen ein solches Repräsentationsverhältnis durch eine Wahl begründet wurde – und nur diese interessieren hier –, gälte es folglich zu prüfen, in welcher Beziehung das Wahlverfahren und das dadurch gestiftete Repräsentationsverhältnis zueinander standen. In den meisten Fällen – so hat es den Anschein – reichte die Wahl alleine in der Vormoderne nicht aus, um aus dem Gewählten einen Repräsentanten zu machen. Bei der Stellvertreterrepräsentation ist dies besonders augenfällig. Konstitutiv für das Repräsentationsverhältnis war hier in der Regel eine Bevollmächtigung des Vertreters und/oder eine eidliche Verpflichtung gegenüber der Gruppe der Wähler, die ihrem Repräsentanten zumeist nur ein eingeschränktes Mandat erteilte.[56]

Doch auch Bürgermeister und Rat einer mittelalterlichen oder frühneuzeitlichen Stadt verdankten ihr Amt zwar einer Wahl, die Beziehung zwischen der gewählten Obrigkeit und der Gemeinde bedurfte aber vielfach einer zusätzlichen eidlichen Absicherung.[57] Anders als bei modernen Repräsentativverfassungen repräsentierten die Gewählten auch nicht im eigentlichen Sinne ihre Wähler, sondern die *universitas*, das heißt die Stadt in ihrer Gesamtheit. Und für das Zustandekommen dieser Identitätsrepräsentation war es zunächst einmal unerheblich, wie sich der Kreis der Wähler und der Gewählten zusammensetzte beziehungsweise ob überhaupt eine Wahl im engeren Sinne stattfand: „Das Problem der Repräsentativität lag außerhalb des Reflexionshori-

---

[55] Vgl. dazu auch die Überlegungen von *Barbara Stollberg-Rilinger*, Vormünder des Volkes. Konzepte landständischer Repräsentation in der Spätphase des Alten Reiches. Berlin 1999, bes. 13–17; *dies.*, Was heißt landständische Repräsentation? Überlegungen zur argumentativen Verwendung eines politischen Begriffs, in: Zeitsprünge. Forschungen zur Frühen Neuzeit 2000, 120–136; zuletzt *dies.*, Ständische Repräsentation – Kontinuität oder Kontinuitätsfiktion?, in: ZNR 28, 2006, 279–298.

[56] *Weller*, Repräsentation per Losentscheid (wie Anm. 44), 117–138; dazu allgemein *Christoph Müller*, Das imperative und freie Mandat. Überlegungen zur Lehre von der Repräsentation des Volkes. Leiden 1966.

[57] Vgl. *Rainer Jooß*, Schwören und Schwörtage in süddeutschen Städten. Realien, Bilder, Rituale, in: Hermann Maué (Hrsg.), Visualisierung städtischer Ordnung. Zeichen – Abzeichen – Hoheitszeichen, in: Anzeiger des Germanischen Nationalmuseums 1993, 7–254, hier 153–168; *Wolf-Henning Petershagen*, Schwörpflicht und Volksvergnügen. Ein Beitrag zur Verfassungsgeschichte und städtischen Festkultur in Ulm. (Forschungen zur Geschichte der Stadt Ulm, Bd. 29.) Ulm 1999; *Christoph Dartmann*, Schrift im Ritual. Der Amtseid des Podestà auf den geschlossenen Statutencodex der italienischen Stadtkommune, in: ZHF 31, 2004, 169–204.

zonts", wie Hagen Keller mit Blick auf die italienischen Stadtkommunen treffend festgestellt hat.[58]

Daß Wahlen „nichts ändern" würden, trifft in dieser Zuspitzung weder für die Moderne noch für die Vormoderne zu. Allerdings gingen speziell bei vormodernen Wahlverfahren die durch die Wahl herbeigeführten Veränderungen, der personelle Austausch weltlicher oder geistlicher Funktionsträger, fast immer mit der gleichzeitigen Bestätigung und Bekräftigung des immer Gleichen und überzeitlich Gültigen, der gottgewollten Herrschafts- und Gesellschaftsordnung einher. Gerade den Wahlverfahren in den Jahrhunderten vor der Französischen Revolution – mutatis mutandis gilt dies aber auch für Wahlen in unserer Gegenwart – wird man daher kaum gerecht, wenn man sich, wie das in der Vergangenheit oft geschehen ist, in erster Linie auf die rechtliche Seite und die technisch-instrumentellen Aspekte des Wahlverfahrens, wie das Wahlrecht oder die Art und Weise der Stimmabgabe, konzentriert. Das bedeutet keineswegs, daß die Menschen in Antike, Mittelalter oder Früher Neuzeit sich für diese Fragen nicht interessiert hätten. So mangelt es durchaus nicht an Beispielen für Konflikte und Aufstände, die sich an der Frage politischer Partizipationsrechte entzündeten. Weitaus erklärungsbedürftiger sind aus heutiger Perspektive aber wohl die Fälle – und dabei dürfte es sich um die große Mehrzahl handeln –, in denen solche Konflikte über Jahrhunderte ausblieben, obwohl die Wahlen, aus denen die jeweiligen Amts- und Herrschaftsträger hervorgingen, in unseren Augen eben „nur" symbolischen Charakter hatten.

Beide Aspekte, die Technik *und* die Symbolik vormoderner Wahlverfahren, gleichermaßen zu berücksichtigen und sie in einer integrativen Sichtweise aufeinander zu beziehen – dies ist die anspruchsvolle Aufgabe, der sich die Autoren der hier versammelten Beiträge gestellt haben. Auch wenn die Resultate keinen gemeinsamen Königsweg erkennen lassen, so zeigen sie in den Augen der Herausgeber doch vielversprechende Möglichkeiten auf, um zu einem besseren Verständnis vormoderner Wahlverfahren und auf diese Weise vielleicht auch zu differenzierteren Antworten auf die alte Frage nach Kontinuitäten und Diskontinuitäten zwischen Ancien Régime und Moderne zu gelangen.

---

[58] *Keller*, Kommune (wie Anm. 23), 606.

Die Dominanz des Vorgangs über den Ausgang

Struktur und Verlauf der Wahlen in der römischen Republik*

Von

Martin Jehne

Als Caesar eines Morgens im Frühsommer 63 v. Chr. sein Haus verließ, um zu den Wahlen für den Oberpontifikat zu gehen, um den er sich beworben hatte, soll er beim familiären Abschiedskuß zu seiner weinenden Mutter gesagt haben: „Ich werde entweder als *pontifex maximus* oder gar nicht zurückkehren."[1] Zum Glück für Caesar und seine Mutter, wenn auch vielleicht nicht für die römische Republik, waren die Wahlen ein voller Erfolg: Caesar setzte sich gegen seine hochangesehenen Konkurrenten durch und war damit für den Rest seines Lebens zum Vorsteher des Pontifikalkollegiums erhoben.

Was stand nun hinter der dramatischen Alternative, die Caesar seiner Mutter vor Augen stellte? Er hatte offenkundig bei diesen Wahlen einiges zu verlieren. Nach Sueton und Plutarch, den wesentlichen Quellen für diese Episode, waren das die Folgen des Wahlkampfs, den Caesar geführt hatte. Caesar war gegen zwei der Magnaten der Republik angetreten, die erfolgreichen, schon älteren Consulare Q. Lutatius Catulus und P. Servilius Isauricus, mit denen er hinsichtlich des politischen Prestiges nicht konkurrieren konnte.[2] Seine Chance mußte er suchen, indem er seine Beliebtheit bei der breiteren Bevölkerung zu steigern versuchte, und dazu gehörte neben jovialen Kommunikationsformen auch die Investition beträchtlicher Geldmittel, die für ein großes Gefolge, prächtige Veranstaltungen und direkte Zahlungen an die Wähler aufgebracht werden mußten.[3] Da Caesars privates Vermögen dafür nicht ausreichte, verschuldete er sich hemmungslos und hatte daher guten Grund zu befürchten, daß eine Niederlage das Ende sein würde.[4] Denn seine Gläubiger würden das Vertrauen in ihn und seine Fähigkeit zur Rückzahlung nur behal-

---

* Meinen bei der Münsteraner Tagung gehaltenen Vortrag habe ich für die Druckfassung geringfügig erweitert und mit einigen Anmerkungen versehen. Ein Teil des Textes ist in ähnlicher Form eingegangen in einen Vortrag, den ich am 15. Februar 2008 am Institut de Droit Romain in Paris gehalten habe und der unter dem Titel „Le système électoral des Romains et le désespoir des candidats" erscheinen wird.
[1] Suet. Caes. 13: „domi se nisi pontificem non reversurum"; die Tränen der Mutter vermeldet nur Plut. Caes. 7,3; mor. 206.
[2] Vgl. Suet. Caes. 13: „potentissimos duos competitores multumque et aetate et dignitate antecedentes"; Plut. Caes. 7,1–3; Sall. Cat. 49,2; Dio, 37,37,2; Vell., 2,43,3.
[3] Suet. Caes. 13: „[...] pontificatum maximum petit non sine profusissima largitione."
[4] Suet. Caes. 13: „magnitudinem aeris alieni"; vgl. Plut. Caes. 7,2; Sall. Cat. 49,3.

ten, wenn er die Wahlen gewann. Wenn nicht, würden die Kreditgeber – so sah Caesar voraus – die sofortige Begleichung ihrer Außenstände verlangen, schon um den anderen Gläubigern zuvorzukommen und wenigstens noch den eigenen Anteil aus dem Schuldner herauszuholen. Für Caesar hätte das den Konkurs bedeutet, und er hätte sich nur ins Exil flüchten können[5], wenn er nicht gar an Selbstmord dachte, denn die Pleite war in Rom mit entehrenden Ausgrenzungen verbunden[6].

Mein Beispiel zeigt also, daß das Ergebnis von Wahlen enorm wichtig genommen wurde. Wie paßt das zu meiner im Titel formulierten Behauptung von der Dominanz des Vorgangs über den Ausgang? Wie man leicht sieht, ist das eine Frage der Perspektive. Für die Beurteilung von Wahlvorgängen gibt es drei elementare Grundperspektiven, die zu differenzieren sind: die der Kandidaten, die der Wähler und die des politischen Systems (auch wenn der Terminus der Perspektive für ein System vielleicht etwas verschroben ist). Daß Wahlresultate aus der Sicht der Bewerber bedeutsam sind, ist mehr oder weniger selbstverständlich, auch wenn die Formen und Intensitäten der narzißtischen Kränkungen und der Statusminderungen, die durch Niederlagen gegen persönliche Konkurrenten in öffentlichen Entscheidungen ausgelöst werden, in unterschiedlichen Kulturen auch sehr unterschiedlich ausfallen können. Daß auch die Wähler das Ergebnis wichtig nehmen, ist schon sehr viel weniger evident, auch wenn wir leicht dazu neigen, dies einfach anzunehmen. Wenn dagegen der Ausgang einer Wahl für das politische System relevant ist, dann ist das geradezu eine Krisenerscheinung, denn ein funktionierendes System sollte so eingerichtet sein, daß die zum System gehörenden Personalentscheidungen innerhalb der gezogenen Grenzen hinsichtlich der Systemstabilität neutral sind.

Die Oberpontifikatswahlen von 63 v. Chr. waren also für Caesar, Catulus und Isauricus sehr bedeutend, wobei das, was auf dem Spiel stand, noch dadurch gesteigert worden war, daß sich mit Caesar ein nach römischen Normen noch verhältnismäßig junger Mann gegen zwei ältere Consulare bewarb, was eigentlich als ungehörig galt, auch wenn so etwas nicht das erste Mal geschah.[7] Als Caesar dann tatsächlich gewann, stellte das für die unterlegenen

---

[5] In der Version Plutarchs ist die Alternative explizit der Sieg oder das Exil, Plut. Caes. 7,3 (vgl. mor. 206).
[6] Zu den diskriminierenden Folgen der Pleite vgl. unter anderem *John A. Crook*, A Study in Decoction, in: Latomus 26, 1967, 363–376.
[7] Vgl. etwa die Konkurrenzkandidaturen um den Oberpontifikat von 212, als der junge P. Licinius Crassus Dives, der noch nicht einmal ein curulisches Amt bekleidet hatte, ebenfalls gegen zwei erfahrene Consulare, nämlich Q. Fulvius Flaccus und T. Manlius Torquatus, gewann. Für die prosopographischen Fakten vgl. *Jörg Rüpke/Anne Glock*, Fasti sacerdotum. Die Mitglieder der Priesterschaften und das sakrale Funktionspersonal römischer, griechischer, orientalischer und jüdisch-christlicher Kulte in der Stadt Rom von 300 v. Chr.

Konkurrenten tatsächlich eine Ehrverletzung dar.[8] Der Grund für Caesars Einsatz lag aber nicht darin, daß der Oberpontifikat für eine Ausnahmekarriere, wie sie Caesar vielleicht anstrebte, besonders wichtig gewesen wäre. Die vorherigen Oberpriester waren stets angesehene Leute gewesen, aber niemand hatte in seiner Generation die allererste Geige gespielt[9], umgekehrt waren die prominentesten und mächtigsten Römer nicht *pontifex maximus* gewesen. Caesar scheint sich um den Oberpontifikat bemüht zu haben, weil er in seinem großen Selbstvertrauen daran glaubte, daß er sich durchsetzen werde, und weil er damit ein zusätzliches Ehrenamt, das im Gegensatz zu den politischen Ämtern auf Lebenszeit vergeben wurde, zu seinen Trophäen rechnen konnte.[10] Da er die Wahlen gewann, konnte er vielleicht glauben, alles richtig gemacht zu haben.

Für das römische Gemeinwesen, die *res publica*, ging es zunächst einmal um nichts. Der Job des *pontifex maximus* bestand im wesentlichen aus dem Vollzug bestimmter sakraler Handlungen. Dazu zählen zum Beispiel die Beteiligung an der Bestellung bestimmter Priesterinnen und Priester, die Ausübung einer gewissen Aufsicht über die Vestalinnen, von deren Erfüllung ihrer Hauptaufgaben, keusch zu bleiben und das ewige Herdfeuer im Vestatempel nie ausgehen zu lassen, allerdings das Wohlwollen der Götter abhing, die Kontrolle über den Kalender, der chronisch in Unordnung war und durch die Einfügung von Schalttagen mit den Jahreszeiten synchronisiert werden mußte, und die Durchführung familienrechtlicher Akte wie zum Beispiel Adoptionen eines bestimmten Typs.[11] All dies waren Routineaktionen nach festem Muster, die jeder beherrschte, der in der römischen Führungsschicht sozialisiert worden war, und nur solche Männer gehörten dem Kollegium der *pontifices* an, dessen Mitglieder allein berechtigt waren, sich zu bewerben. Pflichtverletzungen waren nicht zu befürchten, zudem waren durchgängig auch die normalen *pontifices* als Gruppe handlungsfähig, wenn der Vorsteher

---

bis 499 n. Chr. 2: Biographien. (Potsdamer Altertumswissenschaftliche Beiträge, Bd. 12/2.) Stuttgart 2005, Nr. 1762 (Fulvius), 2350 (Manlius), 2235 (Licinius).
[8] Plut. Caes. 7,2; Sall. Cat. 49,2. Vgl. *Gustav Huber*, Untersuchungen zu Caesars Oberpontifikat. Diss. phil. Tübingen 1971, 48 f.
[9] M. Aemilius Lepidus, *cos.* 187 und 175, *censor* 179 und *princeps senatus* von 179 bis zu seinem Tode 152, 180 zum *pontifex maximus* gewählt, scheint eine gewisse Ausnahme gewesen zu sein (zu seiner Karriere vgl. knapp *Rüpke/Glock*, Fasti sacerdotum 2 [wie Anm. 7], Nr. 507).
[10] Vielleicht ist hier auch eine Bereitschaft Caesars zu greifen, auf sein Glück zu vertrauen und hohe Risiken einzugehen, vgl. dazu *Gerhard Dobesch*, Caesar und das ,Unmögliche', in: Peter Kneißl/Volker Losemann (Hrsg.), Imperium Romanum. Studien zu Geschichte und Rezeption. Festschrift für Karl Christ zum 75. Geburtstag. Stuttgart 1998, 160.
[11] Vgl. zu den Aufgaben des *pontifex maximus* und überhaupt der *pontifices Georg Wissowa*, Religion und Kultus der Römer. (Handbuch der klassischen Altertumswissenschaft, Bd. V/4.) 2. Aufl. München 1912, 508–518.

des Gremiums nicht zur Verfügung stand.[12] In der modernen Forschung hat
man immer wieder versucht, den römischen Oberpontifikat zu einem Amt von
herausragender Bedeutung hochzustilisieren, von dem aus das römische Sa-
kralwesen gesteuert worden sei und das große Einwirkungsmöglichkeiten in
der Politik eröffnet habe, und sei es nur in der Form, daß die frommen Römer
beim Anblick des *pontifex maximus* ehrfurchtsvoll erschauerten und ihm deshalb brav anhingen.[13] Nichts von alldem ist nachweisbar oder wahrscheinlich.

[12] Für die Integration des Oberpontifex in die kollegiale Struktur des Kollegiums der *pontifices* vgl. *Jochen Bleicken*, Oberpontifex und Pontifikalkollegium. Eine Studie zur römischen Sakralverfassung, in: Hermes 85, 1957, 345–366, bes. 364f. (Nachdruck in: ders.,
Gesammelte Schriften I, Stuttgart 1998, 409–430, bes. 428f.).
[13] Vgl. zum Beispiel die Formulierung von *Mary Beard/John North/Simon Price*, Religi-
ons of Rome, I: A History, Cambridge 1998, 55: „the most powerful of the great political
priests". *Ruth Stepper*, Augustus et sacerdos. Untersuchungen zum römischen Kaiser als
Priester. (Potsdamer Altertumswissenschaftliche Beiträge, Bd. 9.) Stuttgart 2003, 27–34,
vertritt ebenfalls die Auffassung, der Oberpontifex habe über großen Einfluß verfügt, doch
ist das eher eine Vorannahme, als daß sie klare Belege für diese These anführen könnte.
Grundsätzlich scheint es mir unzulässig zu sein, die Betonung und Verwendung des Ober-
pontifikats durch Caesar im Bürgerkrieg und während seiner Alleinherrschaft heranzuzie-
hen, um die Bedeutung abzuschätzen, die das Amt für ihn im Jahre 63 hatte. Und die Episode von 59, als Caesar mit Hilfe von Pompeius den Patricier Clodius in einer Nacht- und
Nebelaktion zum Plebeier machte, hat *Bleicken*, Oberpontifex (wie Anm. 12), 354–356,
schon längst überzeugend als eine Aktion erklärt, hinter der vor allem die Kompetenz des
Consuls Caesar stand. Im übrigen war die pontifikale Zustimmung, die zu einer solchen
Adoption in den Curiatcomitien gehörte, von Caesar offenkundig eigenmächtig und damit
rechtlich fragwürdig gegeben worden, da eigentlich ein Gutachten *ex collegio pontificum*
notwendig war (Cic. dom. 37; vgl. *Huber*, Untersuchungen [wie Anm. 8], 62–67; *W. Jef-
frey Tatum*, The Patrician Tribune. Publius Cornelius Pulcher, Chapel Hill/London 1999,
105, ist zwar der Ansicht, daß Cicero hier übertreibt und der *pontifex maximus* allein handlungsfähig war, doch da diese Rede Ciceros vor dem Kollegium der *pontifices* gehalten
wurde, sollte man davon ausgehen, daß Cicero bei dieser Gelegenheit die Regeln der *pontifices* angemessen zusammenfaßte). Das einzige Beispiel also, in dem wir Caesar vor seiner Alleinherrschaft als *pontifex maximus* handeln sehen und das von *Stepper*, Augustus et
sacerdos, 31 f., entsprechend hervorgehoben wird, beweist im wesentlichen, daß der *pontifex maximus* alleine kaum handlungsfähig war. Seine Dominanz gegenüber dem Kollegium kann Stepper daher auch nur zirkulär begründen, vgl. 30f.: „Ihren Vorsitzenden [sc.
den der *pontifices*], den *pontifex maximus*, darf man nicht als primus inter pares begreifen.
Wäre er das gewesen, ließe sich die Attraktivität dieses Amtes nicht erklären" (ähnlich
Huber, Untersuchungen [wie Anm. 8], 51). Dasselbe Beispiel spricht auch gegen die Auffassung von *Giuseppe Zecchini*, Cesare e il mos maiorum. (Historia, Einzelschriften,
Bd. 151.) Stuttgart 2001, 38f.: Caesar sei seiner Fixierung auf altrepublikanische Riten wegen an dem Amt interessiert gewesen: Beim einzigen klaren Fall vor 49, eben bei der Adoption des Clodius, ignoriert Caesar aus Gründen des politischen Vorteils die Vorschriften.
Gegen *Zecchini*, Cesare, 40 Anm. 32, würde ich bei meiner Feststellung bleiben wollen,
daß sich Caesar in der Catilinarierdebatte nicht als *pontifex maximus*, sondern als *praetor
designatus* äußerte (vgl. *Martin Jehne*, Caesar, 4. Aufl. München 2008, 30), denn die Pri-
vilegierung von Priestern bei der Senatsumfrage ist eine Chimäre, vgl. *Francis Xavier
Ryan*, Rank and Participation in the Republican Senate, Stuttgart 1998, 113–125. Das
schließt natürlich nicht aus, daß Caesar versuchte, aus seiner Stellung als *pontifex maximus*
Autorität zu ziehen, als er als *praetor designatus* an der Reihe war, doch sehe ich dafür
eigentlich keine Indizien.

Hier beeinflussen die Päpste des europäischen Mittelalters und der Frühen Neuzeit offenbar die Vorstellungen, die ja den Titel des *pontifex maximus* für sich okkupierten und heute noch tragen.[14] Die Attraktion des Amtes in Rom bestand in der Möglichkeit, regelmäßig in der Öffentlichkeit bei Kulthandlungen und Götterfesten in vorderster Reihe zu repräsentieren und so seine Bekanntheit und sein Ansehen zu steigern, außerdem in dem Privileg, in der *domus publica* an der *via sacra* zu wohnen[15] und so seine Reputation aufzuwerten. Selbst der ehrgeizigste Oberpontifex hatte kaum die Chance, von dieser Funktion aus regelmäßig Einfluß auf die Entscheidungen des Staates zu nehmen, und selbst der begabteste konnte sich nicht durch besondere Leistungen profilieren. Das Ergebnis der Wahlen war für die *res publica* unerheblich.

Für die abstimmenden Bürger sah es nicht wesentlich anders aus. Im römischen Patronagesystem waren die Clienten verpflichtet, ihren Patron zu unterstützen, und gerade wenn er sich zur Wahl stellte, dürften sie brav angetreten sein, um ihm ihre Stimmen zu geben. Das gleiche konnte ein Kandidat von seinen Freunden erwarten. Wie aber Wahlkämpfe und Wahlausgänge belegen, scheint dies jedenfalls in der späten Republik nicht hinreichend gewesen zu sein, um die Wahlen zu gewinnen.[16] Es gab offenbar Abstimmende in ergebnisrelevanter Menge, deren Abstimmungsverhalten nicht schon festlag und die man für sich gewinnen mußte, um als Sieger aus den Wahlen hervorzugehen.[17] Der Abstimmungsmodus hat dazu beigetragen – wie wir noch sehen werden. Aber was hatten die Wähler davon, wenn ihr Kandidat gewann? Wie anhand der Aufgaben und Handlungsspielräume eines Oberpontifex dargelegt worden ist, waren Unterschiede in der Amtsführung nicht zu erwarten, ebensowenig wie Gefälligkeiten im Amt. Die Teilnahme an vom Kandidaten finanzierten Gastmählern und Spielen war fein, die Auszahlung eines Geldbetrages, wie sie in den letzten Jahrzehnten der Republik nicht selten war, wurde zweifellos ebenfalls gerne gesehen. Aber diese sogenannte Bestechungs-

---

[14] Für die Aneignung des Titels durch die Päpste im Laufe des 15. Jahrhunderts vgl. *Rudolf Schieffer*, Der Papst als Pontifex Maximus. Bemerkungen zur Geschichte eines päpstlichen Ehrentitels, in: ZRG KA 57, 1971, 300–309.

[15] Suet. Caes. 46.

[16] Vgl. *Peter A. Brunt*, The Fall of the Roman Republic and Related Essays. Oxford 1988, 30f.; *Robert Morstein-Marx*, Publicity, Popularity and Patronage in the *Commentariolum Petitionis*, in: Classical Antiquity 17, 1998, bes. 283; *Alexander Yakobson*, Elections and Electioneering in Rome. A Study in the Political System of the Late Republic. (Historia, Einzelschriften, Bd. 128.) Stuttgart 1999, 69–111.

[17] Vgl. Q. Cic. comm. pet. 26: „Ego autem tibi hoc confirmo esse neminem, nisi a aliqua necessitudine competitorum alicui tuorum sit adiunctus, a quo non facile, si contenderis, impetrare possis, ut suo beneficio promereatur se, ut ames et sibi, ut debeas, modo ut intellegat te magni se aestimare, ex animo agere, fore ex eo non brevem et suffragatoriam, sed firmam et perpetuam amicitiam." Diese Bemerkung bezieht sich im Zusammenhang nicht eigentlich auf die Abstimmung, sondern allgemein auf die Wahlkampagne, doch ist das kein Unterschied, da es ja im Wahlkampf letztlich darum ging, die Stimmen der umworbenen Bürger zu gewinnen.

summe war für den einzelnen normalerweise nicht sonderlich groß, und auch der Konkurrent versprach einen vergleichbaren Betrag. Wenn man von der begrenzten Zahl der Bürger absieht, die dem Kandidaten nahestanden, dann war der Ausgang der Abstimmung für die Wähler eigentlich belanglos. Nun könnte man vielleicht meinen, dies gelte nur für Priesterämter, nicht aber für politische, doch dem ist nicht so. Die politischen Jahresämter waren heiß umkämpft, allen voran das Consulat, das als die höchste reguläre Magistratur hervorragte. Das römische Ämterwesen war klar hierarchisch gegliedert, seit 180 v. Chr. war die Reihenfolge der Bekleidung der Ämter sogar gesetzlich festgelegt und an ein Mindestalter geknüpft.[18] Im Senat war die Abfolge der Meinungsäußerungen an die Ämterhierarchie gekoppelt, so daß man also im politischen Alltag immer wieder zu spüren bekam, wo man stand. Der Aufstieg bis zum höchsten Amt, dem Consulat, wurde so eifrig betrieben, weil man normalerweise erst als Consular, also als ehemaliger Consul, unter die großen Bosse des Gemeinwesens zu zählen war. Die Konsequenzen der Ämterbekleidung für den Senatsrang sind auch deshalb so bedeutsam, weil ihnen die Beschränkungen hinsichtlich der Amtstätigkeit jedenfalls seit dem 2. Jahrhundert v. Chr. gegenüberstehen. Auch ein erfolgreicher Römer, der es bis zum Consulat brachte, war vom Start der Karriere zwischen 25 und 30 bis zu seinem Tode vielleicht sieben bis zehn Jahre Amtsinhaber[19], aber etwa seit dem Eintritt in den Senat, frühestens mit 31 Jahren, lebenslänglich Senator. Wenn er Pech hatte, bekam er während seiner Amtszeiten nie die Gelegenheit, etwas Spektakuläres zu vollbringen, und dennoch waren seine Mühen nicht umsonst gewesen, wenn er Consular geworden war. Doch für die Wähler und das Gemeinwesen war es weitgehend belanglos, ob er es schaffte oder ein anderer.

Der Wahlvorgang selbst war allerdings äußerst kompliziert und muß hier nicht in allen Details geschildert werden. Es genügt, die Volksversammlungen und ihre Reglements in den Grundzügen kurz vorzustellen.[20] Ungewöhnlich

---

[18] Zur *lex Villia annalis* von 180 v. Chr. vgl. *Hans Beck*, Karriere und Hierarchie. Die römische Aristokratie und die Anfänge des *cursus honorum* in der mittleren Republik. (Klio, Beihefte, NF., Bd. 10.) Berlin 2005, 51–60 (mit der älteren Literatur).

[19] Ich rechne mit einem Amt unterhalb der Senatsschwelle (zum Beispiel *triumvir monetalis*), je einem Jahr als Quaestor, Aedil, Praetor, Consul, zwei Jahren als prorogierter (das heißt in seiner Kommandogewalt über die eigentliche Amtszeit hinaus verlängerter) Praetor und Consul in den Provinzen. Das macht sieben Jahre. Doch dauerten die Prorogationen oft länger, man konnte auch Volkstribun und Aedil nacheinander werden, gelegentlich wurde auch jemand noch Censor, allerdings verzichteten auch manche auf die proconsularische Amtsführung in einer Provinz. Nicht eingerechnet habe ich die Legatentätigkeit im Stab eines Provinzstatthalters, die eine offizielle Mission darstellt, aber keine reguläre Amtstätigkeit.

[20] Für die römischen Volksversammlungen und ihre Abstimmungsverfahren vgl. die klassischen Werke von *Theodor Mommsen*, Römisches Staatsrecht. 3. Aufl. Leipzig 1887/88, Bd. 2/1, 369–419; *Lily Ross Taylor*, Roman Voting Assemblies from the Hannibalic War to

war schon einmal, daß es vier Typen von abstimmenden Versammlungen gab: die *comitia centuriata*, die *comitia curiata*, die *comitia tributa* und das *concilium plebis*. Die Volksversammlungen unterschieden sich durch die Untereinheiten, in die sie gegliedert waren (Centurien für die Centuriatcomitien, Curien für die Curiatcomitien, Tribus sowohl für die Tributcomitien als auch für das *concilium plebis*), und nach den Magistraten, die sie einberufen und leiten durften (Consuln, Praetoren, Dictatoren für die Centuriat-, Curiat- und Tributcomitien, Volkstribune für das *concilium plebis*). Hinzu traten die *contiones* als ungegliederte, nicht abstimmende Versammlungen, in denen Projekte vorgestellt und das Volk informiert wurde. Die Volksversammlungen waren für drei Arten von Abstimmungsmaterie zuständig: Gesetze (worunter alle Sachentscheidungen zu verstehen sind, auch solche, die nur situativ galten), Prozeßurteile und Wahlen. Im folgenden konzentriere ich mich, dem Thema entsprechend, auf die Wahlen.

Für die Wahlen sind fünf Grundcharakteristika prägend: Es wurde stets – nicht nur, aber auch bei Wahlen – in Stimmkörperschaften abgestimmt, denen zum Teil sehr unterschiedliche Mengen von Bürgern angehörten, deren Mehrheit innerhalb der Stimmkörperschaft über die Stimme der gesamten Stimmkörperschaft entschied; jeder Bürger hatte bei Wahlen so viele Stimmen, wie Stellen zu besetzen waren, also zum Beispiel bei Consulwahlen zwei; es wurde immer nur das Ergebnis der gesamten Stimmkörperschaft verkündet, die Mehrheitsverhältnisse im Inneren blieben ausgeblendet; die Wahlen wurden abgebrochen, sobald die der Stellenzahl entsprechende Menge von Kandidaten eine Mehrheit der Stimmkörperschaften gewonnen hatte; 139 v.Chr. war bei Wahlen die geheime Abstimmung mit Hilfe von Stimmtäfelchen eingeführt worden.[21]

Die Wahlen der höchsten Magistrate, der Consuln und Praetoren, fanden in den Centuriatcomitien statt, die der Unterbeamten in den Tributcomitien beziehungsweise im *concilium plebis*[22]. Der Oberpontifex wurde in etwas merk-

---

the Dictatorship of Caesar. Ann Arbor 1966, 34–106, 121–190; *E. Stuart Staveley*, Greek and Roman Voting and Elections. London 1972, 121–190; *Claude Nicolet*, Le métier de citoyen dans la Rome républicaine. 2. Aufl. Paris 1979, 295–380. Auf Einzelverweise wird im folgenden verzichtet. Für einen guten Überblick vgl. auch *Jochen Bleicken*, Die Verfassung der römischen Republik. Grundlagen und Entwicklung. 7. Aufl. Paderborn/München/Wien/Zürich 1995, 120–133.

[21] Für Quellenbelege zur *lex Gabinia tabellaria* vgl. *Giovanni Rotondi*, Leges publicae populi Romani (1912). Ndr. Hildesheim 1966, 297. Zu den verwickelten Problemen rund um die Intention bei der Einführung der geheimen Abstimmung und ihren Wirkungen vgl. etwa *Martin Jehne*, Geheime Abstimmung und Bindungswesen in der römischen Republik, in: HZ 257, 1993, 593–613; *Alexander Yakobson*, Secret Ballot and Its Effects in the Late Roman Republic, in: Hermes 123, 1995, 426–442; neuerdings *Christoph Lundgreen*, Geheim(nisvoll)e Abstimmung in Rom. Die *leges tabellariae* und ihre Konsequenzen für die Comitien und die *res publica*, in: Historia 58, 2009, 36–70.

[22] Das *concilium plebis* war die Versammlung der Plebeier, das heißt, formal waren die

würdig verkleinerten Tributcomitien gewählt, das heißt, vor der Abstimmung wurden aus den 35 Tribus, die die Stimmkörperschaften bildeten, 17 ausgelost, und nur die stimmten ab und entschieden mit der einfachen Mehrheit der Tribus. Caesar reichte also der Sieg in neun Tribus, um 63 v. Chr. *pontifex maximus* zu werden. Da für die verschiedenen Jahresämter jeweils eigene Wahlcomitien abgehalten wurden, gab es also in Rom circa acht Wahltage pro Jahr, die normalerweise im Sommer konzentriert waren.

Das Reglement der Centuriatcomitien, in denen die wichtigsten und daher auch am meisten umkämpften Wahlen abgehalten wurden, war besonders kompliziert. Diese timokratisch geordnete Versammlung von 193 Centurien, die in Gruppen von Centurien in fester Ordnung abstimmten, bevorzugte eindeutig die Bessergestellten, die mehr Centurien innehatten mit weniger Mitgliedern und auch noch vor den anderen abstimmten. Es gab fünf Klassen von Centurien, deren erste 70 Centurien umfaßte, während sich auf die zweite bis fünfte Klasse in für uns unbekannter Weise 100 Centurien verteilten. Dazu kamen 18 Centurien von Rittern sowie vier Handwerkercenturien mit einer Proletariercenturie. Da stets nach der Abstimmung einer Centuriengruppe das Ergebnis verkündet wurde, beeinflußten die Vermögenderen mit ihren Voten das Abstimmungsverhalten der nach ihnen Kommenden; da zudem ja die Abstimmung beendet wurde, wenn eine hinreichende Menge von Kandidaten die Mehrheit der Centurien hinter sich gebracht hatte, kamen Mitglieder unterer Centurien überhaupt nur zur Abstimmung, wenn die Stimmen in den oberen erheblich zersplittert waren. Das Verfahren war im übrigen ausgesprochen zeitraubend. Wir wissen, daß die Nachwahl eines einzelnen Consuls, der darüber hinaus mit an Sicherheit grenzender Wahrscheinlichkeit gar keinen Gegenkandidaten hatte, fünf Stunden dauerte.[23]

Den Schlüssel zum Verständnis der Wahlen der Oberbeamten in den Centuriatcomitien bietet die merkwürdige Einrichtung der *centuria praerogativa*. Zum Beginn der Abstimmung wurde aus den Centurien der ersten Abstimmungsklasse eine ausgelost, die einzeln abstimmte und deren Ergebnis verkündet wurde, bevor die restlichen 69 Centurien der ersten Klasse zur Wahl schritten.[24] Cicero behauptet, daß der von der *centuria praerogativa* Erstge-

---

Patricier davon ausgeschlossen. Dort wurden unter Leitung von Volkstribunen die Ämter besetzt, die den Plebeiern vorbehalten waren, also das Volkstribunat und die plebeische Aedilität.
[23] Es handelt sich um die berüchtigte Wahl vom 31. Dezember 45 v. Chr., als Caesar nach Empfang der Nachricht, der eine Consul sei verstorben, auf der Stelle den C. Caninius Rebilus zum Suffectconsul für den Rest des Tages wählen ließ (Cic. fam. 7,30,1).
[24] Die 70 Centurien der ersten Abstimmungsklasse bestanden aus 35 Centurien der *iuniores* (bis 45 Jahre) und 35 der *seniores* (ab 46 Jahre). In den drei Fällen, in denen wir davon hören, welche Centurie zur *praerogativa* ausgelost wurde, war es jeweils eine *centuria iuniorum* (Liv. 24,7,1; 8,20 [215 v. Chr.]; Liv. 26,22,2; 7 [211 v. Chr.]; Liv. 27,6,3 [210 v. Chr.]). Es ist daher vermutet worden, die Auslosung sei auf die *centuriae iuniorum* be-

wählte stets am Ende auch unter den Siegern war.[25] An anderer Stelle bezeichnet Cicero das Ergebnis der *praerogativa* als *omen*[26], also als Zeichen der Götter, was viele Forscher dazu gebracht hat, die Bedeutung dieser Centurie auf religiöse Wirkungsmacht zurückzuführen, da man als Römer schließlich nicht einem Votum der Götter widersprechen wollte.[27] Doch ist die religiöse Terminologie bei Cicero eher metaphorisch zu verstehen. Die Wirkung der Vorstimmcenturie beruhte nicht darauf, daß – etwa bei Consulwahlen – die beiden Kandidaten, die hier die Mehrheit erhielten, quasi eine Designation durch ein Götterzeichen erfuhren, zumal sich ja nach Cicero auch nur der Erstgewählte in der Praxis immer am Ende durchsetzte.[28] Bei der Suche nach alternativen Erklärungen ist man jedoch glücklicherweise nicht allein auf leidlich logische Konstruktion angewiesen, sondern man kann tatsächlich auf ein Quellenzeugnis zurückgreifen. Im Lexikon des Festus über die Bedeutung lateinischer Wörter, das aus dem 1. Jahrhundert n. Chr. stammt, aber auf dem Vorgängerwerk des Verrius Flaccus aus der augusteischen Zeit basiert, heißt es unter dem Stichwort *Praerogativae Centuriae*: Centurien werden *praerogativae* genannt – wie Varro im 6. Buch seiner *Antiquitates rerum humanarum* lehrt –, auf daß die römischen Landbewohner, die

schränkt gewesen, vgl. zum Beispiel *Nicolet*, Métier (wie Anm. 20), 354. Doch ist das bei der geringen Menge an Beispielen natürlich nicht zwingend. Die Zurücksetzung der Älteren scheint mir für die römische Gesellschaft recht unwahrscheinlich zu sein, vgl. dazu auch *Martin Jehne*, Wirkungsweise und Bedeutung der centuria praerogativa, in: Chiron 30, 2000, 664 Anm. 15.

[25] Cic. Planc. 49: „[...] una centuria praerogativa tantum habet auctoritatis ut nemo umquam prior eam tulerit quin renuntiatus sit aut eis ipsis comitiis consul aut certe in illum annum." Für die Interpretation dieser Passage vgl. *Christian Meier*, Art. „Praerogativa centuria", in: Realencyclopädie der classischen Altertumswissenschaft. Suppl. VIII. Stuttgart 1956, Sp. 593; *Jehne*, Wirkungsweise (wie Anm. 24), 665 mit Anm. 19.

[26] Cic. div. 1,103: „[...] praerogativam etiam maiores omen iustorum comitiorum esse voluerunt." Cic. Mur. 38: „Hoc quanti putas esse ad famam hominum ac voluntatem? Etenim, si tanta illis comitiis religio est ut adhuc semper omen valuerit praerogativum, quid mirum est in hoc felicitatis famam sermonemque valuisse?" Vgl. aber Cic. div. 2,83.

[27] Vgl. vor allem *Meier*, Art. „Praerogativa centuria" (wie Anm. 25), Sp. 595–597 (der den ominösen Charakter für die wichtigste, wenn auch nicht einzige Ursache hält); siehe auch *Taylor*, Voting Assemblies (wie Anm. 20), 73 f., 91, 111; dies., Party Politics in the Age of Caesar. 2. Aufl. Berkeley 1968, 56; *Staveley*, Greek and Roman Voting (wie Anm. 20), 155; *Giovanni Forni*, Considerazioni sui comizi romani, in: Rendiconti dell'Istituto Lombardo 106, 1972, 548; *Nicolet*, Métier (wie Anm. 20), 356; *Michael Stemmler*, Eques Romanus – Reiter und Ritter. Begriffsgeschichtliche Untersuchungen zu den Entstehungsbedingungen einer römischen Adelskategorie im Heer und in den comitia centuriata. Frankfurt am Main 1997, 217, 222; *Roberta Stewart*, Public Office in Early Rome. Ritual Procedure and Political Practice. Ann Arbor 1998, 44 f.

[28] Gegen die Einschätzung, das Resultat der *centuria praerogativa* sei in einem strengeren religiösen Sinn als *omen* betrachtet worden, vgl. etwa *Aldo Dell'Oro*, Rogatio e riforma dei comizi centuriati alla luce della Tabula Hebana, in: Parola del Passato 5, 1950, 149 f.; *Nathan Rosenstein*, Sorting out the Lot in Republican Rome, in: AJPh 116, 1995, 58–62; *Jehne*, Wirkungsweise (wie Anm. 24), 666–668.

die Bewerber nicht kennen, auf diese leichter ihre Aufmerksamkeit richten
können. Verrius urteilt, daß es wahrscheinlicher sei, daß, wenn welche von
den *praerogativae* designiert worden waren, die Sache ins Gespräch des Volkes kam über die Würdigen oder Unwürdigen und die übrigen sorgfältiger
über diese abstimmen würden.[29]

Die Erläuterungen von Varro und Verrius Flaccus unterscheiden sich in Nu-
ancen hinsichtlich der vermuteten Zielsetzung des Vorstimmaktes, nicht aber
in der Diagnose der Ausgangssituation: Beide gehen davon aus, daß in rele-
vanter Menge Bürger zu den Comitien erschienen, die sich noch nicht klar
entschieden hatten, wen sie wählen würden. Varro ist noch konkreter: Zu den
Wahlen mußte man mit Besuchern vom Lande rechnen, die die Bewerber gar
nicht kannten! Trotz intensiver Wahlkämpfe, wie sie zumindest in der späten
Republik geführt wurden, kamen viele zur Abstimmung, ohne auch nur zu
wissen, wer sich alles zur Wahl stellte. Diese Wähler bedurften der Hilfe der
centuria praerogativa, um zu wissen, wen man wählen konnte, und sie waren
offenbar auch bereit, dem Votum weitgehend zu folgen.

Daraus ergeben sich bedeutsame Rückschlüsse auf die Strukturen römischer Wahlen. So wird deutlich, daß sich Leute zu den Wahlen in Rom bega-
ben, die bereit waren, sich von einer ausgelosten Centurie vorgeben zu lassen,
wen sie wählen sollten. Die Existenz von Unentschiedenen in großer Zahl ist
ja bei Wahlen in ganz anderen politischen Systemen ebenfalls ein wesentlicher Faktor, so auch zunehmend bei uns, und diese Grunddisposition führt
häufig dazu, daß mangels anderer Kriterien derjenige gewählt wird, der als
Sieger gehandelt wird, mit dem Ergebnis, daß sich die Prognose selber wahr
macht. Das römische System führt aber noch zu einer Steigerung dieses Ef-
fekts, den man in den USA den *bandwagon effect* nennt.[30] Der potentielle Sieger erhält diese Aura durch das Votum einer zufällig bestimmten Centurie,
und viele Wähler übernehmen deren Entscheidung, ohne daß sie den Kandidaten vorher auch nur gekannt hätten. Die volle Bedeutung dieses Verhaltens
wird erst deutlich, wenn man sich die Zusammensetzung der Centurien vor
Augen stellt. Die Centurien der ersten Klasse waren in der großen Reform der
Centuriatcomitien irgendwann zwischen 241 und 218 mit den 35 Tribus verknüpft worden, und zwar dergestalt, daß aus jeder Tribus die Angehörigen
dieser Vermögensklasse zwei Centurien stellten, eine der *iuniores* bis 45 Jahre

---

[29] Fest. p. 290 Lindsay: „Praerogativae centuriae dicuntur, ut docet Varro rerum humanarum Lib. VI. .... quo rustici Romani, qui ignorarent petitores, facilius eos animadvertere
possent. Verrius probabilius iudicat esse, ut cum essent designati a praerogativis, in sermo-
nem res veniret populi de dignis, indignisve, et fierent caeteri diligentiores ad suffragia de
his ferenda." Für die Lücke im Text nach „Lib. VI" und die Emendationsmöglichkeiten
vgl. die Überlegungen bei *Jehne*, Wirkungsweise (wie Anm. 24), 669 Anm. 35.
[30] Vgl. für diese Assoziation schon *Taylor*, Party Politics (wie Anm. 27), 56.

und eine der *seniores* ab 46.[31] Es war aber in der römischen Gesellschaft üblich, daß die Angehörigen einer Tribus einen Bewerber aus ihren Reihen unterstützten, und es galt umgekehrt als Schmach, wenn man als Kandidat seine eigene Tribus nicht gewann.[32] Auch wenn sich dies besonders deutlich nur in den Versammlungen manifestierte, die nach Tribus untergliedert waren, so ist doch daraus abzuleiten, daß ein Bewerber normalerweise in den Centurien, die aus seiner Tribus gebildet wurden, besonders stark war. Wenn nun viele Wähler bei Consulwahlen die Kandidaten nicht kannten und gerne dem Votum der *praerogativa* folgten, dann hieß das im Endeffekt, daß ein wenig aussichtsreicher Bewerber gewählt werden konnte, wenn zufällig als *praerogativa* die aus seiner Tribus gebildete Centurie ausgelost wurde, oder andersherum: Wenn eine andere Centurie gelost worden wäre, hätte wahrscheinlich ein anderer gewonnen. Die *centuria praerogativa* verdeutlicht also, daß die Wahlentscheidung in Rom zu einem beachtlichen Teil aleatorisch war.[33]

Die Voraussetzung für die Wirksamkeit der *centuria praerogativa*, wie sie auch daraus hervorgeht, daß Consulatsbewerber des Jahres 54 v. Chr. versuchten, diese Centurie mit einer gigantischen Bestechungssumme für sich zu gewinnen[34], bestand in den gering ausgeprägten Präferenzen der Wähler. Wären die Consulcomitien von Bürgern dominiert worden, die fest hinter ihrem Kandidaten standen, dann hätte das Ergebnis der Vorstimmkörperschaft gar keinen großen Einfluß ausüben können. Doch wird die normale Gemüts- und Interessenlage eines römischen Wählers oft anders gesehen, da man auf die zweite Stimme verweist.[35] Der abstimmende Bürger konnte ja so viele Stimmen abgeben, wie Stellen zu besetzen waren, also bei Consulwahlen zwei.[36] Wenn jemand zu den Comitien erschien, um einen bestimmten Kandidaten,

[31] Für die Reform der Centuriatcomitien irgendwann zwischen 241 und 220 vgl. etwa *Lucy J. Grieve*, The Reform of the *comitia centuriata*, in: Historia 34, 1985, 278–309.
[32] Cic. Vat. 36; Sest. 114.
[33] Dies galt zumindest für die nachsullanische Republik, dürfte aber bei Einführung der *centuria praerogativa* in der 2. Hälfte des 3. Jahrhunderts v. Chr. nicht intendiert gewesen sein. Damals ging es wohl nur um die Vereinheitlichung des Votums.
[34] Cic. Q. fr. 2,15,4. Vgl. zum Hintergrund und Ablauf dieser versuchten Wahlmanipulation *G. V. Sumner*, The *coitio* of 54 BC, or Waiting for Caesar, in: HStClPh 86, 1982, 134–139.
[35] Vgl. *Christian Meier*, Res publica amissa. Eine Studie zu Verfassung und Geschichte der späten römischen Republik. 2. Aufl. Frankfurt am Main 1980, 178–180; siehe auch *Henrik Mouritsen*, *Plebs* and Politics in the Late Roman Republic. Cambridge 2001, 106.
[36] Das wird gelegentlich bezweifelt, vgl. *Claude Nicolet*, Le livre III des „res rusticae" de Varron et les allusions au déroulement des comices tributes, in: REA 72, 1970, 129f.; *ders.*, Métier (wie Anm. 20), 371f. Aber *Ursula Hall*, Voting Procedure in Roman Assemblies, in: Historia 13, 1964, 297–304, hat die gesamte Überlieferung durchgeprüft und zieht den Schluß, daß mehr dafür spricht, daß die Wähler so viele Stimmen hatten, wie Posten zu besetzen waren; noch entschiedener *dies.*, ‚Species libertatis'. Voting Procedure in the Late Roman Republic, in: Michel Austin/Jill Harries/Christopher Smith (Eds.), Modus operandi. Essays in Honour of Geoffrey Rickman. (Bulletin of the Institute of Classical Studies, Supplement 71.) London 1998, 27.

dem er verbunden war, mit einer Stimme zu wählen, so hatte er die zweite
noch zur Verfügung, und mit der konnte er dann das Votum der *praerogativa*
aufgreifen. Dies paßt auch gut zur zitierten Bemerkung Ciceros, der von der
Vorstimmkörperschaft Erstgewählte habe sich immer durchgesetzt, was ja im-
pliziert, daß es der Zweitgewählte keineswegs immer tat.[37] Man hielt sich also
mit seiner einen Stimme an die *praerogativa*, die andere war aber schon besetzt und wurde unabhängig von der *praerogativa* vergeben. Doch ist das kein
Argument gegen die Annahme schwacher Präferenzen römischer Wähler.
Selbst wenn die beschriebene Disposition der Normalfall gewesen sein sollte,
bedeutet das ja, daß man sich für die zweite Stimme gar keine Gedanken
machte, bis man zur Wahl erschien, und daß es diesen Wählern offenbar
gleichgültig war, wem sie ihre zweite, genauso gewichtige Stimme gaben. Zudem hat Henrik Mouritsen in seinem intelligenten Buch über die *plebs* in der
römischen Politik während der späten Republik darauf hingewiesen, daß es
keinen Grund gibt zu vermuten, daß man alle seine Stimmen ausschöpfen
mußte.[38] das heißt also: Ein glühender Verehrer eines Bewerbers konnte die
Chancen seines Favoriten am besten fördern, wenn er diesem allein eine
Stimme gab, die zweite aber verfallen ließ. Nur so konnte er verhindern, daß
er mit seiner zweiten Stimme einen Konkurrenten stärkte, der am Ende vielleicht vor seinem Lieblingskandidaten einkam und für dessen Niederlage
sorgte. In Varros Schrift über die Landwirtschaft gibt es auch Hinweise auf ein
solches Verhalten von eindeutig positionierten Unterstützern.[39] Im übrigen
kann man durchaus damit rechnen, daß die potentiell kontraproduktiven Folgen der Doppelstimme gesehen wurden. Dennoch folgten römische Bürger in
ergebnisrelevanter Zahl dem Votum der *praerogativa*.

Römische Wahlen waren also wenigstens partiell geprägt von Wählern, denen es nicht sonderlich wichtig war, wer am Ende gewählt wurde. Diese Disposition befand sich im Einklang mit den Erfordernissen des Systems. Denn
in Rom ging man offenbar selbstverständlich davon aus, daß die Aufgaben eines Consuls von jedem Angehörigen der Führungsschicht, der es so weit gebracht hatte, gleichermaßen versehen werden konnten.[40] Das hieß nicht, daß
Unterschiede nicht wahrgenommen wurden, aber man hielt sie nicht für hin-

---

[37] Vgl. oben Anm. 25. Vgl. gegen Nicolets Überlegungen vor allem auch *Mouritsen, Plebs*
(wie Anm. 35), 102–105.
[38] *Mouritsen, Plebs* (wie Anm. 35), 105.
[39] Varr. r. r. 3.2.1; 5.18; vgl. *Mouritsen, Plebs* (wie Anm. 35), 103; siehe auch *Martin
Jehne*, Le système électoral des Romains et le désespoir des candidats, in: Revue d'Histoire du Droit Français et Étranger (im Druck).
[40] Vgl. die Untersuchungen von *Nathan Rosenstein*, Imperatores victi. Military Defeat and
Aristocratic Competition in the Middle and Late Republic, Berkeley/Los Angeles/Oxford
1990, bes. 170–178, der „a myth of universal aristocratic competence" (172) konstatiert bei
seinem Versuch, die eigentlich erstaunliche Tatsache zu verstehen, daß man in Rom Jahr
für Jahr erfahrene Truppenkommandeure ablöste und durch neue, oft unerfahrene ersetzte.

reichend relevant, um sich deswegen stärker zu engagieren, und obwohl Consuln die Heere des römischen Gemeinwesens kommandierten, hatte man nur in Ausnahmefällen das Bedürfnis, für diese Funktion nach besonders geeigneten Bewerbern Ausschau zu halten. Der Ablauf der Wahlkämpfe verdeutlicht dies. Niemand verkündete ein Programm für die Amtszeit, niemand versprach den Wählern, er werde nach Amtsantritt das Füllhorn der Staatskasse über sie ausgießen, zumeist behauptete auch niemand, er werde den Krieg irgendwo in Asien mit ganz anderer Verve zum Erfolg führen als die Vorgänger – was ohnehin schlecht möglich war, da solche Kommanden zwischen den neuen Consuln ausgelost zu werden pflegten. Statt dessen verwiesen alle Bewerber auf ihre großartigen und verdienstvollen Vorfahren, sofern sie über solche verfügten, und ihre eigenen Leistungen in der Vergangenheit, die aber meist in verhältnismäßig durchschnittlichen Erfüllungen eines gängigen Pflichtenkanons bestanden. Es war schwer, sich gegen die Konkurrenz zu profilieren, zumal es nicht einmal Wahlreden gab, sondern höchstens Gespräche mit wenigen auf dem Forum oder beim Morgenempfang.

Die Bewerber, für die die Entscheidung natürlich wichtig war, kämpften also gegen die Bedeutungslosigkeit des konkreten Wahlergebnisses für das Gemeinwesen und die Wähler, indem sie Aufmerksamkeit zu erregen suchten. Die täglichen Züge auf das Forum mit großem Gefolge, joviale Gesten gegenüber den Passanten, spektakuläre Spiele und Speisungen, all dies sollte den Eindruck hervorrufen, daß man es hier mit einem Manne zu tun hatte, der in besonderem Maße großartig und den Bürgern zugetan war und der offenkundig ein Siegertyp war. Doch die Konkurrenz war natürlich ebenso fleißig und betrieb vergleichbaren Aufwand, so daß es schwer war, sich davon abzuheben. In dieser Lage griff man dann zunehmend zu dem Mittel, den Wählern für ihre Stimme eine gewisse Summe in die Hand zu drücken. Das war keine Bestechung im eigentlichen Sinne[41], denn der moderne Wahlbestechungsbegriff basiert ja darauf, daß sich Wähler ihre Überzeugungen abkaufen lassen. In Rom standen aber keine Überzeugungen zur Wahl, denn die Wähler sollten nur zwischen verhältnismäßig gleichförmigen, ihren Job in ähnlicher Weise verrichtenden Bewerbern eine Auswahl vornehmen. Die Geldzahlungen erlangten, so glaube ich, vor allem deshalb eine so weite Verbreitung, weil Geld sich so gut messen läßt – fünf Denare sind einfach mehr als drei. In einer Landschaft diffus verwaschener Eignungsbehauptungen bildeten sie wohl oft das am besten faßbare Kriterium, das einem ratlosen Wähler eine Entscheidung ermöglichte – soweit er nicht einfach der *praerogativa* folgte.[42]

---

[41] Vgl. für diese Interpretation *Martin Jehne*, Die Beeinflussung von Entscheidungen durch „Bestechung": zur Funktion des ambitus in der römischen Republik, in: ders. (Hrsg.), Demokratie in Rom? Die Rolle des Volkes in der Politik der römischen Republik. (Historia, Einzelschriften, Bd. 96.) Stuttgart 1995, 51–76, bes. 62 f., 75 f.

[42] Nach wie vor bin ich der Auffassung, daß die Kandidaten auf die Wähler in den meisten

Wenn aber die Diagnose richtig ist, daß der Wahlausgang weder für die Wähler noch für das Gemeinwesen, sondern nur für die einzelnen Kandidaten wichtig war, warum unterzogen sich römische Bürger dann überhaupt der Mühe, zu den Volksversammlungen zu gehen? Nun wissen wir, daß die Zahl derer, die ihr Wahlrecht ausübten, prozentual gering war. Es wurde in Rom – wie auch sonst zumeist in der Antike – stets die persönliche Stimmabgabe beim Wahlakt auf dem Marsfeld verlangt. Schon zu Beginn des 2. Jahrhunderts v. Chr. wohnten aber römische Bürger in ganz Italien, wenn auch schwerpunktmäßig in Mittelitalien, nach dem Bundesgenossenkrieg war 90/89 v. Chr. auch dem Rest der italischen Bevölkerung südlich des Po das römische Bürgerrecht verliehen worden. Angesichts der antiken Verkehrsbedingungen hatten demnach überhaupt nur Bürger aus Rom und der näheren Umgebung sowie die Angehörigen der *leisure class* eine realistische Chance, an den Consularcomitien teilzunehmen. Walter Scheidel hat unlängst die Bürgerzahl im Zentrum für das spätere 2. Jahrhundert auf ca. 460 000 und die in weiterer Entfernung auf ca. 915 000 geschätzt, für die Mitte des 1. Jahrhunderts, nach der großen Einbürgerung, sind es ca. 650 000 zu gut drei Millionen.[43] Man sieht also, daß sich die Partizipationsmöglichkeiten durch die Ausdehnung des Bürgergebiets erheblich verschlechterten. Doch hat man noch eine andere Kalkulationsmöglichkeit, indem man nämlich von dem an den verschiedenen Abstimmungsorten zur Verfügung stehenden Raum ausgeht. Wie Henrik Mouritsen dargelegt hat, hatten auf dem Marsfeld, dem größten der traditionellen Versammlungsplätze, auf dem stets die Centuriatcomitien stattfanden, nicht mehr als etwa 30 000 Bürger Platz, um die komplexen Wahlakte durchzuführen, und da wir nie davon hören, daß es Platzprobleme gegeben hat, dürften es in der Praxis erheblich weniger gewesen sein.[44] Wir sind damit für die letzten Jahrzehnte der Republik bei weniger als einem Prozent der Bürgerschaft angekommen. Für die Römer war das im übrigen nie ein Problem, zumindest hören wir nie davon. Die anwesenden Bürger verkörperten den *populus Romanus*, wenn denn nur die Untereinheiten vertreten waren; absolute Zahlen und Prozentquoten waren dabei gleichgültig.

Fällen sehr ähnlich wirkten, weshalb die Wähler, wenn sie sich die Mühe machten, die Folgen ihrer Wahlentscheidung für das Wohl des Staates zu kalkulieren, angesichts der Auswahlmöglichkeiten eher ratlos als froh waren (vgl. *Jehne*, Beeinflussung [wie Anm. 41], 75 mit Anm. 134, kritisiert von *Yakobson*, Elections [wie Anm. 16], 152 Anm. 8). Die Beispiele von *Yakobson*, Elections (wie Anm. 16), 156–177, für persönliche Prägungen der Bewerber und ihre Karrieren wirken auf mich nicht sehr eindrucksvoll, zumal es sehr unklar ist, ob diese Informationen bei den Wählern hinreichend präsent waren (vgl. Fest. p. 290 Lindsay, oben Anm. 29).

[43] *Walter Scheidel*, The Demography of Roman State Formation in Italy, in: Martin Jehne/Rene Pfeilschifter (Hrsg.), Herrschaft ohne Integration? Rom und Italien in republikanischer Zeit. (Studien zur Alten Geschichte. Bd. 4.) Frankfurt am Main 2006, 213.

[44] *Mouritsen*, Plebs (wie Anm. 35), 26–30.

Aber selbst wenn nur ein verschwindend geringer Anteil der Berechtigten tatsächlich an dem Wahlakt partizipierte: Warum kamen diese wenigen? Nun wissen wir, daß es Männer gab, die den Kandidaten verpflichtet waren, und die waren nach den Regeln des Patronagesystems gehalten, sich bei der Wahl für ihre Patrone einzusetzen. Auch kamen wenigstens einige Leute aus der Umgebung, um ihre Tribusgenossen zu unterstützen.[45] Möglicherweise gehörte die Teilnahme an den Wahlen für Senatoren und viele Ritter zum guten Ton, und auch die lokalen Honoratioren, die nicht Mitglieder des Ritterstandes waren, könnten ziemlich regelmäßig zu den Consulwahlen nach Rom gereist sein, zumal es in dieser Zeit normalerweise auch attraktive Spiele zu sehen gab. Aber was ist mit den kleinen Leuten? Alexander Yakobson hat sich um den Nachweis bemüht, daß der Vermögensstand, der für die Zugehörigkeit zur ersten Klasse der Centuriatcomitien, die immerhin 70 von 193 Centurien stellte, erforderlich war, gar nicht so hoch war[46], und diese Klasse war zweifellos präsent. Für eine korrekte Abstimmung benötigte man jedenfalls auch Angehörige der unteren Klassen, und ab der dritten Klasse wußten die Bürger, die sich aufmachten, nicht einmal sicher, ob die Abstimmung nicht schon beendet wurde, bevor sie überhaupt an der Reihe waren und ihre Stimme abgeben konnten. Dennoch hören wir nie davon, daß es ein Problem gegeben hätte, die Wahlen durchzuführen, und wir müssen davon ausgehen, daß im Normalfall auch die unteren Centurien vielleicht nicht überfüllt, aber doch wenigstens vertreten waren. Warum gingen einfache Bürger, die für ihren Lebensunterhalt arbeiten mußten, zu Wahlen, für die sie den ganzen Tag einkalkulieren mußten? Warum nahmen sie das auf sich, obwohl ihnen mehr oder weniger egal war, wer gewählt wurde, ja obwohl sie zum Teil nicht einmal wußten, wer sich alles bewarb?

Hier kommt man meiner Meinung nach nur weiter, wenn man die fundamentale Differenzierung zwischen der instrumentellen und der symbolischen Dimension von Ritualen berücksichtigt. Wenn man Rituale zunächst einmal ganz schlicht als im äußeren Ablauf standardisierte, auf Wiederholung angelegte und stark symbolisch aufgeladene Handlungsketten definiert, mit denen die als Mitwirkende oder Zuschauende beteiligten Menschen in einen Gruppenzusammenhang integriert werden[47], dann handelt es sich bei den römischen Wahlversammlungen unstrittig um Rituale. Man kann auch wahrscheinlich machen, daß sie unterschiedliche Integrationsimpulse aussandten,

---

[45] Cic. Planc. 21 f.; vgl. Cic. Mur. 42; Q. Cic. comm. pet. 50.
[46] *Alexander Yakobson, Petitio et largitio*: Popular Participation in the Centuriate Assembly of the Late Republic, in: JRS 82, 1992, 44 f.; *ders.*, Elections (wie Anm. 16), 43–48.
[47] Vgl. *Martin Jehne*, Integrationsrituale in der römischen Republik. Zur einbindenden Wirkung der Volksversammlungen, in: Karl-Joachim Hölkeskamp/Jörn Rüsen/Elke Stein-Hölkeskamp/Heinrich Theodor Grütter (Hrsg.), Sinn (in) der Antike. Orientierungssysteme, Leitbilder und Wertkonzepte im Altertum. Mainz 2003, 279.

Tributcomitien dominant egalitäre. Centuriatcomitien dominant hierarchi-
sche, und möglicherweise war es gerade die Kombination, die zur Stabilität
der Republik beitrug[48] – aber das ist hier nicht mein Schwerpunkt. Es geht mir
an dieser Stelle ja nur um eine plausible Hypothese für die Partizipationsbe-
reitschaft einiger, wenn auch weniger Bürger.

Was die Differenzierung zwischen „instrumentell" und „symbolisch" angeht, so werden die beiden Begriffe gewöhnlich nicht auf gleiche Weise im
Phänomenbestand zur Anwendung gebracht. Da ein Ritual normalerweise zu
einem Ergebnis führt und dieses Ziel auch offen und klar als unmittelbarer
Zweck der Abhaltung dieses Rituals angegeben wird, ist das Instrumentelle
zumeist leicht beschreibbar. Die römischen Centuriatcomitien in ihrer Funktion als Consularcomitien wurden einberufen, um die zwei Consuln für das
nächste Jahr vom versammelten Volk wählen zu lassen, das ist simpel und
funktional. Aber welche Bedeutung hatten symbolische Akte dabei, also vielfältige Rekurrenzen auf Leitideen und Grundorientierungen der Gesellschaft,
die somit eingeschärft und reproduziert wurden und Vertrautheit und Gemein-
schaftsgefühl erzeugten?[49] Zur Abwägung des Stellenwerts für die Teilnehmer eines Rituals ist es daher eine günstige Situation, wenn man wahrscheinlich machen kann, daß die instrumentelle Seite nur einen schwachen Anreiz
bot, der in keinem angemessenen Verhältnis zum Aufwand zu stehen scheint.
Dann bleiben nur die Gewinne aus dem symbolischen Geschehen, die die Besucher zum Ort des Geschehens locken konnten – und das war meiner Auffassung nach der Fall bei den römischen Wahlen.

Man muß sich die Vorgänge nur einmal plastisch vor Augen führen. Wenn
man zur Gruppe der regelmäßigen Volksversammlungsbesucher gehörte und
folglich in Forumsnähe lebte[50], dann konnte man während des Wahlkampfs
erleben, wie sich die Kandidaten aus der Führungsschicht mit Gefolge auf
dem Forum einfanden, einfache Bürger höflich begrüßten und möglichst mit
Namen anredeten, jede Gelegenheit nutzten, um mit ihnen ein Gespräch anzu-
fangen, sie um ihre Unterstützung baten.[51] Das setzte sich dann am Wahltag

---

[48] Vgl. dafür *Jehne*, Integrationsrituale (wie Anm. 47), bes. 291 f.
[49] Vgl. ebd. 280.
[50] Für die These, daß es eine rund um das Forum lebende politisch aktive Kerngruppe von
Bürgern gab, die häufig an den *contiones*, den ganz kurzfristig einberufenen und in hoher
Frequenz stattfindenden Informationsversammlungen der Magistrate, teilnahm und auch
die Comitien zu besuchen pflegte, vgl. *Martin Jehne*, Who Attended Roman Assemblies?
Some Remarks on Political Participation in the Roman Republic, in: Francisco Marco Si-
món/Francisco Pina Polo/José Remesal Rodríguez (Eds.), Repúblicas y ciudadanos: mode-
los de participación cívica en el mundo antiguo. (Instrumenta, Vol. 21.) Barcelona 2006,
221-234. Zu den *contiones* allgemein und ihrer Entwicklung vgl. *Claudia Tiersch*, Politische Öffentlichkeit statt Mitbestimmung? Zur Bedeutung der *contiones* in der mittleren
und späten römischen Republik, in: Klio 91, 2009, 40–68 (mit der älteren Literatur).
[51] Vgl. zum Wahlkampf etwa *Taylor*, Party Politics (wie Anm. 27), 62–71; *Jehne*, Beeinflussung (wie Anm. 41), 58-63; *Yakobson*, Elections (wie Anm. 16), vor allem 211–225.

fort, wenn die Haupthelfer der Kandidaten noch in letzter Sekunde versuchten, die Wähler zu bearbeiten. Das alles tat dem umworbenen Durchschnittsbürger einfach gut. Und gerade weil das Ergebnis für das Gemeinwesen unerheblich war, konnte er eigentlich auch machen, was er wollte, während das ganze Ritual die Selbstwahrnehmung verstärkte, daß hier das römische Volk, dessen würdiger Vertreter man war, die Männer auswählte, die dann für ein Jahr an der Spitze des Weltreiches standen. Es dürfte für arme Schlucker in Rom kaum andere Gelegenheiten gegeben haben, sich bedeutsam und wichtig zu fühlen und gleichzeitig so etwas wie eine Gemeinschaft auch mit den Angehörigen der Oberschichten zu spüren, wobei diese Gemeinschaft erfahrbar hierarchisch gegliedert war. Aber genauso wie die Wohlhabenden und Einflußreichen vollzog der kleine Mann die Schritte bis zur Stimmabgabe, und gemeinsam verkörperte man den *populus Romanus*. Die Partizipation an den Centuriatcomitien war ein Erlebnis, das bei den Teilnehmern zumeist für Wohlbefinden gesorgt haben dürfte, und das um so mehr, als die meisten höchstens lau engagiert waren und fröhlich mit den Siegern, die man nach Hause zu begleiten pflegte[52], feiern konnten, ohne mit den Verlierern zu leiden.

Für viele, wenn auch nicht für alle Besucher römischer Wahlversammlungen war also der Vorgang des Rituals der interessante Teil, der Ausgang der Wahl, den das Ritual hervorbrachte, dagegen unwesentlich. Es zählt zu den Eigentümlichkeiten der römischen Republik, daß sie Volksentscheidungen in großer Zahl benötigte und produzierte, aber die Entscheidungsspielräume des Volkes verhältnismäßig stark verengte und gerade den breiteren Schichten zumeist nur die Zustimmung zur vorgegebenen Richtung beließ.[53] Aber die gemeinschaftsverstärkende Symbolik der Versammlungen erzeugte erst die hohe Zustimmungsbereitschaft und sorgte dafür, daß es verhältnismäßig wenig Konflikte vor allem auch bei Wahlen gab. Die Unberechenbarkeit des Wahlvorgangs, die eigentlich nur besonders herausragenden Kommunikatoren oder sehr bekannten Männern den Wahlsieg leidlich vorhersehbar verhieß, brachte es dann mit sich, daß man, wenn man um jeden Preis gewinnen oder den Sieg eines Gegners nicht tolerieren wollte, die unliebsame Konkurrenz mit Gewalt an der Aufrechterhaltung der Kandidatur zu hindern suchte. War der Gegner einmal da bei den Wahlen, dann war eigentlich nichts mehr zu machen, dann spielte der Zufall eine bedeutende Rolle. Aber der große Pompeius fand auch in einer solchen Lage noch einen Ausweg. Als er in seiner Eigenschaft als Leiter der Praetorenwahlen für das Jahr 55 mit Entsetzen vernahm, daß es in der *centuria praerogativa* für seinen Feind Cato eine Mehrheit gege-

52 Vgl. etwa Varr. r. r. 3,2,1.
53 Vgl. zur grundsätzlichen Zustimmungsdisposition des Volkes – und deren Grenzen – vor allem *Egon Flaig*, Ritualisierte Politik. Zeichen, Gesten und Herrschaft im Alten Rom. (Historische Semantik, Bd. 1.) Göttingen 2003, 164–180.

ben hatte, verkündete er flugs der zweifellos staunenden Menge, er habe es
gerade donnern hören, und dieses eindeutig schlechte Vorzeichen konnte nach
den römischen Regeln nur eine Konsequenz haben: Die Wahlversammlung
wurde aufgelöst, und man mußte an einem anderen Tage noch einmal von
vorne beginnen[54], an dem die Schlägertrupps von Pompeius und Caesar dafür
sorgten, daß unerwünschte Personen den Versammlungsplatz gar nicht erst
betreten konnten.[55] Aber solche Tricks konnte man nicht sehr häufig anwenden[56], und so wurde Cato denn auch für das folgende Jahr 54 gewählt.

---

[54] Plut. Cat. min. 42.3 f. (vgl. Pomp. 52.3). Vgl. *Taylor*, Party Politics (wie Anm. 27), 81 f.;
T. Robert S. Broughton, Candidates Defeated in Roman Elections: Some Ancient Roman
„Also-Rans". (Transactions of the American Philosophical Society, Vol. 81, Part 4.) Philadelphia 1991. 37.
[55] Plut. Cat. min. 42.5.
[56] Sogar Cato versuchte ein ähnliches Manöver im folgenden Jahr, doch hatte er keinen
Erfolg (Plut. Cat. min. 43.7).

Wählen im früheren Mittelalter

Von

Hagen Keller

Wer dem Wählen im früheren Mittelalter nachforscht, betritt ein unübersichtliches Terrain. Sammelt man Belegstellen für *eligere* und *electio*, so meint man bald, sich in einer weiten Steppe ohne erkennbare Grenzen zu bewegen; fragt man nach der Bedeutung der Begriffe und dem zugehörigen Wortfeld, steht man vor einem vielfach ineinander verschlungenen Buschwerk; blickt man statt dessen auf einzelne genauer beschriebene Vorgänge, so will das meiste nicht zu dem passen, was wir in unserer Vorstellungswelt mit „Wahl" und „wählen" verbinden. Dabei kann kein Zweifel sein, daß in den für das Tagungsthema einschlägigen Zusammenhängen *eligere* und *electio* Fachwörter sind, Termini der Rechtssprache oder besser, da das Bedeutungsspektrum über die „Rechtssphäre", wie wir sie verstehen, hinausgreift, Begriffe mit rechtlichen Konnotationen. Und doch fällt es der Forschung schwer, zu sagen, was sie im früheren Mittelalter ‚eigentlich' bedeuteten.

Mit dieser Feststellung bestreite ich nicht, daß es viel kluge und gelehrte Literatur über Wahlen auch im früheren Mittelalter gibt: über die Abtwahl, über Bischofswahlen, über die Königswahl.[1] Meist wird in diesen Arbeiten die „Erhebung" des Bischofs oder Königs oder die Einsetzung des Abtes als mehrstufiger Gesamtakt behandelt, zu dem eine „Wahl" notwendig dazugehört. Doch zum Verfahren bei der Wahl läßt sich nicht viel ermitteln, allenfalls wird etwas zu den symbolischen Formen des Vollzuges einer bereits feststehenden Entscheidung gesagt. Dennoch ist festzuhalten: Bei der Bestimmung eines neuen Oberhauptes war die *electio* ein eigener, klar abgrenzbarer Vorgang, und sie war, wie Quellen aus allen Jahrhunderten des früheren Mittelalters belegen, für die Menschen in dieser Epoche nicht weniger wichtig als in den Zeiten elaborierter Wahlverfahren und des häufigen juristischen Streits über die Gültigkeit einer Wahl.

Gewählt wurden nicht nur Herrscher und kirchliche Prälaten. Unter Zustimmung der Gerichtsgemeinde ausgewählt wurden beispielsweise auch die

---

[1] *Reinhard Schneider/Harald Zimmermann* (Hrsg.), Wahlen und Wählen im Mittelalter. (VuF, Bd. 37.) Sigmaringen 1990, darin insbes. *Werner Maleczek*, Abstimmungsarten. Wie kommt man zu einem vernünftigen Wahlergebnis?, 79–134, mit ausführlichen Literaturhinweisen; vgl. ferner *Heinz Thomas/Eberhard Isenmann/Ulrich Schmidt*, Art. „Wahl. A", in: Lexikon des Mittelalters. Bd. 8. München u.a. 1997, Sp. 1909–1913; *Hans-Jürgen Bekker*, Art. „Wahl, Wahlrecht", in: Handwörterbuch zur deutschen Rechtsgeschichte. Bd. 5. Berlin 1994, Sp. 1083–1086.

Schöffen schon in der Karolingerzeit[2]: in Gilden, bruderschaftlichen Zusammenschlüssen, Nachbarschaftsverbänden und Pfarreien wurden einzelnen Personen Aufgaben für die Gemeinschaft und eine funktionsbezogene Autorität in wahlartigen Handlungen übertragen.[3] Unter den merowingischen „Schattenkönigen" sicherten auch Hausmeier durch Anerkennungsakte ihre Position[4], wie ja seit dem 10. Jahrhundert innerhalb des Reiches auch Herzogswahlen bezeugt sind[5]. „Wählen" war im früheren Mittelalter also ein breiteres gesellschaftliches Phänomen und nicht nur etwas, was in mehr oder weniger langen Intervallen nach dem Tod eines Hauptes der Gemeinschaft stattfand.

Fast jede *electio* kann als symbolträchtiges und unmittelbar lebensrelevantes, oft zentrales Ereignis sozialer Interaktion in einer geordneten Gemeinschaft betrachtet werden. Sie stellt öffentlich einen gemeinsamen Willen her und soll einer einmaligen Entscheidung der Gemeinschaft dauerhaft Verbindlichkeit für ihre Angehörigen verleihen. Doch wie wurde gewählt? Trotz der vielen Wahlvorgänge und trotz der Bedeutung, die den Wahlen zuerkannt wurde, lassen sich im früheren Mittelalter nirgends geregelte Wahlverfahren, das heißt Wahlen in unserem Sinne, ausmachen. „Wählen" muß etwas anderes bedeutet haben, als man in späteren Zeiten mit dem Vorgang des Wählens und mit der Vorstellung vom Wählen verband.

Erste Verfahrensregeln sind in den Quellen seit dem frühen 12. Jahrhundert bezeugt, in ganz verschiedenen Lebenskreisen und in vielen Regionen der lateinischen Christenheit. Zunächst handelt es sich oft um Prozeduren, die fallbezogen vereinbart wurden und die allenfalls tendenziell auf allgemeingültige Normen zielten.[6] Nur für die Wahl des Papstes scheint im sogenannten Papst-

---

[2] *Jürgen Weitzel*, Art. „Schöffen", in: Reallexikon der germanischen Altertumskunde. Bd. 27, 2. Aufl. Berlin 2004, 233–236; vgl. *Friedrich Battenberg*, Dinggenossenschaftliche Wahlen im Mittelalter. Zur Wahl und Einsetzung von Schöffenkollegien und gerichtlichen Funktionsträgern, besonders vom 14. bis zum 16. Jahrhundert, in: Schneider/Zimmermann (Hrsg.), Wahlen und Wählen (wie Anm. 1), 271–321.
[3] *Knut Schulz*, Wahlen und Formen der Mitbestimmung in der mittelalterlichen Stadt des 12./13. Jahrhunderts, in: Schneider/Zimmermann (Hrsg.), Wahlen und Wählen (wie Anm. 1), 323–344; *Hagen Keller*, Wahlformen und Gemeinschaftsverständnis in den italienischen Stadtkommunen (12./14. Jahrhundert), in: ebd. 345–374; *Dietrich Kurze*, Hoch- und spätmittelalterliche Wahlen im Niederkirchenbereich als Ausdruck von Rechten, Rechtsansprüchen und als Wege zur Konfliktlösung, in: ebd. 197–225.
[4] Chronicarum quae dicuntur Fredegarii libri quattuor, III, 58–59, lateinisch-deutsch, in: Quellen zur Geschichte des 7. und 8. Jahrhunderts. (Freiherr-vom-Stein-Gedächtnisausgabe, Bd. 4a.) Darmstadt 1982, 130f.
[5] Für Bayern *Friedrich Prinz*, Die innere Entwicklung: Staat, Gesellschaft, Kirche, Wirtschaft, in: Max Spindler (Hrsg.), Handbuch der bayerischen Geschichte. Bd. 1, 2. Aufl. München 1981, 397 f., 400; vgl. *Helmut Maurer*, Der Herzog von Schwaben. Sigmaringen 1978, 205–209; *Thomas Zotz*, Ottonen-, Salier- und Frühe Stauferzeit, in: Meinrad Schaab/ Hansmartin Schwarzmaier (Hrsg.), Handbuch der baden-württembergischen Geschichte. Bd. 1/1, Stuttgart 2001, 476 ff.
[6] *Hagen Keller*, Schwäbische Herzöge als Thronbewerber: Hermann II. (1002), Rudolf

wahldekret Nikolaus' II. von 1059 ein früher Ansatz zur Normierung vorzu-
liegen. Doch sieht man genauer hin, so regelt die Verfügung, aufgrund
schlechter Erfahrungen zur Wahrung der kirchlichen Freiheit mit politischer
Stoßrichtung erlassen, nicht einen Wahlmodus, sondern sie beschreibt ein ab-
gestuftes Beratungsverfahren, das im kleinen Kreis beginnt und dann, die Au-
toritätsleiter nach unten steigend, dem gefundenen Vorschlag allgemeine Zustimmung sichern soll, damit danach die einhellige Wahl stattfinden kann.[7]
Selbst als 1077, nach Canossa, die oppositionellen Fürsten die freie Wahl des
römisch-deutschen Königs einführen wollten, wurde nicht über das Verfahren
nachgedacht.[8] Gleichzeitig tobte der Streit über die Einsetzung der Bischöfe:
Kanonisch sollten sie gewählt und zur Wahrung der *libertas ecclesiae* ohne
königliche Investitur geweiht werden. Doch wie war eine *electio canonica* zu
vollziehen? Darüber begann man erst infolge des Streits genauer nachzudenken, und es brauchte einige Zeit und heftig umstrittene Klärungen, ehe daraus
ein regelhaftes Verfahren, eine Rechtsnorm, für die Wahl der Bischöfe
wurde.[9]

So bleibt die Frage: Wie wurde vor dem 12. Jahrhundert gewählt? Irgendwie scheinen unsere Kategorien nicht recht geeignet zu sein, um das zu erfas-

von Rheinfelden (1077), Friedrich von Staufen (1125). Zur Entwicklung von Reichsidee
und Fürstenverantwortung, Wahlverständnis und Wahlverfahren im 11. und 12. Jahrhundert, in: ZGO 131, 1983, 123–162, hier 154 ff.; *ders.*, Mehrheitsentscheidung und Majorisierungsproblem im Verbund der Landgemeinden Chiavenna und Piuro (1151–1155), in:
Helmut Jäger/Franz Petri/Heinz Quirin (Hrsg.), Civitatum communitas. Studien zum europäischen Städtewesen. Festschrift Heinz Stoob zum 65. Geburtstag. (Städteforschung, Rh.
A: Darstellungen, Bd. 21.) Köln/Wien 1984, 2–41, hier 32 ff.; *Maleczek*, Abstimmungsarten (wie Anm. 1), 108–114. „Abt Odilo von Cluny benannte 1048 auf dem Totenbett einige
herausragende Brüder, die einen Wahlvorschlag [für seine Nachfolge, H. K.] machen sollten, und ließ sich versichern, daß der Konvent einmütig dem Vorschlag dieses Personenkreises folgen würde" (*Joachim Wollasch*, Cluny – „Licht der Welt". Zürich 1996, 138).
[7] *Hans-Georg Krause*, Das Papstwahldekret von 1059 und seine Rolle im Investiturstreit.
Rom 1960; *Detlev Jasper*, Das Papstwahldekret von 1059. Überlieferung und Textgestalt.
Sigmaringen 1986; *Bernhard Schimmelpfennig*, Papst- und Bischofswahlen seit dem
12. Jahrhundert, in: Schneider/Zimmermann (Hrsg.), Wahlen und Wählen (wie Anm. 1),
173–195, hier 175 f.; *Stefan Weinfurter*, Canossa. Die Entzauberung der Welt. München
2006, 90 ff.
[8] *Keller*, Schwäbische Herzöge (wie Anm. 6), 145–150; zu den Vorgängen *Walter Schlesinger*, Die Wahl Rudolfs von Rheinfelden zum Gegenkönig 1077 in Forchheim, in: Josef
Fleckenstein (Hrsg.), Investiturstreit und Reichsverfassung. (VuF, Bd. 17.) Sigmaringen
1973, 61–85; *Jutta Schlick*, König, Fürsten und Reich 1056–1159. (Mittelalter-Forschun-
gen, Bd. 7.) Stuttgart 2001, 42–47.
[9] *Paul Schmid*, Der Begriff der kanonischen Wahl in den Anfängen des Investiturstreits.
Stuttgart 1926; *Jean Gaudemet*, Les élections dans l'église latine des origines au XVIᵉ siècle. Paris 1979; *Klaus Ganzer*, Zur Beschränkung der Bischofswahl auf das Domkapitel in
Theorie und Praxis des 12. und 13. Jahrhunderts, in: ZRG KA 88, 1971, 22–82 und 89,
1972, 166–198; *Schimmelpfennig*, Papst- und Bischofswahlen (wie Anm. 7); *Franz-Rainer
Erkens*, Die Bischofswahl im Spannungsfeld von weltlicher und geistlicher Gewalt. Ein
tour d'horizon, in: ders. (Hrsg.), Die früh- und hochmittelalterliche Bischoferhebung im
europäischen Vergleich. Köln 1998, 1–32.

sen. was man im früheren Mittelalter unter *electio* und *eligere* verstand. Die
Forschungen zu Abtwahl, Bischofswahl und Königswahl haben meines Erachtens hier nicht Wege geebnet oder Tore geöffnet, die näher an ein anderes,
frühmittelalterliches „Wählen" heranführen. Vielmehr leiten sie, zugespitzt
gesagt, gleichsam als Sackgassen in rechtshistorische Labyrinthe, aus denen
es keinen zweiten Ausgang gibt, so daß sich die Forschungsdiskussion seit
Jahrzehnten auf immer wieder begangenen Pfaden um dasselbe Problem her-
umbewegt. Auch mit dieser Äußerung möchte ich nicht Arbeiten abwerten,
die mich praktisch mein ganzes wissenschaftliches Leben hindurch begleitet
und angeregt haben.[10] Doch finde ich in ihnen keine Antwort auf die Fragen,
die mein heutiges Thema stellt. Ein Nachdenken über die Gründe kann vielleicht näher an das Problem des Wählens heranführen.

Vor 40 Jahren gab es eine heftige Kontroverse zwischen Herbert Grundmann und Kassius Hallinger über die Wahl des Abtes nach der Regel des heiligen Benedikt von Nursia. Die Kontroverse entzündete sich an einem Passus
(cap. 64), der bestimmt: Wenn es bei der Wahl des Abtes zu keiner Einigung
unter den Brüdern komme, solle die Partei unterstützt werden, die *saniore
consilio* – nach besserem, heilsamerem Rat – entschieden habe, mag sie zah-
lenmäßig auch noch so klein sein. Der wissenschaftliche Streit ging darum,
woran man das *sanius consilium* erkennen könne und wer befugt sei, darüber
zu urteilen, welche Partei *saniore consilio* entschieden habe.[11]

Wichtig für unser Thema ist: In dem umstrittenen Passus geht es nicht um
die Wahl des Abtes, sondern um die Frage, was gelten soll, wenn eine Wahl
am unüberwindbaren Dissens in der Gemeinschaft scheitert. Doch selbst dafür gibt die Regel keine prozeduralen Vorgaben – genau daran hat sich ja die
Kontroverse zwischen Grundmann und Hallinger entzündet. Benedikt will,
daß der Abt vom Konvent einmütig gewählt wird, möglichst aus den eigenen
Reihen, viele Könige verleihen oder bestätigen Abteien und Bischofskirchen
das Wahlrecht; doch nie wird etwas zum Verfahren gesagt, und keiner der
frühmittelalterlichen Kommentare zur *Regula Benedicti* sah darin eine Lücke
oder ein Problem.[12]

Zur Königswahl hat Heinrich Mitteis vor 70 Jahren eine rechtshistorische
Monographie publiziert, die lange als Standardwerk galt.[13] Zwar hatte das

[10] Vgl. *Keller*, Schwäbische Herzöge (wie Anm. 6), 129 Anm. 37.
[11] Zuletzt *Maleczek*, Abstimmungsarten (wie Anm. 1), 116–127, bes. 118 f., mit Literatur
Anm. 180.
[12] Beachtenswert sind in diesem Kontext die Nachfolgeregelungen in der Abtei Cluny:
Wollasch, Cluny (wie Anm. 6), 69–73, 101 f., 138.
[13] *Heinrich Mitteis*, Die deutsche Königswahl. Ihre Rechtsgrundlagen bis zur Goldenen
Bulle. Baden bei Wien 1938, 2. Aufl. Brünn/München/Wien 1944. Ndr. Darmstadt 1965.
Die einschlägigen Quellen zu den Königserhebungen sind zusammengestellt bei *Walter
Böhme*, Die deutsche Königserhebung im 10.–12. Jahrhundert. H. 1–2. Göttingen 1970,

Buch unmittelbar nach dem Zweiten Weltkrieg Kontroversen ausgelöst. Aber diese betrafen wiederum nicht das Wahlverfahren und allenfalls mit Einschränkungen die „Rechtsgrundlagen der Königswahl", wie Mitteis sie formuliert hatte. Es ging vielmehr darum, ob die Krise des „deutschen Königswahlrechts", das Mitteis für das 10. bis 12. Jahrhundert aus der Verbindung von Wahlrecht, Erbrecht und Geblütsrecht definierte, schon im Investiturstreit, also mit 1077, anzusetzen sei oder erst mit der Doppelwahl von 1198 und der Einmischung Papst Innozenz' III.[14]

Mitteis wollte Sichtweisen überwinden, die „das Wahlrecht oder Erbrecht als etwas von Anfang an Gegebenes postulieren und dann das gegenteilige Prinzip jeweils nur als *Einschränkung* gelten lassen". Er meinte, „daß die beiden Grundsätze sich gegenseitig ergänzen, weil sie eben aus einer gemeinsamen Wurzel entspringen". Zum einen sei „keine Wahl im vollsten und eigentlichen Sinne eine freie, da immer eine wenn auch schwache Bindung an einen irgendwie bestimmten Personenkreis besteht", zum anderen könne „keine Thronerhebung ohne Wahl geschehen; es gibt keinen völlig frei gewählten, aber auch keinen ungewählten deutschen König".[15] Diese Äußerungen könnten für unsere Frage nach dem „Wählen" durchaus einen guten Einstieg bieten. Doch bleibt für Mitteis die Wahl eine „konstitutive" Rechtshandlung, die sich mit anderen Verfahrensnormen und Rechtsinstituten zu einem Gesamtakt verbindet. Die Rechtsprinzipien, deren Ineinandergreifen Mitteis erklären will, von einem modernen Rechtsdenken her entwickelt, sind in den Quellen nicht sicher zu verifizieren, und so debattiert man über sie seit Jahrzehnten, ohne daß die aufgeworfenen Fragen inzwischen beantwortet wären.[16] Ich will die Form der Hypothesenbildung nur an einem Beispiel verdeutlichen. Aus

---

oder bei *Mario Krammer* (Hrsg.), Quellen zur Geschichte der deutschen Königswahl und des Kurfürstenkollegs. H. 1. Leipzig/Berlin 1911, Ndr. Darmstadt 1972.
[14] *Friedrich Rörig*, Geblütsrecht und freie Wahl in ihrer Auswirkung auf die deutsche Geschichte. Untersuchungen zur Geschichte der deutschen Königserhebung (911–1198). Berlin 1947, wiederabgedr. in: Eduard Hlawitschka (Hrsg.), Königswahl und Thronfolge in ottonisch-frühdeutscher Zeit. (Wege der Forschung, Bd. 178.) Darmstadt 1971, 71–174; *Heinrich Mitteis*, Die Krise des deutschen Königswahlrechts. München 1950, wiederabgedr. in: Hlawitschka (Hrsg.), Königswahl und Thronfolge, 216–302; *Walter Schlesinger*, Rezension zu: *Mitteis*, Krise (wie Anm. 14), in: HZ 174, 1952, 101–106, wiederabgedr. in: Hlawitschka (Hrsg.), Königswahl und Thronfolge, 303–308; *Ulrich Schmidt*, Königswahl und Thronfolge im 12. Jahrhundert. (Forschungen zur Kaiser- und Papstgeschichte des Mittelalters, Bd. 7.) Köln/Wien 1987, 5–33 (kritisches Referat der Kontroverse). Die Positionen der älteren Forschung sichtet *Egon Boshof*, Königtum und Königsherrschaft im 10. und 11. Jahrhundert. (Enzyklopädie deutscher Geschichte, Bd. 27.) 2. Aufl. München 1997, 55–82, mit Kritik insbesondere an Mitteis.
[15] *Mitteis*, Königswahl (wie Anm. 13), 25.
[16] Vgl. etwa *Ulrich Reuling*, Zur Entwicklung der Wahlformen bei den hochmittelalterlichen Königserhebungen im Reich, in: Schneider/Zimmermann (Hrsg.), Wahlen und Wählen (wie Anm. 1), 227–270. Zusammenfassend zuletzt *Jörg Rogge*, Die deutschen Könige im Mittelalter. Wahl und Krönung, Darmstadt 2006.

der in Stadtrechten des Spätmittelalters erwähnten „Folgepflicht", daß nämlich im Rat „der wenigere Teil dem mehreren Teil folgen soll", was nichts anderes meint als die Verbindlichkeit des Mehrheitsprinzips bei Sachentscheidungen für alle Ratsmitglieder und damit – als die Entscheidung „des" Rates –
für die Gesamtheit, erschließt Mitteis über die Brücke des Gerichtsverfahrens
als älteres Prinzip die Rechtspflicht, einer Autorität zu folgen.[17] Damit läßt
sich dann beispielsweise ein „Designationsrecht" mit dem „Wahlrecht" und
den Rechtsformen der „Kur" zusammenführen – bis zu einem in sich mehr
oder weniger stimmigen Konstrukt.

Doch kommt man damit auch nur einen Schritt einer Antwort auf die Frage
näher, was man im früheren Mittelalter unter „Wahl" und „Wählen" verstand?
Ich glaube nicht und werde meine Zweifel zunächst anhand zweier Beispiele
begründen.

Die Vita Ulrichs von Augsburg, etwa 983/84 geschrieben, berichtet, wie
der Bischof sich 973 vom Kaiser die Abtei Ottobeuren übertragen ließ, die
bisher sein plötzlich verstorbener Neffe durch kaiserliche Verleihung inne-
hatte.[18] Er tat dies, um dem Konvent das Privileg der freien Abtwahl wieder-
zuverschaffen. Dieses einstige Recht hatte er dem Kloster vorher schon vom
Kaiser urkundlich bestätigen lassen. Als er in die Gegend von Ottobeuren
kam, rief er die Mönche zu sich und beriet sich mit ihnen und seinen Getreuen, wie er den Mönchen das erneuerte Wahlrecht sichern könne (als Begriff wird hier zweimal *deliberatio* gebraucht). Dann heißt es wörtlich:

„[...] und [er] sagte zu ihnen: ‚Wählt *(eligite)* einen von euch zum Abt, der zum Dienst
Gottes geeignet ist und von dem erwartet werden kann, daß er umsichtig für das [sorgt],
was ihr braucht. Wenn ihr den wählt, der mir in dieser Hinsicht gefällt, werde ich ihm die
Abtei – bis zum Erscheinen meines Herrn, des Kaisers – übertragen. Wenn ihr aber einen
anderen wählt als den, der mir gefällt, werde ich sie ihm nicht übertragen.' Sie antworteten
ihm so: ‚Deine Heiligkeit benenne uns den, der deiner Herrschaft gefällt, daß wir ihn einmütig wählen *(ad electionem nostrae unitatis)*.' Da sagte er zu ihnen: ‚Für dieses Amt will
ich euren Bruder Ruodung benennen.' Als die Brüder das hörten, baten sie um Bedenkzeit,
bis alle gemeinsam besprochen hätten, ob diese Wahl *(electio)* mit Zustimmung aller Brüder erfolgen könne. Als die Brüder am vorbestimmten Ort versammelt untereinander über
die genannte Wahl sprachen, da gefiel den einen unter den Brüdern die Wahl, den anderen
nicht. Doch bestärkt durch den Rat ihrer Freunde kamen sie überein, dem Willen des Bischofs zu entsprechen, und wählten Ruodung zum Abt. Und sie kehrten mit ihm zum Bischof zurück und meldeten ihm ihre einmütige Wahl. Als das der Bischof hörte, nahm er
den Stab und übertrug die Abtei dem genannten Ruodung bis zum Erscheinen des Kaisers
[...] Er empfahl ihn seinen Neffen und seinen anderen Getreuen, daß sie mit ihm vor die

---

[17] *Mitteis*, Königswahl (wie Anm. 13), 72–81, bes. 75ff.; *Maleczek*, Abstimmungsarten
(wie Anm. 1), 97ff.
[18] Gerhard von Augsburg, Vita Sancti Uodalrici. Die älteste Lebensbeschreibung des heiligen Ulrich, c. 25, lateinisch-deutsch, mit der Kanonisationsurkunde von 993. Einleitung,
kritische Ed. u. Übers. besorgt v. *Walter Berschin u. Angelika Häse.* (Editiones Heidelber-
genses. 24.) Heidelberg 1993, 262–273; vgl. *Hagen Keller*, Ottobeuren und Einsiedeln im
11. Jahrhundert, in: ZGO 112, 1964, 373–411, hier 387–392.

Erhabenheit des Kaisers treten und ihm mit ihrem Eid helfen sollten, daß dies alles von ihr bestätigt werde."

Bevor ich interpretiere, stelle ich einen zweiten, wohlbekannten Wahlbericht daneben. Wipo beschreibt in seinen *Gesta Chuonradi imperatoris*, um 1045/46 für Heinrich III. verfaßt, wie dessen Vater Konrad 1024 in einer vorbildlichen Wahl zum König erhoben wurde, nachdem Heinrich II. ohne Erben verstorben war.[19] Die Fürsten und Großen des Reiches versammelten sich zu beiden Seiten des Rheins in der weiten Ebene zwischen Mainz und Worms, die durch abgeschiedene Inseln sichere Möglichkeiten für vertrauliche Beratungen bot. „Verwandte besprachen ihre Wünsche miteinander, Freunde erörterten ausführlich die Lage"; man ging alle möglichen Kandidaten durch, verwarf die meisten, bis die Meinungsbildung zu einer Alternative gelangt war: Nur zwei Vettern namens Konrad kamen ernsthaft in Frage. Die Entscheidungsfindung gelangte damit allerdings an einen kritischen Punkt. Jetzt galt es für jeden, seine Präferenz noch sorgfältig zu verbergen, damit nicht, wenn sich eine Tendenz abzeichnete, „die beiden im Streben nach der hohen Würde aneinandergerieten". In einer Unterredung unter vier Augen sollen sich die Vettern gegenseitig versichert haben, ohne Zwietracht den anzuerkennen, den die Mehrheit des Volkes erwählen würde. Der abschließende Friedenskuß zwischen den beiden, für alle das sichtbare Zeichen der Einigung, ermöglichte es, zur Wahl zu schreiten: Die Fürsten setzten sich, umstanden von einer dichten Volksmenge, und sagten, vom Volk nach ihrer Meinung befragt, einzeln den formelhaften Kürspruch auf, mit dem sie den älteren Konrad zum Herrn und König sowie zum Lenker und Verteidiger des Vaterlandes wählten. Der Erzbischof von Mainz begann, dann folgten die übrigen geistlichen Fürsten, unter den weltlichen war der Erste der unterlegene Kandidat. Schließlich erhob sich der laute Beifall des Volkes, alle stimmten einmütig der Wahl der Fürsten zu und wünschten Konrad als König. Die Partei, die dessen Vetter, den jüngeren Konrad, favorisiert hatte, mit dem Erzbischof von Köln und dem Herzog von Lothringen an der Spitze, zog jedoch – „hoste pacis diabolo instigante" – ab, ohne der Entscheidung beizutreten, wie es auch nichts verschlug, daß zum Beispiel die sächsischen Fürsten gar nicht anwesend waren. Konrad war, nach Wipo, „ohne Neid und Streit" („absque invidia, sine controversia")

---

[19] Wipo, Gesta Chuonradi II imperatoris, c. 1–2, in: Harry Bresslau (Hrsg.), Die Werke Wipos. (MGH SRG [in us. schol.] 61.) Hannover/Leipzig 1915, 8–20 (= Freiherr-vom-Stein-Gedächtnisausgabe, Bd. 11. Darmstadt 1961, 550–547). Zu den Ereignissen *Franz-Rainer Erkens*, Konrad II. (um 990–1039). Herrschaft und Reich des ersten Salierkaisers. Regensburg 1998, 13–41; *Herwig Wolfram*, Konrad II. 990–1039. Kaiser dreier Reiche. München 2000, 60–63; zur Darstellung Wipos und zum Vorgang der Wahl *Keller*, Schwäbische Herzöge (wie Anm. 6), 140–145; *Reuling*, Zur Entwicklung (wie Anm. 15), 232–241; *Althoff*, Colloquium (wie Anm. 25), 151 ff. (= 164–167).

gewählt. Daß und wie man das erreicht hatte, das war für Wipo das Muster-gültige an dem Vorgang von 1024.[20]

Aus den angeführten Beispielen lassen sich einige für unsere Fragen rele-vante Beobachtungen gewinnen. Was die Quellen *electio* nennen, verläuft in zwei deutlich unterschiedenen Phasen. Zunächst wird in vertraulichen Bera-tungen der Konsens gesucht, indem man Möglichkeiten einer ‚einhelligen‘ Entscheidung auslotet und dann diskret einen immer größeren Kreis von Be-teiligten in eine sich abzeichnende konsensfähige Lösung einbindet. Dasselbe läßt sich an anderen Beispielen verifizieren, etwa auch am Papstwahldekret von 1059. In ihm geht es ja letztlich darum, zunächst im Kreis der Kardinal-bischöfe eine Einigung zu erzielen, in die dann die übrigen Kardinäle und schließlich der gesamte Klerus und das Volk einbezogen werden sollen.[21] Das erste Problem einer Papst-, Bischofs- und Abtwahl oder eben einer Königs-wahl im Falle des Abreißens der Sohnesfolge ist es, die *ambitio* und die *aemu-latio* unter denjenigen zu neutralisieren, die von ihrer Position her am ehesten nach dem Amt greifen könnten oder gar ihre Wahl erwarten und dabei auf die Unterstützung einer starken Anhängerschaft zählen dürfen. Mit anderen Wor-ten: Es gilt zu verhindern, daß der Ehrgeiz einzelner die Basis für einen mög-lichen Konsens sprengt – das ist das Thema Wipos in seinem als ‚Wahlpre-digt‘ gestalteten Bericht: Nach dem söhnelosen Tod des alten Königs wolle je-der der Mächtigen der Erste werden oder wenigstens, aufgrund welcher Ver-einbarung auch immer, der Zweite nach dem Ersten – diese Position sichert auch jeder der beiden Vettern für den Fall seiner Wahl dem anderen zu.[22] In einer Ranggesellschaft ohne ausdifferenzierte Institutionen, in einer segmen-tierten Gesellschaft mit nur schwach ausgebildeten intersegmentären Normen bedeutete – wie die Quellen zur Königs-, aber auch zur Papstwahl immer wie-der betonen – die Notwendigkeit einer Wahl eine Krisensituation.[23] Denn die Wahlentscheidung veränderte Rangordnungen, nicht nur zwischen den mäch-tigen Personen, sondern auch zwischen Teilgruppen des Ganzen, seien sie personal oder regional definiert. Die Quellen zur Ablösung der Karolinger-

---

[20] Wipo, Gesta, Prologus, 8: „.[...] sed prius de electione eius, quam idonea fuit, pauca edisseram"; cap. 1, 10: „.[...] ne ea, quae dicturus sum, quasi fortuitu videantur fieri, sed ut, quod prudentissimorum virorum consulto cernitur actum, utile et honestum atque optimum factum credatur"; cap. 2, 19: „Credo quidem huic electioni caelestium virtutum favorem non deesse, cum inter singularis potentiae viros, tot duces et marchiones absque invidia, sine controversia is eligeretur, qui licet genere et virtute atque in propriis bonis nemine esset inferior, tamen de re publica ad comparationem talium virorum parum beneficii et potestatis habuit."

[21] Wie Anm. 7.

[22] Wipo, Gesta, cap. 1, 9; cap. 2, 18 f.

[23] Eindringlich Wipo, Gesta, cap. 1, 9; vgl. Die Chronik des Bischofs Thietmar von Mer-seburg und ihre Korveier Überarbeitung, I 19, Hrsg. v. *Robert Holtzmann*, (MGH SSr Germ. NS. 9.) Berlin 1935, 24–26 (= Freiherr-vom-Stein-Gedächtnisausgabe, Bd. 9. Darmstadt 1957, 23 f.).

herrschaft reflektieren dieses Problem und zeigen, wie leicht die Entscheidungssituation in eine *dissensio inexpiabilis* mit Mord, Totschlag und Verwüstung des Landes führen kann.[24] Das zu verhindern ist die Aufgabe derjenigen, die in der Zeit der Thron- oder Sedisvakanz Verantwortung für die Gemeinschaft tragen, und zwar dadurch, daß sie eine von breitem Konsens getragene Personalentscheidung zustande bringen. Sie bemühen sich darum in Beratungen, die in ähnlich gestufter Form ablaufen, wie Gerd Althoff dies für politische Beratungen am Königshof gezeigt hat: Vom *colloquium secretum*, wo die wichtigsten Entscheidungen in der Sache meist schon fallen, werden sie in das *colloquium familiare* und schließlich in ein *colloquium publicum* getragen, um die Basis des Konsenses zu erweitern.[25] Die Zustimmung „aller" ist erforderlich, und sie soll auf keinen Fall als erzwungen erscheinen, sondern die allgemeine Überzeugung von der Richtigkeit der Entscheidung demonstrieren. Selbst wo – wie im Falle des Klosters Ottobeuren – das Ergebnis den Wählern praktisch vorgegeben wird, müssen sich die anfänglich divergierenden Meinungen „unter dem Rat der Freunde" auf das erwünschte Resultat festigen, damit dann die einhellige Wahl als zweiter Akt der *electio* erfolgen kann.

Die nicht formalisierte, in keine fixierte Prozedur gezwängte Willensbildung und Entscheidungsfindung ist ein wesentlicher Teil des Vorgangs, den die Quellen als *electio* schildern. Aber es ist ein zweiter Akt notwendig dazu: die ‚Veröffentlichung' des Ergebnisses, in der sich die Akteure einzeln an ihre „Wahl" binden und die Gesamtheit der Anwesenden sich durch pauschale gemeinsame Zustimmung laut zur Annahme der Entscheidung bekennt. Diese zweite Phase der *electio* ist stark formalisiert, mit symbolischen Gesten und ritualisierten Sprechakten verbunden; insbesondere das Verb *eligere* wird in den Quellen vor allem auf sie bezogen. Für den Vollzug einer Wahl ist diese abschließende performative Handlungssequenz unverzichtbar; die „Kur" bei der Königswahl ist das bekannteste Beispiel dafür.[26] Sie als eigenen Rechtsakt von der ‚eigentlichen' Wahl zu scheiden verbaut aber ein angemessenes

[24] *Gerd Tellenbach*, Die geistigen und politischen Grundlagen der karolingischen Thronfolge. Zugleich eine Studie über kollektive Willensbildung und kollektives Handeln im neunten Jahrhundert, in: FMSt 13, 1979, 184–302, bes. 286–302, wiederabgedr. in: ders., Ausgewählte Abhandlungen und Aufsätze. Bd. 2. Stuttgart 1988, 503–621.
[25] *Gerd Althoff*, Colloquium familiare – colloquium secretum – colloquium publicum. Beratung im politischen Leben des früheren Mittelalters, in: FMSt 24, 1990, 145–167, wiederabgedr. in: ders., Spielregeln der Politik im Mittelalter. Kommunikation in Frieden und Fehde. Darmstadt 1997, 157–184.
[26] *Mitteis*, Königswahl (wie Anm. 13), 66ff.; *Ulrich Reuling*, Die Kur in Deutschland und Frankreich. Untersuchungen zur Entwicklung des rechtsförmlichen Wahlaktes bei der Königserhebung im 11. und 12. Jahrhundert. (Veröffentlichungen des Max-Planck-Instituts für Geschichte, Bd. 64.) Göttingen 1979; *Reinhard Schneider*, Wechselwirkungen von kanonischer und weltlicher Wahl, in: Schneider/Zimmermann (Hrsg.), Wahlen und Wählen (wie Anm. 1), 144 ff.

Verständnis dafür, was in der Gesellschaft des früheren Mittelalters *eligere*
idealiter bedeutete: eine Interaktion des politischen Verbandes, in der Macht
verteilt und Rang austariert wird, und zugleich ein symbolisches Geschehen,
in dem sich die Gemeinschaft, von Gott gelenkt, als geordnetes Gemeinwesen
oder als Gemeinde in Anerkennung ihrer Werteordnung neu konstituiert.[27]
   Bevor ich noch genauer zu bestimmen versuche, was „Wählen" im früheren Mittelalter war und was nicht, blicke ich kurz in unsere Gegenwart. Wie
wird man bayerischer Ministerpräsident, wie wird man Vorsitzender der
CSU? Dafür gibt es genaue Verfahrensvorschriften in der Landesverfassung,
gegebenenfalls mit zugehörigen Ordnungen, im Parteiengesetz und im Partei-
statut.[28] Bekanntlich wird der Ministerpräsident gewählt, auch der Vorsitzende einer Partei. Doch wählt das Landesparlament wirklich den Ministerpräsidenten, wie es in der Verfassung heißt? In einer repräsentativen Demokratie wirken die Parteien an der Willensbildung mit. Doch wie greift ihre
Mitwirkung in den Prozeß der Willensbildung ein? Wir haben vor kurzem er-
lebt: Ein ursprünglich starker Ministerpräsident beginnt zu schwächeln; einige aus der Partei zeigen nicht mehr den gewohnten Respekt; er reagiert so,
daß seine Kritiker Sympathisanten finden; er weiß, daß einige nur darauf warten, ihn möglichst schnell zu beerben, und versucht, die künftigen Personalentscheidungen mitzusteuern. Mit der sanft erzwungenen Ankündigung des
Rücktritts wird auch gleich bekannt, wer dem bisher so starken Mann als Ministerpräsident und wer als CSU-Vorsitzender folgen wird. Fatalerweise gibt
es für letzteren Posten einen ehrgeizigen Konkurrenten mit starker Hausmacht, der ebenfalls Parteivorsitzender werden will. Alle Bemühungen, ihn
zum Konsentieren zu überreden, schlagen ebenso fehl wie die Versuche, ihn
durch Beschädigung seiner *fama* zum Rückzug zu bewegen – eine Wahl muß
entscheiden. Der Ausgang des Machtspiels erschien bis kurz vor der Abstimmung als eher ungewiß. Gewonnen haben zunächst die am Sturz des alten
Machthabers Beteiligten; sie waren in Bayern präsenter als der Konkurrent
um den Parteivorsitz. Doch der Sieg erwies sich als vorläufig. Nach der Land-
tagswahl 2008 mußten die Gewinner von 2007 innerhalb von wenigen Tagen
ihrem damaligen Widersacher weichen. In kleinstem Kreis entschied sich vor

[27] In diesem Sinne auch: *Tellenbach*, Grundlagen (wie Anm. 24), bes. 190ff., 208ff.,
237ff., 258ff. (= Ndr. 509ff., 527ff., 556ff., 577ff.); *Maleczek*, Abstimmungsarten (wie
Anm. 1), 82ff.
[28] Bayerische Verfassung, Art. 44 (http://www.bayern.landtag.de/cps/rde/xbcr/SID-
0A033D45-9575D2B5/www/dateien/Bayerische_Verfassung_Lesezeichen_BF.pdf [Zu-
griff am 11.11.2008]); Geschäftsordnung für den Bayerischen Landtag §§ 41–44 (http://
www.bayern.landtag.de/cps/rde/xbcr/SID-0A033D45-9575D2B5/www/dateien/GO_
Stand311008_BF.pdf [Zugriff am 11.11.2008]); Gesetz über die politischen Parteien (http://
www.bundestag.de/parlament/funktion/gesetze/pg_pdf.pdf [Zugriff am 11.11. 2008); Sat-
zung der CSU (http://www.csu.de/dateien/partei/dokumente/071014_satzung.pdf [Zugriff
am 11.11.2008]).

dem Stimmungshintergrund einer schweren Wahlniederlage, wer einige Wochen später zum Parteivorsitzenden gewählt werden wird. Die Entscheidung fiel zwar in Rückkoppelung mit den Mächtigsten aus der zweiten und dritten Reihe und mit Rücksicht auf die Meinungsbildner in den Regionalverbänden der Partei. Doch das in der Personenfrage den Ausschlag gebende Geschehen vor der Wahl ist in der Verfassung nicht geregelt, ja nicht einmal wirklich angesprochen. Entscheidend ist formal die Abstimmung im dafür vorgesehenen Gremium, das heißt ein vor allem auch symbolischer Vorgang, der, nur wenn es knapp zugeht, trotz der Vereinbarungen im Vorfeld, im Wahlakt selbst noch scheitern kann.

Das Geschehen ist typisch für die politische Szene unserer Demokratien und ließe sich doch ganz leicht ,mittelalterlich' kostümieren. Die Konfliktkonstellation ähnelt den Rangproblemen, die bei Thron- und Sedisvakanzen oder vor einem sich ankündigenden Herrschaftsübergang auftraten. Natürlich wurde auch hier vor allem über die Eignung gesprochen, ähnlich wie auch Wipo schreibt: Es ging 1024 um das Wohl des gesamten Gemeinwesens (*totum corpus regni*), aber gegen die einen sprach ein zu jugendliches oder zu hohes Alter, andere hatten ihre *virtus* noch nie an großen Aufgaben erproben können, wieder andere schloß ihr unverträglicher, hoffärtiger Charakter (*insolentia*) aus – und natürlich hatte man im Hinterkopf präsent, welche Hausmacht hinter den möglichen Kandidaten stand und was passieren könnte, wenn es nicht gelänge, sie einzubinden.[29] Doch für uns gehört diese Form der Kandidatensuche nicht – wie für Wipo – zur Wahl; vielmehr kann die ,demokratische' Forderung, die Kandidaten ,von der Basis' wählen zu lassen, solchen Formen des ,Auskungelns' entgegengesetzt werden.

Wahl ist für uns eine genau geregelte, sorgsam auf formale Korrektheit überwachte Abstimmung der im jeweiligen Fall Wahlberechtigten. Wahlen müssen frei, allgemein, gleich und geheim sein, wenn sie zu einem unanfechtbaren Ergebnis führen sollen, das auch die unterlegenen Parteien oder Gruppierungen anerkennen müssen – alles andere würde die Aufkündigung der Gemeinschaft, die Spaltung, im schlimmsten Fall Bürgerkrieg bedeuten. Die am vorbestimmten Termin gemeinsam vollzogene Wahl ist das politische Ritual, das die Entscheidung für alle Angehörigen der Gemeinschaft oder der Gruppe verbindlich macht. Zwar bleibt es ein Problem, daß die Wählerschaft wenig Einfluß hat auf die Nominierung der Kandidaten für das Amt des Kanzlers, des Ministerpräsidenten, des Parteivorsitzenden und relativ geringen auf

---

[29] Wipo, Gesta (wie Anm. 19), cap. 1, 9; cap. 2, 14 f. Zu Wipos Vorstellungen von Reich und Königsherrschaft *Helmut Beumann*, Zur Entwicklung transpersonaler Staatsvorstellungen, in: Das Königtum. Seine geistigen und rechtlichen Grundlagen. (VuF, Bd. 3.) Konstanz 1956, 185–224; *Hagen Keller*, Das Bildnis Kaiser Heinrichs im Regensburger Evangeliar aus Montecassino (Bibl. Vat., Ottob. lat. 74). Zugleich ein Beitrag zu Wipos Tetralogus, in: FMSt 30, 1996, 173–214, hier 185–199, bes. 194 ff.

die Auswahl der Wahlkreiskandidaten, die dann die Partei etwa im Landtag repräsentieren und beispielsweise den Ministerpräsidenten wählen werden. Mag, personell gesehen, das Ergebnis der Wahl noch so sehr auf Entscheidungen im kleinen Kreis, auf einer Verteilung von Machtpositionen und symbolischem Kapital im inneren Zirkel der Mächtigen zurückgehen: Ausschlaggebend ist die Wahl als einmaliger, streng formalisierter Akt momentgebundener Entscheidung für eine im vorhinein festgelegte Frist. Die Wahl, und nur sie, verschafft die Legitimation, ein Amt zu führen und Amtsgewalt auszuüben.

Wenn danach die Übergabe von Amt und Amtsgewalt noch in eigenen Zeremonien vollzogen wird, ist dies nicht mehr Teil der Wahl, und es bedarf keiner formalisierten Treue- und Loyalitätsversprechen der Machtträger und Parteigrößen an den Gewählten, wie sie im früheren Mittelalter unverzichtbar dazugehörten. Nur der Gewählte gelobt in einem eigenen, späteren, feierlichen Staatsakt, die Aufgaben zu erfüllen und den Verpflichtungen gerecht zu werden, für deren Wahrnehmung er in das Amt gewählt wurde, das er in diesem Moment übernimmt – ganz ähnlich, wie dies seit dem 12. Jahrhundert die Konsuln und Podestà der italienischen Kommunen getan haben und wie dies vergleichbar, aber in anderer Art und mit anderem Hintergrund, die Könige in ihren Krönungsversprechen leisteten.[30] Doch die Zusagen, Kompensationen und Vereinbarungen, die das Wahlergebnis möglich gemacht haben, erscheinen im feierlichen Amtseid nicht. Die Aufnahme von personenbezogenen Einzelversprechen des Kandidaten in das Wahlgelöbnis, wie mächtige ‚Provinzfürsten' sie 1077 bei der Wahl Rudolfs von Rheinfelden zum (Gegen-) König forderten, wurde schon damals abgelehnt.[31]

Wo liegen – jenseits aller Verfahrensregeln und Abstimmungsarten – die wesentlichen Unterschiede zwischen heutigem und mittelalterlichem Wählen? Nach Niklas Luhmann ist es eine „wesentliche Funktion des Wahlverfahrens, Alternativen zu formulieren und offenzuhalten. Wahl als Verfahren zu institutionalisieren wird in dem Maße sinnvoll, als es gelingt, in diesem Verfahren Gegensätze abzubilden und Konflikte zum Ausdruck zu bringen." Das moderne Wahlverfahren zielt, zumindest nach Luhmanns 1963/1977 formulierten Thesen, auf „Herstellung und Erhaltung unentschiedener, wider-

---

[30] *Lothar Kolmer*, Promissorische Eide im Mittelalter. (Regensburger Historische Forschungen. Bd. 12.) Kallmünz 1989, 109 ff., 153 ff.; *Paolo Prodi*, Il sacramento del potere. Il giuramento politico nella storia costituzionale dell'Occidente. Bologna 1992, 100 ff. (dt.: Das Sakrament der Herrschaft. Der politische Eid in der Verfassungsgeschichte des Okzidents. [Schriften des Italienisch-Deutschen Historischen Instituts in Trient, Bd. 11.] Berlin 1997, 86 ff.); *Christoph Dartmann*, Schrift im Ritual. Der Amtseid des Podestà auf den geschlossenen Statutencodex der italienischen Stadtkommune, in: ZHF 31, 2004, 169–204.
[31] Siehe unten Anm. 42.

spruchsreicher Komplexität".[32] Ich bezweifle, daß man der Ausbildung und Ausgestaltung formalisierter Wahlverfahren im Hoch- und Spätmittelalter unter diesen Prämissen auch nur einen Schritt näher kommt – im früheren Mittelalter wäre jedenfalls eine 53:47-Prozent-Entscheidung wie bei der letzten Präsidentenwahl in Frankreich das Indiz für eine gescheiterte Wahl gewesen und hätte eine bewaffnete Auseinandersetzung ausgelöst.

Wenn dennoch für die Papstwahl seit 1179 zwei Drittel der Kardinalsstimmen oder für die Wahl des römischen Königs seit dem 14. Jahrhundert vier der sieben Kurstimmen genügen sollten[33], dann stand diese Verfahrensweise auf einer doppelten Stützkonstruktion: Zum einen ist den Kardinälen oder den Kurfürsten das Vorrecht zuerkannt, allein über die Besetzung des Amtes zu entscheiden, und zum anderen drückt sich hier auch in der Mehrheitsentscheidung Gottes Wille aus. Die Dissentierenden gelten als vom Geist der Zwietracht – das heißt vom Teufel – inspiriert, bis Gott auch sie zur Eintracht lenkt.[34] Daß das Mehrheitsvotum als subsidiäres Prinzip gelten solle, wenn sich die gewollte einmütige Wahl nicht erreichen ließ, wurde in beiden Bereichen festgelegt, um die Einmischung einer nicht zu den Wählern gehörenden Macht abzuwehren: die des Kaisers im Falle einer zwiespältigen Papstwahl, die des Papstes bei einer umstrittenen Königswahl.

Veröffentlicht, in symbolischen Formen vollzogen werden konnte nur eine einhellige, einmütige Wahl – mag sie oft auch nur eine Parteibehauptung gewesen sein. Um die Einhelligkeit symbolisch sichtbar zu machen, wurden im späteren Mittelalter manchmal Formen gewählt, die uns als wunderlich erscheinen, etwa die *electio per unum*[35]; und es wurde seit dem 12. Jahrhundert das schwerste Geschütz zur Anfechtung einer Wahl, wenn man behaupten konnte, es seien Leute nicht in den Entscheidungsprozeß einbezogen gewesen, die bei der Wahl mitzureden, mitzuberaten hatten[36]. Doch damit befinden wir uns bereits wieder jenseits der meinem Thema gesetzten Epochengrenze.

Im früheren Mittelalter war „Wählen" der gesamte Vorgang, der – gegebenenfalls nach informellen Vorsondierungen – mit Beratungen auf einer gemeinsamen Zusammenkunft begann und, wenn die Einigung auf einen Kandidaten geglückt war, im formalisierten Vollzug der Einzelbindung jedes aus-

---

[32] *Niklas Luhmann*, Legitimation durch Verfahren. 3. Aufl. Frankfurt am Main 1978, 155–173, Zitate 161.
[33] *Hans-Jürgen Becker*, Art. „Mehrheitsprinzip", in: Handwörterbuch zur deutschen Rechtsgeschichte. Bd. 3. Berlin 1984, Sp. 431–438; *Maleczek*, Abstimmungsarten (wie Anm. 1), 119–127.
[34] *Maleczek*, Abstimmungsarten (wie Anm. 1), 81 ff.; vgl. *Keller*, Wahlformen (wie Anm. 3), 362 f.
[35] Vgl. *Mitteis*, Königswahl (wie Anm. 13), 204 ff.; vgl. *Keller*, Wahlformen (wie Anm. 3), 353 f.
[36] Das war bekanntlich ein zentrales Argument Innozenz' III. in der „Deliberatio de tribus electis", vgl. *Mitteis*, Königswahl (wie Anm. 13), 132–142 und ff.

schlaggebenden „Wählers" an den Gewählten und in der sogenannten Voll-
bort des gesamten Wahlvolkes endete. Als 1002 die Sohnesfolge in der otto-
nischen Dynastie abriß und wichtigste Fürsten erstmals eine gemeinsame und
offene Wahl zustande bringen wollten[37], wie Wipo sie für 1024 schildert,
sammelte und erzwang der nachher siegreiche Bewerber schon vorher Einzel-
voten, eine als *electio* bezeichnete Huldigung einzelner Großer. Doch manche
verweigerten sie mit dem Hinweis auf die künftige gemeinsame Wahl stand-
haft. Bei den Sachsen verhinderten einige auf ihrer Stammesversammlung,
daß einer der Ihren, der dort auf breite Zustimmung stieß, sich zum nominierten Kandidaten aufschwang, und alle verpflichteten sich eidlich, vor einer
weiteren terminierten Zusammenkunft „weder gemeinsam noch einzeln" je-
manden zum König zu „wählen".[38] Auf dieser Ebene ist die Verpflichtung,
nur in gemeinsamer Beratung zu entscheiden, mehrfach belegt. Auch für die
Papst- und Bischofswahl wird ja durch verschiedenartige Bestimmungen immer wieder zu verhindern versucht, daß einzelne nach dem Tod des Amtsinhabers vorpreschen und die Gemeinschaft, die gemeinsam und einhellig wählen soll und will, mit einer Parteientscheidung überrumpeln.[39] Doch trotz der
gemeinsamen Einigung galten Kürspruch und Huldigung jedes Fürsten als
Vollzug der persönlichen Wahl (*elegit sibi in principem, elegit in suum dominum*).[40]

Zweifellos gab es für die Wahl und das Wählen auch im früheren Mittelalter
normative Leitbilder, die auf geltende Grundvorstellungen von einer nach
Recht geordneten Gemeinschaft und auf anerkanntes Herkommen rekurrier-
ten. Aber die Wahl war kein durch Rechtsregeln kanalisiertes Verfahren, sondern ein kommunikatives Geschehen innerhalb eines Verbandes, in dem die

---

[37] *Keller*, Schwäbische Herzöge (wie Anm. 6), 133–140; *Stefan Weinfurter*, Heinrich II.
(1002–1024). Herrscher am Ende der Zeiten. Regensburg 1999, 39 ff.; vgl. *Reinhard
Schneider*, Die Königserhebung Heinrichs II. im Jahre 1002, in: DA 28, 1972, 74–110, bes.
76–91; zusammenfassend jetzt *Hagen Keller/Gerd Althoff*, Die Zeit der späten Karolinger
und der Ottonen. Krisen und Konsolidierungen. 888–1024. (Gebhardt, Handbuch der deutschen Geschichte. 10., völlig neu bearb. Auflage. Bd. 3.) Stuttgart 2008, 315–320. Die
oben getroffene Feststellung gilt unabhängig von der Frage, ob als Kandidaten nur Männer
aus der Königsverwandtschaft in Betracht gezogen wurden.

[38] Thietmar, Chronik (wie Anm. 23). IV 52, V 3–4 (= Freiherr-vom-Stein-Gedächtnisausgabe, Bd. 9.), 168/170, 196/198.

[39] Für die Papstwahl von 1130 ist dies durch den Streit über das Schisma besonders klar
bezeugt. Vgl. *Franz-Josef Schmale*, Studien zum Schisma des Jahres 1130. (Forschungen
zur Kirchengeschichte und zum Kirchenrecht, Bd. 3.) Köln 1961, 145–161; *Schimmelpfennig*, Papst- und Bischofswahlen (wie Anm. 7), 177 ff.; zur Problematik am Beispiel des
Erzbistums Mailand *Keller*, Wahlformen (wie Anm. 3), 353 f. Die Forderung, in einem gemeinsamen Akt ohne Vorfestlegung zu entscheiden, bei der Königswahl von 1002 explizit
gegen das Vorpreschen einzelner Aspiranten gerichtet (vgl. Anm. 19 f., 37 f.), ist auch der
Hintergrund des Papstwahldekrets von 1059. Doch erst seit dem späten 12. Jahrhundert
versucht man normativ den einheitlichen Wahlakt als unabdingbare Voraussetzung für die
Gültigkeit einer Wahl festzulegen (vgl. Anm. 1).

[40] *Reuling*, Kur (wie Anm. 26), 14–35, bes. 28 ff.

Mächtigsten und Angesehensten unbestritten die tragenden Rollen spielten, aber „nicht nach ihrem Mutwillen kiesen" durften, wie Eike von Repgow den Kurfürsten ins Stammbuch schrieb.[41] Das Ziel einer Wahl bildeten – über die konkrete Personalentscheidung hinaus – die öffentlich vorgezeigte Einhelligkeit des Ergebnisses und dessen breite Akzeptanz. Einhelligkeit, Einmütigkeit war erreicht, wenn sich kein offener Widerspruch gegen die Wahlentscheidung erhob, kein Gegenkandidat präsentiert wurde und keine Spaltung entstand.[42]

Wahlgeschenke, Stimmenkauf, Wahlversprechen an einzelne gehörten, wenn sie in diesem Sinne der Herstellung von Eintracht dienten, innerhalb des kommunikativen Geschehens gewissermaßen zum System.[43] In einer Gesellschaft, in der Amtswaltung sich kaum auf feste Institutionen stützen konnte und selbst ‚legitime' Gewalt vor allem durch den Einsatz eigener Machtmittel ausgeübt wurde, konnte „Wählen" – wie jede politische Entscheidung, die das Rang- und Machtgefüge tangierte – kaum anders funktionieren als in einem von Belohnungen und Kompensationen durchsetzten Beratungsprozeß. Wo Macht und Ehre verteilt werden, läuft das im Grunde heute noch ähnlich ab, nur gehört das für uns nicht zur Wahl, sondern muß durch Wahl in einem eigenen, genau geregelten Verfahren bestätigt werden. Im früheren Mittelalter war ein solches Austarieren nicht nur Teil der Wahl, sondern galt als eine der wichtigsten und schwierigsten Aufgaben der Wählenden.

Wo trotzdem kritisiert wurde, daß jemand die Zustimmung zu seiner Wahl durch Zusagen an einzelne gewinnen wollte, hatte dies in jener Zeit einen sehr bezeichnenden Hintergrund. 1077, bei der Wahl Rudolfs von Rheinfelden zum König, auf dem Höhepunkt der Simoniedebatten im Hinblick auf die Besetzung der geistlichen Ämter, schritten die päpstlichen Legaten ein, als einzelne Fürsten konkrete Forderungen als Bedingung für ihre Zustimmung vorbrachten: Das könne die Wahl als simonistisch erscheinen lassen.[44] Doch was meint hier „Simonie"? Meines Erachtens erklärt sich der Vergleich mit Simon Magus so: In der Wahl wirkte der Heilige Geist, das Ergebnis brachte Gottes Willen zum Ausdruck. Wer Vorteile bot, um gewählt zu werden, täuschte ein Wirken der göttlichen Kraft vor, wo menschliche Machenschaften das Ergeb-

---

[41] Eike von Repgow, Sachsenspiegel, Landrecht III 57. Hrsg. v. *Karl August Eckhardt.* (MGH Fontes iuris 1,1.) 3. Aufl. Göttingen 1973, 74.

[42] Siehe oben zu Anm. 20.

[43] *Hugo Stehkemper*, Geld bei deutschen Königswahlen des 13. Jahrhunderts, in: Jürgen Schneider (Hrsg.), Wirtschaftskräfte und Wirtschaftswege. Festschrift für Hermann Kellenbenz. Stuttgart 1978, 83–136; *Hermann Kamp*, Geld, Politik und Moral im hohen Mittelalter, in: FMSt 35, 2001, 329–347; *Knut Görich*, Geld und *honor*. Friedrich Barbarossa in Italien, in: Gerd Althoff (Hrsg.), Formen und Funktionen öffentlicher Kommunikation im Mittelalter. (VuF, Bd. 51.) Stuttgart 2001, 177–200.

[44] Brunos Buch vom Sachsenkrieg, c. 91. Hrsg. v. *Hans-Eberhard Lohmann.* (MGH Dt. MA 2.) Leipzig 1937 (= Freiherr-vom-Stein-Gedächtnisausgabe, Bd. 12, 332 ff.; auch in: *Böhme*, Die deutsche Königserhebung [wie Anm. 13], 68 f.). Die Angabe findet sich nur in dieser Quelle. Vgl. auch *Reuling*, Kur (wie Anm. 26), 112.

nis herbeiführten.[45] Und letztlich war damals ja die Königswürde ein vor allem geistlich verstandenes Amt.

Damit komme ich zu einem ganz grundsätzlichen Problem: Legitimation durch Wahl im früheren Mittelalter. Legitimiert die öffentliche, formgerecht vollzogene Wahl die Herrschaft des Königs, die Ausübung des Bischofsamtes? Nach allgemeiner Überzeugung ist der Herrscher von Gott erwählt (*a Deo electus*), regiert von Gottes Gnaden[46]; die Bischöfe üben ihr Apostelamt in der Nachfolge der von Christus berufenen Jünger aus, und auch ihre Wahl gilt als Ausdruck göttlicher Eingebung, der von Gott gelenkten Berufung[47]. In der Literatur wird die Wahl – zumindest im Hinblick auf die Erhebung des Königs – fast durchgängig als „konstitutiver" Akt behandelt. Aber ist sie das wirklich, wenn, wie es hundertfach heißt, Gott die Herrschaft verleiht, das Amt gibt?

Offensichtlich gilt es hier zu differenzieren. Zunächst macht die Wahl den Willen Gottes sichtbar. Selbst die Anerkennung des Mehrheitsprinzips ließ sich auf diese Fiktion gründen. Daß im Kirchenrecht die Inspirationswahl bis in die Neuzeit als gültige, ja in mancher Hinsicht als mustergültige Form der Wahl anerkannt wurde, belegt die Kraft dieser Überzeugung. Die einhellige, die gelungene Wahl ist das offenkundige Zeichen für Gottes Willen: *vox populi vox Dei*.[48] Insofern besitzt bereits die Beratung zur Entscheidungsfindung, die erste Phase der Wahl, eine Bedeutung für die Legitimation von Herrschaft und Amtswaltung. Die von Gott herbeigeführte Eintracht macht sichtbar, was man sonst nicht sehen würde: die von Gott herrührende Legitimation des Gewählten.[49] Darin scheint mir auch eine Begründung dafür zu liegen, daß die individuelle Entscheidung jedes gewichtigeren Wählers öffentlich bekanntgegeben und die laute Zustimmung des Volkes zur Wahl der Fürsten eingeholt wird. Mit diesem abschließenden Akt des Wahlvorgangs wird keine Legitimation übertragen, sondern die transzendente Grundlage der Legitimation in ritualisierter Form zur Erscheinung gebracht. Selbst die Inspirationswahl manifestiert sich in symbolischen Akten: Fast tumultartig wird der Auserwählte auf den Altar, auf den Thron, auf die Schultern, auf den Schild erhoben. In diesem Sinne kann und muß sich die Wahl des Königs, des

---

[45] *Rudolf Schieffer*, Art. „Simonie", in: Lexikon des Mittelalters. Bd. 7. München u. a. 1995. Sp. 1922–1925; *Hans-Jürgen Guth*, Art. „Simonie", in: Lexikon für Theologie und Kirche. Bd. 9. Durchgesehene Ausgabe der 3. Aufl. Freiburg 2006, Sp. 607 f.

[46] *Tellenbach*, Grundlagen (wie Anm. 24), 190–199, 208–213, 258 f.; *Maleczek*, Abstimmungsarten (wie Anm. 1), 82 ff.

[47] *Maleczek*, Abstimmungsarten (wie Anm. 1), 85.

[48] Vgl. *Hagen Keller*, „Kommune": Städtische Selbstregierung und mittelalterliche „Volksherrschaft" im Spiegel italienischer Verfahren des 12.–14. Jahrhunderts, in: Gerd Althoff u. a. (Hrsg.), Person und Gemeinschaft im Mittelalter. Karl Schmid zum 65. Geburtstag. Sigmaringen 1988, 573–616, hier 615 f.

[49] Vgl. *August Nitschke*, Die Einstimmigkeit der Wahlen im Reiche Ottos des Großen, in: MIÖG 70, 1962, 29–59.

Bischofs, des Abtes mit anderen symbolischen und rituellen Akten der Erhebung und der Amtseinweisung verbinden, die ihrerseits nicht eigentlich die Legitimation begründen, sondern sie ebenfalls manifest werden lassen.

Der öffentliche Vollzug der Wahl soll freilich nicht nur die Legitimität der Amtswaltung eines von Gott bestimmten Oberhauptes verdeutlichen, sondern er soll zugleich eine Basis der Führungsrolle bilden, die dem durch Wahl bestätigten, von Gott ausersehenen Haupt zugedacht ist. Auf die Gehorsamsversprechen von Geistlichen gegenüber ihren Prälaten – oft schriftlich gegeben, wohl weil der Eid hier nicht möglich ist – sei nur en passant hingewiesen. Die Kur des Königs vollzog sich in den Formen einer Lehenshuldigung, das heißt, sie enthielt zugleich eine persönliche Verpflichtung in die Zukunft, die dem Herrscher Hilfe für die Erfüllung der übertragenen Aufgabe versprach.[50] Auch hier erweist sich die Wahl als ein kommunikatives Geschehen, das nicht nur zur einhelligen Entscheidung führen soll, sondern im Reich Stabilität schaffen und dem Gewählten das Regieren ermöglichen will. Das gilt nicht zuletzt für die zahlreichen Wahlen bei der Bestimmung von Königssöhnen zu Nachfolgern, zu Unter- oder Mitkönigen.[51] Doch feste und sichere Herrschaftsgrundlagen werden damit nicht übertragen. Die einhellige Wahl schafft eine Basis für das Gelingen der Kommunikation im Herrschaftsverband. Aber in allen wichtigen Entscheidungen ist diese Basis situationsbezogen mit den Großen, mit den einstigen Wählern, neu auszutarieren. Im Hinblick auf diese Funktion kann man die Wahl vielleicht als „konstitutiv" bezeichnen, nur darf man dem Begriff nicht die rechtliche Bedeutung unterlegen, die er heute hat: „konstitutiv" ist hier eher eine kommunikative Kategorie.

Wenn die Quellen die Einhelligkeit der Entscheidung und die allgemeine Zustimmung zu einer Wahl hervorheben, so führt das zugleich in den Bereich der Herrschaftsethik und des Gemeinschaftsverständnisses, das heißt des gültigen Wertesystems. Daß er von allen gewünscht, von allen freudig akzeptiert wird, unterscheidet den rechten, guten Herrscher oder Herrn vom Tyrannen oder vom schlechten Hirten.[52] Doch gerade im früheren Mittelalter wird oft gesagt, daß auch der schlechte Herrscher von Gott gesetzt ist – zur Strafe für die Sünden des Volkes und derer, die es führen.[53] Die fehlende Zustimmung

---

[50] *Reuling*, Kur (wie Anm. 26), mit rechtshistorischen Differenzierungen, die meines Erachtens aus dem Zeithorizont herausführen.
[51] *Brigitte Kasten*, Königssöhne und Königsherrschaft. Untersuchungen zur Teilhabe am Reich in der Merowinger- und Karolingerzeit. (Schriften der MGH, 44.) Hannover 1997; *Wolfgang Giese*, Zu den Designationen und Mitkönigserhebungen der deutschen Könige der Hochmittelalters (936–1237), in: ZRG GA 92, 1975, 174–183.
[52] Zu den Vorstellungen vom Tyrannen vgl. *Johannes Spörl*, Gedanken um Widerstandsrecht und Tyrannenmord im Mittelalter (1956), Ndr. in: Arthur Kaufmann (Hrsg.), Widerstandsrecht. (Wege der Forschung, Bd. 173.) Darmstadt 1972, 87–113, hier 97–106; vgl. auch *Keller*, Bildnis (wie Anm. 29), 185–188.
[53] *Wolfgang Stürner*, Peccatum und Potestas. Der Sündenfall und die Entstehung der herrscherlichen Gewalt im mittelalterlichen Staatsdenken. (Beiträge zur Geschichte und Quel-

entzieht selbst dem Tyrannen nicht die Legitimation. Erst seit dem 11. Jahrhundert wird allmählich der Gedanke eines Widerstandsrechts entwickelt[54],
und nur allmählich kommt auch der Vollzug der Wahl als verbindlicher
Rechtsakt als Gegenargument in die Überlegungen hinein. Es bleibt aber,
wenn ich recht sehe, sehr lange ein Hinweis auf die eingegangenen Verpflichtungen der einzelnen und wird kaum zum formalrechtlichen Beweis der Legitimität benutzt.

Kurz: Wählen im früheren Mittelalter scheint mir etwas sehr anderes gewesen zu sein als das, was sich mit den heute gängigen Wahlvorstellungen erfas-
sen läßt. Es ist ein kommunikatives Geschehen, das sich aus der einmaligen
Wahlsituation heraus in die weiteren Interaktionen innerhalb der politischen
Gemeinschaft fortsetzt.[55] Der eigentliche, zeitlich abgrenzbare Wahlakt enthält Akzentuierungen von starker symbolischer Aussagekraft, in welchen ein
Zustand der Gemeinschaft, eine aktuell erreichte und normativ gewollte Ver-
faßtheit des Verbandes zur Darstellung gebracht wird. Diese rituellen Elemente zielen weit über das Rechtliche hinaus in die künftige gesellschaftliche
Interaktion hinein. Wo ausgebildete, transpersonale Institutionen fehlen, beruht die Leitungsgewalt der Oberen ebenso wie die Ausübung richterlicher
Funktionen, die mit ihr untrennbar verbunden war, in stärkstem Maße auf dem
Vertrauen, das in der gemeinsamen Wahl verbindlich ausgesprochen wird,
und auf den Verpflichtungen, welche die Wähler im Kontext der Wahl – nicht
nur im Wahlakt selbst – eingingen. Insofern vermittelt in Herrschaftskrisen
oder bei der Anfechtung von Bischöfen die Wahl als „Rechtsakt" allein nicht
die eindeutige Legitimation, die einer Anfechtung des Amtsträgers oder gar
dem offenen Widerstand gegen ihn entgegengehalten werden kann. Ein in
Frage gestelltes Haupt muß die Berechtigung seiner Amtswaltung mit anderen Mitteln – vor allem durch symbolische Akte und performative Handlungs-
sequenzen – demonstrieren und seine Führungsrolle in der aktuellen Situation
durch Kommunikation und Konfliktaustrag im Herrschaftsverband oder in
der kirchlichen Gemeinschaft aufs neue zur Geltung bringen.

lenkunde des Mittelalters. Bd. 11.) Sigmaringen 1987, 103–123; *Marita Blattmann*, ‚Ein
Unglück für sein Volk'. Der Zusammenhang zwischen Fehlverhalten des Königs und
Volkswohl in den Quellen des 7.–12. Jahrhunderts, in: FMSt 30, 1996, 80–102.
[54] Grundlegend *Fritz Kern*, Gottesgnadentum und Widerstandsrecht im früheren Mittelalter. Zur Entwicklungsgeschichte der Monarchie. 2. Aufl., hrsg. v. Rudolf Buchner. Darmstadt 1954 [¹1914]); vgl. *Hagen Keller*, Zwischen regionaler Begrenzung und universalem
Horizont. Deutschland im Imperium der Salier und Staufer 1024–1250. (Propyläen Geschichte Deutschlands. Bd. 2.) Berlin 1986, 206–216; gute neuere Zusammenfassung bei
Gerhard Dilcher, Art. „Widerstandsrecht", in: Handwörterbuch zur deutschen Rechtsgeschichte. Bd. 5. Berlin 1998, Sp. 1351–1364.
[55] In diesem Sinne schon *Tellenbach*, Grundlagen (wie Anm. 24), bes. 237 ff., 258 ff.
(= Ndr. 556 ff., 578 ff.).

Eine Kultur der Niederlage?

Wahlen in der italienischen Stadt des Hoch- und Spätmittelalters

Von

Christoph Dartmann

Kaum jemand, der am 18. September 2005 die Berichterstattung über die Bundestagswahl im Fernsehen verfolgt hat, wird den Auftritt Gerhard Schröders in der sogenannten Elefantenrunde vergessen.[1] Obwohl seine Partei auf den zweiten Platz in der Wählergunst abgerutscht war, obwohl er mit nur 34,2 Prozent mehr als vier Prozentpunkte gegenüber der letzten Bundestagswahl verloren hatte und obwohl dieses Ergebnis ihn letztlich sein Amt kosten sollte, präsentierte sich der Bundeskanzler als Sieger. Mit aggressiver Jovialität vermittelte er den Anspruch, er sei aus der Rivalität der Spitzenkandidaten eindeutig als Sieger hervorgegangen, ohne ihn werde es keine stabile Regierung geben und er werde weiterhin als Regierungschef fungieren. Neben den politischen Gegnern richteten sich seine Angriffe vor allem auf die anwesenden Journalisten als Repräsentanten ‚der Medien‘, die gegen ihn eine Kampagne geführt hätten, um ihn aus dem Amt zu schreiben. Die Reaktionen der Anwesenden belegen die Irritation, die dieser Auftritt verursachte. ZDF-Chefredakteur Nikolaus Brender, mit dem sich Schröder von Beginn der Elefantenrunde an wegen der Anrede als Bundeskanzler beharkt hatte, verzichtete am Ende der Diskussion explizit auf die formal gebotene Anrede mit den Worten: „Ich nenne Sie jetzt nur noch ‚Herr Schröder‘!" In dieser Bemerkung wurde die Ambivalenz einer Situation deutlich, in der der Inhaber eines der höchsten Ämter des Staates als Wahlkämpfer auftrat, noch dazu als Protagonist einer stark auf seine Person zugeschnittenen Kampagne, einer *one-man show*.[2]

---

[1] Weil der Auftritt mindestens ebenso vom Tonfall und von der Körpersprache der Beteiligten geprägt wurde, sei nicht auf ein Wortprotokoll verwiesen, sondern auf ein archiviertes Video: http://www.tagesschau.de/multimedia/video/video99552_bcId-_ply-internal_res-real256_vChoice-video99552.html (Zugriff am 10. 1. 2009).

[2] Der spektakuläre Auftritt von Gerhard Schröder fand ein breites Medienecho, vgl. etwa *Frank Schirrmacher*, Aufputscher. Ein Auftritt: Der Kanzler entgleist, in: Frankfurter Allgemeine Zeitung, 20. 9. 2005, 41; *Nico Fried*, Im Gleitflug über den Boden der Tatsachen, in: Süddeutsche Zeitung, 20. 9. 2005, 3; *Dirk Kurbjuweit*, Putsch gegen die Wirklichkeit. Gerhard Schröder will das Wahlergebnis nicht akzeptieren, in: Der Spiegel, 39/2005, 26. 9. 2005, 44.

Was Gerhard Schröder zu diesem Auftritt motiviert hat, wird wohl nie zu klären sein. Sieht man von naheliegenden Unterstellungen ab – Guido Westerwelle faßte sie in die Worte „Ich weiß nicht, was Sie hier vor der Sendung gemacht haben" –, lassen sich unterschiedliche Vermutungen anstellen. Taktisch könnte hinter dem Auftritt das Bemühen gestanden haben, der knapp vor ihm liegenden CDU-Spitzenkandidatin Angela Merkel den Anspruch auf das Kanzleramt streitig zu machen und durch die Flucht nach vorn doch noch eine dritte Amtszeit anzutreten. Ein weiterführender Erklärungsansatz läßt sich aus der geänderten Funktion der medialen Präsenz von Spitzenkandidaten entnehmen. Die mediengerechte Inszenierung der Wahlkämpfer setzt in den letzten Jahrzehnten zunehmend auf die Instrumentalisierung von Images durch klare, einfache, emotional besetzte und personenzentrierte Botschaften. Unter den Vorzeichen einer abnehmenden Parteienbindung der Wählenden werden stark personalisierte Wahlkampfstrategien erfolgversprechend.[3] Zu der kaum erwarteten Aufholjagd, durch die die SPD im Jahr 2005 beinahe so viele Stimmen gewonnen hat wie die CDU, trug nach den Analysen der Ergebnisse wesentlich bei, daß Gerhard Schröder bis zuletzt das Image des unerschütterlichen Optimisten durchgehalten hatte, der sich von allen Unkenrufen nicht beirren läßt. Gegen alle Wahrscheinlichkeit und alle Widerstände an die Machbarkeit des eigenen Erfolgs zu glauben – dieser Imageaspekt prägte auch den Auftritt des scheidenden Kanzlers in der Elefantenrunde. Zugleich bewirken mediale Selektions- und Darstellungskriterien, daß politische Entscheidungen in klare Siege und Niederlagen umgedeutet werden, und zwar deswegen, weil gerade Mißerfolg und Schaden einen hohen Nachrichtenwert besitzen. Zum Scheitern Gerhard Schröders nach der Bundestagswahl im Herbst 2005 trug daher nicht zuletzt der Umstand bei, daß er sich am Wahlabend als Sieger präsentierte, die nachfolgende Berichterstattung aber sein Unterliegen fokussierte. Wie wir alle wissen, scheiterte Gerhard Schröder folgerichtig mit seinem Versuch, die Elefantenrunde zum Startschuß für einen neuen Kampf um die Macht in der künftigen Regierung zu machen. Angela Merkel wurde Bundeskanzlerin, das politische System funktionierte doch nach der Logik formalisierter Verfahren: Derjenige, der sich nach dem Ver-

---

[3] Für ihre Hinweise auf die aktuelle kommunikationswissenschaftliche Diskussion danke ich Frau Kathrin Nieder M. A. Vgl. *Klaus Merten/Joachim Westerbarkey*, Public Opinion und Public Relations, in: Klaus Merten/Siegfried J. Schmidt/Siegfried Weischenberg (Hrsg.). Die Wirklichkeit der Medien. Eine Einführung in die Kommunikationswissenschaft. Opladen 1994, 188–211; die Bedeutung der PR-Strategie, vor allem den Spitzenkandidaten ins Zentrum der Wahlkampfinszenierung zu stellen, relativieren anhand einer Analyse der Gründe für die Wahlentscheidungen *Frank Brettschneider/Katja Neller/Christopher J. Anderson*. Candidate Images in the 2005 German National Election, in: German Politics 15. 2006. 481–499.

fahren nicht der Entscheidung unterwarf, erschien als Querulant und verschwand von der Bühne der Politik.[4]

Jede Personalentscheidung, die nicht auf reiner Akklamation beruht, produziert Niederlagen. Stehen zwei Kandidaten für ein und dasselbe Amt zur Verfügung, zieht einer den kürzeren. Aber auch auf der Seite der Wählenden gibt es Sieger und Verlierer. Die Stimmen, die dem unterlegenen Kandidaten gegeben werden, sind gleichfalls verloren, und je nach Engagement erscheint das Unterliegen des bevorzugten Kandidaten auch für die Wählenden als persönliche Niederlage. Wie das eingangs ausgeführte Gegenwartsbeispiel ausgeführt haben dürfte, kann es bis heute erhebliche Probleme bereiten, diese Niederlagen anzuerkennen. Wenn an dieser Stelle die Frage nach dem Umgang mit Niederlagen bei Personalentscheidungen in der mittelalterlichen italienischen Stadt gefragt wird, erfolgt dies vor dem Hintergrund folgender Überlegungen. Wie die Mediävistik in den letzten Jahren nachdrücklich gezeigt hat, gehörte das Wahren des eigenen Ansehens zu den Grundprinzipien mittelalterlicher öffentlicher Kommunikation. Weil zugleich Politik in erheblichem Maße auf Konsens und Kooperation der Eliten innerhalb von Herrschaftsverbänden angewiesen war, ergab sich ein eigentümlicher Umgang mit Konflikten wie auch mit Situationen, in denen ein Konflikt möglicherweise drohte. Denn man bemühte sich darum, Kontroversen nicht an die Öffentlichkeit treten zu lassen, sondern hinter verschlossenen Türen auszutragen. Zu groß wäre der Gesichtsverlust derjenigen gewesen, deren Ansichten sich nicht durchgesetzt hatten und die damit vor aller Augen als Unterlegene erschienen wären. Diese Grundgegebenheit politischen Agierens hatte zur Folge, daß man in Konflikten im Regelfall um konsensuale Lösungen bemüht war, also eher um Ausgleich als um eine Entscheidung, die Sieg und Niederlage eindeutig zuweist. Die Inszenierung der Politik in Akten symbolischer Kommunikation war darauf angelegt, Entscheidungen in der Öffentlichkeit als Ergebnis der Zustimmung aller Protagonisten erscheinen zu lassen, unabhängig davon, mit wieviel Nachdruck sie hinter den Kulissen durchgesetzt worden war. Auch dem Unterlegenen wurde im Regelfall eine Behandlung zuteil, die es

---

[4] Darin läßt sich eine interessante Akzentverschiebung gegenüber dem Verfahrensmodell beobachten, das Niklas Luhmann in den 1960er Jahren entwickelt hat: Luhmann schreibt die Legitimationsfunktion vor allem dem formalisierten Entscheidungsverfahren selbst zu, sieht gerade in seiner Abgrenzung von anderen Anlässen politischer Kommunikation eine entscheidende Voraussetzung für die Generierung von Legitimation; nach den Bundestagswahlen vom September 2005 wie auch nach den Präsidentschaftswahlen des Jahres 2000 in den USA scheint jedoch die Zuordnung von Sieg und Niederlage erst im nachhinein verhandelt worden zu sein, wobei das Zusammenspiel von Medien und politischen Akteuren von entscheidender Bedeutung war. Die Legitimation der Entscheidung hing also wesentlich von den im nachhinein aktivierten Images der Protagonisten ab. Nicht der Widerstand gegen das Ergebnis eines formalisierten Verfahrens ließ Schröder scheitern, sondern die fehlende Akzeptanz der von ihm ab dem Wahlabend entworfenen Rolle. *Niklas Luhmann*, Legitimation durch Verfahren. 6. Aufl. Frankfurt am Main 2001 [zuerst 1969].

ihm ermöglichte, sein Gesicht zu wahren. Als Kompensation für eine Unterwerfung konnte die meist rasch darauf gefeierte Wiederaufnahme in die Gnade des Herrschers gelten. Die Rücksicht auf das Ansehen aller Protagonisten stellte eine notwendige Voraussetzung dafür dar, daß trotz zahlreicher Konflikte die auf Konsens und Kooperation der Großen basierenden Herrschaftsverbände dauerhaft stabilisiert werden konnten.[5]

Im Falle von Personalentscheidungen stieß dieses System an seine Grenzen, wie die teils sehr mühseligen Prozesse belegen, in denen bei unklarer Nachfolge ein neuer König gefunden wurde. Das gilt für Konrad I. ebenso wie für Heinrich I. oder noch Heinrich II. und Konrad II.[6] Bei allen Unterschieden in der Integration des Reichs und in den Voraussetzungen, unter denen sie die Königsherrschaft antraten, hatten alle mit rivalisierenden Herrschaftsträgern zu kämpfen, die ihnen die führende Rolle streitig machten oder zumindest ihrem Agieren massive Widerstände entgegensetzten. Weder eine korrekt vollzogene Wahlhandlung noch die Krönung waren ausreichend, um eine allgemeine Anerkennung der Personalentscheidung durchzusetzen. Vielmehr bedurfte es eines langfristigen Prozesses, der ebenso von Diplomatie wie politischem und militärischem Druck bestimmt war, um diejenigen einzubinden, die nicht mit der Person des neuen Königs einverstanden waren.[7]

Die Probleme, die eine offene Personalentscheidung auch in der hochmittelalterlichen italienischen Stadt mit sich brachte, seien im Anschluß zunächst am Beispiel der Wahl Mailänder Erzbischöfe von der Mitte des 11. bis zur

---

[5] Zur symbolischen Kommunikation im mittelalterlichen Herrschaftsverband *Gerd Althoff*, Spielregeln der Politik im Mittelalter. Kommunikation in Frieden und Fehde. Darmstadt 1997; *ders.*, Die Macht der Rituale. Symbolik und Herrschaft im Mittelalter. Darmstadt 2003. Zu Konsens und Kooperation als Grundlagen von Staatlichkeit: *Bernd Schneidmüller*, Konsensuale Herrschaft. Ein Essay über Formen und Konzepte politischer Ordnung im Mittelalter. in: Paul-Joachim Heinig u. a. (Hrsg.), Reich, Regionen und Europa in Mittelalter und Neuzeit. Festschrift für Peter Moraw. (Historische Forschungen, Bd. 67.) Berlin 2000, 53–87. Zusammenfassend für die Ottonenzeit jetzt *Hagen Keller/Gerd Althoff*, Die Zeit der späten Karolinger und der Ottonen. Krisen und Konsolidierungen 888–1024. (Gebhardt. Handbuch der deutschen Geschichte. 10., völlig neu bearb. Aufl., Bd. 3.) Stuttgart 2008, 348–372.

[6] Zur Amtsübernahme und Regierung Konrads I., Heinrichs I. und Heinrichs II. zuletzt mit weiterer Literatur *Keller/Althoff*, Zeit der späten Karolinger (wie Anm. 5), 69–85, 115–123, 315–320. Zu Konrad II. *Hagen Keller*, Zwischen regionaler Begrenzung und universalem Horizont. Deutschland im Imperium der Salier und Staufer 1024–1250. (Propyläen Geschichte Deutschlands, Bd. 2.) Berlin 1986, 73–80.

[7] Vgl. den Beitrag von Hagen Keller in diesem Band bei Anm. 19–20 zur Schilderung Wipos in den *Gesta Chuonradi imperatoris*. Dem Darstellungsziel gemäß schildert Wipo diesen Wahlvorgang als Erfolg. „Konrad II. sah sich [jedoch] einer [...] Rebellion schon gegenüber, bevor sein Königtum im ganzen Reich anerkannt war. Sein jüngerer Vetter Konrad, der bei der Königswahl [...] durch seinen einhelligen Verzicht die ‚einhellige Wahl' ermöglicht hatte, [...] verschwor [...] sich [gemeinsam mit Herzog Ernst II. von Schwaben und Graf Welf II.] mit Herzog Friedrich von Oberlothringen gegen den König" (*Keller*, Begrenzung [wie Anm. 6], 79).

Mitte des 12. Jahrhunderts beleuchtet. Entscheidend wird dann in einem zweiten Abschnitt die Frage sein, wie in der italienischen Stadtgemeinde mit politischen Niederlagen umgegangen wurde. Deren politisches System beruhte spätestens seit dem 13. Jahrhundert auf einer dichten Folge von Wahlen und Abstimmungen, vor allem in den Ratsgremien der Kommune. Diese Tatsache hat vielfach dazu verleitet, die Stadtkommunen mit den Kategorien moderner demokratischer und republikanischer Staaten zu beschreiben.[8] Die Forschungen zu Techniken des Wählens haben viele Details zu den Verfahrensabläufen hervorgebracht, aber auch zu den Wegen der Einflußnahme und Kontrolle der Kommune durch ein Unterlaufen der Verfahren zugunsten dominanter sozialer Gruppen.[9] Die grundsätzlichen Studien von Hagen Keller haben darüber hinaus nachdrücklich die anders als in modernen Demokratien gelagerten Ziele und Leitvorstellungen herausgearbeitet, die politisches Agieren in der Stadtkommune geprägt haben.[10] Wegen des guten Forschungsstandes ist es gerechtfertigt, sich im Anschluß allein auf den Aspekt des Umgangs mit Niederlagen zu konzentrieren. Die Leithypothese dieser Analyse sei vorab formuliert: Auch die Stadtkommunen waren von den Konventionen mittelalterlicher öffentlicher Kommunikation geprägt.[11] Zwar operierte man in ihnen mit Wahl- und Abstimmungsverfahren, in denen kontroverse Fragen zu einer Entscheidung geführt wurden. Dennoch bemühte man sich gerade im Fall von Personalentscheidungen darum, Dissens nicht in die Öffentlichkeit zu tragen, sondern durch vermeintliche Einmütigkeit Niederlagen erträglich zu machen. Trotz der scheinbar moderneren Verfahrenstechniken fügte sich die kommunale Gesellschaft doch in das eben skizzierte Bild mittelalterlicher politischer Kommunikation.

---

[8] Etwa noch *Robert D. Putnam/Robert Leonardi/Raffaella Y. Nanetti*, Making Democracy Work: Civic Traditions in Modern Italy. Princeton 1993; vgl. die Rezension des Buches durch *Marvin B. Becker*, in: JInterH 26, 1996, 306–308; die weitere Diskussion dokumentiert *Mark Jurdjevic*, Trust in Renaissance Electoral Politics, in: JInterH 34, 2004, 601–614.

[9] Für die spätere Kommune vor allem *John M. Najemy*, Corporatism and Consensus in Florentine Electoral Politics, 1280–1400. Chapel Hill, N. C. 1982.

[10] *Hagen Keller*, „Kommune": Städtische Selbstregierung und mittelalterliche „Volksherrschaft" im Spiegel italienischer Wahlverfahren des 12.–14. Jahrhunderts, in: Gerd Althoff u. a. (Hrsg.), Person und Gemeinschaft im Mittelalter. Karl Schmid zum 65. Geburtstag. Sigmaringen 1988, 573–616; ders., Wahlformen und Gemeinschaftsverständnis in den italienischen Stadtkommunen (12./14. Jahrhundert), in: Reinhard Schneider/Harald Zimmermann (Hrsg.), Wahlen und Wählen im Mittelalter. (VuF, Bd. 37.) Sigmaringen 1990, 345–374; zu Abstimmungsverfahren auch ders., Mehrheitsentscheidung und Majorisierungsproblem im Verbund der Landgemeinden Chiavenna und Piuro (1151–1155), in: Helmut Jäger u. a. (Hrsg.), Civitatum communitas. Studien zum europäischen Städtewesen. Festschrift Heinz Stoob zum 65. Geburtstag. (Städteforschung, Rh. A: Darstellungen, Bd. 21.) Köln/Wien 1984, 2–41.

[11] Dies ist eine Leitperspektive meiner im April 2009 abgeschlossenen Habilitationsschrift „Politische Interaktion in der italienischen Stadtkommune".

Doch zunächst zu den Mailänder Bischofswahlen zwischen der Mitte des 11. und des 12. Jahrhunderts. Über sie sind wir vergleichsweise gut informiert, da eine umfangreiche zeitnahe städtische Chronistik vorliegt, die die Person und die Taten der Erzbischöfe immer wieder ins Zentrum der Darstellung rückt.[12] Denn in ihnen sahen die Chronisten zentrale Akteure in vielfältigen Konflikten, die die Geschicke der norditalienischen Metropole in diesen Jahrzehnten prägten. Die Reichweite und Dauer der sozial ebenso wie religiös und politisch motivierten Auseinandersetzungen läßt sich allein schon daran ablesen, daß immer wieder die Erzbischöfe selbst in ihrem Zentrum standen. Im Zeitraum von 1018 bis 1135 haben insgesamt zwölf Männer dieses Amt bekleidet, und von ihnen sahen sich ausweislich der heute vorliegenden Nachrichten lediglich drei nicht heftigen Anfeindungen ausgesetzt. Die übrigen zehn Prälaten mußten entweder das Amt und die Stadt verlassen oder mußten sich in Mailand selbst mit massiven Vorwürfen auseinandersetzen.[13] Es verwundert nicht, wenn auch die Bischofswahlen von diesen tiefgreifenden Konflikten betroffen wurden, weil es entweder während der Wahlverfahren selbst oder in unmittelbarem Anschluß daran zu erheblichen Störungen kam, die die Personalentscheidung beeinflussen sollten oder im nachhinein revidieren.

Aus den chronikalischen Informationen läßt sich ein mehrschrittiges Entscheidungsverfahren rekonstruieren, das in den meisten Zügen typisch sein dürfte für Wahlverfahren im früheren Mittelalter. Zunächst berieten sich die einflußreichen Kirchenmänner und Laien Mailands über einen geeigneten Kandidaten mit dem Ziel, zu einem von allen unterstützten Elekten zu finden. An diesen Beratungen nahmen mit den Vorstehern der großen geistlichen In-

---

[12] Eine Gruppe von Schriften entstand anläßlich der Auseinandersetzungen über die Mailänder Pataria unmittelbar im Umfeld ihres Zusammenbruchs mit dem Tod Erlembalds im Jahr 1075. Im einzelnen handelt es sich um: Arnulf von Mailand, Liber gestorum recentium. Hrsg. v. *Claudia Zey.* (MGH Scriptores rerum germanicarum in usum scholarum separatim editi. Bd. 67.) Hannover 1994: Landulf senior, Historia Mediolanensis. Hrsg. v. *Ludwig Conrad Bethmann/Wilhelm Wattenbach,* in: MGH Scriptores, Bd. 8. Hannover 1848. Ndr. Stuttgart/New York 1963, 32–100: Andrea von Strumi, Vita Arialdi. Hrsg. v. *Friedrich Baethgen,* in: MGH Scriptores, Bd. 30,2. Hannover 1934, Ndr. Stuttgart/New York 1964, 1047–1075. Zu diesen Werken vgl. *Jörg W. Busch,* „Landulfi senioris Historia Mediolanensis" – Überlieferung, Datierung und Intention, in: DA 45, 1989, 1–30; *Christoph Dartmann,* Wunder als Argumente. Die Wunderberichte in der Historia Mediolanensis des sogenannten Landulf Senior und in der Vita Arialdi des Andrea von Strumi. (Gesellschaft. Kultur und Schrift – Mediävistische Beiträge, Bd. 10.) Frankfurt am Main u.a. 2000: *Olaf Zumhagen,* Religiöse Konflikte und kommunale Entwicklung. Mailand, Cremona, Piacenza und Florenz zur Zeit der Pataria. (Städteforschung, Rh. A: Darstellungen, Bd. 58.) Köln/Weimar/Wien 2002, 26–39: *Claudia Zey,* Zur Entstehung und Überlieferung des Liber gestorum recentium Arnulfs von Mailand, in: DA 49, 1993, 1–38. Für die Jahre 1097–1137 liegt lediglich ein Werk vor: Landulf iunior sive de Sancto Paulo, Historia Mediolanensis. Hrsg. v. *Ludwig Bethmann/Philipp Jaffé,* in: MGH Scriptores, Bd. 20. Hannover 1868. Ndr. Stuttgart/New York 1963, 17–49; dazu ebenfalls *Zumhagen,* Konflikte, 112–128.

[13] Dazu *Dartmann,* Interaktion (wie Anm. 11).

stitutionen, herausragenden Exponenten des Diözesanklerus sowie führenden Männern des Mailänder Adels Mitglieder der Familien teil, die die Stadt dominierten und aus denen sich in dieser Zeit üblicherweise auch der Erzbischof rekrutierte. Hatte man zu einem Konsens gefunden, fand die eigentliche ,Wahl' in einer Versammlung des Klerus und der Laien der Stadt in der Kathedrale statt. In der Forschung ist hervorgehoben worden, daß in den oberitalienischen Städten der Wahlversammlung unter Beteiligung der Laien in diesen Jahren ein herausragender Einfluß auf die Benennung der Bischöfe zuwuchs.[14] Dort wurde der Name des künftigen Erzbischofs genannt – und für diesen Akt steht das Verb *eligere* –, den dann die Menge akklamierte. Die sich anschließende Thronsetzung beendete den Wahlvorgang, ehe einige Zeit später die Weihe erfolgte. Vor dem Investiturstreit war zwischen Wahl und Weihe die Einsetzung ins Amt durch den König des *regnum Italicum* eingeschaltet, später erfolgte zu diesem Zeitpunkt die Übersendung des *pallium*, einer erzbischöflichen Insignie, durch den Papst beziehungsweise eine Reise nach Rom, um dort das *pallium* zu erbitten.[15]

Dieser ganz auf konsensualer Entscheidungsfindung basierende Ablauf wurde während des hier interessierenden Zeitraums in jeder der genannten Phasen gestört. Im Jahr 1045 etwa konnten sich die Mailänder nicht auf einen geeigneten Nachfolger für den verstorbenen Erzbischof Aribert verständigen. Weil sich die führenden Exponenten des Klerus und der Laien der Stadt trotz längerer Beratungen nicht einigten, benannten sie schließlich vier geeignete Männer – gleichsam eine nicht hierarchisierte ,Viererliste' –, die sie zum Kaiser schickten mit der Bitte, einen aus ihnen auszuwählen. Wen immer von ihnen Heinrich benennen werde, den würden sie als ihren Erzbischof anerkennen. Der Salier betraute allerdings mit Wido einen nicht von den Mailändern vorgeschlagenen Kandidaten, sondern einen Kleriker aus der Lombardenmetropole, der bereits seit längerer Zeit bei Hofe tätig war. Der ungeliebte Erzbischof konnte zwar in Mailand einziehen, wurde dann aber in der Kathedrale vor aller Augen bloßgestellt: Während eines Hochamts ließen die Mitglieder des Kathedralklerus ihr Oberhaupt allein am Altar zurück; der Erzbischof beendete die Meßfeier dennoch unter Tränen.[16] Anschließend scheint er aber

[14] *Hagen Keller*, Pataria und Stadtverfassung, Stadtgemeinde und Reform: Mailand im „Investiturstreit", in: Josef Fleckenstein (Hrsg.), Investiturstreit und Reichsverfassung. (VuF, Bd. 17.) Sigmaringen 1973, 321–350, hier 344; vgl. *Cosimo Damiano Fonseca*, „Ecclesia matrix" e „conventus civium": l'ideologia della Cattedrale nell'età comunale, in: La pace di Costanza. Un difficile equilibrio di poteri fra società italiana ed impero (Milano/ Piacenza, 27–30 aprile 1983). (Studi e testi di storia medioevale, Vol. 8.) Bologna 1984, 135–149, hier 141–143.
[15] Es ist bezeichnend für die Situation in Mailand wie auch die Quellenlage, daß diese Abfolge lediglich aus den Berichten über Störungen in verschiedenen Momenten des Wahl- und Einsetzungsvorgangs zu rekonstruieren ist.
[16] Landulf senior, Historia 3,3 (wie Anm. 12), 74 f. Landulf senior läßt die Schilderung der

das Amt bis zum Ausbruch der Auseinandersetzungen um die Pataria im Jahr 1057 ohne weitere nennenswerte Störungen ausgeübt zu haben.

Auch im Jahr 1075 war es den Mailändern nicht möglich, sich auf einen gemeinsamen Kandidaten zu verständigen. Deswegen übertrugen sie die Entscheidung erneut dem König, machten wieder vier Vorschläge, die Heinrich IV. wie sein Vater überging, um statt dessen ein Mitglied seiner Hofkapelle zu benennen.[17] Auf den ersten Blick mag es erstaunlich sein, daß die Mailänder in diesem Fall zum zweiten Mal das Risiko eingingen, vom salischen Herrscher einen Erzbischof aufoktroyiert zu bekommen, den sie eigentlich nicht haben wollten. Die Gefahr einer unerwünschten Entscheidung durch den König nahmen sie aber in Kauf, weil offensichtlich mit dem Verfahren, die Auswahl zu delegieren, ein entscheidender Vorteil verbunden war: Man mußte nicht in Mailand selbst zu einer Entscheidung finden. Vor den Bischofswahlen der Jahre 1045 und 1075 hatte es blutige Auseinandersetzungen gegeben, die die städtische Gesellschaft zu zerreißen gedroht hatten.[18] Trotz der zum Abschluß zelebrierten Friedensrituale, so hat es den Anschein, war die Erinnerung an die Kämpfe so frisch, daß man sich entweder nicht auf einen Kandidaten einigen konnte oder sogar davor zurückscheute, überhaupt zu einer Wahl kommen zu müssen. Die Delegierung der Auswahl an den Salier erlaubte es in beiden Fällen, den vakanten Thron des Erzbischofs zu besetzen, ohne sich über eine geeignete Person streiten zu müssen. Denn wenn die Gräben im Klerus und der Bevölkerung der Stadt noch nicht wieder zugeschüttet worden waren, hätte jede Entscheidung zwischen alternativen Vorschlägen dazu geführt, daß einigen der Protagonisten der vorangegangenen Konflikte eine Niederlage zugefügt worden wäre – noch dazu von den eigenen Mitbürgern. Deswegen erscheint es plausibel, in der Entscheidung für die Delegierung der Auswahl des neuen Erzbischofs an den salischen Herrscher ein Vor-

---

bis zu seiner Gegenwart andauernden Konflikte nicht mit dem öffentlichen Auftreten der Patarener Ariald und Landulf beginnen, sondern mit den Unstimmigkeiten um den neuernannten Erzbischof Wido.

[17] Hier nach Landulf senior, Historia 4.2 (wie Anm. 12), 99; vgl. Arnulf, Liber 5,5 (wie Anm. 12), 222 f., der nichts von den vier Mailänder Kandidaten zu berichten weiß. Die Benennung und Investitur Tedalds von Mailand gehörten zu den Ereignissen, die den offenen Konflikt zwischen Gregor VII. und Heinrich IV. eskalieren ließen. Vgl. etwa *Gerd Tellenbach*, Die westliche Kirche vom 10. bis zum frühen 12. Jahrhundert. (Die Kirche in ihrer Geschichte. Bd. 2, F 1.) Göttingen 1988, 184–201; *Gerd Althoff*, Heinrich IV. Darmstadt 2006, 116–132. Zu Tedald *Olaf Zumhagen*, Tedald von Mailand (1075–1085). Erzbischof ohne *civitas*, in: Thomas Scharff/Thomas Behrmann (Hrsg.), Bene vivere in communitate. Beiträge zum italienischen und deutschen Mittelalter. Hagen Keller zum 60. Geburtstag überreicht von seinen Schülerinnen und Schülern. Münster u. a. 1997, 3–23.

[18] Zu den Auseinandersetzungen und Friedensschlüssen vgl. neben *Zumhagen*, Konflikte (wie Anm. 12), zusammenfassend 93–97, *Hagen Keller*, Die soziale und politische Verfassung Mailands in den Anfängen des kommunalen Lebens. Zu einem neuen Buch über die Entstehung der lombardischen Stadtkommune, in: HZ 211, 1970, 34–64, hier 50–52.

gehen zu sehen, das den neugewonnenen inneren Frieden in der Stadt absichern sollte.

Zu welchen Tumulten fehlender Konsens während der öffentlichen Wahlversammlung führen konnte, erweist ein Bericht über das Jahr 1097: Zunächst schien alles auf die Wahl Landulfs von Baggio hinauszulaufen, des Propstes des vor den Toren der Stadt gelegenen Kanonikerstifts bei der Basilika von S. Ambrogio.[19] Den Vorabsprachen gemäß wurde sein Name genannt, als sich der Klerus und die Laien von Mailand in der Kathedrale versammelt hatten. Plötzlich erhob jedoch ein Kleriker Einspruch, der gar nicht aus Mailand selbst stammte. Dieser Armannus war mit Unterstützung von Papst Urban II. und Mathilde von Canossa zum Bischof von Brescia gewählt worden, konnte sich dort jedoch nicht gegen einen Konkurrenten durchsetzen. In Mailand fungierte er zu diesem Zeitpunkt als päpstlicher Legat. Ob er sich in seinem Widerspruch gegen den genannten Kandidaten für den Thron des Mailänder Erzbischofs lediglich auf dieses päpstliche Amt stützte oder ob er mit bestimmten Kreisen der dortigen Kirche kooperierte, wird in der Quelle nicht ausgeführt.[20] Jedenfalls zeigte sein Einspruch unmittelbar Wirkung: Ein größerer Teil der Wahlversammlung – vom Chronisten als *corona vulgi* diffamiert – schloß sich dem Widerstand gegen den Propst von S. Ambrogio an. Sofort kam es zu einem Handgemenge, das erst der gescheiterte Kandidat beendete, indem er die Kathedrale verließ. Anschließend ergriff der päpstliche Legat erneut das Wort und benannte mit dem Propst von S. Lorenzo einen Prälaten, der der lombardischen Kirche in den nächsten fünf Jahren vorstand, ehe er auf dem Kreuzzug verstarb. Auch sein Nachfolger Grossolan nutzte die Wahlversammlung in der Kathedrale, um die während der Vorabsprachen getroffenen Vorentscheidungen zu revidieren und statt dessen selbst den erzbischöflichen Thron einzunehmen. Der Bischof von Savona war vom Mailänder Erzbischof Anselm in der Lombardenmetropole als Vikar eingesetzt worden, um ihn während des Kreuzzugs zu vertreten. Als jedoch die Nachricht von Anselms Tod in Mailand eintraf, veranlaßte Grossolan zunächst vertrauliche Beratungen unter den Großen der Stadt, bei denen ein geeigneter Nachfolger benannt werden sollte. Während der eigentlichen Wahlversammlung von Klerus und Volk in der Kathedrale von Mailand verkündete der damit beauftragte Kleriker die Namen zweier Männer, auf die die Vorabsprachen zugelaufen waren. In diesem Moment griff Grossolan in das Geschehen ein, er protestierte gegen

---

[19] Hier und im Anschluß Landulf iunior, Historia 2 (wie Anm. 12), 21. Zu seiner Amtszeit *Alfredo Lucioni*, L'arcivescovo Anselmo IV da Bovisio e la società milanese alla fine del XI secolo, in: Giancarlo Andenna/Renata Salvarani (Eds.), Deus non voluit. I Lombardi alla prima crociata (1100–1101). Dal mito alla ricostruzione della realtà. Atti del convegno, Milano, 10–11 dicembre 1999. Mailand 2003, 121–217.

[20] *Fabrizio Foggi*, Arimanno da Brescia, legato pontifico in Italia settentrionale alla fine del secolo XI, in: Atti dell'Accademia Nazionale dei Lincei. Memorie. Classe di Scienze morali, storiche e filologiche. 8. Ser. 31, 1988/89, 65–110.

die Wahl von Kandidaten, die nicht in der Stadt anwesend waren. Es erhoben sich Rufe, Grossolan solle das Amt selbst übernehmen, und der so Gewählte setzte sich auf den erzbischöflichen Thron.[21] Das Risiko einer blutigen Auseinandersetzung, das mit einer solchen Überrumpelungstaktik verbunden war, wurde offensichtlich von den Chancen aufgewogen, die ein gelungener Überraschungscoup bot. Im Fall der Wahl Grossolans im Jahr 1102 war die Situation deswegen weniger dramatisch, weil die zunächst auserwählten Prätendenten zu diesem Zeitpunkt noch nicht in Mailand weilten, also nicht persönlich in der Kathedrale brüskiert wurden.

Selbst wenn ein neuer Erzbischof in der öffentlichen Versammlung gewählt und ihm dort akklamiert worden war, so daß er sich auf die Mailänder *cathedra* setzen konnte, bedeutete dies nicht das Ende der Auseinandersetzungen. Auf die Bloßstellung Erzbischof Widos während eines feierlichen Gottesdienstes in der Kathedrale bald nach seinem Eintreffen in Mailand ist bereits hingewiesen worden. Bezeichnend für die Mailänder Verhältnisse während der Auseinandersetzungen um die sogenannte Pataria – eine von Laien und niederen Klerikern getragene radikale Reformbewegung – sind die Ereignisse nach der Resignation des glücklosen Erzbischofs Wido.[22] Ein von ihm designierter Nachfolgekandidat konnte sich nicht durchsetzen; statt dessen präsidierte Erlembald, der zu dieser Zeit als Laie die Pataria führte, der Wahl eines neuen Erzbischofs.[23] Zunächst hatte Erlembald den größeren Teil der Mailänder in einer Schwureinung zu der Absprache bewegen können, man werde gemeinsam einen neuen Oberhirten wählen. Als jedoch der Patarener die Wahlversammlung einberief, zeichnete sich ab, daß er eine seiner Kreaturen ins Amt hieven wollte. Deswegen blieben diejenigen der Kathedrale fern, die absehen konnten, daß sie mit der genannten Person nicht einverstanden sein würden. Erlembald konnte tatsächlich ungestört seinen Kandidaten wählen und akklamieren lassen. Erst nach der Wahl, als der neue Erzbischof in seinem Palast bei einem festlichen Mahl seinen Erfolg feierte, schlug die Gegenseite zurück: Atto wurde zum Altar geschleift und mußte unter Todesdrohungen den Eid ablegen, auf sein neues Amt zu verzichten und es nie wieder anzustreben.

Wenn das konsensorientierte Verfahren zur Benennung eines Erzbischofs wegen der zunehmend tiefgreifenden Konflikte in Mailand immer häufiger scheiterte, ist es nicht verwunderlich, daß immer wieder Amtsträger auch im Nachhinein angegriffen wurden. Weder die Wahl noch die Investitur oder die Verleihung des *pallium* sicherten den Mailänder Oberhirten eine unangreifbare Autorität, wenn der Konsens zerbrach, daß sie würdige Nachfolger des

---

[21] Landulf iunior, Historia 7 (wie Anm. 12), 23. Die Taktik scheint zuvor mit einigen Unterstützern abgesprochen worden zu sein.
[22] Zusammenfassend *Zumhagen*, Konflikte (wie Anm. 12), 87–93.
[23] Zum Folgenden ausführlich Arnulf, Liber 3,23 (wie Anm. 12), 202–205; vgl. knapp Landulf senior, Historia 3,29 (wie Anm. 12), 95.

heiligen Ambrosius waren. Zur Frage nach der Technik und Symbolik von Wahlabläufen ist an dieser Stelle zweierlei festzuhalten: Zum einen zeichnen sich die Umrisse konsensorientierter Entscheidungswege ab, die darauf angelegt waren, Dissens nicht in der Öffentlichkeit erfahrbar zu machen und die öffentliche Situation lediglich dazu zu nutzen, zuvor gefällte Beschlüsse publik zu machen und zugleich die Anwesenden zu einer Anerkennung des neuen Status quo zu verpflichten. Zum anderen aber, und darin liegt die besondere Bedeutung des Materials aus Mailand, ist überdeutlich zu erkennen, daß diese Konventionen über Jahrzehnte hinweg an ihre Grenzen stießen. Öffentlicher Widerspruch, die offene Konfrontation zwischen verschiedenen Personen und damit zwangsläufig auch das unvermeidliche Zufügen von Niederlagen vor aller Augen, war zur laufend wiederkehrenden Realität geworden. Die drohende Schmach des Unterliegens führte zu heftigsten Reaktionen bis hin zu physischer Gewalt, weil die gewohnten Entscheidungswege dem aktuellen Konfliktpotential nicht gewachsen waren.

Was sich hier am Beispiel der Mailänder Bischofswahlen aufzeigen ließ, gilt in ähnlicher Weise für die meisten Bereiche des öffentlichen Lebens: Die aus dem früheren Mittelalter bekannten Konventionen konsensorientierter Beratung und auf Kompromiß und Ausgleich basierender Konfliktlösungen erwiesen sich zunehmend als ungeeignet, die ständigen Auseinandersetzungen zu steuern. Die Etablierung fester politischer Strukturen in den neu entstehenden Stadtkommunen kann nicht zuletzt als Reaktion auf diese strukturelle Schwäche gelten.[24] In der Stadtgemeinde etablierten sich nicht nur rasch Ämter, sondern auch formalisierte Entscheidungsverfahren, durch die für alle bindende Beschlüsse gefaßt und Streitigkeiten beendet werden sollten. Neben den Urteilen kommunaler Gerichtsinstanzen und den Beschlüssen des Rats und der Konsuln gehörten seit dem 12. Jahrhundert Personalentscheidungen über die Besetzung städtischer Ämter zu den kontinuierlichen Anlässen für eine geregelte Meinungsbildung. Es fällt auf, daß für die Abstimmung über Sachfragen bereits relativ früh das Mehrheitsprinzip eingeführt wurde, verbunden mit der Verpflichtung, daß auch die in der Abstimmung Unterlegenen

---

[24] Dazu erneut *Dartmann*, Interaktion (wie Anm. 11); am Beispiel Luccas aufschlußreich *Chris Wickham*, Courts and Conflict in Twelfth-Century Tuscany. Oxford 2003, 16–28. Zur Entstehung und Entwicklung der frühen Kommune vgl. zusammenfassend *Giuliano Milani*, I comuni italiani. Secoli XII–XIV. (Quadrante Laterza, Vol. 126.) Rom/Bari 2005. Vor allem Gerichtsverfahren haben in den letzten Jahren verstärkt Aufmerksamkeit gefunden: *ders.*, Lo sviluppo della giurisdizione nei comuni italiani del secolo XII, in: Franz-Josef Arlinghaus u. a. (Hrsg.), Praxis der Gerichtsbarkeit in europäischen Städten des Spätmittelalters. (Rechtsprechung. Materialien und Studien, Bd. 23.) Frankfurt am Main 2006, 21–46; *Sara Menzinger*, Forme di organizzazione giudiziaria delle città comunali italiane nei secoli XII e XIII: l'uso dell'arbitrato nei governi consolari e podestarili, in: ebd. 113–134; *Massimo Vallerani*, Tra astrazione e prassi. Le forme del processo nelle città dell'Italia settentrionale del secolo XII, in: ebd. 135–153.

sich dem Votum der Mehrheit beugen.[25] Die Wahl der Konsuln und anderer
Amtsträger erscheint hingegen wenig formalisiert. Entweder designierten die
Leiter der Kommunalregierung direkt ihre Nachfolger sowie die übrigen
Funktionsträger, oder sie benannten in wenig formalisierter Weise Wahlmänner, die sich dann auf geeignete Kandidaten verständigten.[26] Diese Wahl *per
compromissum*, die auch bei Bischofswahlen belegt ist, kann als Grundform
angesehen werden, die bis ins 13. Jahrhundert hinein üblich blieb.[27] Ausdiffe-
renzierungen gab es allenfalls bei der Benennung der Wahlmänner, während
die eigentliche Entscheidung in diesem Gremium weitgehend intransparent
blieb. Wenn in der Folgezeit dennoch damit begonnen wird, intensiv über geeignete Wahlverfahren nachzudenken und immer wieder mit neuen Abläufen
zu experimentieren, ist das vor allem ein Indiz dafür, daß der Technik des
Wahlverfahrens selbst keine grundsätzliche Signifikanz zugeschrieben wurde.
Anders als in der modernen repräsentativen Demokratie lassen sich für die
Kommune keine Wahlverfahren benennen, die für das politische System konstitutiv waren. Folgerichtig orientierten sich die Debatten darüber nicht an
Idealmodellen des richtigen Wählens, sondern sind von einer starken Situati-
onsgebundenheit geprägt. Es kam nicht so sehr darauf an, wie gewählt wurde,
als darauf, daß man geeignete Amtsträger fand, ohne daß heftige innere Konflikte ausbrachen.

Genauere Nachrichten über Wahlverfahren bis zur Mitte des 13. Jahrhunderts finden sich vor allem dann, wenn es zu Auseinandersetzungen kam oder
man damit rechnen mußte. Die Genueser Kommunalannalen berichten etwa
von den Unregelmäßigkeiten während der Wahl eines neuen Podestà für das
Jahr 1238.[28] Seit einigen Jahren wurde die ligurische Hafenstadt wie die meisten anderen Kommunen von einem Auswärtigen – eben dem sogenannten
Podestà – regiert, der meist für die Dauer eines Jahres die Leitung der Stadtgemeinde übertragen bekam. In Genua wurden 1237 sechs Wahlmänner mit

[25] *Keller*, Mehrheitsentscheidung (wie Anm. 10); vgl. auch die Regelung zum Mehrheitsprinzip in der Genueser Kommunalregierung in der Mitte des 12. Jahrhunderts im Eid-
breve der Kommunalkonsuln aus dem Jahr 1143: Codice diplomatico della Repubblica di
Genova. Vol. 1. A cura di *Cesare Imperiale di Sant'Angelo*. (Fonti per la storia d'Italia,
Vol. 77.) Rom 1936, Nr. 128 (1143), 153–166.
[26] Belegt ist für Genua, daß üblicherweise die Vorgänger ihre Nachfolger auswählten und
deren Namen in einer Bürgerversammlung öffentlich machten: Obertus Cancellarius, Annales Ianuenses a. 1164–1173. Hrsg. v. *Georg Heinrich Pertz*, in: MGH Scriptores, Bd. 18.
Hannover 1863, 56–95, hier 61.
[27] Zur Wahl *per compromissum* vgl. *Alfred Wretschko*, Die electio communis bei den
kirchlichen Wahlen im Mittelalter, in: Deutsche Zeitschrift für Kirchenrecht 11, 1901, 321–
392.
[28] Zum Folgenden Bartholomeus Scriba, Annales Ianuenses a. 1225–1248. Hrsg. v. *Georg
Heinrich Pertz*. (MGH Scriptores. Bd. 18.) Hannover 1863, 156–225, hier 186–187. Zur
Geschichte Genuas vgl. *Steven A. Epstein*, Genoa and the Genoese, 958–1528. Chapel Hill/
London 1996; *Valeria Polonio*, Da provincia a signoria del mare. Secoli VI–XIII, in: Dino
Puncuh (Ed.). Storia di Genova. Mediterraneo, Europa, Atlantico. Genua 2003, 111–231.

der Aufgabe betraut, einen geeigneten Leiter der Kommunalregierung für das kommende Jahr zu benennen. Fünf von ihnen verständigten sich auf den Mailänder Paulus von Soresina, der sechste wollte diese Entscheidung jedoch nicht mittragen. Dieser Dissens schuf, als er in der Hafenstadt publik wurde, eine explosive Situation. Denn der amtierende Podestà, Oldratus Grossus aus Lodi, bestand darauf, den genannten Mailänder trotz des Widerspruchs einzuladen, das Amt zu übernehmen. Gegen dieses Unterfangen verschwor sich eine größere Gruppe der Bevölkerung, und es kam zu Straßenkämpfen, bei denen zahlreiche Menschen verletzt wurden und ein Mann ums Leben kam. Erst danach verständigte man sich auf einen Waffenstillstand, so daß ein Gremium von Juristen beiderlei Rechts unter der Leitung des Erzbischofs zu dem Urteil kam, daß die Wahl des Paulus von Soresina rechtens gewesen sei und er folglich nach Genua einzuladen sei. Diese Auseinandersetzungen zeigen, daß man in der Regel mit einer einmütigen Entscheidung der Wahlmänner rechnete, daß es kein anerkanntes Verfahren gab, ihre Entscheidung zu ratifizieren beziehungsweise zu überprüfen, und vor allem, daß auch jetzt noch unerwarteter Dissens, der öffentlich wurde, die Stadt vor eine Zerreißprobe stellen konnte.

Aus demselben Zeitraum sind einige Briefe überliefert, durch die Kommunalregierungen einen Auswärtigen zu bitten, die Wahl des kommenden Podestà zu übernehmen. Im Jahr 1233 etwa bat die Kommune von Cremona Kaiser Friedrich II., einen geeigneten Amtsträger für das kommende Jahr zu benennen. Sie begründete diese Bitte damit, daß die Stadt von inneren Konflikten bedroht sei und man deswegen nicht wage, selbst zur Wahl zu schreiten, sondern lieber Zuflucht zu einer Entscheidung des Kaisers nehme. Vergleichbare Briefe mit derselben Begründung, die an den Kaiser, den Papst oder andere Herrschaftsträger gerichtet sind, bietet der *Liber de regimine civitatum* des Johannes von Viterbo – auch hier wird mit der angespannten innerstädtischen Situation argumentiert.[29]

[29] Den Brief der Kommune von Cremona an Friedrich II. ediert *Johann Friedrich Böhmer* (Hrsg.), Acta imperii selecta. Urkunden deutscher Könige und Kaiser 928–1398 mit einem Anhang von Reichssachen. Aus dem Nachlaß hrsg. v. Julius Ficker, Ndr. der Ausgabe Innsbruck 1870. Aalen 1967, Nr. 962 (1233), 668 f.; den politischen Kontext beleuchtet *Massimo Vallerani*, Cremona nel quadro conflittuale delle città padane nell'età di Federico II, in: Cremona città imperiale. Nell'VIII centenario della nascita di Federico II. Atti del Convegno Internazionale di Studi (Cremona, 27–28 ottobre 1995). (Annali della Biblioteca Statale e Libreria Civica di Cremona, Vol. 49.) Cremona 1999, 41–69. Die Einsetzung kaiserlicher Amtsträger unter Friedrich II. beleuchten: *Olivier Guyotjeannin*, I podestà imperiali nell'Italia centro-settentrionale (1237–1250), in: Pierre Toubert/Agostino Paravicini Bagliani (Eds.), Federico II e le città italiane. Palermo 1994, 115–128; *Christoph Dartmann*, Zwischen kaiserlicher Legitimation und kommunaler Autokephalie – Beobachtungen zur ‚Regierung' Friedrichs II. in Reichsitalien, in: Knut Görich/Theo Broekmann/Jan Keupp (Hrsg.), Herrschaftsräume, Herrschaftspraxis und Kommunikation zur Zeit Kaiser Friedrichs II. (Münchner Beiträge zur Geschichtswissenschaft, Bd. 2.) München 2008,

In den eben paraphrasierten Kommunalannalen von Genua wird als unmittelbarer Auslöser für den öffentlichen Widerstand genannt, daß der amtierende Podestà trotz der Uneinigkeit im Wahlmännergremium einen Boten mit dem üblichen Brief an den Kandidaten für seine Nachfolge entsandte. Mit dieser Bemerkung weist der Annalist auf die gängigen Formen hin, unter denen der künftige Leiter der Kommunalregierung das Amt angetragen bekam und es anzutreten zusagte.[30] Obwohl – wie nicht nur das ausgeführte Beispiel belegt – eine einstimmige Wahl nicht unbedingt die Regel war, wird in Musterbriefen und -reden immer wieder die Einstimmigkeit bemüht, mit der die Entscheidung zugunsten eines Mannes getroffen worden sei. So wird in einem Musterbrief für die eben skizzierte Situation dem künftigen Podestà mitgeteilt, man habe ihn *concorditer* gewählt, was auf das Wirken des Heiligen Geistes zurückzuführen sei. Dasselbe Argumentationsmuster findet auch gegenüber der Kommune Anwendung, in der sich der künftige Podestà zum Zeitpunkt der Wahl aufhält. Auch in der öffentlichen Rede wird dieses Motiv verfolgt, wird also die einstimmige Wahl als Ausweis des göttlichen Beistands gewertet. Die konkreten Wahlverfahren und die in ihnen möglicherweise ausbrechenden inneren Spannungen werden aus dem öffentlichen Diskurs systematisch ausgeblendet.[31]

In der zweiten Hälfte des 13. Jahrhunderts lassen sich dann vermehrt die komplexen Wahlabläufe nachweisen, für die die italienischen Städte so berühmt geworden sind, allen voran Florenz.[32] Diese Verfahren entstanden, als dort die bis dato vor allem dominierende Schicht der *milites* sich zunehmend mit popolaren Kräften auseinandersetzen mußte, die eine Teilhabe an den kommunalen Führungsämtern beanspruchte. In Florenz waren es vor allem die Zünfte, die einen maßgeblichen Einfluß auf die Besetzung der Stadtregierung beanspruchten. In diesem Klima fand im November 1292 eine Debatte über die Wahl der Prioren statt, die wohl in jedem Beitrag über kommunale Wahlverfahren Erwähnung findet – also auch an dieser Stelle.[33] Mit den Prio-

---

281–303. Entsprechende Musterbriefe an den Papst, den Kaiser, den römischen Senator Brancaleone degli Andalò sowie an eine nicht genannte Kommune bietet Johannes von Viterbo, Liber de regimine civitatum. Ed. *Gaetano Salvemini*, in: Scripta anecdota glossatorum (= Bibliotheca iuridica medii aevi). Vol. 3. Ed. *Augusto Gaudenzi*. Bologna 1901, 215–280. Kap. 18 und 21–23, 223–225.
[30] Zur Amtseinsetzung der Podestà *Christoph Dartmann*, Schrift im Ritual. Der Amtseid des Podestà auf den geschlossenen Statutencodex der italienischen Stadtkommune, in: ZHF 31, 2004, 169–204.
[31] Johannes von Viterbo, Liber 13, 16, 32 (wie Anm. 29), 222, 223, 227.
[32] Vgl. neben der oben, Anm. 9 und 10, genannten Literatur auch *Marita Blattmann*, Wahlen und Schrifteinsatz in Bergamo im 13. Jahrhundert, in: Hagen Keller/Thomas Behrmann (Hrsg.), Kommunales Schriftgut in Oberitalien. Formen, Funktionen, Überlieferung. (Münstersche Mittelalter-Schriften, Bd. 68.) München 1995, 217–264.
[33] Das Ratsprotokoll bei *Alessandro Gherardi* (Ed.), Le consulte della repubblica di

ren etablierten die Florentiner in diesen Jahren eine neue Stadtregierung neben den weiterhin berufenen Podestà, nun aber ein Kollektiv, das wieder aus
Bürgern der Arnometropole selbst bestand. Die Debatte über ihre Wahl hat
deswegen geradezu emblematischen Charakter, weil insgesamt 23 verschiedene Vorschläge gemacht wurden, auf welchem Weg künftig die Prioren auszuwählen seien und für welchen Zeitraum diese Regelungen Geltung haben
sollten. Nach John Najemy kreiste die Diskussion vor allem um die Frage, ob
demnächst die scheidenden Prioren ihre Nachfolger designierten oder ob es in
einer Kombination von gestuften Wahl- und Losverfahren zu einer Entscheidung kommen sollte, die die Zünfte der Stadt fällten. Die Vielfalt der unterschiedlichen Möglichkeiten macht vor allem eins deutlich: Es kam den Flo-
rentinern nicht darauf an, dauerhaft ein und dasselbe Verfahren zu etablieren,
das langfristig eine gute und gerechte Verteilung der Ämter sicherstellte. Viel
wichtiger war ihnen, wer zum momentanen Zeitpunkt Einfluß auf die Entscheidungen nahm, und vor allem, welche Vorstrukturierung der Verfahren
zulässig und wünschenswert erschien oder abgewehrt wurde. Die konkrete
Wahltechnik war da nicht so wichtig, vor allem mußte gewährleistet sein, daß
die verschiedenen Stadtteile und Berufsgruppen durch einen festen Schlüssel
an der Entscheidungsfindung und Ämtervergabe beteiligt waren.

Wie das in Florenz konkret ablaufen konnte, mag das Verfahren illustrieren,
mit dem nach den Kommunalstatuten von 1325 ein neuer Podestà gewählt
wurde.[34] Wie gesagt, dieses Amt wurde auch dann noch halbjährlich besetzt,
als die Prioren weitgehend die Leitung der Stadtregierung übernommen hatten. Vier Monate vor dem Regierungswechsel versammelten die Prioren Vertreter der Zünfte, nachbarschaftlicher Waffengesellschaften und zwölf *boni
homines* zu einem Wahlcorpus, den *electores electorum*. Sie benannten zunächst Kandidaten für ein Gremium von 14 Wahlmännern, die sich nach einem festen Schlüssel aus den sechs Stadtteilen rekrutieren sollten. Bei der
Entscheidung über diese 14 Wahlmänner ging man wie folgt vor: Die *electores electorum* schlugen pro Sechstel eine ihnen angemessen erscheinende
Zahl geeigneter Kandidaten vor, wobei sich an dieser Kandidatenkür nur die
Mitglieder des Wahlcorpus beteiligten, die in den fünf anderen Stadtsechsteln
wohnten. Über die Kandidaten wurde in einem zweiten Schritt geheim abgestimmt, diejenigen mit den meisten Stimmen wurden in das Wahlgremium der
14 Vertreter aus den sechs Stadtteilen aufgenommen. Auch die Abstimmung

Firenze dall'anno 1280 al 1298. Vol. 2. Florenz 1898, 223–226. Vgl. dazu *Najemy*, Corporatism (wie Anm. 9), 17–42; *Keller*, Kommune (wie Anm. 10), 603 f.
[34] Das Wahlverfahren nach *Romolo Caggese* (Ed.), Statuti della repubblica fiorentina.
Nuova edizione a cura di *Giuliano Pinto/Francesco Salvestrini/Andrea Zorzi.* Vol. 2: Sta-
tuto del Podestà dell'anno 1325. (Deputazione di storia patria per la Toscana, Documenti di
storia italiana, Ser. 2, Vol. 6.) Florenz 1999, 5 f. Zur Florentiner Geschichte dieser Zeit jetzt
John M. Najemy, A History of Florence 1200–1575. Malden/Oxford/Carlton 2006.

über die Kandidaten erfolgte unter Ausschluß der Bewohner des Stadtteils, dessen Vertreter zu bestimmen waren. Auf diesem Wege konstituierte sich ein Wahlausschuß, der nach topographischen Kriterien mit 14 Bürgern besetzt war. Bei der eigentlichen Wahl des künftigen Podestà stießen zu diesem Gremium insgesamt sieben Vertreter der Stadtregierung. Diese 21 Männer wählten nun vier geeignete Auswärtige aus und legten die Reihenfolge fest, in der diesen das Amt des künftigen Podestà angeboten wurde – sollten alle vier eine Amtsübernahme ablehnen, trat das Wahlkollegium erneut zusammen und legte eine neue ‚hierarchisierte Viererliste' vor. Festhalten möchte ich hier zweierlei. Zum einen haben wir es bemerkenswerterweise nicht mit einer Folge formalisierter Abstimmungen zu tun, durch die die anfallenden Personalien zur Entscheidung geführt wurden. Die Zusammenstellung der Kandidatenliste für die 14 Wahlmänner und vor allem die Benennung und Reihung der Kandidaten für das Amt des künftigen Podestà erfolgten nicht auf dem Weg der Mehrheitsentscheidung. Vielmehr scheint man auch jetzt noch damit gerechnet zu haben, in überschaubaren Gremien in nichtöffentlicher Beratung zu einvernehmlichen Entscheidungen zu kommen. Nur bei der Auswahl der Elektoren bediente man sich eines formalisierten Abstimmungsverfahrens nach dem Mehrheitsprinzip. Dieses Abstimmungsverfahren – und das ist der zweite Punkt, den ich festhalten möchte – erfolgte selbst in diesem kleinen Gremium so, daß die einzelnen Voten weder während des Wahlgangs noch im Anschluß nachvollziehbar waren. Auch ist nicht zu erkennen, daß die Namen gescheiterter Kandidaten für das Amt des Wahlmanns publik geworden wären. In Florenz wurde also niemandem zugemutet, daß sein Unterliegen bei einer Personalentscheidung öffentlich bekannt wurde, sei es als Kandidat, sei es als Wählender.

Die Ergebnisse meines Beitrags möchte ich kurz in drei Punkten zusammenfassen: Erstens dürfte deutlich geworden sein, wie vorsichtig in der städtischen Gesellschaft mit dem Risiko persönlicher Niederlagen umgegangen wurde. Die Eskalation von Situationen mit offenem Dissens läßt es plausibel erscheinen, das Vermeiden öffentlicher Niederlagen für ein Grundanliegen bei der Ausgestaltung von Personalentscheidungen zu halten. Schlechte Verlierer konnten nicht nur unterlegene Kandidaten sein, sondern auch diejenigen, deren Votum für oder gegen eine Person keine Berücksichtigung gefunden hatte. Das gilt sowohl für konsensorientierte Beratungen im vertraulichen Kreise, deren Ergebnisse nachher in der Öffentlichkeit zu akklamieren waren, als auch für entscheidungsoffene Abstimmungsverfahren.

Vielleicht hat zweitens die Brisanz der Niederlage auch dazu beigetragen, daß ‚Wahlen' weitaus länger von informeller Beratung geprägt waren als andere Bereiche des politischen Handelns. Gerichtsverfahren – zumindest Zivilprozesse – sind bereits seit dem 12. Jahrhundert dicht belegt und mündeten oft in ein Urteil, das Recht und Unrecht mit wenig Spielraum für Kompensation eindeutig zuwies. Für die Kommunalregierungen ist ebenfalls bereits seit der Mitte des 12. Jahrhunderts belegt, daß sie Mehrheitsentscheidungen trafen, die für alle bindend waren, was in den Kommunalräten zu routinemäßigen Abstimmungsverfahren führte. Personalentscheidungen beinhalteten hingegen noch im 14. Jahrhundert das Element konsensorientierter Beratung. Ja, der Konsens galt sogar als Indiz für den göttlichen Beistand und wurde als verläßliche Grundlage für eine ungestörte Kooperation zwischen der Regierung und den Regierten angesehen. Daß man dadurch Niederlagen nicht vermeiden konnte, steht auf einem anderen Blatt – bei Johannes von Viterbo wird darauf verwiesen: Man mache sich keineswegs die gesamte Stadt zum Freund, aus der man einen Podestà berufe; vielmehr mache man sich alle zum Feind, die sich entweder für ebenso geeignet hielten wie der Erwählte oder mit ihm verfeindet seien.[35]

Fragt man schließlich drittens nach der Symbolik der Technik, kommt man für den hier betrachteten Ausschnitt zu einem negativen Ergebnis. In Abwandlung des Titels von Martin Jehne könnte man von einer Dominanz des Ausgangs über den Vorgang sprechen. Dem einzelnen Abstimmungsverfahren konnte allenfalls situativ symbolische Signifikanz zugeschrieben werden. Der ständige Wechsel des Vorgehens verhinderte, daß sich ein Ablauf als der allein Legitimität garantierende etablierte. Es fällt auf, daß in programmatischen Texten den verschiedenen Abstimmungsformen wenig Aufmerksamkeit gewidmet wird – man wähle eben nach den örtlichen Gepflogenheiten.

In Florenz sollte sich das erst im ausgehenden Mittelalter ändern. Die Formalisierung von Wahlverfahren erfolgte dort vor allem unter dem Eindruck eines abgrundtiefen Mißtrauens zwischen sämtlichen politischen Akteuren, die unter anderem um den Zugang zu kommunalen Ämtern rivalisierten.[36] Wichtiger noch als der eigene Erfolg erschien es den Protagonisten, mögliche Manipulationen der Gegner auszuschließen. Deswegen bemühten sie sich um Wahlverfahren, die vor allem jede Lenkung durch die Wählenden oder gar durch die Kandidaten verhinderten. Statt dessen waren sie zufrieden, wenn durch den Zufall des Loses Fortuna, das blinde Schicksal, über die Besetzung kommunaler Spitzenämter entschied. Dadurch war nicht nur jede Gefahr der Manipulation ausgeschlossen, sondern auch jedes Risiko, die Personalentscheidung könne als persönliche Niederlage des nicht Gewählten erscheinen – oder auch derjenigen, die ihre Stimme dem Unterlegenen gegeben hatten. Nachdem sich ein Wahlverfahren für das Priorat, das diesen Empfindlichkeiten Rechnung trug, dauerhaft etabliert hatte, konnten der Erzbischof von Flo-

---

[35] Johannes von Viterbo, Liber 11 (wie Anm. 29), 221.
[36] Grundsätzlich *Richard C. Trexler*, Honor among Thieves: the Trust Function of the Urban Clergy in the Florentine Republic, in: Sergio Bertelli/Gloria Ramakus (Eds.), Essays Presented to Myron P. Gilmore. Vol. 1. Florenz 1978, 317–334; im Anschluß folge ich der Argumentation von *Jurdjevic*, Trust (wie Anm. 8).

renz, der heilige Antoninus, sowie der Patrizier Alamanno Rinuccini Verstöße gegen diese Gepflogenheiten als Indizien für die Tyrannis der Medici geißeln.[37] Doch damit verlasse ich das ohnehin schon allzu weite Feld der Wahlen in italienischen Städten des Hoch- und Spätmittelalters...

---

[37] *Lauro Martines.* Die Verschwörung. Aufstieg und Fall der Medici im Florenz der Renaissance. Darmstadt 2004. 58. 205 f.

Eine sichere Wahl?

Geleit, Verfahren und Versprechen in der spätmittelalterlichen Königswahl

Von

Stefanie Rüther

Im Sommer 2006 entsandte die Europäische Union 2400 Soldaten in den Kongo mit dem Auftrag, dort „einen Beitrag zur Sicherung freier und fairer Wahlen zu leisten, die den gewählten Vertretern eine echte demokratische Legitimation verleihen".[1] Eine amerikanische Bürgerrechtsorganisation namens „Election-Protection" meldete bei den US-Kongreßwahlen im November 2006 allein in Ohio über 250 Probleme mit neu eingeführten Wahlcomputern, welche die Stimmen falsch zuordneten oder gar nicht akzeptierten.[2] Internationale Wahlbeobachter forderten im Mai 2007 eine Annullierung der nigerianischen Präsidentschaftswahl, da sie den weltweit anerkannten Standards für demokratische Wahlen nicht genügt habe.[3] Die Beispiele, denen sich mühelos weitere hinzufügen ließen, machen überdeutlich, daß die Sicherheit von Wahlen in der gegenwärtigen Politik ein großes Problem darstellt.[4] Dabei sind die Gefahren, welche den Ablauf des Verfahrens bedrohen, vielfältig und auf mehreren Ebenen anzusiedeln: Sie reichen von Unregelmäßigkeiten bei der Stimmabgabe über Manipulationen bei der Stimmauszählung bis hin zu massiver Gewalt gegen die Wähler und Gewählten. Gerade die notwendige Offenheit des Verfahrens, die als ein wesentliches Strukturmerkmal einer Wahl gelten kann, birgt ein hohes Risikopotential für alle, die sich darauf einlas-

---

[1] Der Einsatz erfolgte auf Bitten des UN-Sicherheitsrats und wurde legitimiert durch die Resolution 1671 der Vereinten Nationen vom 25. April 2006 nach Kapitel VII der UN-Charta. Die EU-Operation, an der auch 780 Bundeswehrsoldaten beteiligt waren, hat nach Einschätzung des Auswärtigen Amtes „entscheidend dazu beigetragen, dass der erste Wahltag weitgehend ruhig und friedlich verlaufen ist". Vgl. http://www.auswaertiges-amt.de/diplo/de/Aussenpolitik/RegionaleSchwerpunkte/Afrika/Kongo-Einsatz.html (Zugriff am 1. 12. 2009).
[2] Vgl. den Artikel „Amerikaner kämpfen mit neuen Wahlmaschinen" vom 7. März 2006 bei Spiegel Online, http://www.spiegel.de/politik/ausland/0,1518,447082,00.html (Zugriff am 1. 12. 2009).
[3] Vgl. *Klaus Pähler*, Nigeria stolpert auf dem steinigen Weg zu Demokratie, in: Konrad-Adenauer-Stiftung Auslandsinformationen 23, 2007, 6–27.
[4] Vgl. *Francisco Cobos Flores*, Die Intervention internationaler Organisationen im Bereich der Wahlunterstützung und Wahlbeobachtung. Berlin 1999.

sen.[5] Darüber hinaus ist es das Wahlverfahren selbst, das bei jedem Vollzug Gefahr läuft, an Glaubwürdigkeit und Akzeptanz zu verlieren, vielleicht sogar bis zur Bedeutungslosigkeit zu verkommen.[6]

Bereits die Akteure der mittelalterlichen Politik begegneten dieser prekären Situation mit dem Versuch, möglichst klare und genaue Regeln für das Verfahren festzuschreiben, mit Hilfe dessen das höchste politische Amt im Reich besetzt werden sollte.[7] Kaum ein anderes Dokument verkörpert dieses Bemühen, die Sicherheit der Königswahl zu gewährleisten, so sinnfällig wie die Goldene Bulle von 1356, wurde sie doch von Karl IV. erlassen, „um Einhelligkeit bei der Wahl herbeizuführen und um der vorerwähnten schmählichen Uneinigkeit und den mannigfachen aus ihr erwachsenden Gefahren den Zugang zu verschließen".[8] Doch auch nach der Abfassung der Goldenen Bulle ist im späten Mittelalter ein feststehendes und unveränderbares Verfahren für die deutsche Königswahl nicht nachweisbar. Vielmehr läßt sich für die Wahlen des 14. und 15. Jahrhunderts ein Katalog von einzelnen Verfahrenselementen und -schritten ausmachen, die immer wieder gegeneinander abgewogen und ausgespielt wurden. Das aber brachte für die Königswähler wie die zu wählenden Könige eine Vielzahl von Unwägbarkeiten und Unsicherheiten mit sich, denen im folgenden in drei Schritten nachgegangen werden soll. Im Mittelpunkt des ersten Teils wird das Problem der Sicherung der Stimmen stehen, wobei das Spektrum von der Anerkennung des Wahlrechts bis zur sicheren Mehrheit reicht. Zweitens wird die Sicherheit des Verfahrens selbst in den Blick genommen und nach der Rolle von Gewalt im Umfeld der Wahl gefragt. In einem dritten Teil sollen dann einzelne zeremonielle Elemente der Wahl vorgestellt und ihre Bedeutung für die Herstellung von Verfahrenssicherheit diskutiert werden.

---

[5] Vgl. *Niklas Luhmann*, Legitimation durch Verfahren. 4. Aufl. Frankfurt am Main 1997, 161.

[6] Vgl. *Andreas Dörner/Ludgera Vogt* (Hrsg.), Wahl-Kämpfe. Betrachtungen über ein demokratisches Ritual. Frankfurt am Main 2002.

[7] Zu Wahlen und Wahlverfahren in der Vormoderne vgl. allgemein *Barbara Stollberg-Rilinger* (Hrsg.), Vormoderne politische Verfahren. (ZHF, Beih. 25.) Berlin 2001; *Wilhelm Brauneder* (Hrsg.), Wahlen und Wahlrecht. Tagung der Vereinigung für Verfassungsgeschichte in Hofgeismar vom 10. 3.–12. 3. 1997. (Der Staat, Beih. 14.) Berlin 2001; *Reinhard Schneider/Harald Zimmermann* (Hrsg.), Wahlen und Wählen im Mittelalter. (VuF, Bd. 37.) Sigmaringen 1990.

[8] Die Goldene Bulle vom 10. Januar und 25. Dezember 1356 – lateinisch und frühneuhochdeutsch, in: Constitutiones et acta publica imperatorum et regum. Bd. 11: Dokumente zur Geschichte des Deutschen Reiches und seiner Verfassung 1354–1356. Hrsg. v. *Wolfgang D. Fritz*. (MGH, Const., Bd. 11.) Weimar 1978–1992, 535–633, hier 564: „[...] ad unitatem inter electores fovendam et electionem unanimem inducendam ac detestande divisioni predicte variisque periculis ex ea sequentibus aditum precludendum [...]." Deutsche Übersetzung nach: Die Goldene Bulle Kaiser Karls IV. 1356. Lateinischer Text mit Übersetzung. Bearb. v. *Konrad Müller*. (Quellen zur neueren Geschichte, Bd. 25.) 3. Aufl. Bern 1970, 15 f.

I. Die Sicherung der Stimmen

Bereits im frühen und hohen Mittelalter bedurfte die Erhebung eines neuen Königs grundsätzlich der Zustimmung der Fürsten, und auch wenn vielfach die Herrschaft vom Vater auf den Sohn übertragen wurde, verstand sich das Reich grundsätzlich als ein Wahlreich.[9] Die Form, in der diese Wahl erfolgte, unterlag jedoch vom hohen zum späten Mittelalter einem grundsätzlichen Wandel. Die Königswahl, zunächst eher eine Königserhebung mittels Akklamation oder Huldigung durch einen nicht genauer festgelegten Wählerkreis, entwickelte sich allmählich zu einer Kur durch die Abgabe einzelner Stimmen.[10]

Damit wurde die Auswahl der zur Königswahl berechtigten Personen zu einem zentralen Problem. Denn sobald man damit begann, Stimmen zu zählen, stellte sich unweigerlich die Frage, wessen Stimmen zählen sollten. Das Mittelalter antwortete auf dieses Problem mit der Erfindung der Kurfürsten, gewisser Hauptwähler, die unabdingbar an der Wahl eines Königs beteiligt sein mußten und mit der Zeit sogar ein exklusives Wahlrecht für sich in Anspruch nehmen konnten. Die Entstehung des Kurfürstentums ist in der Mediävistik umfassend und immer wieder diskutiert worden, ohne daß sich bis jetzt eine plausible Lösung des Problems abzeichnen würde, weshalb an dieser Stelle nicht näher darauf eingegangen werden soll.[11] Festzuhalten ist jedoch, daß die Abgrenzung eines klar umrissenen Wählerkreises eine zentrale Voraussetzung für eine sichere Königswahl war. Das betraf zum einen die genaue Fest-

[9] Vgl. *Jörg Rogge*, Die deutschen Könige im Mittelalter. Wahl und Krönung. Darmstadt 2006, 1.

[10] Vgl. ebd.; *Konrad Amann*, Königswahl und Kaiserkrönung. Vom Romanum Imperium gubernans zum „erwählten Kaiser", in: Bernd Heidenreich/Frank-Lothar Kroll (Hrsg.), Wahl und Krönung. Frankfurt am Main 2006, 9–28; *Martin Lenz*, Konsens und Dissens. Deutsche Königswahl (1273–1349) und zeitgenössische Geschichtsschreibung. (Formen der Erinnerung, Bd. 5.) Göttingen 2002; *Ulrich Schmidt*, Königswahl und Thronfolge im 12. Jahrhundert. (Forschungen zur Kaiser- und Papstgeschichte des Mittelalters, Bd. 7.) Köln/Wien 1987; *Ulrich Reuling*, Die Kur in Deutschland und Frankreich. Untersuchungen zur Entwicklung des rechtsförmlichen Wahlaktes bei der Königserhebung im 11. und 12. Jahrhundert. Göttingen 1979; *Ernst Schubert*, Königtum und Königswahl im spätmittelalterlichen Reich, in: ZHF 4, 1977, 257–337; *Walter Schlesinger*, Die Anfänge der deutschen Königswahl, in: ZRG GA 66, 1948, 381–439; *Heinrich Mitteis*, Die Deutsche Königswahl. Ihre Rechtsgrundlagen bis zur Goldenen Bulle. Wien 1944 (Ndr. Darmstadt 1969).

[11] Vgl. *Franz Erkens*, Kurfürsten und Königswahl. Zu neuen Theorien über den Königswahlparagraphen im Sachsenspiegel und die Entstehung des Kurfürstenkollegiums. Hannover 2002; *Armin Wolf* (Hrsg.), Königliche Tochterstämme, Königswähler und Kurfürsten. Frankfurt am Main 2002; *ders.*, Die Entstehung des Kurfürstenkollegs 1198–1298. Zur 700-jährigen Wiederkehr der ersten Vereinigung der sieben Kurfürsten. Idstein 1998; *Wolfgang Giese*, Der Reichstag vom 8. September 1256 und die Entstehung des Alleinstimmrechts der Kurfürsten, in: DA 40, 1984, 562–590. Vgl. auch den Überblick über den Stand der Diskussion bei *Thomas Ertl*, Alte Thesen und neue Theorien zur Entstehung des Kurfürstenkollegiums, in: ZHF 30, 2003, 619–642.

legung der Zahl der Wahlstimmen, die erst die Durchsetzung eines Mehrheitswahlrechts möglich machte. So wurde bereits im Schwabenspiegel die ungerade Zahl der Königswähler damit begründet, daß, „wenn drei einen Kandidaten wählen und vier einen anderen, daß dann die drei dem Ratschluß der vier
folgen, denn die Minderheit soll der Mehrheit folgen".[12] Daß der Schwabenspiegel aber als siebten Kurfürsten den Herzog von Bayern nannte, während
Eike von Repgow rund fünfzig Jahre zuvor im Sachsenspiegel dem König von
Böhmen das Wahlrecht grundsätzlich abgesprochen und den Kreis der Wähler
damit auf sechs Kurfürsten beschränkt hatte, macht darüber hinaus deutlich,
daß die definitive Festschreibung der zur Königswahl Berechtigten ein lang-
wieriger und konfliktträchtiger Prozeß war.[13]

Trotz der vielfachen Ansätze, den Wählerkreis und seine Rechte schriftlich
festzulegen, vom Sachsenspiegel bis zur Goldenen Bulle, stellten Anzahl und
Auswahl der legitimen Königswähler während des gesamten Spätmittelalters
eines der Hauptprobleme für eine sichere, das heißt eindeutige Wahl des zukünftigen Königs dar. Denn selbst nachdem sich die sieben Kurfürstentümer
weitgehend etabliert hatten, blieb es teilweise immer noch umstritten, wer
während eines konkreten Wahlaktes berechtigt war, die einzelnen Kurstimmen zu führen.[14] So bildeten ungeklärte Erbfolgen in den weltlichen Kurfür-
stentümern stets eine besondere Gefahr für eine unzweifelhafte Wahl, wie
etwa der Streit zwischen der lauenburgischen und der wittenbergischen Linie
des sächsischen Herzogshauses um die Kurwürde zeigt.[15]

---

[12] Studia iuris suevici V Schwabenspiegel Normalform. Hrsg. v. *Karl August Eckhardt/
Irmgard Eckhard*. (Bibliotheca Rerum historicarum, Studia 8.) Aalen 1972, 214: „[...] dar
umbe ist der fursten ungerade gesetzet ob dri an einen geuallen vnd vier an den andern das
die dri den viern suln volgen vnd sol die mynner volge der merern volgen." Übertragung
ins Neuhochdeutsche zitiert nach: Deutsche Geschichte in Quellen und Darstellung. Bd. 2:
Spätmittelalter 1250–1495. Hrsg. v. *Jean Marie Moeglin/Rainer A. Müller*. Stuttgart 2000,
91. Zum Mehrheitsprinzip im Kurfürstenrat vgl. *Hasso Hofmann*, Der spätmittelalterliche
Rechtsbegriff der Repräsentation in Reich und Kirche, in: Hedda Ragotzky/Horst Wenzel
(Hrsg.). Höfische Repräsentation. Das Zeremoniell und die Zeichen. Tübingen 1990, 17–
42. hier 24–28.

[13] Eike von Repgow, Sachsenspiegel. Die Wolfenbütteler Bilderhandschrift Cod. Guelf.
3.1 Aug. 2. Hrsg. v. *Ruth Schmidt-Wiegand*. Textband. Berlin 1993, 258, Landrecht III, 57:
„Der Schenke des riches, der kunig von Bemen, enhat keine kore, umme das he nicht duzch
enis." Zu den Rechtshandschriften vgl. zusammenfassend die Artikel im Verfasserlexikon
von *Ruth Schmidt-Wiegand*, Art. „Eike von Repgow", in: Die deutsche Literatur des Mittelalters. Verfasserlexikon. Bd. 2. Berlin 1980, Sp. 400–409; *Peter Johannek*, Art. „Schwabenspiegel", in: Die deutsche Literatur des Mittelalters. Verfasserlexikon. Bd. 8. Berlin
1992, Sp. 897–907.

[14] Vgl. hierzu die aufschlußreiche Übersicht über die mittelalterlichen Königswahlen und
ihre jeweiligen Wähler bei *Rogge*, Die deutschen Könige (wie Anm. 9), 111–117. Zur all-
mählichen Ausbildung eines Kurfürstenkollegs immer noch grundlegend *Ernst Schubert*,
Die Stellung der Kurfürsten in der spätmittelalterlichen Reichsverfassung, in: JbWLG, 1,
1975, 97–128.

[15] Vgl. *Wolf-Dieter Mohrmann*, Lauenburg oder Wittenberg? Zum Problem des sächsischen Kurstreits bis zur Mitte des 14. Jahrhunderts. (Veröfflichungen des Instituts für

Bei der Teilung des sächsischen Herzogtums 1295/96 war die Frage, welche der beiden Linien künftig die Kurstimme führen sollte, nicht hinreichend geklärt worden, und so führte die sächsische Kurfrage im 14. Jahrhundert immer wieder zu Problemen.[16] Nachdem sich Herzog Albrecht II. von Sachsen-Wittenberg 1298 maßgeblich an der Absetzung König Adolfs und der Erhebung Albrechts I. von Habsburg beteiligt hatte, ohne daß seine Neffen, die Herzöge von Sachsen-Lauenburg, dagegen ernsthaft Widerstand geleistet hätten, machten bei der Königswahl 1308 beide sächsischen Häuser ihren Anspruch auf die Stimme geltend.[17] Während jedoch Herzog Rudolf von Sachsen-Wittenberg wie schon sein Vorgänger seinen Anspruch auf die Kurwürde durch seine persönliche Anwesenheit performativ zum Ausdruck brachte, erschienen Johann II. und sein Bruder Erich nicht persönlich, sondern übertrugen ihre Stimme dem Markgrafen Woldemar von Brandenburg.[18] Wenn König Heinrich VII. dennoch nicht von acht, sondern nur von sieben Kurfürsten gewählt wurde, dann deshalb, weil auch die böhmische Kurstimme zu dieser Zeit anscheinend nicht unumstritten war beziehungsweise Heinrich von Kärnten als neugewählter, aber noch ungekrönter König von Böhmen der Wahl aus ungeklärten Gründen fernblieb.[19]

Auf die Gefährdung der Entscheidung ihrer Wahl durch eine möglicherweise nicht legitim abgegebene Stimme antworteten die in Frankfurt versammelten Kurfürsten mit einer gemeinsamen Protestation, die zu Beginn der Wahlhandlung vom Erzbischof von Trier verlesen wurde. Sie mahnten darin jene, die exkommuniziert oder ihres Amtes enthoben seien, oder solche, die sich im Interdikt befänden, wie auch diejenigen, die nach Recht und Gewohnheit an der Wahl nicht mitwirken dürften – falls solche vielleicht unter den

Historische Landesforschung an der Universität Göttingen, Bd. 8.) Hildesheim 1975; *Friedrich Lammert*, Der Streit um die Kurwürde zwischen Sachsen-Lauenburg und Sachsen-Wittenberg, in: Historische Vierteljahresschrift 30, 1933, 305–315.
[16] *Mohrmann*, Lauenburg (wie Anm. 15), 29, spricht gar vom „eigentlichen Kurproblem, das im besonderen Maße die übrigen Kurfürsten anging".
[17] Johann II. und Albrecht III. von Sachsen-Lauenburg legten gegen diese aus ihrer Sicht unrechtmäßige Aneignung der Kurwürde erst nach dem Tod ihres Onkels 1298 Widerspruch ein und erwirkten damit vom Erzbischof von Köln das Versprechen, bei der nächsten Königswahl als Kurfürsten zugelassen zu werden, vgl. Constitutiones et acta publica imperatorum et regum inde ab a. MCCXCVIII usque ad a. MCCCXIII (1298–1313). Hrsg. v. *Jacob Schwalm*. T. 1. (MGH, Const., Bd. 4.) Hannover 1906, Nr. 30, 31, 24–25.
[18] Vgl. *Mohrmann*, Lauenburg (wie Anm. 15), 35. Die Herzöge von Sachsen-Lauenburg hatten jedoch vor der Wahl wiederum versucht, die Rechtmäßigkeit ihrer Kurstimme nachzuweisen, vgl. Constitutiones et acta publica (1298–1313) (wie Anm. 17), Nr. 253, 216f.
[19] Alexander Begert vermutet, daß Heinrich von Kärnten aus Rücksicht auf die habsburgische Partei nicht an der Wahl teilnahm, vgl. *Alexander Begert*, Böhmen, die böhmische Kur und das Reich vom Hochmittelalter bis zum Ende des Alten Reiches. Studien zur Kurwürde und staatsrechtlichen Stellung Böhmens. Husum 2003, 130–133; *Ernst Perels*, Zur Geschichte der böhmischen Kur im 14. und 15. Jahrhundert, in: ZRG GA, 45, 1925, 83–143, hier 88f.

Elektoren sein sollten –, von den Verhandlungen und der Wahl selber zurück-
zutreten.[20] Die Kurfürsten hätten nicht die Absicht, mit diesen zu wählen, als
ob sie das Recht zur Wahl hätten, vielmehr sollten deren Stimmen, falls sich
im nachhinein solche unter ihnen finden würden, niemandem schaden oder
nützen, sondern so gewertet werden, als ob sie gar nicht abgegeben worden
wären.[21] Während das Recht der sächsischen Herzöge, an der Königswahl
teilzunehmen, offenbar auch schon vor der Abfassung der Goldenen Bulle als
eine geltende Regel innerhalb des Verfahrens angesehen wurde, stellte die ungeklärte sächsische Erbfolge zwischen der lauenburgischen und der wittenbergischen Linie ein Problem dar, das von außen an die Wahl herangetragen
wurde. Denn die Frage, wer nach der Landesteilung berechtigt war, die Kurstimme zu führen, betraf das Kurkollegium nur mittelbar, weshalb die zur
Wahl versammelten Kurfürsten diese Frage auch nicht dauerhaft lösen konnten. Sie reagierten konsequenterweise darauf, indem sie das Problem von der
aktuell zu treffenden Entscheidung entkoppelten. Sie sicherten ihre Wahl auch
gegen zukünftige Anfechtungen ab, indem sie durch eine Art Selbstverpflich-
tung der einzelnen Kurfürsten das zweifelhafte Kurrecht von einer Verfah-
rensfrage in eine Frage von Ehre und Rang der Beteiligten überführten. Doch
stellte diese Lösung eine – wenn auch überaus wirkungsvolle – Fiktion dar,
die nicht verhindern konnte, daß der Streit schon bei der nächsten Wahl wieder virulent wurde. Erst mit den Bestimmungen der Goldenen Bulle versuchte
man, eine gesicherte Regelung für die Vererbung der Kurstimme zu treffen,
ohne damit jedoch abwenden zu können, daß es auch später immer wieder zu
Konflikten um die legitime Ausübung des Kurrechts kam.[22]

Eine genaue Festlegung des Wählerkreises war aber auch für die jeweiligen
Thronkandidaten von immenser Bedeutung. Denn mit der zunehmenden
Durchsetzung eines freien Wahlrechts der Kurfürsten standen die zukünftigen
Könige immer stärker vor dem Problem, sich ihre Wählerstimmen sichern zu
müssen. Da königliche Abstammung oder enge verwandtschaftliche Bindun-

---

[20] Constitutiones et acta publica (1298–1313) (wie Anm. 17), Nr. 262, 228–231, hier 229:
„[…] ego Baldewinus Treverensis archiepiscopus predictus in scriptis legi monitionem et
protestationem quandam vice mea et omnium ius in ipsa electione habentium, monendo
omnes excommunicatos, suspensos ac etiam interdictos necnon quoscumque alios, si qui fo-
rent forsitan inter eos, qui de iure vel de consuetudine interesse in ipsius electionis negocio
non deberent, quod a tractatibus electionis celebrande et ab eadem electione recederent, me
et alios libere eligere permittentes." Vgl. *Mario Krammer*, Das Kurfürstenkolleg von seinen Anfängen bis zum Zusammenschluß im Renser Kurverein des Jahres 1338. Weimar
1913, 219.
[21] Constitutiones et acta publica (1298–1313) (wie Anm. 17), 229: „Protestans, quod non
esset mea vel aliorum intentio tales admittere tanquam ius electione habentes aut procedere
vel eligere cum eisdem, ymmo volui, quod voces talium, si qui reperientur postmodum
interfuisse, nulli prestent suffragium nec afferant alicui nocumentum et prorsus pro non
receptis sive pro non habitis habeantur."
[22] Vgl. Die Goldene Bulle (wie Anm. 8), Kap. 7, 585–588.

gen allein eine Wahl nicht mehr garantieren konnten, mußten die Kandidaten andere Wege finden, um die Wähler im vorhinein an sich zu binden. Um das Risiko einer verlorenen Wahl zu minimieren, verhandelten sie im Vorfeld mit den einzelnen Kurfürsten, trafen Verabredungen und machten Versprechungen.[23] Es war für die Prätendenten daher unabdingbar, genau zu wissen, wer zur Wahl zugelassen würde, um nicht vergebliche Investitionen zu tätigen, sondern auf diesem Weg ihre Wahl im voraus weitgehend sicherstellen zu können. Allerdings war auch den Zeitgenossen schon bewußt, daß solche Praktiken dem Ideal einer freien und ergebnisoffenen Wahl entgegenstehen konnten, und so verlangte ein in der Goldenen Bulle vorgeschriebener Eid von den Kurfürsten, ihre Stimme und ihren Wahlentscheid abzugeben, „ohne alle Verabredung, Belohnung, Entgelt oder Versprechen oder wie immer dergleichen genannt werden mag [...]".[24] Doch bereits Kaiser Karl IV. selbst mißachtete diese Regel bei der Wahl seines Sohnes Wenzel in so eklatanter Weise, daß es offenbar niemandem im Reich verborgen bleiben konnte. So notiert die anonyme Augsburger Chronik zu dieser Wahl: „[...] wann er gab allen kurfürsten gar grozz gut und kauft daz künkrich von in, daz vor nie mer beschechen was".[25] Die Kritik an dieser Art der Stimmensicherung scheint vor allem von seiten der Städte gekommen zu sein, da sie in besonderer Weise vom Kaiser für die Finanzierung der Wahlversprechen in Anspruch genommen wurden.[26] Allein die in den Reichstagsakten überlieferten Wahlabreden, Entschädigungszahlungen und Belohnungen lassen dagegen diese Art der Stimmensicherung durch die Thronkandidaten als gängige und wohl weitest-

---

[23] Vgl. hierzu etwa *Roswitha Reisinger*, Die römisch-deutschen Könige und ihre Wähler 1198–1273. (Untersuchungen zur deutschen Staats- und Rechtsgeschichte, NF. 21.) Ahlen 1977; *Hugo Stehkämper*, Geld bei deutschen Königswahlen des 13. Jahrhunderts, in: Jürgen Schneider (Hrsg.), Wirtschaftskräfte und Wirtschaftswege. I: Mittelmeer und Kontinent. Festschrift für Hermann Kellenbenz. Bamberg 1978, 83–135; *Wilhelm Klare*, Die Wahl Wenzels von Luxemburg zum Römischen König 1376. Münster 1990, 47–92.

[24] Die Goldene Bulle (wie Anm. 8), 576: „Et secundum fidem predictam, vocemque meam et votum seu electionem prefatam dabo absque omni pacto, stipendio, precio vel promisso seu quocumque modo talia valeant appellari."

[25] Chronik von 1368 bis 1406, in: Die Chroniken der schwäbischen Städte. Augsburg. Bd. 1. Hrsg. v. *Karl Hegel*. (Die Chroniken der deutschen Städte vom 14. bis ins 16. Jahrhundert, Bd. 4.) Leipzig 1865, 1–125, hier 44; Ulman Stromer's ‚Püchel von meim geslechet und von abentewr'. 1349 bis 1407, in: Die Chroniken der Fränkischen Städte. Nürnberg. Bd. 1. Hrsg. v. *Karl Hegel*. (Chroniken der deutschen Städte vom 14. bis ins 16. Jahrhundert, Bd. 1.) Leipzig 1862, 1–106, hier 34: „[...] so ward auch den andern kurfuersten aber vil geltz dar umb geben."

[26] So führten die Wahl König Wenzels und die daraus für die süddeutschen Reichsstädte erwachsenden finanziellen Belastungen zur Gründung des Schwäbischen Städtebundes und schließlich zum Krieg, vgl. hierzu demnächst *Stefanie Rüther*, Ungleiche Gegner? Zur Wahrnehmung und Bewertung kriegerischer Gewalt in den süddeutschen Städtekriegen, in: dies. (Hrsg.), Integration und Konkurrenz. Symbolische Kommunikation in der spätmittelalterlichen Stadt. (Symbolische Kommunikation und gesellschaftliche Wertesysteme, Bd. 21.) Münster 2009, 37–60.

gehend akzeptierte Praxis des späten Mittelalters erscheinen.[27] Doch sollte man diese Wahlabreden nicht in ahistorischer Perspektive als Bestechung oder Wahlmanipulation deuten, die als Belege für ein defizitäres mittelalterliches Verfahren der Königswahl gelten können. Wenn die entsprechende Bestimmung der Goldenen Bulle auch in späteren Jahren immer wieder unterlaufen wurde, dann weil diese Praxis der Stimmeneinwerbung im Vorfeld der Wahl eben nicht dysfunktional auf das Verfahren wirkte. Vielmehr trugen die Wahlversprechen ganz wesentlich dazu bei, eindeutige Entscheidungen herbeizuführen und so eine sichere Wahl zu gewährleisten. Die Akzeptanz dieser Form der Stimmensicherung mag zudem dadurch gefördert worden sein, daß die durch materielle Anreize geschaffenen Bindungen die zuvor dominierenden verwandtschaftlichen Verpflichtungen ersetzen halfen.

Auch die Kurfürsten suchten in der Regel eine möglichst konfliktfreie, ja im besten Fall eindeutige Wahl zu erreichen, indem sie im voraus untereinander Wahlabreden trafen.[28] Die Brüder Otto und Woldemar von Brandenburg einigten sich etwa im Oktober 1308 mit den Pfalzgrafen Rudolf I. und Ludwig IV., daß sie sich bei der anstehenden Königswahl mit ihrem Votum der Mehrheit der geistlichen Kurfürsten anschließen würden, sofern deren Wahl auf einen von ihnen, den Grafen Albert von Anhalt oder Herzog Friedrich von Österreich falle.[29] Die geistlichen Kurfürsten hingegen entschieden sich bekanntlich für den Grafen Heinrich von Luxemburg, der die Vorverhandlungen genutzt hatte, um den Erzbischöfen zahlreiche Vergünstigungen sowie Entschädigungszahlungen für deren „Wahl- und Erhebungskosten" zu versprechen und damit seine Erhebung zum römischen König zu sichern.[30] Auch wenn die Wahlabreden damit letztlich zu einer einmütigen Wahl geführt hatten, macht das Beispiel der Königswahl von 1308 deutlich, daß die Beteiligten im Hinblick auf ihre individuellen Interessen auch immer ein gewisses Risiko eingingen, wenn sie sich zu früh festlegten und sich damit selbst ihrer Wahlfreiheit beraubten.

Nimmt man zudem die Unterhandlungen im Vorfeld der Doppelwahl von 1314 in den Blick, zeigt sich, daß die Verbindlichkeit solcher Vorabsprachen

---

[27] Vgl. etwa die Wahlversprechen König Sigmunds und seines Konkurrenten, des Markgrafen Jost von Mähren, im Vorfeld der Doppelwahl von 1410 in: Deutsche Reichstagsakten unter Kaiser Sigmund. Erste Abtheilung 1410–1420. Hrsg. v. *Dietrich Kerler*. (Deutsche Reichstagsakten. Bd. 7.) München 1878, 18–23, 61–68. Siehe auch die Hinweise bei *Lenz*, Konsens und Dissens (wie Anm. 10), 102–104.
[28] Vgl. exemplarisch *Claudia Garnier*. Wie vertraut man seinem Feind? Vertrauensbildung und Konsensfindung der Rheinischen Kurfürsten um 1400, in: FMSt 39, 2005, 271–291.
[29] Vgl. *Johann Friedrich Böhmer*. Regesta imperii. VI. Die Regesten des Kaiserreichs unter Rudolf, Adolf, Albrecht, Heinrich VII. 1273–1313. Abt. 4: Heinrich VII. 1288/1308–1313. 1. Lieferung: 1288/1308–August 1309. Hrsg. v. *Kurt-Ulrich Jäschke/Peter Thorau*. Wien u. a. 2006, 50–53.
[30] Vgl. *Böhmer*. Regesta imperii VI, 4 (wie Anm. 29), 36–41.

auch zur Gefahr für eine konfliktfreie, das heißt eindeutige und für alle Seiten akzeptable Wahl werden konnte. Nach dem Tod Heinrichs VII. hatte die luxemburgische Partei unter den Kurfürsten sich zunächst auf dessen Sohn Johann als Kandidaten geeinigt.[31] Sie mußte jedoch schon bald einsehen, daß dieser kaum eine Chance gegen den von der Gegenpartei favorisierten Friedrich von Habsburg haben würde. Daher setzte man nun, nachdem König Johann von Böhmen seine Kandidatur unter dem Vorwand seiner Minderjährigkeit wieder zurückgezogen hatte, von luxemburgischer Seite auf Herzog Ludwig von Bayern.[32] Doch auch dieser konnte keine Mehrheit auf sich vereinigen, so daß eine Doppelwahl schließlich unvermeidlich war. Denn offenbar war in diesem Wechselspiel von Kandidatur und Gegenkandidatur ab einem gewissen Zeitpunkt die Einigung auf einen Kompromißkandidaten nicht mehr möglich, ohne daß eine Partei an Glaubwürdigkeit verloren hätte. Nachdem die luxemburgische Partei bereits einen Kandidaten verbrannt hatte, da sie ihn vielleicht etwas vorschnell ins Rennen geworfen hatte, mußte sie an der Wahl ihres zweiten Prätendenten Ludwig von Bayern unweigerlich festhalten, um ihre Stellung innerhalb des kurfürstlichen Machtgefüges zu behaupten.[33] Auch wenn die Versprechungen und Verträge im Vorfeld einer Wahl im Hinblick auf die möglichen Konstellationen oder die in Aussicht gestellten Belohnungen ein hohes Maß an Varianz und Einfallsreichtum aufweisen, stellt sich die Praxis der Wahlabreden als eine weitgehend ritualisierte Form der Wahlvorbereitung dar, die man durchaus als Teil des Verfahrens bezeichnen kann.[34]

Das Beispiel der Doppelwahl von 1314 macht darüber hinaus deutlich, daß das Mehrheitsprinzip nur dann seine Wirkung entfalten konnte, wenn der

---

[31] Vgl. *Hans Dieter Homann*, Kurkolleg und Königtum im Thronstreit von 1314–1330. München 1974, 66–81; *Ernst Schubert*, Kurfürsten und Wahlkönigtum. Die Wahlen von 1308, 1314 und 1346 und der Kurverein von Rhense, in: Franz-Josef Heyen (Hrsg.), Balduin von Luxemburg. Erzbischof von Trier – Kurfürst des Reiches 1285–1354. Mainz 1985, 103–117, hier 107–111; siehe auch die entsprechenden Vorverhandlungen und Bündnisse in den Constitutiones et acta publica imperatorum et regum inde ab a. MCCCXIII usque ad a. MCCCXXIV (1313–1324). Hrsg. v. *Jacob Schwalm*. (MGH, Const., Bd. 5.) Hannover 1909, 5–19.
[32] Vgl. *Peter von Zittau*, Chronicon Aulae Regiae. Hrsg. v. Josef Emler, in: Fontes rerum Bohemicarum. Bd. 4. Prag 1884, 3–337, hier 225; vgl. hierzu *Lenz*, Konsens und Dissens (wie Anm. 10), 235.
[33] Vgl. *Homann*, Kurkolleg (wie Anm. 31), 114–118; *Schubert*, Kurfürsten und Wahlkönigtum (wie Anm. 31), 109.
[34] Vgl. *Michael Sikora*, Der Sinn des Verfahrens. Soziologische Deutungsangebote, in: Stollberg-Rilinger (Hrsg.), Vormoderne politische Verfahren (wie Anm. 7), 25–51, hier 34: „Im Blick auf Verfahren heißt das zunächst – und das ist gerade für eine empirische Untersuchung auch historischer Verfahrensformen von Bedeutung –, daß als Verfahren nicht die vorgegebenen Normen des Ablaufs zu verstehen sind, sondern viel allgemeiner alle dem System ,Verfahren' zuschreibbaren Handlungen, also etwa auch alle jenseits oder vielleicht sogar im Widerspruch zu den Normen stehenden Absprachen, Aushandlungen, Beratungen."

Kreis der zur Wahl Berechtigten klar eingegrenzt war. Da der Streit um das
sächsische Kurrecht immer noch nicht geklärt und der Anspruch auf die böhmische Kurstimme zu dieser Zeit ebenfalls umstritten war, wurden die beiden
Könige von insgesamt neun anstatt der vorgesehenen sieben Kurfürsten gewählt. Herzog Rudolf I. von Sachsen-Wittenberg wählte am 19. Oktober 1314
zusammen mit dem Erzbischof Heinrich von Köln, dem Pfalzgrafen Rudolf I.
sowie dem Herzog Heinrich von Kärnten, der die böhmische Kurstimme für
sich in Anspruch nahm, den Habsburger Friedrich I. zum deutschen König.[35]
Einen Tag später gab Herzog Johann von Sachsen-Lauenburg seine Stimme
Ludwig dem Bayern, der zusammen mit den Stimmen der Erzbischöfe Peter
von Mainz und Balduin von Trier, des Markgrafen Woldemar von Brandenburg und König Johanns von Böhmen sogar fünf Stimmen auf sich vereinigen
konnte.[36]

Gleichwohl verstanden sich beide Kandidaten als gewählte Könige – daß
einer von ihnen eine Stimme mehr erhalten hatte, spielte für beide Seiten
keine Rolle. Denn aus Sicht beider Lager, das verdeutlichen die nahezu
gleichlautenden Wahldekrete, hatte es nur einen legitimen Wahlakt gegeben,
bei dem die Mehrheit der Kurfürsten – nämlich einmal vier und einmal fünf –
einmütig einen König gewählt hatte. Die Entscheidung darüber, wer der rechtmäßige König war, sollte daher schließlich auf dem Wege der militärischen
Gewalt gefunden werden.

II. Die Sicherheit der Verfahrensträger und die Ambivalenz militärischer Gewalt

Als ein zentrales Dokument für das Verfahren der spätmittelalterlichen Königswahl hat die Goldene Bulle in der Forschung stets besondere Aufmerksamkeit gefunden.[37] Doch richtete sich das Interesse dabei selten auf das erste
Kapitel des Dokuments, das dem Geleit und der Sicherheit der Königswähler

---

[35] Vgl. das Wahldekret über die Wahl Friedrichs I. in: Constitutiones et acta publica
(1313–1324) (wie Anm. 31), 91–93.
[36] Vgl. das Wahldekret über die Wahl Ludwigs IV. in: Constitutiones et acta publica
(1313–1324) (wie Anm. 31), 93–95.
[37] Vgl. etwa *Bernd-Ulrich Hergemöller*, Fürsten, Herren und Städte zu Nürnberg 1355/56.
Die Entstehung der „Goldenen Bulle" Karls IV. Köln/Weimar/Wien 1983; *Winfried Dotzauer*, Überlegungen zur Goldenen Bulle Kaiser Karls IV. unter besonderer Berücksichtigung des rechtlichen Hintergrundes, in: ders. (Hrsg.), Landesgeschichte und Reichsgeschichte. Festschrift für Alois Gerlich. (Geschichtliche Landeskunde, Bd. 42.) Stuttgart
1995, 165–193; *Ulrike Hohensee* u.a. (Hrsg.), Die goldene Bulle. Politik, Wahrnehmung,
Rezeption. (Berichte und Abhandlungen. Berlin-Brandenburgische Akademie der Wissenschaften. Sonderbd. 12.) Berlin 2009.

gewidmet ist.[38] Die detaillierten Regelungen über die gegenseitigen Geleitsverpflichtungen der Kurfürsten mögen aus heutiger Sicht nicht als unmittelbarer Bestandteil eines rechtssetzenden Aktes, sondern eher als organisatorische Präliminarien erscheinen, und so wurde dieses Kapitel in manchen Editionen mitunter sogar ausgelassen.[39] Doch weist schon die exponierte Stellung im Text auf die Bedeutung hin, die die Zeitgenossen der körperlichen Unversehrtheit der Königswähler und damit zugleich der Sicherheit des Verfahrens beimaßen. Indem die Goldene Bulle die Kurfürsten per Eid verpflichtete, sich gegenseitig das Geleit auf dem Weg zum Wahlort zu geben, sollte sichergestellt werden, daß keiner der Wähler durch Gewalt vom Wahlakt ferngehalten werden konnte.[40] Denn die Anwesenheit aller Kurfürsten oder ihrer Vertreter bildete eine wesentliche Voraussetzung für die Legitimität der Entscheidung. Blieben einzelne Wähler aus welchen Gründen auch immer dem Akt fern, konnte das wiederholt zu einem Ansatzpunkt für Anfechtungen und zweifelhafte Entscheidungen werden.

Das gegenseitige Geleit stellte aber nicht allein eine Frage des sicheren Reiseweges dar, sondern es kann zugleich als ein sichtbares Zeichen wechselseitiger Anerkennung und friedlicher Beziehungen unter den Königswählern verstanden werden, die eine wichtige Voraussetzung für eine konfliktfreie Wahl bildeten.[41] Welchen Stellenwert man diesem Instrument zur Absicherung der Wahl beimaß, zeigt, daß in der Goldenen Bulle eine Zuwiderhandlung mit dem Verlust des Wahlrechts bestraft werden konnte.[42] Wenn jedoch nicht allein den Kurfürsten, sondern „sämtlichen andern Fürsten [...] und ebenso sämtlichen Grafen, Freiherren, Rittern, Ministerialen, Adligen und Nichtadligen, Bürgern und Gemeinschaften in Burgen, Städten und Orten des

---

[38] Vgl. dagegen *Winfried Dotzauer*, Das Königswahlgeleit für die Kurfürsten in der Goldenen Bulle Karls IV. (1356), in: Alois Gerlich (Hrsg.), Beiträge zur mittelrheinischen Landesgeschichte. Johannes Bärmann zum 75. Geburtstag gewidmet. (Geschichtliche Landeskunde, Bd. 21.) Wiesbaden 1980, 82–139.

[39] Vgl. Deutsche Geschichte in Quellen und Darstellung, Bd. 2 (wie Anm. 12), 192–221, hier 198.

[40] Die Goldene Bulle (wie Anm. 8), Kap. 1, 564–573. „[...] sub pena periurii ac perditionis, pro illa dumtaxat vice, sue vocis, quam in electione huiusmodi fuerit habiturus."

[41] Vgl. zur Bedeutung des Geleits über die bloße Gewährleistung eines sicheren Reisewegs hinaus *Martin Kintzinger*, Cum salvo conductu. Geleit im westeuropäischen Mittelalter, in: Rainer C. Schwinges/Klaus Wriedt (Hrsg.), Gesandtschafts- und Botenwesen im spätmittelalterlichen Europa. (VuF, Bd. 60.) Ostfildern 2003, 313–363; *Stefanie Rüther*, Geleit, Gesandte und Gerüchte. Mediale Strategien auf dem Weg zum spätmittelalterlichen Friedensschluss am Beispiel des ersten süddeutschen Städtekriegs, in: Bent Jörgensen/Raphael Matthias Krug/Christine Lüdke (Hrsg.), Friedensschlüsse. Medien und Konfliktbewältigung vom 12. bis zum 19. Jahrhundert. (Documenta Augustana, Bd. 18.) Augsburg 2008, 55–81.

[42] Die Goldene Bulle (wie Anm. 8), 564: „[...] sub pena periurii ac perditionis, pro illa dumtaxat vice, sue vocis, quam in electione huiusmodi fuerit habiturus."

heiligen Reichs"[43] das Geleit der Königswähler zur Pflicht gemacht wurde, so sollte damit die Sicherheit des Verfahrens in die Verantwortung aller Stände gelegt werden, die auf diese Weise in den Wahlakt mit einbezogen wurden. Daß das Geleit keine bloße Formalie war, sondern als wesentlicher Teil der Wahlvorbereitungen angesehen wurde, verdeutlicht auch ein Schreiben des Erzbischofs Werner von Trier und des Pfalzgrafen Ludwig an Frankfurt vom 11. März 1411.[44] Die beiden Wähler König Sigmunds von 1410 versuchten die Wiederholung seiner Wahl zu verhindern, indem sie Frankfurt davon abbringen wollten, den Befürwortern einer Neuwahl ihr Geleit zu geben: „[...] und warnen uch auch fruntlich und ernstlich, daz ir soliche nuwekeid angenommen kure oder wale bi uch nit gestatdent, kein geleid gunst rate oder willen darzu gebent, sunder darvor sind das daz nit geschehe, als verre ir konnent und mogent".[45]

Auch die Vorschrift der Goldenen Bulle, daß es keinem Kurfürsten erlaubt war, zur Zeit der Wahl mit mehr als 200 Berittenen in Frankfurt einzuziehen, unter denen höchstens 50 Bewaffnete sein durften, ist nicht allein als Begrenzung übermäßiger Statusdemonstration zu werten, sondern diente in erster Linie der Sicherheit des Wahlakts.[46] Zudem hatte die Stadt Frankfurt die Kurfürsten und ihr Gefolge am Wahlort „vor dem Angriff eines andern [Kurfürsten], wenn zwischen ihnen eine Mißhelligkeit entstehen sollte, wie auch sonst vor jedermann" zu beschützen.[47] Man rechnete also durchaus damit, daß eine Königswahl mit Gewalt entschieden oder verhindert werden könnte, und versuchte dies durch möglichst detaillierte Sicherheitsvorkehrungen zu verhindern. Doch verweisen diese Bestimmungen zugleich auf den scheinbar paradoxen Sachverhalt, daß auf der einen Seite dem Schutz vor gewaltsamen Eingriffen in das Verfahren besondere Priorität beigemessen wurde, während auf der anderen Seite die militärische Potenz der Wähler und vor allem der Gewählten als ein wesentliches Element einer legitimen Wahl verstanden wurde. So waren die bereits genannten Kurfürsten Werner von Trier und Ludwig von der Pfalz nach der zweifelhaften Wahl König Sigmunds 1410 bereit, ihre Entscheidung gegen eventuelle Widerreden nötigenfalls auch mit Waf-

---

[43] Ebd. 564 f.: „Statuimus insuper et mandamus universis aliis principibus [...] necnon comitibus, baronibus, militibus, clientibus, nobilibus et ignobilibus, civibus et communitatibus castrorum, civitatum et locorum sacri imperii univisis [...]."
[44] Deutsche Reichstagsakten unter Kaiser Sigmund. Erste Abtheilung 1410–1420. Hrsg. v. *Dietrich Kerler.* (Deutsche Reichstagsakten, Ältere Reihe, Bd. 7/1.) Berlin 1877, Nr. 89, 134–136.
[45] Ebd. Nr. 89, 136.
[46] Vgl. Die Goldene Bulle (wie Anm. 8), 572: „Debet autem unusquisque princeps elector vel sui nuncii predictam civitatem Frankenford cum ducentis equitaturis tantummodo prefate electionis tempore introire, in quorum numero quinquaginta tantum armatos vel pauciores introducere secum poterit, sed non plures."
[47] Ebd. 574: „[...] ab invasione alterius, si quid inter eos adversatis emergeret et eciam ab omni homine [...]".

fengewalt zu verteidigen, und schlossen zu diesem Zweck unmittelbar nach der Wahl ein Bündnis, in dem sie für solche Fälle gegenseitige militärische Hilfe versprachen.[48]

Auch Markgraf Jost von Brandenburg, der seine Wahl zum Gegenkönig vorbereitete, kündigte an, die Sicherung und Akzeptanz seiner Erwählung mit allen Mitteln durchsetzen zu wollen. Er versprach seinen potentiellen Wählern, „daz wir widder die egenante den erzbischof von triere und herzog Ludewig und die vorgenannte ir kore mit libe gute und unser ganzen macht sin sollen, daz soliche ir kore vernichtiget und slecht abegetan werde [...]".[49] Sein Gegenspieler König Sigmund dagegen wollte seinen Anspruch auf die Legitimität seiner Wahl im September 1410 dadurch unterstreichen, „das wir, ob got wil, kurzlich hinuß ziehen und unser kunglich leger vor Frankfurt tun wollen".[50] Mit diesem Vorhaben eines Königslagers rekurrierte Sigmund auf eine Praxis im Umfeld der spätmittelalterlichen Königswahlen, nach der ein neugewählter König vor seiner Krönung eine gewisse Zeit vor der Stadt zu lagern hatte, um eventuellen Konkurrenten die Gelegenheit zum wohl gewaltsam vorzutragenden Protest zu geben.[51] Auch wenn sich die Abhaltung eines solchen Königslagers nicht regelmäßig, sondern vor allem bei zwiespältigen Wahlen nachweisen läßt, ist die Vorstellung, daß der Prätendent seinen Anspruch auf den Thron auch performativ behaupten mußte, während des 14. und 15. Jahrhunderts offenbar durchaus verbreitet gewesen.[52] Nach der einmütigen Wahl König Wenzels 1376 berichtet ein städtischer Gesandter, dieser sei nach seiner *electio* direkt nach Frankfurt gezogen, ohne ein solches Lager abzuhalten, „wan man noch nit weiß von ieman sagen der wider in sin wolle".[53]

Welche Bedeutung man der militärischen Potenz der Thronkandidaten für die Akzeptanz ihrer Wahl im späten Mittelalter beimaß, spiegelt sich auch in den chronikalischen Berichten zur Doppelwahl von 1314 wider.[54] Beide Kan-

---

48 Vgl. Deutsche Reichstagsakten unter Sigmund (wie Anm. 44), Nr. 33, 50: „[...] dawider getruwlich und vesticvlichen bigestendig beholfen und beraten sin sal mit sinen sloßen landen luden fientlicher getad und mit siner ganzen macht, als lange und als dicke des noit geschiet."
49 Vgl. ebd. Nr. 45, 64.
50 Vgl. ebd. Nr. 41, 59, vgl. auch Nr. 42, 60.
51 *Karl Schellhass,* Das Königslager vor Aachen und vor Frankfurt in seiner rechtsgeschichtlichen Bedeutung. Berlin 1887, 107.
52 Vgl. das Königslager des neugewählten Königs Ruprecht nach der Absetzung Wenzels bei *Ernst Schubert,* Königsabsetzung im deutschen Mittelalter. Eine Studie zum Werden der Reichsverfassung. (Abhandlungen der Akademie der Wissenschaften zu Göttingen, Philologisch-Historische Klasse, Dritte Folge, Bd. 267.) Göttingen 2005, 402f.
53 Vgl. Reichstagsakten unter König Wenzel. Erste Abteilung 1376–1387. Hrsg. v. *Julius Weizsäcker.* (Deutsche Reichstagsakten, Bd. 1.) Berlin 1886, Nr. 54, 81f., hier 82.
54 Vgl. etwa Chronica Mathiae de Nuwenburg. Hrsg. v. *Adolf Hofmeister.* (MGH, SRG NS., Bd. 4.) Berlin 1924/1940, 95–99; Chronica de gestis principum, in: Bayerische Chroniken des 14. Jahrhunderts (Chronicae Bavaricae saec. XIV). Hrsg. v. *Georg Leidinger.*

didaten waren zur Wahl mit ihrem Heer nach Frankfurt gekommen und schlu-
gen dort, der eine bei Sachsenhausen, der andere am unteren Mainlauf, ihre
Lager auf. Doch Erzbischof Peter von Mainz, so berichtet Matthias von
Neuenburg, der ebenfalls mit einem Heer vor die Stadt gekommen war, nahm
Friedrich von Habsburg die Lebensmittel weg, so daß dieser sich nach seiner
Wahl, bei der er immerhin vier Stimmen auf sich vereinigen konnte, aus Mangel an Nahrungsmitteln zurückziehen mußte.[55] Nach der Chronik des Mönchs
von Fürstenfeld erlagen dabei „Menschen und Pferde, in der Begleitung des
Herzogs von Österreich, in großer Anzahl dem Hunger. König Ludwig seinerseits", fährt der Chronist daran anschließend fort, „der nach seiner Wahl und
schon vorher ein starkes Heer sammelte und durch die Scharen, die ihm täglich zuströmten, sich verstärkte, soll bald Tausende von Reisigen gezählt haben."[56] Dieser so deutlich beschriebenen militärischen Übermacht Ludwigs
kommt im Rahmen der selbstverständlich probayerischen Argumentation
eine doppelte Funktion zu. Zum einen beweist die große Zahl der Anhänger
Ludwigs im Heer, die sogar täglich mehr wurden, die allgemeine Zustimmung
zu seiner Wahl. Zum anderen läßt die Gegenüberstellung des durch Hunger
zum Abzug gezwungenen Gegners und des Siegers, der mit einem großen
Heer vor Ort zu bleiben vermag, im doppelten Wortsinn an die Behauptung
der „Wahlstatt" denken. Diese symbolische Praxis, nach einer geschlagenen
Schlacht für einige Zeit auf dem Schlachtfeld zu verbleiben, wurde im späten
Mittelalter als ein sinnfälliges Kriterium zur Ermittlung des Siegers verstanden.[57]

So auch in der Schlacht von Mühldorf, mit der 1322 die bis dahin immer
noch offene Situation zwischen den beiden gewählten Königen zu einer militärischen Entscheidung geführt werden sollte.[58] Nachdem Friedrich von
Habsburg in der Schlacht gefangengenommen worden war, meinten viele der

(MGH. SRG NS.. Bd. 19.) Hannover/Leipzig 1918. 27–104, hier 79–81; siehe auch *Lenz*,
Konsens und Dissens (wie Anm.10). 207–210.
[55] Vgl. Chronica Mathiae de Nuwenburg (wie Anm. 54), 97f.
[56] Chronica de gestis principum (wie Anm. 54), 80: „Sed magna multitudo hominum et
equorum ducis Austrie. cum essent in Frankhenfurt, famis inedia perierunt. Porro rex Lud-
wicus post et ante electionem, cum maximum exercitum collegisset et cottidie multis ad
ipsum passim confluentibus, milia equitum, ut aiunt, creditur habuisse." Übersetzung nach:
Chronik von den Taten der Fürsten, in: Quellen zur Geschichte Kaiser Ludwigs des Bayern. 1. Hälfte. Bearb. v. *Walter Friedensburg*. (Die Geschichtsschreiber der deutschen Vorzeit. Bd. 81.) Leipzig 1898. 60–62.
[57] Vgl. hierzu *Malte Prietzel*. Kriegführung im Mittelalter. Handlungen, Erinnerungen,
Bedeutungen. (Krieg in der Geschichte. Bd. 32.) Paderborn u. a. 2006, 150–173.
[58] Neuere Untersuchungen zur Schlacht von Mühldorf fehlen, daher immer noch maßgeblich *Wilhelm Erben*. Die Schlacht bei Mühldorf 28. September 1322. Historisch-geogra-
phisch und rechtsgeschichtlich untersucht. (Veröffentlichungen des Historischen Seminars
der Universität Graz. Bd. 1.) Graz [u.a.] 1923; *ders.*, Die Berichte der erzählenden Quellen
über die Schlacht bei Mühldorf, in: Archiv für Österreichische Geschichte 105, 1917, 232–
514.

Anhänger Ludwigs, „man sollte zum Zeichen des Sieges die Nacht auf dem Schlachtfelde zubringen".[59] Ludwig habe dies jedoch aus Furcht vor dem herannahenden Heer Lupolds nicht gewagt und kehrte statt dessen „mit Betrübnis zurück, voll Verwunderung, daß man den römischen König gefangen und nicht getötet hatte".[60] Nachdem das Verfahren der Wahl 1314 gescheitert war, da es nicht zu einer eindeutigen Entscheidung geführt hatte, stellte die Möglichkeit, den legitimen König durch eine Schlacht zu ermitteln, offenbar eine allgemein akzeptierte Option dar. Dabei läßt die Inszenierung des Streits den Schluß zu, daß die Ermittlung des Siegers durch den tendenziell kontingenten Ausgang einer Schlacht nicht im Gegensatz, sondern eher als Ergänzung oder gar Fortführung des bisherigen Wahlentscheids gesehen wurde. Deutlich wird dies etwa, wenn in der österreichischen „Erzählung über den Streit von Mühldorf" König Friedrich seinen Ratgebern, die ihn angesichts der Größe des gegnerischen Heeres von der Begegnung abbringen wollten, antwortete, „e hiet so vil wytiben und weysen gemachet und so vil unpildes an der christenhaeit begangen, daz er niht lenger den streit aufschieben wolt mit niht, swie ez ym ergienge".[61] Daß insbesondere Friedrich der Weise in der Schlacht von Mühldorf und ihrem möglicherweise tödlichen Ausgang eine performativ herbeigeführte Entscheidung des Thronstreits sehen wollte, zeigt auch die königliche Ausstattung, mit der er in die Schlacht zog: „Friedrich aber bereitete sich [...] allzukühn zur Schlacht und erschien wider den Willen der Seinigen in königlichen Abzeichen."[62] Damit brachte er zum einen unmißverständlich seinen Anspruch auf den Thron zum Ausdruck, doch zum anderen war er dadurch auch von jedem Teilnehmer der Schlacht als König Friedrich zu erkennen und somit leichter zu treffen. König Ludwig war nach der Darstellung des Chronisten dagegen offenbar weitaus weniger an dem symbolischen Potential der Schlacht gelegen, sondern eher an einem militärischen Erfolg beziehungsweise seinem Überleben, und so verzichtete er auf die königlichen Abzeichen, um nicht erkannt zu werden.[63] Da der Wittelsbacher anscheinend nicht bereit war, die Entscheidung der Königswahl zu einer Entscheidung auf Leben und Tod werden zu lassen, ließ er auch seinen Konkurrenten, nachdem dieser in

---

[59] Chronica Mathiae de Nuwenburg (wie Anm. 54), 121: „Licet autem multi consuluerint, quod in signum victorie per noctem remanerent in campo, Ludowicus tamen timens aciem Lupoldi [...]." Übersetzung nach: Chronik des Matthias von Neuenburg. Übers. v. Georg Grandaur. (Die Geschichtsschreiber der deutschen Vorzeit, 84.) Leipzig 1892, 77 f.

[60] Chronica Mathiae de Nuwenburg (wie Anm. 54), 121: „Lupoldus autem hec intelligens dolenter recessit irans, quod rex Romanorum in discordia captus est, non occisus."

[61] Die österreichische Erzählung über den Streit von Mühldorf, zitiert nach *Erben*, Berichte (wie Anm. 58), 481.

[62] Chronica Mathiae de Nuwenburg (wie Anm. 54), 120: „[...] ipse Fridericus animosus nimis omnino se disposuit ad conflictum in armis regiis contra suorum consilium procedendo."

[63] Ebd. 119: „Ipse autem met duodecimus in armis blaveis cum albis crucibus, ne cognosceretur, absque signis regiis apparebat; non enim dubitavit se, si vinceretur, occidi."

der Schlacht unterlegen war, entgegen den Erwartungen der Beteiligten nicht töten, sondern gefangennehmen. Damit perpetuierte sich jedoch die ungeklärte Situation der Doppelwahl, denn letztlich blieb auch der gefangene König ein gewählter König.[64] Die Akteure reagierten darauf, indem sie nunmehr gänzlich auf eine Entscheidung verzichteten und sich statt dessen auf ein Doppelkönigtum einigten.[65] Es ließe sich darüber diskutieren, inwieweit mit dieser Lösung das Wahlverfahren von 1314 im nachhinein legitimiert wurde, da die getroffene Wahl letztlich ihre Gültigkeit behielt, oder ob das institutionalisierte Nebeneinander zweier Könige das Scheitern des Verfahrens endgültig manifest werden ließ.

III. „Einmal und nie wieder" – Verfahrenssicherheit in Raum und Zeit

Wenn man unter Verfahrenssicherheit die Verbindlichkeit einer einmalig getroffenen Entscheidung für alle Beteiligten verstehen will, so war diese in der spätmittelalterlichen Königswahl nicht allein durch zahlreiche Einflüsse von außen gefährdet.[66] Vielmehr war es der innere Ablauf des Verfahrens selbst, der immer wieder Störungen und Brüchen ausgesetzt war. Denn die Akzeptanz der Entscheidung hing insbesondere von dem geordneten Zusammenspiel einzelner Verfahrenselemente ab, über deren Bestand es offenbar auch schon vor der Abfassung der Goldenen Bulle unter den Zeitgenossen relativ präzise Vorstellungen gab. Unterschiedliche technische wie zeremonielle Elemente, von der Wahlausschreibung über die gemeinsame heilige Messe bis hin zur genauen Rollenverteilung der Kurfürsten bei Wahl, Krönung und Weihe, wurden von den Beteiligten als wichtige Voraussetzung für eine legitime Wahlentscheidung angesehen, ohne daß jedoch eine Einmütigkeit über die Anordnung und Gewichtung dieser einzelnen Verfahrensschritte erzielt werden konnte.[67] Im praktischen Vollzug war unter diesen Umständen eine

---

[64] Vgl. *Rogge*, Die deutschen Könige (wie Anm. 9), 62.

[65] Constitutiones et acta publica imperatorum et regum inde ab a. MCCCXXV usque ad a. MCCCXXX (1325–1330). Hrsg. v. *Jacob Schwalm*. (MGH, Const., Bd. 6.) Hannover 1914, 69–74.

[66] Vgl. *Luhmann*, Legitimation durch Verfahren (wie Anm. 5), 33: „Gemeint ist, daß Betroffene aus welchen Gründen auch immer die Entscheidung als Prämisse ihres eigenen Verhaltens übernehmen und ihre Erwartungen entsprechend umstrukturieren."

[67] Vgl. zu den Institutionalisierungsprozessen eines Verfahrens *Sikora*, Sinn des Verfahrens (wie Anm. 34), 49: „Zunehmende Stabilität bezeugt die Akzeptanz der Teilnehmer, und diese Akzeptanz wird dadurch vertieft, daß die sich verfestigende Form allen Teilnehmern bekannt ist. Je fester die Form, desto genauer wissen die Beteiligten, worauf sie sich einlassen, und desto deutlicher bringen sie generelle Akzeptanz zum Ausdruck, indem sie dennoch teilnehmen."

perfekte Wahl, in der alle Abläufe und Verfahrensschritte gemäß den formalen Vorgaben genau eingehalten wurden, höchst unwahrscheinlich, wenn nicht gar unmöglich. Das gilt sicherlich nicht allein für das späte Mittelalter, hier jedoch besonders, da man in dieser Zeit ja erst damit begann, einzelne Verfahrensregeln schriftlich festzuhalten, um sie auf diese Weise verbindlich zu machen.

Nimmt man die jeweiligen Königswahlen des 14. und 15. Jahrhunderts in den Blick, so lassen sich nahezu bei jedem der einzelnen Akte Auslassungen, Mängel oder Widersprüche entdecken, welche die Verfahrenssicherheit jedoch so lange nicht beeinträchtigten, wie die Wahl einmütig oder der Kandidat mächtig genug war, um mögliche Anfechtungen abzuwehren. Anderenfalls jedoch gerieten die einzelnen Verfahrenselemente in die Diskussion, wurden gegeneinander aufgewogen oder ausgespielt. Dadurch jedoch war nicht nur die Legitimität des Gewählten in Gefahr, sondern mit ihm stets auch das Verfahren selbst.

Besondere Bedeutung kam im Hinblick auf die Verfahrenssicherheit der Herausgehobenheit von Ort und Zeit zu.[68] So wird in beiden Wahldekreten der Doppelkönige von 1314 eigens betont, daß ihre Wahl „zu Frankfurt am gewohnten und hergebrachten Ort"[69] beziehungsweise „in dem Vorort der Königsstadt, dem wahrlich dafür gewohnten und gewöhnlichen Ort", stattgefunden habe.[70] Einen anderen schwerwiegenden Mangel im Verfahrensablauf konnten die beiden Kandidaten jedoch nicht mehr diskursiv ausgleichen, denn der Chronist Matthias von Neuenburg vermerkte genau, daß „Ludwig [...] also zu Aachen von dem Mainzer und Trierer gekrönt [wurde], am vorgeschriebenen Ort, aber nicht von der rechten Person; Friedrich dagegen zu Bonn von dem Kölner, der berechtigten Person, aber nicht am vorgeschriebenen Ort".[71] Aus bayerischer Sicht lag dagegen bei der Krönung Ludwigs kein Verstoß gegen die rituellen Normen vor, wußte der Chronist der „Taten der Fürsten" doch von einem besonderen Privileg, das es den Bischöfen von Mainz und Trier gestattete, den von ihnen gemeinsam Erwählten zum König zu krönen, wenn der Bischof von Köln dieser Wahl nicht zustimmte.[72] Doch

---

[68] Vgl. *Luhmann*, Legitimation durch Verfahren (wie Anm. 5), 42 f.: „Als konkrete Handlungssysteme nehmen solche Verfahren dann einen einmaligen Platz in Raum und Zeit ein. Sie gewinnen dadurch eine für sie spezifische Perspektive auf ihre Umwelt und einen eigenen Sinn, der sich in einer besonderen Konstellation von Ereignissen, Symbolen und Darstellungen manifestiert und in der Regel rasch erkennbar ist."
[69] Constitutiones et acta publica (1313–1324) (wie Anm. 31), 91: „[...] apud Frankenfurd locum solitum et consuetum [...]."
[70] Ebd. 99: „[...] in suburbio oppidi regalis Frankenvordensis, loco siquidem ad hoc solito et consueto [...]."
[71] Chronica Mathiae de Nuwenburg (wie Anm. 54), 98: „Fueruntque Ludowicus Aquisgrani a Moguntino et Treverensi in loco quo debuit, Friedericus vero in Bunna a Coloniensi, a quo debuit, sed non in loco quo debuit, coronati."
[72] Chronica de gestis principum (wie Anm. 54), 80: „[...] utentes super eo speciali privi-

galt dem Chronisten offenbar auch der Herzog von Österreich als „von einigen Fürsten rechtsgültig zum König gewählt" und „von dem ehrwürdigen Bischof von Köln" gekrönt, „welcher behauptet, er allein und kein anderer habe von alters her das Recht, den König zu krönen, und nur derjenige, welchem er die Krone aufsetze, sei der rechtmäßige Beherrscher des Römischen Reiches".[73] Auf solche Diskussionen wollte sich der Verfasser der Chronik Ludwigs IV. nicht einlassen. Er behauptete vielmehr, nachdem er ausführlich die feierliche Krönung des Wittelsbachers geschildert hatte, die gegnerische Partei der Kurfürsten habe Friedrich in „eine Stadt namens Bonn gerufen" und ihn dort „auf offenem Felde, auf einem Fasse stehend, gekrönt und zum König ausgerufen".[74] Da sich zwischen den beiden Parteien unmöglich Einigkeit darüber erzielen ließ, welche Verstöße im Ablauf des Krönungsrituals schlimmer wogen, ergab sich auch in zeremonieller Hinsicht eine Pattsituation, was zu den bereits vorgestellten Folgen führen sollte.

Die genauen Festschreibungen von Ort und Zeit stellten jedoch keine zeremoniellen Einzelheiten dar, welche allein eine feierliche Durchführung der Wahl gewährleisten sollten, sondern sie fungierten vielmehr als klare Markierungspunkte für die Einmaligkeit des Aktes. Das „Hier" und „Jetzt" und „Dann nie wieder" bildet ein wesentliches, ja entscheidendes Kriterium für die Verbindlichkeit einer Entscheidung. Besonders augenfällig wird das in dem letzten Beispiel, das hier vorgestellt werden soll, der Wahl König Sigmunds.

Nach dem Tode König Ruprechts 1410 hielt ein Teil der Kurfürsten die Wahl eines neuen Königs für unnötig, da Wenzel nach seiner Absetzung niemals offiziell abgedankt hatte, man mithin immer noch einen legitimen König im Reich hatte.[75] So schrieben Jost von Mähren, der für sich die Kurstimme der Markgrafschaft Brandenburg beanspruchte, und Herzog Rudolf III. von Sachsen-Wittenberg an die rheinischen Kurfürsten, „is si nit not einen konig zu welende, sie haben noch einen lebendigen herren mit namen den kunig von Beheim, den sie halden fur einen Romschen konig".[76] Die rheinischen Kurfürsten dagegen drängten auf eine Neuwahl und setzten dabei auf Wenzels Halbbruder, König Sigmund von Ungarn.

---

legio, ita ut, quandocunque episcopus Coloniensis in electum regem non concordat, ipsi possint electum suum plenaria potestate in regem pariter coronare."
[73] Vgl. ebd.
[74] Vgl. Chronica Ludovici IV. in: Bayerische Chroniken (wie Anm. 54), 105–138, hier 126: „Secunda pars electorum, […] vocant ducem Fridricum ad unam civitatem, que dicitur Pung. et coronatur ibi in campo super uno dolio, et proclamatur in regem."
[75] Vgl. zur Wahl König Sigmunds auch *Joachim Leuschner*, Zur Wahlpolitik im Jahre 1410. in: DA 11. 1955/56. 506–553; *Kerstin Dürschner*, Der wacklige Thron. Politische Opposition im Reich von 1378–1438. Frankfurt am Main u.a. 2003, 223–251.
[76] Deutsche Reichstagsakten unter Sigmund (wie Anm. 44), 43. Vgl. hierzu und zum Folgenden auch *Rogge*, Die deutschen Könige (wie Anm. 9), 76–78.

Als nun trotz dieser und anderer Widerstände ein Großteil der Königswähler in Frankfurt zusammengekommen war, konnte man sich nicht darauf verständigen, wann man mit dem eigentlichen Wahlakt beginnen sollte. Die Erzbischöfe von Mainz und Köln wollten das Wahlverfahren nicht eröffnen, solange nicht alle Kurfürsten in Frankfurt angekommen waren beziehungsweise das Recht an den strittigen Kurstimmen geklärt war: „[…] daz unser Herrn von Mencze und von Collen meinten, die wale zu virziehende und einen andern tag daran zu machende, dazu man die andern korfursten die nit hie weren virboden sulde zu der wale zu kommende, und daz die korfursten alle miteindander vereinet und einmudeclich welen wurden".[77] Selbst noch in dem Bericht des Burggrafen Friedrich VI. von Nürnberg, der nach Frankfurt gekommen war, um in Vertretung König Sigmunds ebendiesen zu wählen, wird deutlich, wie sehr man darauf bedacht war, daß alle Kurfürsten bei der Wahl anwesend waren, auch wenn im einzelnen nicht geklärt war, wer zu diesen gezählt werden sollte. Die bereits genannten Anhänger Sigmunds, Pfalzgraf Ludwig und Erzbischof Werner von Trier, drängten dennoch mehr und mehr darauf, „daz man einen redelichen anfang in diesen sachen mechte und eine messe uf morn samstag darnach von dem heiligen geiste singen ließe in sant Bartolomei kirchen, furbaß den sachen nachzugeende, als sich dan geborende wurde".[78] Der Kampf der beiden kurfürstlichen Parteien wurde aber von da an nicht mehr über die grundsätzliche Frage der Legitimität der Wahl oder die Rechtmäßigkeit der einzelnen Kurstimmen ausgefochten, sondern man stritt nunmehr erbittert über die Abhaltung jener Frühmesse in St. Bartholomäus. Der Mainzer Erzbischof behauptete, er müsse hierzu seine Erlaubnis erteilen, da die Kirche in seiner Diözese liege, und verbot dem Dechanten, an dem besagten Tag eine andere Messe zu halten als die zu der gewohnten Zeit.[79] Als Erzbischof Werner von Trier und Pfalzgraf Ludwig zusammen mit ihrem dritten Verbündeten, dem Burggrafen Friedrich, dennoch am Samstag morgen vor der Kirche erschienen, fanden sie diese „an allen enden beslossen".[80] Um zu verhindern, daß die Kurfürsten mit der Abhaltung der Messe begannen, hatte der Erzbischof von Mainz befohlen, daß man „uberal in der stat halden sulde strictissime ecclesiasticum interdictum".[81] Die Messe mit der Anrufung des Heiligen Geistes markierte für beide Parteien so unwiderruflich den Beginn des Wahlverfahrens, daß man offenbar bereit war, mit nahezu allen Mitteln um diesen Akt zu kämpfen.[82] Allerdings schreckten die wahlbereiten

---

[77] Deutsche Reichstagsakten unter Sigmund (wie Anm. 44), 42.
[78] Ebd. 44.
[79] Ebd.
[80] Ebd.
[81] Ebd. 45.
[82] Vgl. *Winfried Dotzauer*, Anrufung und Messe vom Heiligen Geist bei Königswahl und Reichstagen in Mittelalter und früher Neuzeit, in: Archiv für mittelrheinische Kirchengeschichte 33, 1981, 11–44.

Kurfürsten dann doch davor zurück, die verschlossenen Kirchtüren zu „freve-
lichen", also mit Gewalt aufzustoßen, und nachdem sie „noch eine stunde auf
dem kirchhofe hinundhergegangen waren"[83], vollzogen sie schließlich die gesamte Wahl mit Messe, Eid und Umfrage außen an der rückwärtigen Seite des
Chores unter dem dortigen Kreuz.

Während die Wähler Sigmunds nun meinten, dem Verfahren Genüge getan
zu haben, da man nahezu am richtigen Ort, zur richtigen Zeit mit einer Mehrheit der Kurfürsten gewählt hatte – von den fünf in Frankfurt zur Wahl erschienenen Kurfürsten beziehungsweise deren Vertretern hatten drei für den
neuen König gestimmt –, verweigerten die übrigen Kurfürsten der Wahl die
Anerkennung mit den Worten: „[...] und haben da ein kure eins Romischen
kunigs getan, als sie meinen".[84] Nur drei Wochen später wurde Markgraf Jost
von Mähren in Frankfurt von den Erzbischöfen Johann von Mainz und Friedrich von Köln sowie den Machtboten König Wenzels und des Herzogs Ru-
dolph III. von Sachsen zum deutschen König gewählt.[85] Der Thronstreit
wurde schon kurz darauf durch den möglicherweise gewaltsam herbeigeführten Tod Josts von Mähren entschieden, doch die Diskussion über die Rechtmäßigkeit der ersten Wahl König Sigmunds war damit noch nicht beendet.
Insbesondere die Erzbischöfe von Mainz und Köln, die an der ersten Wahl
Sigmunds ja nicht teilgenommen hatten, drängten nach dem Ausgleich mit
König Wenzel darauf, Sigmund erneut und einmütig zum König zu wählen,
während die ersten Wähler des Königs diesen Akt für überflüssig, wenn nicht
gar unrechtmäßig hielten. So brachten die Gesandten des Erzbischofs Werner
von Trier und des Pfalzgrafen Ludwig, als man im Juli 1411 in Frankfurt zur
erneuten Wahl des Königs zusammenkam, deren Mißbilligung der Wiederholung des Verfahrens durch demonstrativ inszenierte Abwesenheit zum Ausdruck. So blieben bei der Messe in St. Bartholomäus von den sieben Stühlen,
in denen die Kurfürsten oder deren Vertreter ihrem Rang entsprechend ihren
Platz einnahmen, die des Trierer Erzbischofs und des Pfalzgrafen frei, obwohl
deren Gesandte im Chor der Kirche anwesend waren.[86] Offenbar wagten auch
die Verfechter einer erneuten Wahl angesichts des offenkundigen Dissenses
nicht mehr das Risiko einer Abstimmung, und so verließen alle nach Beendi-
gung der Messe die Kirche wieder und gingen „heim, also daz si da nit swu-
ren, noch machtbriefe odir anders ließen lesen noch auch kein sage oder ver-
kundungene taten, was ire meinung were odir was mut hetten zu tun odir war-
nach sich imands richten mochte".[87] In diesem Fall wurde die gemeinsame
Messe in St. Bartholomäus also nicht wie ein knappes Jahr zuvor als unhinter-

83 Deutsche Reichstagsakten unter Sigmund (wie Anm. 44), 45.
84 Ebd. 69.
85 Ebd. 70f.
86 Ebd. 111f.
87 Ebd. 113.

gehbarer Anfangspunkt der Wahlhandlungen gewertet. Daß es an dieser Stelle noch möglich war, unverrichteter Dinge wieder auseinanderzugehen, ohne damit ein Scheitern des gesamten Verfahrens zu provozieren, könnte jedoch damit zu erklären sein, daß ein Großteil der Kurfürsten nicht persönlich anwesend war, sondern sich durch Gesandte vertreten ließ.[88] Wenn der Bericht von der Wahl eigens betont, daß diese nicht ihre Machtbriefe oder anderes hätten lesen lassen, so sollte damit möglicherweise zum Ausdruck gebracht werden, daß die Vertreter bis zu diesem Zeitpunkt noch nicht als offizielle Repräsentanten ihrer Herren galten, die Kurfürsten mithin noch nicht so weit persönlich in das Verfahren „verstrickt" waren, daß es kein Zurück mehr für sie gab.[89]

Einige Tage später kamen die Kurfürsten beziehungsweise ihre „Machtboten" erneut zur Messe in St. Bartholomäus zusammen, und obwohl die Stühle des Trierer und des pfälzischen Kurfürsten wiederum demonstrativ frei blieben, schritt man nach einigem Hin und Her zur förmlichen *electio* des Königs. Die Gesandten des Trierer Erzbischofs und des Pfalzgrafen Ludwig hingegen verließen bei diesem Akt die Kirche und brachten damit symbolisch die Ansicht ihrer Herren zum Ausdruck, daß sie „denselben unsern herren den kunig recht und redelich in dem gots zu Romischen kunige erkorn und gewelet hant" und diese Wahl nach Ausweis der Goldenen Bulle Rechtskraft habe.[90] Es mag befremdlich wirken, daß diejenigen, die so argumentierten, zu den treuesten Anhängern König Sigmunds gehörten. Doch ging es den beiden Kurfürsten offenbar nicht um die Rechtmäßigkeit der Regentschaft Sigmunds, die ja durch dessen erneute einmütige Wahl noch unterstrichen worden wäre, sondern um die Legitimation des Verfahrens, die durch dessen scheinbar willkürliche Wiederholung gefährdet war. Der königlichen Stellung König Sigmunds sollte dieser Streit jedoch keinen Abbruch tun, konnte dieser doch von sich behaupten, insgesamt gesehen von allen Kurfürsten, wenn auch gleich zweimal, so doch zumindest einmal am richtigen Ort gewählt worden zu sein.[91]

---

[88] Vgl. die Übersicht in dem Bericht von den Wahlhandlungen, ebd. 113.
[89] Vgl. zur Bedeutung einer solchen Selbstverstrickung in das Verfahren für das Zustandekommen verbindlicher Entscheidungen das Kapitel „Darstellungen und Entlastung" bei *Luhmann*, Legitimation durch Verfahren (wie Anm. 5), 91–99.
[90] Deutsche Reichstagsakten unter Sigmund (wie Anm. 44), 135.
[91] Vgl. Sigismundus Rex et Imperator. Kunst und Kultur zur Zeit Sigismunds von Luxemburg 1387–1437. Ausstellungskatalog. (Budapest, Szépművészeti Múzeum, 18. März–18. Juni 2006; Luxemburg, Musée National d'histoire et d'art, 13. Juli–15. Oktober 2006.) Hrsg. v. *Imre Takács*. Mainz 2006.

IV. Zusammenfassung

1. Ein wesentliches, ja vielleicht *das* Problem der spätmittelalterlichen Königswahl stellten Anzahl und Auswahl der zur Wahl berechtigten Akteure dar. Wer zugelassen sein sollte oder wie man mit abwesenden Wahlberechtigten umzugehen hatte, blieb auch nach der Abfassung der Goldenen Bulle einer der Ansatzpunkte für zwiespältige Wahlen. Trotz der grundsätzlichen Anerkennung eines Mehrheitswahlrechts konnten unter diesen Umständen die geltenden Verfahrensregeln oftmals keine eindeutige Entscheidung sicherstellen, weil über die Grundlagen für diese Mehrheiten immer wieder diskutiert wurde. Da die Beteiligten im Hinblick auf die Wahlstimmen nicht auf ein transpersonales Regelwerk vertrauen konnten, mußten sie in die Akteure selbst investieren. Die Sicherung der Stimmen im Vorfeld der Wahl durch Verabredungen und Versprechungen lag daher nicht nur im Interesse der Kandidaten, sondern diese Praxis war durchaus auch funktional für das Verfahren. Das Problem der Wahlberechtigten und ihrer Auswahl verweist damit auf das grundlegende Kennzeichen der mittelalterlichen Königswahl: Ihre Geltungskraft lag weniger im Verfahren als vielmehr in den Trägern des Verfahrens. Die Kurfürsten waren nicht einfach am Verfahren beteiligt, sondern sie selber waren das Verfahren, begründeten dessen Regeln und sicherten dessen Legitimität.

2. Daher kam der Sicherheit der Königswähler auch eine besondere Bedeutung zu, die sich in den Regelungen zum gegenseitigen Geleit manifestierte. Doch während dieses und andere Gebote der Goldenen Bulle auf die Einhegung militärischer Stärke im Umfeld der Wahl abzielten, stellte die militärische Potenz von Wählern und Gewählten eine ambivalente Bedingung für das Verfahren dar. Konnte sie zum einen dessen Ablauf gewaltsam behindern, waren die Akteure zum anderen gehalten, für ihre Entscheidung nötigenfalls auch mit physischer Gewalt einzustehen. Insbesondere der neugewählte König durfte sich nicht allein auf die Geltung des Wahlentscheids verlassen, sondern mußte sichtbar in der Lage sein, diesen gegen mögliche Anfechtungen zu verteidigen. Insofern war es nur konsequent, daß die Entscheidungsfindung sich im Ernstfall vom Wahlort auf das Schlachtfeld verlagern konnte. Die Schlacht als letzte Instanz der Entscheidung wurde von den Zeitgenossen daher auch nicht als Störung, sondern als Fortsetzung oder wenn nicht gar im Sinne eines Gottesurteils als Teil des Verfahrens akzeptiert.

3. Wie sehr die performative Festlegung von Ort und Zeit entscheidend für die legitime Durchführung des Wahlverfahrens war, führen die Umstände der Wahl König Sigmunds eindrücklich vor Augen. Obwohl alle Beteiligten klare Vorstellungen darüber hatten, welche Verfahrenselemente zeremonieller und technischer Art für die Akzeptanz der Wahl konstitutiv waren, bildeten gerade diese Elemente den Ausgangspunkt für taktische Interventionen unterschied-

licher Interessengruppen. Das Verfahren der Königswahl stellte damit weniger eine verfassungsmäßige Struktur als ein kontingentes Ereignis dar, dessen Ablauf und Entscheidung von den Handlungen und Deutungen der Beteiligten abhängig blieben. So waren auch die Verfahrensregeln stets den Definitionskämpfen der Akteure ausgesetzt, die damit die eigentliche Gefährdung des Verfahrens darstellten. Denn die Kurfürsten waren aufgrund ihrer Machtstellung im Reich und ihres herausgehobenen Ranges nicht bereit, sich den Regeln des Verfahrens bedingungslos unterzuordnen. Was aus modernisierungstheoretischer Sicht als Defizit des Wahlverfahrens gelten kann, erweist sich jedoch für die mittelalterliche Königswahl als durchaus funktional. Unter den Bedingungen einer hierarchisch strukturierten Gesellschaft wie der des Mittelalters konnte es kaum gelingen, ein Verfahren auszubilden, dessen Entscheidung unabhängig vom Rang der beteiligten Akteure Geltung haben sollte. Statt dessen läßt sich aber eine zunehmende Autonomisierung der das Verfahren konstituierenden Akteure beobachten. Die Ausbildung der Kurfürstengruppe als ranghöchste Fürsten im Reich stellte sicher, daß die innerhalb dieses Gremiums getroffenen Entscheidungen nur schwer von anderer Seite angefochten werden konnten. Sie waren die Herren des Verfahrens und standen mit ihrer Person und ihrem Rang für dessen Sicherheit ein, während das Verfahren wiederum den Kurfürsten ihre herausgehobene Stellung im Reich sicherte. Dieses Wechselspiel aber war es, das die grundsätzliche Geltungskraft des Verfahrens der Königswahl trotz aller Krisen und Konflikte im Laufe des gesamten Spätmittelalters garantierte.

Wahlen in der vormodernen Stadt zwischen symbolischer Partizipation und Entscheidungsmacht

Das Beispiel des Kölner Ratsherrn Hermann von Weinsberg (1518–1597)

Von

Gerd Schwerhoff

I. Eine kleine (Münsteraner) Forschungsgenealogie

Die erste systematische Untersuchung zur „Ratswahl in den deutschen Städten des Mittelalters" wurde im Jahr 1953 in Gestalt einer von Herbert Grundmann betreuten Münsteraner Dissertation vorgelegt. Die Arbeit von Bruno Schlotterose (Jahrgang 1927) wurde nie gedruckt, aber als maschinenschriftliches Manuskript kanonisch zitiert (vielleicht seltener gelesen). Tatsächlich ist sie bis heute unverzichtbar. Ihr Schwerpunkt liegt auf dem Wahlrecht, der Ratsfähigkeit und der Wahlform; lediglich nebenbei sollen die „an sich unwesentlichen Dinge [...] wie Wahlvollzug, Verlauf des Wahltages und sein Widerhall im Leben der mittelalterlichen Stadt" behandelt werden, Felder, wo nach dem Urteil des Verfassers „der reiche Zauber mittelalterlicher Symbolik, geheimnisvoller Formensprache und umständlicher Behutsamkeit" zutage tritt – der analytische Blick auf die Bedeutung symbolischer Kommunikation war damals noch Zukunftsmusik ...[1] Schlotterose sichtete aber viele (meist gedruckte) Quellen und entwickelte nützliche Typologien über den Ratswahlmodus. Verdienstvoll erscheint bis heute die Tatsache, daß die chronologische Spannweite der Arbeit trotz der Beschränkung auf das Mittelalter im Titel bis weit in die Frühe Neuzeit reichte. Ihr Interpretationsrahmen bleibt freilich ganz einer traditionellen Sichtweise verhaftet, die die Stadt in die Genealogie moderner Verfassungsideen einordnet und sie zur Vorläuferin der Demokratie erhebt. Der Ratswahlmodus wurde so zum Lackmustest für den Grad der Verwirklichung der demokratischen Idee: Die Wahl des Rates durch die Bürgerschaft entsprach nach Auffassung Schlotteroses der „verwirklichte[n] Idee der Ratsverfassung", aristokratische Wahlformen wie die Kooptation der Ratsher-

---

[1] *Bruno Schlotterose*, Die Ratswahl in den deutschen Städten des Mittelalters. Masch. Diss. phil. Münster 1953, XII.

ren durch den Magistrat bei lebenslanger Mitgliedschaft stellten umgekehrt eine Abschwächung und Umbiegung dieses Prinzips dar.[2]

Einen neueren Markstein der historischen Wahlforschung für die Vormoderne bildete Jahrzehnte später dann der Sammelband „Wahlen und Wählen im Mittelalter" aus dem Jahr 1990, der einen wichtigen Aufsatz von Knut Schulz zur deutschen Stadt im 12. und 13. Jahrhundert und vor allem einen zentralen Beitrag des Münsteraner Mediävisten Hagen Keller über Wahlformen in italienischen Kommunen des Spätmittelalters enthält.[3] Anachronistische Identifikationen von „Wahl" und „Demokratie" werden bereits in der Einleitung von Reinhard Schneider in Frage gestellt.[4] Das konnte zum einen geschehen, weil hier die Wahl nicht als Eigenheit der Stadt, sondern vergleichend als Phänomen auch in anderen politischen wie kirchlichen Herrschaftszusammenhängen in den Blick genommen wurde.[5] Zum anderen schlug hier sicher jener sozialhistorische Paradigmenwandel durch, der auch und vor allem in der Stadtgeschichte mit jeglichen anachronistischen Rückprojektionen liberaler Verfassungsideale aufgeräumt hatte. Wo allenthalben geburtsständische Privilegien verteidigt wurden und auch nach den berühmten Zunftrevolutionen schnell wieder plutokratische und oligarchische Strukturen etabliert

[2] Ebd. 27. Auffällig ist also die Emphase, die Wahl mit „Demokratie" identifiziert. Damit befindet sich Schlotterose durchaus in Übereinstimmung mit modernen politikwissenschaftlichen Handbüchern. So schreibt Wichard Woyke in einem zuerst 1978 erschienenen, bis heute immer wieder neu aufgelegten Handbuch, bei der Wahl handele es sich um ein „Bestellungsverfahren, bei dem viele (die Wähler) gemeinsam bestimmen, welche wenigen (die Gewählten) Macht erhalten sollen". Als alternative Verfahren zur Besetzung von Positionen nennt er – neben Gewalt – Losentscheid, Akklamation, Erbfolge, Ernennung, Beförderung. Die Wahl sei in der modernen Gesellschaft das wichtigste Partizipationsrecht aller Bürger (*Wichard Woyke*, Stichwort: Wahlen. Wähler – Parteien – Wahlverfahren. 9., neu bearb. Aufl. Opladen 1996, 17 f.). Was sich hier als allgemeingültig ausgibt, ist natürlich höchst problematisch und anachronistisch und gilt allenfalls für die Gegenwart. Daß viele wählen, wenige aber gewählt werden, ist ebensowenig ausgemacht wie die Entgegensetzung vieler der genannten Bestimmungsfaktoren mit der Wahl. Und daß Wahlen auch andere, keinesfalls genuin demokratische Funktionen erfüllen können (Herrschaftslegitimation, Kanalisierung von Konflikten etc.), räumt Woyke wenig später selbst ein (ebd. 21).
[3] *Knut Schulz*, Wahlen und Formen der Mitbestimmung in der mittelalterlichen Stadt des 12./13. Jahrhunderts. Voraussetzungen und Wandlungen, in: Reinhard Schneider/Harald Zimmermann (Hrsg.), Wahlen und Wählen im Mittelalter. (VuF, Bd. 37.) Sigmaringen 1990, 323–344; *Hagen Keller*, Wahlformen und Gemeinschaftsverständnis in den italienischen Stadtkommunen (12./14. Jahrhundert), in: ebd. 345–374.
[4] *Reinhard Schneider*, Zur Einführung, in: ders./Zimmermann (Hrsg.), Wahlen und Wählen (wie Anm. 3), 9–14, hier 11 f., wendet sich gegen die Absetzung der Wahl als einer Variante „friedlicher Herrschaftsbestellung" von anderen wie Los, Erbfolge, Ernennung, Kooptation und Usurpation. Diese Trennung sei problematisch, weil es im Mittelalter bei einem Patt den Stichentscheid mittels Los gegeben habe, ebenfalls eine Kombination von Erbfolge und Wahl. Auch sei die Kooptation im Normalfall ebenfalls durch einen Wahlgang erfolgt.
[5] Reichhaltiges Material vor allem bei *Werner Maleczek*, Abstimmungsarten. Wie kommt man zu einem vernünftigen Wahlergebnis?, in: Schneider/Zimmermann (Hrsg.), Wahlen und Wählen (wie Anm. 3), 79–134.

waren (von den ständisch verkrusteten Herrschaftsstrukturen der Frühen Neuzeit ganz zu schweigen), da rückten gegenüber der Partizipation der Bürgerschaft andere Funktionen der Wahl in den Mittelpunkt, eben: die Gewährleistung friedlicher und unter Umständen kompetenter Ämterbesetzung und Herrschaftswechsel sowie die Legitimation des jeweiligen politischen Systems.

13 Jahre später setzte Dietrich Poeck mit seiner weitgespannten Darstellung über die „Rituale der Ratswahl" wiederum ganz andere Akzente. In kon-
sequenter Umsetzung des Münsteraner Forschungsprogramms zur „symbolischen Kommunikation in der Vormoderne" konzentrierte er sich ganz auf das
Zeremoniell der Ratssetzung und mithin auf jenen „reichen Zauber mittelalterlicher Symbolik", den Schlotterose nebenbei abgehandelt hatte.[6] Er unter-
suchte die Fixierung der Ratswahltermine auf bestimmte „heilige Tage",
forschte nach den Orten der rituellen Akte, aus denen sich die Ratswahl zusammensetzte, und zeichnete die oft komplizierte Choreographie der handeln-
den Gruppen nach. Das Drehbuch der Ratswandlung wird zu einem Abbild
und zu einer Bestätigung der bestehenden Ordnung, indem etwa der Bürger-
gemeinschaft zeichenhaft ihre Grundwerte versinnbildlicht werden. Dabei
produziert das Ritual in gewisser Weise diese Ordnung erst im Vollzug.

Mit den Namen der drei Münsteraner Schlotterose, Keller und Poeck sind
zentrale Forschungsstationen zum Thema „städtische Wahlen" markiert, ohne
den Anspruch freilich, damit einen adäquaten Forschungsbericht gegeben zu
haben. Deutlich wird aber, wie sehr sich die Akzente im Laufe der Zeit ver-
schoben haben. Gegenüber den älteren Fragen nach dem Wahlvorgang im engeren Sinn privilegieren neuere Ansätze die Dimension der Performanz und
der Inszenierung. Das geht mitunter so weit, daß die technisch-instrumentellen Dimensionen der Wahl in vormodernen Städten völlig ausgeblendet werden, wie zum Beispiel in dem instruktiven Aufsatz von Antje Diener-Staeckling über die Orte der Ratswahl in Goslar und Mühlhausen, wo sich über den
näheren Modus der Wahl selbst kein Wort findet.[7] Erst neuerdings zeigen sich
Ansätze zu einer integrativen Sicht, die instrumentelle und symbolische
Aspekte gleichermaßen betrachtet, etwa in Gestalt einer interessanten Fallstu-

---

[6] *Dietrich W. Poeck*, Rituale der Ratswahl. Zeichen und Zeremoniell der Ratssetzung in
Europa (12.–18. Jahrhundert). (Städteforschung, Rh. A, Bd. 60.) Köln 2003.
[7] *Antje Diener-Staeckling*, Orte der Ratswahl – Orte der Macht. Die Räume der Ratswahl
in der frühneuzeitlichen Stadt, in: Christian Hochmuth/Susanne Rau (Hrsg.), Machträume
der frühneuzeitlichen Stadt. (Konflikte und Kultur, Bd. 13.) Konstanz 2006, 155–169.
Fluchtpunkt ihrer Analyse über Mühlhausen und Goslar ist die „Wahlmöglichkeit aller
Beteiligten"; in der vormodernen Stadt hätten sich „am Tag der Ratswahl alle städtischen
Einwohner für die Regierung des Rates entscheiden und auf diese Weise die bestehende soziale Ordnung festigen und vor Unsicherheiten bewahren können" (156). Ihre Analyse
des Raumes und der Riten zeigt sehr schön, wie die Wahl zwischen Rathaus und Kirche
verortet wurde, wie zum Beispiel in Goslar durch die Anlage der Ratsstube über dem städtischen Beinhaus die Gemeinschaft zwischen Lebenden und Toten hergestellt wurde. Über
die Wahl an sich allerdings wird kein Wort verloren.

die von Andreas Würgler über die Stadtrepublik Bern.[8] Komparative Studien
wären vor diesem Hintergrund außerordentlich wünschenswert. Sie hätten allerdings für die Frühe Neuzeit Grundlagenarbeit zu leisten, weil hier – anders
als für das Mittelalter – zunächst eine systematische Sichtung und Aufarbei-
tung zumeist unedierten Quellenmaterials zu leisten wäre; zudem wären neben den italienischen Städten auch die Stadtkommunen anderer europäischer
Regionen in die Betrachtung mit einzubeziehen.[9]

Der vorliegende Beitrag verfolgt aber einen anderen, nämlich mikrohistori-
schen Weg. Er fragt exemplarisch nach der Rolle von Wahlen im Leben eines
einzelnen politischen Akteurs des 16. Jahrhunderts. Dieser Zugang folgt nicht
nur dem Diktat der Arbeitsökonomie, sondern er verspricht durchaus neue Erkenntnisse im Hinblick auf den Stellenwert von Wahlen für die soziopolitische
Positionierung der betreffenden Person und auf deren Bewertung. Kaum ein
frühneuzeitlicher Mensch dürfte sich so gut als Protagonist einer egozentrier-
ten Wahlanalyse eignen wie der Kölner Ratsherr Hermann von Weinsberg,
dessen Gedenkbuch als eines der zentralen Selbstzeugnisse der Epoche mittlerweile hervorragend erschlossen ist.[10] Zudem sind die politischen Mechanismen der Reichsstadt Köln bereits Gegenstand neuerer Untersuchungen gewesen.[11] An eine genaue Auswertung dieses Quellenmaterials lassen sich einige
verallgemeinerbare Beobachtungen und weitergehende Fragen knüpfen.

---

[8] *Andreas Würgler*, Zwischen Verfahren und Ritual. Entscheidungsfindung und politische
Integration in der Stadtrepublik Bern in der Frühen Neuzeit, in: Rudolf Schlögl (Hrsg.), Interaktion und Herrschaft. Die Politik der frühneuzeitlichen Stadt. (Historische Kulturwissenschaft, Bd. 5.) Konstanz 2004, 63–92.
[9] Ansätze bei *Christopher Friedrichs*, Urban Politics in Early Modern Europe. London
2000, 13 ff.
[10] Ich zitiere in der Regel nach der gängigen, allerdings zum Teil fragmentierten Teiledi-
tion: Das Buch Weinsberg. Kölner Denkwürdigkeiten aus dem 16. Jahrhundert. Bd. 1 u. 2.
Bearb. v. *Konstantin Höhlbaum*. Leipzig 1886/87; Bd. 3 u. 4. Bearb. v. *Friedrich Lau*.
Bonn 1897/98; Bd. 5. Bearb. v. *Josef Stein*. Bonn 1926 (im folgenden: BW 1–5). Daneben
gibt es nun aber die online verfügbare Volledition unter http://www.weinsberg.uni-
bonn.de. Dort findet sich auch eine Bibliographie, die die inzwischen umfangreiche Sekun-
därliteratur gut erschließt. Vgl. für eigene Vorarbeiten zu Weinsberg *Gerd Schwerhoff*, Ver-
klärung und Untergang des Hauses Weinsberg – eine gescheiterte Geltungsgeschichte,
oder: Vom glücklichen Überlieferungs-Zufall eines Ego-Dokuments aus dem 16. Jahrhundert, in: Johannes Altenberend (Hrsg.), Kloster – Stadt – Region. Festschrift für Heinrich
Rüthing. Bielefeld 2002, 65–86; *ders.*, Handlungswissen und Wissensräume in der Stadt.
Das Beispiel des Kölner Ratsherrn Hermann von Weinsberg (1518–1597), in: Jörg Rogge
(Hrsg.), Tradieren, Vermitteln, Anwenden. Zum Umgang mit Wissensbeständen in spätmittelalterlichen und frühneuzeitlichen Städten. (Beiträge zu den historischen Kulturwissenschaften, Bd. 6.) Berlin 2008, 61–102.
[11] In unserem Kontext von zentraler Bedeutung: *Wolfgang Herborn*, Wahlrecht und Wahlen im spätmittelalterlichen und frühneuzeitlichen Köln, in: Wilhelm Brauneder (Hrsg.),
Wahlen und Wahlrecht. Tagung der Vereinigung für Verfassungsgeschichte in Hofgeismar
vom 10. 3.–12. 3. 1997. (Der Staat, Beih. 14.) Berlin 2001, 7–53 (Aussprache 54–69). Vgl.
als eigenen Versuch zur Interpretation der städtischen Politik in Köln zuletzt *Gerd Schwerhoff*, Öffentliche Räume und politische Kultur in der frühneuzeitlichen Stadt: eine Skizze

II. Wahlen bei Weinsberg – eine Fallstudie

49 Ratsherren bildeten nach der vielzitierten Kölner Verfassung von 1396, dem Verbundbrief, die Obrigkeit der Stadt. Der Rat erneuerte sich vom Prinzip her jedes Jahr, wobei nach einem bestimmten Schlüssel 36 seiner Mitglieder von den politischen Korporationen, den Gaffeln, gewählt, 13 weitere dann vom Rat ins sogenannte „Gebrech" kooptiert wurden. Für wichtige Entscheidungen über Steuer- und Finanzfragen oder Krieg und Frieden wurden überdies die ebenfalls von den Gaffeln gewählten Gemeindevertreter, die sogenannten Vierundvierziger, hinzugezogen. Was sich in den Verfassungstexten als Regeln für einen kontrollierten Herrschaftswechsel liest, entwickelte sich seit der Mitte des 15. Jahrhunderts bekanntlich immer mehr zu einem weitgehend geschlossenen System von Herrschaftsabsicherung. Die Regel, ein abgehender Ratsherr müsse mindestens zwei Jahre pausieren, wurde bald so interpretiert, daß der Betreffende nach Ablauf dieser Frist wiederzuwählen sei. Nur bei Tod oder im seltenen Fall einer Ablehnung des Gewählten durch den Rat kam es zu einer echten Neuwahl. Statt 49 wechselnder Delegierter bildeten nun real 147 mehr oder weniger dauerhaft gewählte Ratsherren die städtische Obrigkeit.

1. Rat und Gaffeln

Hermann von Weinsberg ist für den Mechanismus der regelmäßigen Wiederwahl ein gutes Beispiel. Er gelangte schon 1543 im jungen Alter von 25 Jahren zum ersten Mal in den Rat, wo er seinen Vater ersetzte. Mit einer längeren Unterbrechung durch die Wahrnehmung des ‚dienenden' Amtes eines Hausmeisters im Rathaus, das sich mit der Ratsherrenwürde nicht vertrug, sollte er bis zum Jahr 1596 immer wieder in das Leitungsgremium der Stadt gewählt werden. Er war somit ein maßgeblicher Teil des politischen Systems, das er gleichwohl mit einer gewissen kritischen Distanz in seinem „Gedenkbuch" reflektierte. Man darf allerdings von diesen Aufzeichnungen nicht zu viel erwarten. Selbst ein Vielschreiber wie Hermann beschäftigt sich weniger mit dem direkten Wahlverfahren als mit seinen performativen und geselligen Aspekten. Die „Setzung" des Rates zum Abschluß der Ratswandlung, deren Bedeutung Dietrich Poeck nachhaltig betont hat[12], ist auch in Köln zentral. Bei Weinsberg wird aber deutlich, wie umstritten die Etablierung einer konkreten Sitzordnung sein konnte, ein subtiler Kampf um Präzedenz. Stand, Rang und Seniorität bildeten dabei konfligierende Gesichtspunkte. Bei seiner

---

am Beispiel der Reichsstadt Köln, in: Schlögl (Hrsg.), Interaktion und Herrschaft (wie Anm. 8), 113–136.
[12] *Poeck*, Rituale (wie Anm. 6), 65.

ersten Wahl im Jahr 1543 setzte sich Hermann „etwas hoher, dan minem alter
und stande gezimt", und zwar auf Geheiß seines Vaters, der sagte, „ich sulte
das umb miner promotion doin". Dabei zog sich der junge Mann den Unmut
einiger Herren zu.[13] 1574 dann war Hermann überaus stolz, als ihm im Rat ein
Platz auf der vornehmeren Seite, der „jonker bank", angeboten wurde. Und
sensibel registrierte er 1583, daß sich zwei jüngere Junker, die bisher „unter"
ihm plaziert waren, nun vor ihn setzten – „der adel wils gewert sin, die frunde
zehen sie vor". 1587 findet er auf der Junkerbank keinen Platz mehr, er setzt
sich auf die andere Bank gegenüber, „bin da oben ankomen zu sitzen".[14]

Die Wahlen zum Rat vollzogen sich zum größeren Teil auf den Gaffeln –
über die Kooptation des „Gebrechs" erfahren wir aus dem Gedenkbuch
nichts. Die Gaffeln ihrerseits waren politische Artefakte: Zu einem kleineren
Teil handelte es sich um Kaufleutegesellschaften, die bereits vor 1396 existiert hatten. In der Mehrzahl waren es aber neugeschaffene Korporationen,
die aus mehreren Zünften (stadtkölnisch: „Ämtern") bestanden. Auf einer
Gaffel mußte jeder Kölner Bürger vereidigt sein, wobei viele dieser Pflicht
offenbar nur zögerlich nachkamen. Der junge Hermann von Weinsberg selbst
leistete seinen Gaffeleid sehr spät, nämlich im Alter von 25 (statt wie vorgeschrieben mit 15) Jahren. Wenige Monate später wurde er zum ersten Mal
zum Ratsherrn gewählt.[15] Im Hintergrund hatte sein Vater Christian die Fäden
gezogen, um dem eigentlich für eine geistliche Karriere vorgesehenen jungen
Mann diesen ungewöhnlichen Weg zu ebnen. Das allgemeine Gerede über
diesen Hermann, der unverheiratet und ohne eigenen Hausstand, als halber
Pfaffe und halber Student in den Rat gewählt wurde, bezeugt die Ungewöhn-
lichkeit des Vorgangs. Und auch er selbst war vorher kaum informiert und
glaubhaft beunruhigt („ich erschrack disser chur halber"). Ohne einen gewissen Kandidatenmangel wäre die Wahl sicher anders ausgefallen. Auch für
spätere Jahrzehnte berichtet der Chronist über derartige Mängel, wenn er zum
Beispiel 1584 zur Ziechenamtsgaffel schreibt: „Nuhe, die gaffel und etliche
ander gaffeln haben der groiss vermogender leude nit vil, moissen erwelen,
die sie haben."[16] Dennoch war Hermann bei seiner ersten Wahl, wie er lapidar
angibt, „eindrechtlich zu raide gekoren" worden. Mehr erfahren wir nicht,
außer der Tatsache, daß er mittags – wohl nach der Wahl – auf der Gaffel erschienen sei, was den Schluß nahelegt, daß er beim Wahlakt selbst gar nicht
anwesend war.

13 BW 1 (wie Anm. 10), 199.
14 BW 2 (wie Anm. 10), 290; BW 5 (wie Anm. 10), 233, 284.
15 BW 1 (wie Anm. 10), 198f., insgesamt jetzt *Alexandra Vullo*, „... ich wurde zu Coln
burgermeister werden ..." Die Aufzeichnungen des Kölner Ratsherrn Hermann Weinsberg
als Dokument einer Ratslaufbahn im 16. Jahrhundert, in: Manfred Groten (Hrsg.), Hermann Weinsberg (1518–1596). Köln 2005, 115–230.
16 BW 5 (wie Anm. 10), 242.

Noch lakonischer berichtet Hermann über seine vierte Ratswahl im Jahr 1565, wo er nach langer Pause für seinen verstorbenen Bruder wiederum in den Rat kam („bin ich uff der gaffelen Swartzhaus zum raitzherrn van der geselschaft daselbst gekoren worden"). Ausführlich dagegen listet er hier wie später die Zahl und die Namen derjenigen auf, die ihm bei dieser Gelegenheit Wein verehrten.[17] Nur bei der letzten Wahl des mittlerweile 77jährigen Chronisten geht dieser etwas näher auf die Umstände seiner Kür ein. Wegen seines schlechten Gedächtnisses und Gehörs schlägt er einen gewissen Dr. Sevenich als Ersatzkandidaten für sich vor, doch plädiert sein Ratskollege Dr. Crudener erfolgreich für die Wiederwahl Weinsbergs: Einmal sei es an der Zeit, zum zweiten sei Weinsberg „manich mail des raitz gewesen".[18] Diese Stellungnahme zeigt, wie sehr die turnusmäßige Wiederwahl nach zwei Jahren als Normalfall empfunden wurde und wie schwer die Erfahrung eines im Doppelsinn ‚alten' Ratsgängers gewichtet wurde. Es war offenbar schwierig, sich einer Wiederwahl zu entziehen; aus einer Möglichkeit war also nicht nur ein Anspruch, sondern sogar eine Verpflichtung geworden. Folgerichtig sollte der Rat 1670 sogar einen Automatismus des erneuten Ratsganges festschreiben, falls der Kandidat inzwischen nicht in seiner Ehre beeinträchtigt oder der katholischen Religion untreu geworden sein sollte. Eine Wahl auf der Gaffel durfte in diesen Fällen nicht mehr stattfinden.[19]

Wie stets generieren auch im Fall der Ratswahl politische Konflikte reichhaltigere Informationen. 1579 stand in der Gaffel Schwarzhaus ebenso wie in zwei weiteren Gaffeln ein protestantischer Kandidat zur Wahl. Der Magistrat der katholischen Reichsstadt hatte bereits vorher signalisiert, daß er gewählte Vertreter der ‚falschen Religion' nicht annehmen werde. Als ehemaliger Ratsherr und zugleich als Bannerherr seiner Gaffel mußte Hermann von Weinsberg in dieser Situation als Mittler zwischen Korporation und Obrigkeit fungieren. Am Tag der Wahl, wahrscheinlich am 21. Dezember, warnte er seine Gesellschaft nach eigenen Worten vor der Wahl des protestantischen Kandidaten und sagte dessen Nichtannahme vorher. Weil aber zuvor kein spezieller Vorbehalt gegen Omphalius formuliert worden war und „damit man da nit sagte, ich were im fiant, so kuir ich in, durft es den andern aber nit raten". Mit anderen Worten: Als Bannerherr hatte Hermann das erste Votum, sah sich aber aus sozialen Gründen in der Pflicht, Omphalius zu küren – es gab also eine *hidden agenda*, die auch der erste Wähler nicht ohne Not verletzten durfte. Zugleich machte er in dieser Situation deutlich, daß diese Wahl keinen Bestand haben würde. „Das half nit, er wart mit den meisten stimmen erwelt, sunst hat doctor Krudener auch etliche stimmen" – es gab

---

[17] Ebd. 57 f.
[18] Ebd. 425.
[19] *Herborn*, Wahlen (wie Anm. 11), 45 f. und 49 ff.

also durchaus Alternativkandidaten. Die drei Bannerherren der betreffenden Gaffeln wurden vom Rat zwei Tage später über seine ablehnende Entscheidung informiert. Am 24. Dezember um sechs Uhr morgens gab es eine Versammlung der Ältesten der Gaffel, wo man beschloß, gemäß dem Verbundbrief an der Wahl festzuhalten. Später am Tag wurden die drei Männer nach alter Gewohnheit von den Gaffelgenossen vor der Tür der Ratskammer präsentiert, doch der dort versammelte Rat ließ sie nicht eintreten. Er verhinderte mithin den Vollzug der Wahl und entschied, die Gaffeln sollten „zu einer neuwer chur binnen acht tagen schreiden, oder ein rait wult dissmal keisen, vorbehltlich den gaffelen uf ein andermal ir chur frei widder zu gebruchen, wan sie qualificeirten erwelten". Erst einen Monat später versammelte sich die Gaffel erneut. Sie faßte den Entschluß, in einer höflichen Supplik auf die Einhaltung des Verbundbriefes zu dringen, und zwar „mit den meisten stimmen", wobei sich nach Angaben Hermanns sowohl gute Katholiken als auch der Häresie Verdächtige hinter diese Entscheidung stellten. Trotz dieser oppositionellen Mehrheit änderte sich an der Haltung des Rates nichts. Bei der nächsten Ratswahl im Juni wurden Stimmen auf der Gaffel Schwarzhaus laut, man sollte nicht wählen, ehe nicht Omphalius zugelassen werde. Hermann aber mahnte zur Geduld, „ein rait were also nit zu zwingen". Man wählte schließlich den alten Herrn Stephan Kolb in dessen Abwesenheit mit den meisten Stimmen. Daß dieser nicht am eigentlichen Wandlungstag, dem Johannistag, sondern erst später zu Rat ging, mag als Zeichen des Protestes zu werten sein.[20] Letztlich hatte sich der Rat aber gegen die Korporation durchgesetzt.

Neben den interessanten Details über den Ablauf der Wahl kommt bei diesem Konflikt auch ein Grundproblem in der Philosophie der Ratswahl zum Ausdruck: Waren die Gaffeln in ihrer Entscheidung souverän, oder mußte der Rat diese Wahl erst durch die Annahme des Kandidaten gleichsam endgültig vollziehen und damit gültig machen? Dieses Problem hatte schon das Reichskammergericht beschäftigt, wo der Leineweber Wilhelm Treue 1534 eine Klage gegen den Rat der Stadt Köln eingereicht hatte, weil er von diesem einige Male als gewählter Vertreter der Ziechenamtsgaffel nicht akzeptiert worden war – Hintergrund war der Streit um die Ratsfähigkeit der Leineweber aufgrund minderer Ehre. Ganz deutlich hatte der Rat im Verlauf dieses Prozesses seine Position herausgestellt, daß die Gaffeln zwar ein Präsentationsrecht hätten, daß ihm aber eine Entscheidungsgewalt über die Annahme oder Ablehnung der Gewählten zustehe. Das Wahlrecht wurde somit zu einer Art Vorschlagsrecht herabgestuft.[21]

---

[20] BW 3 (wie Anm. 10), 50–54, 66f.
[21] *Robert Giel*, Politische Öffentlichkeit im spätmittelalterlich-frühneuzeitlichen Köln (1450–1550). (Berliner historische Studien. Bd. 29.) Berlin 1998, 252ff., bes. 283.

Schlaglichtartig erhellen Fälle wie der geschilderte die Wahlvorgänge auf der Gaffel, die sonst weitgehend im Dunkeln bleiben. Falls es zu einer echten Wahl kam, so scheint unangefochten das Mehrheitsprinzip gegolten zu haben, wobei Kampfabstimmungen vorkamen. 1594 beschreibt Weinsberg in außergewöhnlicher Offenheit, bei der Wahlversammlung der Gesellschaft Schwarzhaus, zu der ungefähr 50 Männer erschienen seien, hätten die „vota und stimmen seir gewetzelt". Mit zwei Stimmen Mehrheit wurde der alte Kandidat Jacob Schutz gewählt, sein Gegenkandidat Dr. Heinrich Sevenich unterlag damit knapp. Hermann hätte wohl lieber den Gelehrten und geborenen Kölner Sevenich siegen sehen, aber, so schreibt er lakonisch, „die meiste stimmen gelten".[22] Über den genauen Abstimmungsmodus erfährt man hier nichts. Wahrscheinlich wurde durch eine formelle Umfrage die Mehrheit bestimmt. Aus dem 18. Jahrhundert ist von der Fleischergaffel überliefert, daß die Wahlberechtigten einzeln an den Tisch der Wahlleiter heranzutreten hatten, um ihr Votum abzugeben.[23]

So alltäglich offenbar die Existenz von Kampfabstimmungen war, so verpönt waren Wahlkämpfe. Solange nicht politische Richtungsentscheidungen und programmatische Unterschiede zur Wahl standen, sondern lediglich verschiedene Personen, die idealiter alle das *bonum commune* befördern sollten, hatte Wahlwerbung immer auch den Ruch von Bestechung und Stimmenkauf. Mandate des Rates verboten derartige Praktiken scharf.[24] Und auch Hermann berichtet anläßlich der soeben erwähnten Kampfabstimmung Schutz versus Sevenich, es gebe das Gerücht, „etliche hetten uff der burssen uff dem Heumar tumb die stimmen geworben, das andern ubel gefiele".[25]

Der eigentlich springende Punkt aber war die Frage der möglichen Vorauswahl von Kandidaten. Eine – meist informelle – Kandidatenfindung stellt damals wie heute eine Wahlvoraussetzung dar. Umstritten jedoch war die formelle „uyssetzonge" einer beschränkten Anzahl von Kandidaten, die dann zur Wahl präsentiert wurden. Periodisch wurden deshalb durch die Jahrhunderte immer wieder Forderungen nach Gewährleistung der freien Wahl durch die Gaffeln laut. Der Ruf nach „freier Kür" wurde im 15. ebenso wie Ende des

---

[22] BW 5 (wie Anm. 10), 401.
[23] *Herborn*, Wahlen (wie Anm. 11), 47.
[24] Vgl. das Kölner Mandat von 1712, das Wirten unlautere Wahlwerbung verbietet und diese mit einem Jahr Berufsverbot bedroht. Bei den Ratswahlen würden Weinzapfer gefunden, „welche die unwissende/ oder doch unvorsichtige geringe Leut von denen Zunfften/ auff welchen ein neuer Herr zu machen/ promiscué und ohne Unterscheid von den Gassen in ihre Häuser durch allerhand List und Behändigkeit zu bringen/ sich unterstünden/ und solche auff des neuen Hern Rechnung daselbst beschencken/ bey solcher Gelegenheit und Beschenckung aber/ durch sich oder die ihrige gleichsam durch den Wein fangen/ und ihnen die Stimmen abtringen thäten" (Hist. Archiv der Stadt Köln, Edikte 4, Nr. 11).
[25] BW 5 (wie Anm. 10), 401.

17. Jahrhunderts und ebenso gegen Ende der reichsstädtischen Zeit zu einem politischen Slogan der Gemeindeopposition.[26] In den Kölner Gaffeln stand jedoch nicht nur die Besetzung der Ratsherren-stellen zur Abstimmung, sondern auch die Bestellung der sogenannten Vier-undvierziger. Diese aus jeweils zwei Delegierten bestehende Gemeindevertre-tung mußte der Rat bei schwerwiegenden Entscheidungen konsultieren. Al-lerdings konnte dieses Gremium nicht eigenständig zusammentreten, und auch die Wahlen hatten kein besonderes Gewicht. Wohl bereits seit dem 15. Jahrhundert wurden sie mit dem halbjährlichen Ratswahlturnus synchro-nisiert. Dabei war die Grenze zwischen Vierundvierzigern und Rat fließend: Eine Wahl zum Gemeindevertreter konnte das Eintrittsbillet für eine spätere Karriere als Ratsherr darstellen. Umgekehrt zeigt das Beispiel von Hermanns Vater Christian von Weinsberg, daß ein abgehender Ratsherr direkt zum Vier-undvierziger gewählt werden konnte.[27] Neben den Vierundvierzigern hatte die Gaffel schließlich noch ihren Vorsteher zu wählen, den Bannerherrn, der in der Regel lebenslang im Amt blieb. Die Wahl Hermann von Weinsbergs zum Bannerherrn seiner Gaffel weist einige Parallelen zu seiner ersten Rats-wahl auf: Wiederum geschah diese Kür vorzeitig, weil er noch nicht endgültig aus seinem Dienstverhältnis unter dem Rathaus entlassen war. Wiederum war der Kandidatenmangel entscheidend – der alte Bannerherr Peter von Deutz war bereits vor einem Dreivierteljahr gestorben. Schließlich trat Hermann wiederum in die Fußstapfen seines Vaters, der dieses Amt ebenfalls einge-nommen hatte.[28] Mehr erfahren wir über die Wahl nicht.

Die soziale Zusammensetzung der Gaffeln war unterschiedlich. Kaufleute-korporationen wie die Gaffel Schwarzhaus organisierten – über ihre Funktion als zentrale Wahlkörperschaft hinaus – wenig gemeinsame Anliegen. Anders die aus einem Amt beziehungsweise einer Gruppe von verwandten Ämtern gebildeten Gaffeln, die durchaus gemeinsame Interessen organisieren konn-ten. Anläßlich der Suche nach einem neuen Haus für die Zusammenkünfte seiner Gaffel bemerkt Hermann 1593, daß die Handwerkergaffeln der „bek-

[26] *Gerd Schwerhoff*, Apud populum potestas? Ratsherrschaft und korporative Partizipation im spätmittelalterlichen und frühneuzeitlichen Köln, in: Klaus Schreiner/Ulrich Meier (Hrsg.), Stadtregiment und Bürgerfreiheit. Handlungsspielräume in deutschen und italieni-schen Städten des Späten Mittelalters und der Frühen Neuzeit. (Bürgertum, Bd. 7.) Göttin-gen 1994, 188–243, hier 215f.; *Giel*, Politische Öffentlichkeit (wie Anm. 21), 235ff.; *Her-born*, Wahlen (wie Anm. 11), 42f.
[27] BW 1 (wie Anm. 10), 33, 77. Vgl. zu den Vierundvierzigern *Schwerhoff*, Apud populum potestas? (wie Anm. 26), 218f., und *Giel*, Politische Öffentlichkeit (wie Anm. 21), 163ff., dessen Angaben über das zahlenmäßige Gewicht aller Räte und der Vierundvierziger (150:44) aber wohl nicht haltbar sind, wenn man davon ausgeht, daß die Gemeindevertre-tung zu einem guten Teil aus ehemaligen beziehungsweise zukünftigen Ratsherren be-stand.
[28] http://www.weinsberg.uni-bonn.de/Edition/Liber_Iuventutis/Liber_Iuventutis.htm (zum 18. Juni 1565) (Zugriff am 3. 3. 2009). Die Wahl erfolgte zum Termin der Ratsherrenwahl.

ker, bruwer, smide, steinmetzer etc. [...] um irer knecht, jongen, narung, ware" viel zu besprechen hätten, was bei Schwarzhaus nicht der Fall sei: „Hie gehet einer dem andern nit vil in sin wirk."[29] Die Ämter der Handwerker bildeten die eigentlichen Gegengewichte zum Rat und waren mit der städtischen Obrigkeit periodisch in heftige Konflikte um wirtschaftspolitische Fragen verstrickt. Auch dort wurde natürlich gewählt: In der Regel unterteilte sich eine Zunft in „unverdiente" und „verdiente" Mitglieder; wer als einer der beiden Amtsmeister gewählt wurde, hatte allen „Verdienten" ein aufwendiges Gastmahl zu kredenzen, trat danach aber selbst in den Kreis der Verdienten ein.[30]

2. Bruderschaft und Kirchspiel

Aus dem Gedenkbuch des Rentiers Weinsberg erfahren wir über das Innenleben der Handwerkskorporationen naturgemäß nichts. Aber immerhin war Hermann in seinen späten Jahren Mitglied einer geistlichen Korporation, die ganz parallel zu den Ämtern verfaßt waren. Auch in den zahlreichen Kölner Bruderschaften wurden jährlich zwei Brudermeister gewählt, die ihren Brüdern einen „Dienst" in Gestalt eines Essens tun mußten. Diese Wahl erfolgte ausweislich einiger Bruderschaftsstatuten ebenfalls durch Mehrheitsvotum der Mitglieder, nur in Ausnahmefällen durch Kooptation durch die „alten" Meister.[31] Die Mitgliedschaft in einer Bruderschaft war jedoch, anders als bei Amt und Gaffel, freiwillig. Hermann von Weinsberg war bereits in vorgerücktem Alter, als ihn die Meister und Provisoren der Bruderschaft unserer lieben Frau an St. Jacob anläßlich ihrer Jahresversammlung am Fest Mariä Himmelfahrt zu sich forderten und ihn anhielten, der Gemeinschaft beizutreten. Wahrscheinlich hatte die notorische Sparsamkeit des Chronisten sein Zögern motiviert, aber nun ließ er sich ins Bruderschaftsbuch einschreiben und war am darauffolgenden Sonntag „mit den brodern und sustern frolich". Im Bruder-

---

[29] BW 5 (wie Anm. 10), 379.
[30] Zum Beispiel die Goldschmiede (*Günter Irmscher*, Das Kölner Goldschmiedehandwerk 1550–1800. 2 Bde. München 2005, Bd. 1, 81 f., 91 ff.): Die Amtsbruderschaft konnte ein Kölner nach einer achtjährigen Lehre, ein Auswärtiger zusätzlich nach einer achtjährigen Gesellenzeit erwerben, indem er Aufnahmegebühr und Amtseid leistete. Danach war er ein sogenannter Unverdiener des Amtes, konnte eine Werkstatt einrichten und heiraten, war aber in vielen Dingen benachteiligt. Ein Meisterstück wurde erst seit Anfang des 18. Jahrhunderts gefordert. Amtsmeister wurden gewählt und mußten den Verdienten des Amtes mit aufwendigen Essen aufwarten, um dann selbst zu Verdienten zu werden.
[31] *Klaus Militzer* (Bearb.), Quellen zur Geschichte der Kölner Laienbruderschaften vom 12. Jahrhundert bis 1562/63. 2 Bde. (Publikationen der Gesellschaft für Rheinische Geschichtskunde, Bd. 71.) Düsseldorf 1997, hier XLVIII ff. Vgl. zur dauerhaften Präsenz der Bruderschaften ‚alten Typs' in der Reichsstadt Köln *Rebekka von Mallinckrodt*, Struktur und kollektiver Eigensinn. Kölner Laienbruderschaften im Zeitalter der Konfessionalisierung. Göttingen 2005.

schaftsbuch entdeckte er die Namen seines Großvaters und seiner Großmut-
ter.[32] Vier Jahre später mußte er das Amt des Brudermeisters übernehmen,
früher als ursprünglich gedacht, weil der vorgesehene Kandidat wegen der hohen Kosten ablehnte und sogar aus der Bruderschaft ausschied. 80 Schwestern
und Brüder bewirtete Hermann in seinem Haus, „da unden 7 personen frie waren von glach, ohn die zu disch deinten". Hermann verzeichnet genau die
Ausgaben für das Essen, die Einnahmen und den verzehrten Wein (der von
allen aufgebracht werden mußte) sowie die Wachsausgaben des vergangenen
Jahres für die Verstorbenen.[33] Die Kosten sollten in den nächsten Jahren dazu
führen, daß das Essen zeitweilig ganz abgeschafft wurde. Auf Dauer aber
blieb das gemeinsame Mahl ein zentraler Mechanismus der politischen
ebenso wie der ‚privaten‘ Vergesellschaftung in der Reichsstadt Köln. Die
Tischgemeinschaft war Ausdruck freundschaftlicher und friedlicher Gemein-
schaftsbildung, die sich auch und gerade als Abschluß eines – potentiell die
Gemeinschaft spaltenden – Wahlaktes eignete.[34]

Die Bruderschaft war eng verknüpft mit dem Kirchspiel, in dem Hermann
von Weinsberg lebte. Der kleine und (anachronistisch gesprochen) mittelstän-
disch geprägte Pfarrbezirk von St. Jacob umfaßte 1582 ca. 220 Häuser mit
650 Haushaltsvorständen, vielleicht insgesamt gut 2000 Menschen.[35] Die
weltlichen Repräsentanten der Pfarre waren die vier Kirchmeister und die sogenannten Achter von St. Jacob, ein gewähltes Zwölfergremium, das als „zentrales Verwaltungs- und Entscheidungsgremium" des Kirchspiels (Oepen)
fungierte. 1548 wurde Hermann zunächst Achter, bereits ein Jahr später
Kirchmeister.[36] Die Wahl zum Achter hatte noch Hermanns Vater betrieben,
weil er Unterstützung in einem Rechtsstreit suchte, der die Amtsträger des
Kirchspiels spaltete.[37] Ein Jahr später wurde Hermann nach dem Tod seines
Vaters vom Pfarrer und den amtierenden Kirchmeistern selbst in die Kür für
das Amt des Kirchmeisters gesetzt. Hermann versuchte die Wahl zu vermeiden und brachte als Argument vor, daß er als Burggraf unter dem Rathaus mo-
mentan gar nicht mehr im Kirchspiel wohne. Er setzte Peter von Himmelgeist
in die Kür, der aber stellte wiederum Hermann zur Wahl. Beide verließen den
Raum, woraufhin Hermann einmütig gewählt wurde. Über den Wahlvorgang
selbst erfahren wir erst zum Jahr 1588 mehr: Nach dem Glockenläuten kamen
alle Nachbarn des Kirchspiels in der Kirche zur Rechnungslegung zusammen.

[32] BW 5 (wie Anm. 10), 130.
[33] Ebd. 209.
[34] Vgl. *Schwerhoff*, Handlungswissen (wie Anm. 10), 88 ff.
[35] *Karl Corsten*, Studien zur Pfarrgeschichte von St. Jacob in Köln, in: Annalen des Historischen Vereins für den Niederrhein 158. 1956, 5–86, hier 8 f.
[36] BW 1 (wie Anm. 10), 325 f. Vgl. auch *Joachim Oepen*, Die Aufzeichnungen von Hermann Weinsberg im Memorialbuch der Pfarrkirche St. Jacob in Köln als historische
Quelle, in: Groten (Hrsg.), Hermann von Weinsberg (wie Anm. 15), 59–77.
[37] BW 1 (wie Anm. 10), 299 ff.

Danach stellten sich drei Deputierte (ein Kirchmeister, ein Achter, ein „Geerbter") mit einem Schreibbrett am Michaelsaltar auf; jeder wahlberechtigte Geerbte, das heißt im Kirchspiel ansässige Bürger, trat in einer bestimmten Reihenfolge (Pfarrer, Kirchmeister, Achter, Geerbter) einzeln vor sie „und jeder hat sin votum und chur getain", wobei Christian Koilgin die meisten Stimmen auf sich vereinigte.[38]

3. Ämterbesetzung

Bereits die Liste der turnusmäßigen Abstimmungen über Wahlämter in Gaffel und Zunft, Bruderschaft und Kirchspiel ist für Köln einigermaßen eindrucksvoll. Nun wurde darüber hinaus aber im Rat und in der Pfarre eine Vielzahl von Positionen besetzt, die durch ihre Einkünfte als Ehrenämter attraktiv waren, oder die als dienende Berufe – gleichsam als frühe Vorläufer des Beamtenwesens – eine veritable Lebensgrundlage boten. Bei den Wahlen im Rat zur Besetzung dieser Ämter gab es wohl häufig Kampfabstimmungen. Hermann selbst verlor regelmäßig die Wahlen für einträgliche Ämter gegen einflußreichere Konkurrenten, so etwa für das Amt eines Universitätsprovisors gegen einen jungen Angehörigen des einflußreichen und altehrwürdigen Geschlechts derer von Lyskirchen: „Also komen die groisse hansen, burgermeister, ire swager, broder, kinder an …"[39] 1581 geht es um die Wahl eines Beisitzers der Freitagsrentkammer und damit der wichtigsten Stadtkasse. Gegen Hermann und einen anderen Kandidaten drückt Bürgermeister Gerhard Pilgrum „mit sinem anhank sinen gefatter, dischgesellen und nachpar Berchem" bei der Wahl durch. Offenbar nutzt er dabei strategisch die Abwesenheit Hermanns aus. Die „jongen und befrunten" würden vorgezogen.[40] Und als der aus dem Rat abgehende Hermann wieder einmal kein einträgliches *officium* erhält, weil er gegen die Junker und Bürgermeisterabkömmlinge den kürzeren gezogen hat, vermerkt er resignierend: „[…] das best ist frei sin."[41] Wolfgang Herborns prosopographische und sozialgeschichtliche Analysen haben diese Berichte eindrucksvoll untermauert, indem er zum Beispiel zeigen konnte, wie einige große und weitverzweigte Familienclans das Amt des Bürgermeisters unter sich aufteilen konnten; diese sich turnusmäßig im Regiment abwechselnden „Sechsherren" waren die eigentliche Machtzentrale in der Reichsstadt.[42]

---

38 BW 4 (wie Anm. 10), 20 f.
39 BW 3 (wie Anm. 10), 119. Vgl. insgesamt *Schwerhoff*, Apud populum potestas? (wie Anm. 26).
40 BW 5 (wie Anm. 10), 189.
41 BW 2 (wie Anm. 10), 158.
42 *Wolfgang Herborn*, Kölner Verfassungswirklichkeit im Ancien Régime (1395–1795/

Freilich erscheint der Ausgang von Wahlen nach dem Mehrheitsprinzip, aller Patronage und allen informellen Standesvorrechten zum Trotz, nicht immer völlig determiniert. So gab es auch und gerade im plutokratisch strukturierten Köln im 16. Jahrhundert konkurrierende Netzwerke. Offen zutage traten derartige Konkurrenzen, wenn zwei verfeindete Bürgermeister gleichzeitig ins Regiment gewählt wurden, etwa weil sie miteinander in einen erbitterten Rechtsstreit vor dem Reichskammergericht verstrickt waren.[43] Aber selbst bei Einigkeit setzten sich die großen Herren nicht immer durch. Als im Juni 1565 Hermanns Nachfolger als neuer Burggreve bestimmt wurde, gab es einen regelrechten Wahlkampf zwischen Henrich Hoen und Henrich Winter van Berck. Beide Ratsherren hatten viel „verschenkt". Die Sechsherren setzten Hoen in die Kür, aber „der gemein raitzman drank durch" und wählte den Kontrahenten „mit den meisten stimmen". Ähnlich sollte es dreizehn Jahre später zugehen, als Hermann selbst mit Hilfe des gemeinen Ratsmannes gegen die Bürgermeister seinen Neffen durchsetzte.[44]

Auf der anderen Seite gab es aber auch Ämter, die niemand haben wollte, ja vor denen man sich regelrecht fürchtete. So eine Position war in Köln der Rittmeister, der bei der großen Kölner Stadtprozession, der Gottestracht, die Schreine der Stadtpatrone in voller Rüstung und mit einem Banner, das sein Wappen schmückte, zu begleiten hatte. Dieses Ehrenamt war mit hohen Kosten verbunden, vor allem einem aufwendigen Bankett am Vorabend des Umritts. Hermann wurde 1548 für diese Position vorgeschlagen, wobei seine Wahl bezeichnenderweise von den Feinden Christian von Weinsbergs betrieben wurde. Die Ursache lag unter anderem darin, daß dieser als Burggreve unter dem Rathaus zugleich in seinem alten Wohnhaus Wein im Namen seines Sohnes verzapfte, ein Doppelverdienst, den ihm viele mißgönnten. So beschloß eine Gruppe um Bürgermeister Goswin Lommersheim bei einem Umtrunk, Christians Sohn Hermann als Rittmeister in die Kür zu setzen. Der Dienstjunge des Bürgermeisters informierte die Weinsbergs von diesem Plan. Hermann versuchte die Wahl abzuwehren, indem er mit 16 anderen Ratsherren eine informelle Vereinbarung traf, „das keiner den andern nit keisen sulte". Am Ratswahltag selbst blieb die Angelegenheit offen: Hermann sah den Bürgermeister nach eigener Beschreibung grimmig an, dieser wußte den Blick wohl zu deuten und replizierte kühl, ihm stehe die Kür gar nicht zu, sondern dem Stimmeister Sudermann. Acht Tage später ging es dann zur Sache.

96), in: Winfried Ehbrecht (Hrsg.), Verwaltung und Politik in Städten Mitteleuropas. (Städteforschung. Rh. A: Darstellungen. Bd. 34.) Köln 1994, 85–113.
[43] BW 4 (wie Anm. 10), 168f.
[44] BW 5 (wie Anm. 10), 54 und 128. An anderer Stelle ist die Rede von einem Ratsmitglied, das „seir koin und frei" redete, wenn es sich damit „auch nit vil gunst bei etlichen machte". Als er eine Gesetzesübertretung beging, wollten ihn manche gern des Rates verweisen, „aber der gmein raitzman wolt dess nit folgen" (BW 3 [wie Anm. 10], 88).

Sudermann setzte Konrad von Linz in die Kür; dieser wiederum nominierte Junker Adolf von Stralen, der kürte wiederum Konrad. Offenbar hatten also die Gekürten das Recht, ihrerseits einen Kandidaten zu benennen. Am Schluß aber setzte Bürgermeister Lommersheim doch noch den jungen Hermann in die Kür. Dieser ging hinter dem Meister zur Bank und bat den ehrbaren Rat, ihn diesmal mit dem Amt zu verschonen. Er sei ein lediger Geselle, sei weniger begütert und befreundet als die anderen beiden; die Kür des Bürgermeisters sei durch einen „unverstant" zustande gekommen, indem er vielleicht nicht genügend informiert worden sei. Das aber brachte einen anderen Bürgermeister, Arnt von Siegen, in Rage: Hermann habe den Bürgermeister und damit die Obrigkeit geschmäht, indem er ihm Unverstand unterstelle. Spätestens mit diesem Lapsus war Hermanns Schicksal besiegelt. Ihm blieb nichts anderes übrig, als den Herren, als er nach seiner Wahl wieder in die Ratsstube geführt wurde, für die Ehre zu danken. Die Familie Weinsberg mußte sich arrangieren und versuchte, die Freude über die Ehre den Ärger über die Kosten überwiegen zu lassen. Vergessen war die Angelegenheit aber nicht. Bei seinem Umritt durch die Stadt im nächsten Jahr sollte Hermann auf diese Angelegenheit anspielen, indem er als Umschrift zu seinem Wappen diesen Reim mit sich führte: „Gleib jederman nit gleich, want wenich halte stich. Dan vil hatten mir im rade zugesacht, sei wollten mich nit kesen, auch hanttastung getain, und koren mich dannest."[45]

Neben dem Rat war auch das Kirchspiel Schauplatz von Wahlen und Wahlkämpfen zur Besetzung von Küster-, Schulmeister- und Pfarrerpositionen. Insbesondere die Bestellung des Pastors war eine komplizierte Angelegenheit, was in den verwickelten Verhältnissen zwischen St. Jacob und dem unmittelbar benachbarten Stift St. Georg wurzelte. Das Stift beanspruchte das Patronatsrecht, aber Hermann und seine Mitstreiter sahen das ganz anders. Die „kirchspels lude" hätten schließlich die meisten Pastoreien, Kirchen und Kapellen gestiftet, also stehe ihnen das Patronatsrecht zu; wären sie in dieser Frage nicht frei, „waß weren sie dan anders dan pfaffenknecht und eigen leuth".[46] Tatsächlich hatte die Pfarrei St. Jacob sich schon seit 1237 ein eingeschränktes Pfarrerwahlrecht erstritten. Danach präsentieren die Pfarrleute innerhalb 30 Tagen nach Erledigung einer Stelle dem Propst von St. Georg drei Kanoniker des Stiftes als Kandidaten, von denen dieser einen auswählen mußte. So kamen im Jahr 1555 nach Weinsbergs Bericht alle geerbten Nachbarn des Kirchspiels nachmittags um zwei Uhr in der Kirche zusammen. Die vier Kirchmeister machten nun öffentlich drei Kanoniker als ihre Kandidaten namhaft, worauf der Küster samt zwei Zeugen „van man zu manne [gingen] und zeigneten eins jedern stim uff". Einträchtig wurden die drei Designierten

---

[45] BW 1 (wie Anm. 10), 247–249, 264 f.
[46] Ebd.

so von allen Pfarrgenossen nominiert. Der schließlich vom Propst ausgewählte Johann Nuwenhaven war tatsächlich der Favorit des Kirchspiels. Denn, so erläutert Hermann in seinem Gedenkbuch, „[…] wiewol man drei kesen mois, so kann man doch dat also zu wegen brengen, das man den bekomen mach, den man gern het, als wan man 2 unduchlicher und 1 duchlichen kuist". Das sei gerade jetzt passiert, denn „her Gerhart virschen war zu alt und ungeleirt, der es nit begert, her Henrich Osnabruck […] mocht nit preister werden, docht auch nit darzu, wo war her Johan Nuwenhaven eins erbaren lebens, gelert und bequeim darzu, der es dan auch folgens wart".[47] Und als nach der Resignation dieses Pfarrers aus Altersgründen 18 Jahre später das Gerücht umging, kein Kanoniker wolle das Amt des Pfarrers ausüben, erklärten die Kirchmeister unbeeindruckt, „wan nemant zu s.Joriß hett pastoir willen, were noch mehe hillige preister in Coln gewest".[48] Im Klartext: Man könne eben auch einen stiftsfremden Kandidaten küren.

III. Schlußfolgerungen und Perspektiven

Wahlen charakterisierten das politische System in Köln viel stärker, als es der gemeinhin auf die Ratswahlen fixierte Blick enthüllt. Hagen Keller hat bereits 1990 mit Verweis auf die unüberschaubare Vielfalt und Vielzahl von Wahlen in italienischen Kommunen des Mittelalters – in Bologna seien 1800 Funktionsträger im Jahr zu wählen gewesen – festgestellt: „Wo es um Wahlverfahren und Wahlverständnis geht, müssen alle diese Wahlen zweifellos zusammen gesehen werden."[49] Das bestätigt der Kölner Fall eindrucksvoll: Zu den Ratswahlen kommen nicht nur die Wahlen zu den Vorstehern der Gaffeln und Zünfte, der Bruderschaften und Kirchgemeinden, sondern auch noch die Wahlen der zahlreichen dienenden Ämter. All diese Ämter, ob auf Dauer oder nur auf Zeit angelegt, wurden mittels formalisierter Wahlverfahren besetzt. Den ‚harten' Kern dieser Verfahren bildete die Mehrheitsentscheidung der berechtigten Wähler, ermittelt durch Umfrage oder einfache Abstimmung.

Auf der anderen Seite sind die Restriktionen dieser Wahl, was die Kandidatenaufstellung und die Ergebnisse angeht, gerade vor dem Hintergrund dieser Allgegenwart der Wahlen sehr deutlich zu erkennen. Hermann von Weinsberg stellt in gewisser Weise die perfekte Personifikation eines Systems dar, das mittels vielfältiger und zum Teil komplizierter Wahlverfahren letztlich sehr eingeschränkte und absehbare Ergebnisse produzierte. 14 Mal wurde er zum

---

[47] BW 2 (wie Anm. 10), 72 f. Vgl. BW 5 (wie Anm. 10), 89 ff.; *Corsten*, Aufzeichnungen (wie Anm. 35), 9 ff.
[48] Zitiert nach *Oepen*, Aufzeichnungen (wie Anm. 36), 75.
[49] *Keller*, Wahlformen (wie Anm. 3), 346.

Ratsherrn gewählt, daneben war er Bannerherr seiner Gaffel, Kirchmeister der Pfarre St. Jacob und Vorsteher der dortigen Marienbruderschaft. Daß er diese gesamten Ämter mit Protektion seines Familien- und Patronagenetzwerkes erlangte, wobei sein Vater anfänglich Regie führte, den er in vielen Positionen später gleichsam beerbte, bestätigt ein bekanntes Muster. Ebenso vertraut, aber aus strukturellen Gründen in unserem Kontext wichtig, sind die Voraussetzungen seiner Wahl. Hier ist zunächst die zeitgenössisch wenig thematisierte, aber in der Forschung sprichwörtlich gewordene „Abkömmlichkeit" zu nennen – der Rentier und Gelegenheitsjurist Hermann hatte die Zeit, all diese Ämter wahrzunehmen. Als studierter, gebildeter und schriftkundiger Mensch mochte er überdies auch sehr geeignet für all diese Positionen erscheinen. Diese Idoneität der Kandidaten stellte für die zeitgenössischen Wahltheoretiker das zentrale Problem dar. Der Esslinger Stadtsyndikus Philipp Knipschildt etwa, der 1657 den maßgeblichen Traktat über die Rechte und Privilegien der deutschen Reichsstädte vorlegte, behandelt das Wahlverfahren mittels Abstimmung oder Los eher knapp, charakterisiert aber dann seitenlang die notwendigen Eignungskriterien der „viri pii et Deum timentes, veraces, prudentes, viri strenui et severi, iusti et justitiam amantes, fidei observantes, viri boni, probi et virtute praediti, patriam amantes et curantes ..." – die Reihung ist hier lange nicht zu Ende.[50] Die doppelte Voraussetzung von Abkömmlichkeit und Eignung führte dazu, daß Wahlvorgänge für Ehrenämter in Köln offenbar chronisch durch Kandidatenmangel und nicht -überschuß gekennzeichnet waren. Daß ein solches Amt eine Bürde darstellte, deren man sich zu entledigen suchte, was aber oft nicht gelang, ist ein durchaus verallgemeinerbarer Befund. Gerade bei lukrativen Machtpositionen oder die Existenz sichernden „dienenden" Ämtern kam es umgekehrt häufig zu Konkurrenz und zu regelrechten Wahlkämpfen zwischen zwei Patronagenetzwerken.

Wahlen können in der Reichsstadt Köln als ein Grundpfeiler ihrer politischen Kultur angesehen werden. Auf vielen Ebenen stellten sie die Partizipation der einzelnen Bürger beziehungsweise ihrer korporativen Verbände (Gaffeln, Zünfte, Bruderschaften, Nachbarschaften) sicher. Diese Partizipation lag dabei tatsächlich sowohl auf instrumenteller wie auf symbolischer Ebene: Auch wenn das Ergebnis vieler (nicht aller!) Wahlprozesse sehr vorhersehbar ausfiel, so wurden mittels Wahlen tatsächlich Entscheidungen getroffen, Entscheidungen, die prinzipiell immer auch anders ausfallen konnten. Bis hin-

---

[50] *Philipp Knipschildt*, Tractatus Politico-Historico-Juridicus de Juribus et Privilegiis Civitatum Imperialium. Ulm 1657, lib. II, cap. VIII: De jure constituendi Magistratus, 349 ff.; vgl. *Wolfgang Mager*, Genossenschaft, Republikanismus und konsensgestütztes Ratsregiment. Zur Konzeptualisierung der politischen Ordnung in der mittelalterlichen und frühneuzeitlichen deutschen Stadt, in: Luise Schorn-Schütte (Hrsg.), Aspekte der politischen Kommunikation im Europa des 16. und 17. Jahrhunderts. (HZ, Beihefte, NF., Bd. 39.) München 2004, 13–122, hier 106 ff.

unter zum einfachen Bürger wurde durch seine Beteiligung an vielfältigen
Wahlverfahren seine Integration in das politische System sinnfällig. Umgekehrt sicherte der Wahlakt nicht nur die jeweilige Stellenbesetzung, sondern
legitimierte jedesmal aufs neue das politische System insgesamt. Aus der
Wahl durch seine Bürger bezog der Kölner Rat seine volle Rechtfertigung,
(nach einer klassischen Formulierung des Verbundbriefes) „mögich und
mächtig" zu sein. Insofern stellte die vielbeschworene „Verobrigkeitlichung"
des Rates in Köln keine Pervertierung, sondern eine Konsequenz des Genos-
senschaftsgedankens dar.[51] Natürlich kamen damit auf der anderen Seite Gefahren ins Spiel, die der Rat ebenso wie der Kaiser und die reichsstädtischen
Juristen gerne ausgeschlossen sehen wollten. Denn durch die Anerkennung
von Wahlen als Legitimationsinstanz machte sich das politische System zugleich vom Wähler abhängig. So betonte Philipp Knipschildt, daß ein reichs-
städtischer Magistrat vom Kaiser investiert wird und seine Dignität nicht
durch die Wahl der Bürger erhalte.[52] Und auch der Kölner Rat versuchte sich
fallweise auf andere Legitimationsquellen zu berufen, eben auf den Kaiser
oder die göttliche Gnade.

Das Stichwort „Partizipation" verweist auf eine Perspektive, wie sie unter
anderem die Bielefelder Bürgertumsforschung in den 1990er Jahren stark ak-
zentuiert hat. Die Forschungsgruppe um den Mediävisten Klaus Schreiner
suchte nach den politischen Eigenarten der vormodernen *civitates*, indem sie
gleichsam – ohne hinter den aktuellen Stand der Forschung zurückzufallen –
die unabgegoltenen Aspekte der ‚liberalen' Sichtweise à la Schlotterose zur
Geltung bringen wollte. Wahlen wurden vor allem in den Arbeiten von Ulrich
Meier zu Florenz, von Jörg Rogge zu Augsburg und in meinen Studien zu
Köln als eigenständige Formen der Partizipation analysiert, ohne deren demokratischen Gehalt zum absoluten Bewertungsmaßstab zu machen. Nach einer
Begriffsprägung von Ulrich Meier handelte es sich vielmehr um die Aus-
drucksform eines Systems „konsensgestützter Herrschaft".[53] Barbara Stollberg-Rilinger hat diesen Ansatz treffend charakterisiert: Es sei in den unter-
suchten Stadtgesellschaften weniger darum gegangen, den Ausgang einer
Entscheidung tatsächlich zu beeinflussen, sondern die „Partizipationsberechtigung als solche" zu markieren und damit eine politische Kultur am Leben zu
erhalten, die den Konsens der Beherrschten als ein zentrales Element vorsah.[54]

[51] *Schwerhoff*, Apud populum potestas? (wie Anm. 26), 205.
[52] *Knipschildt*, Tractatus (wie Anm. 50), lib. II. cap. III. 85.
[53] *Ulrich Meier/Klaus Schreiner*, Regimen Civitatis. Zum Spannungsverhältnis von Freiheit und Ordnung in alteuropäischen Stadtgesellschaften, in: dies. (Hrsg.), Stadtregiment
und Bürgerfreiheit (wie Anm. 26), 11–34, hier 15ff.
[54] *Barbara Stollberg-Rilinger*, Einleitung, in: dies. (Hrsg.), Vormoderne politische Verfahren, (ZHF. Beih. 25.) Berlin 2001, 9–24, hier 20ff.

Köln ist in dieser Hinsicht ein prominenter Fall. Natürlich stellt sich sogleich die Frage nach der Repräsentativität. Die Antwort ist einfach: Die Reichsstadt Köln verkörpert einen – wenngleich markanten – Sonderfall. Über den genauen Status dieses Sonderfalls aber wird man so lange nichts Genaues sagen können, wie man nicht auf breiter Materialgrundlage eine Typologie der Wahlverfahren in frühneuzeitlichen Städten erstellt hat, auf deren Basis dann wiederum Aussagen über deren Häufigkeit und deren Wandlungen möglich wären. Davon sind wir noch weit entfernt. Schon für die Ratswahl reicht das Spektrum vom Kölner Fall relativ direkter Wahlen über komplizierte, mehrstufige Verfahren mit einer Mischung von Küren und Losen wie in den westfälischen Städten Minden oder Unna bis hin zur Kooptation des neuen Rates durch den alten wie im sächsischen Leipzig.[55] Aber auch wenn der Kölner Fall keinesfalls repräsentativ ist und sein genauer Stellenwert vorläufig dahingestellt bleiben muß, sind viele beobachtete Aspekte doch aufschlußreich. Trotz aller ‚freien‘ Umfragen und Mehrheitsentscheidungen muten doch bestimmte Aspekte fremd an, die auf die Alterität vormoderner Wahlverfahren insgesamt verweisen. So gewinnt aus Hermann von Weinsbergs Aufzeichnungen das rituelle Moment des Abstimmungsverfahrens an Kontur. Häufig bestimmte der Gesichtspunkt der Präzedenz die Debatten und Voten im Rat. Die Hüter der Geschäftsordnung, die sogenannten Meister zur Bank, fragten bei Abstimmungen zuerst die Ranghöchsten, so daß sich schnell eine herrschende Meinung verfestigen konnte. Von den nachgesessenen „Folgherren" wurde deren Votum dann oft nur reproduziert. In den ehrgeleiteten Gesellschaften des vormodernen Europa bargen Meinungsunterschiede nicht nur sachliche, sondern vor allem auch persönliche Sprengsätze. Schnell konnten abweichende Äußerungen als Herabsetzung des Kontrahenten, als Schmähung und Injurie verstanden werden. Die zeremoniell festgelegte Rede- und Abstimmungsordnung diente zur Einhegung dieses Konfliktpotentials.[56]

[55] In Minden fungieren die sogenannten Vierzig als Kurherren, ein aus Vertretern der Kaufleute, Zünfte und Vorstädte zusammengesetztes Gremium, das die gesamte Gemeinde repräsentieren sollte. Aus diesem Kreis werden die zwölf eigentlichen Ratswähler gelost, die dann auf Vorschlag des Wortführers die zwölf Ratsherren wählen (*Poeck*, Rituale [wie Anm. 6], 79 f.; vgl. *Monika M. Schulte*, Macht auf Zeit. Ratsherrschaft im mittelalterlichen Minden. Warendorf 1997; nicht ganz korrekt *Schlotterose*, Ratswahl [wie Anm. 1], 150 ff.). In vergleichbarer Weise werden nach der Ratswahlordnung von 1593 in Unna sieben Kurmänner auf sehr komplizierte Weise „per sortis ordinem" bestimmt, die dann in Klausur auf der Ratskammer den Ratswahlvorgang vollziehen, vgl. *Schlotterose*, Ratswahl (wie Anm. 1), 116 ff., 141 f., 147 ff., nach: *Reinhard Lüdicke* (Bearb.), Stadtrechte der Grafschaft Mark. H. 3. Münster 1930, Nr. 82 ff. Für Leipzig *Thomas Weller*, Theatrum Praecedentiae. Zeremonieller Rang und gesellschaftliche Ordnung in der frühneuzeitlichen Stadt: Leipzig 1500–1800. Darmstadt 2006, 146 ff.
[56] *Schwerhoff*, Öffentliche Räume (wie Anm. 11), 133 ff.

Vor diesem Hintergrund ist auch die Bedeutung des Wahlvorschlags zu sehen. Der Kölner Fall zeigt, daß das Wahlrecht klar vom Recht des Wahlvorschlags beziehungsweise der faktischen Präzedenz bei diesem Vorschlag zu
unterscheiden ist. Das „In-die-Kür-Setzen" war hier mindestens ebenso bedeutsam wie der Akt des „Kürens" selbst.[57] Wer das Recht für sich beanspruchen beziehungsweise durchsetzen konnte, einen Kandidaten zu benennen,
der hatte diesen Kandidaten oft schon durchgesetzt. Widerspruch war unter
bestimmten Bedingungen wenig opportun und daher eher selten. Der Befund
ist durchaus verallgemeinerungsfähig. Selbst in Unna, wo die Wahl der sieben
Kurherren außerordentlich kompliziert in einem mehrstufigen Losverfahren
vollzogen wurde, mußten diese Kurherren noch einmal durchnumerierte Zettel ziehen, um die Berechtigung und die Reihenfolge der Kandidatenvorschläge zu regeln.[58]

Betrachtet man den Endpunkt des Verfahrens, dann verdeutlicht die verhinderte Annahme der protestantischen Ratsherren durch den Kölner Rat, daß
mit dem Ausgang der Abstimmung das Wahlergebnis noch lange nicht festzu-
stehen brauchte. Die Akzeptanz der Kandidaten durch das Gremium, dessen
Positionen neu zu besetzen waren, wurde offenbar als essentieller Teil des
Wahlverfahrens angesehen. Diese Beobachtung unterstreicht noch einmal die
Bedeutung der zeremoniellen Dimension der Ratswahl, die Dietrich Poeck
und sein Team untersucht haben. Der Ablauf der Ratswandlung, die verschiedenen Prozessionen und die Setzung des Rates in sein Gestühl dürfen wohl als
integraler Bestandteil des Wahlgeschehens insgesamt verstanden werden.

Insgesamt unterstreichen diese Beobachtungen noch einmal die Notwendigkeit einer Synopse der vorgeblich ‚weichen‘, zeremoniellen Aspekte der
Wahl und der ‚harten‘ Faktoren, der Frage der Wahlberechtigung und der Ab-
stimmungsmodalitäten. Nur in dieser Zusammenschau wird man die Vielfalt
der Mechanismen und der möglichen Stellschrauben würdigen können, an denen die verschiedenen Akteure drehen konnten, um die widerstreitenden Ziele
zu erreichen – die Wahl der Würdigsten und Besten, ohne daß Korruption und
Amtsanmaßung überhandnahmen, oder die Berücksichtigung sozialer Netzwerke, ohne daß sich eine Fraktion das Gemeinwesen völlig zur Beute
machte. Man konnte eben nicht nur den Kreis der mit dem aktiven und passi-
ven Wahlrecht Begabten einschränken oder ausweiten. Überdies konnten die
Wähler ebenso wie die zu Wählenden komplizierten Vorauswahlbestimmun-
gen unterworfen werden. Weiterhin war es möglich, freie Abstimmungen, re-

---

[57] Vgl. zum begriffsgeschichtlichen Befund: Deutsches Wörterbuch von Jacob und Wilhelm Grimm. 16 in 32 Bden. Ndr. München 1999 (Online-Ausgabe unter http://
www.dwb.uni-trier.de/welcome.htm [Zugriff am 3. 3. 2009]), Bd. 11, Sp. 2782 ff.: „Kür"
als „Erwägung, Prüfung, Wahl" beziehungsweise „kiesen" (ebd. 692 ff.) als „kauen,
schmecken, prüfen, wählen" hat eben eine starke prozessuale Bedeutung.
[58] *Schlotterose*, Ratswahl (wie Anm. 1), 147 ff.

gulierte Vorschläge und Losentscheide mittels Zetteln oder Bohnen in vielfältiger Weise zu kombinieren. Eine Vogelschau aller dieser Mechanismen würde vermutlich die Unterschiede zwischen ‚bloßen' Kooptationsverfahren und ‚echten' Wahlvorgängen stark nivellieren.

Diese Vermutung wirft noch einmal ein etwas anderes Licht auf die konzeptuelle Unterscheidung zwischen instrumenteller und symbolischer Ebene, die in den historischen Kulturwissenschaften fast kanonisch geworden ist. Bei der Tagung zu „vormodernen politischen Verfahren" bildete die Unterscheidung zwischen symbolisch-expressiven, also sinnstiftenden, und instrumentell-zweckorientierten Variablen des Handelns im Anschluß an Luhmann einen wichtigen Ausgangspunkt. In gleicher Weise wird in Dresden von den instrumentellen und den symbolischen Dimensionen institutioneller Ordnungen gesprochen.[59] Natürlich geht es hierbei um eine analytische Unterscheidung in heuristischer Absicht, nicht um real beobachtbare und unterscheidbare Tatbestände. Folgerichtig ist auch in der Einladung zur Tagung, deren Beiträge dem vorliegenden Band zugrunde liegen, von der „nicht aufzulösenden Verbindung von Verfahrenstechnik und Symbolik" die Rede. Aber es ist offensichtlich nicht ganz einfach, diese Unauflöslichkeit in der historischen Forschungspraxis durchzuhalten. Früher lag bei der historischen Wahlforschung der Akzent sehr einseitig auf der instrumentellen Seite, während die „geheimnisvolle Formsprache" und die „umständliche Behutsamkeit" der Inszenierung kaum näher analysiert wurden. Am Ende stand eine gewisse Ratlosigkeit über den großen Aufwand, mit dem immer wieder aufs neue die gleichen Männer in die gleichen Ämter gewählt wurden. Heute scheinen die symbolischen Formen bisweilen so dominant, daß vom technischen Prozedere des Wahlverfahrens kaum noch Notiz genommen wird. Der analytische Ertrag ist reichhaltig, aber streckenweise etwas stereotyp: Stets wird Herrschaft legitimiert, das Gemeinwesen gefestigt und die kollektive Identität gestärkt. Bei einer derartigen Optik auf die symbolische Kommunikation ist die Gefahr eines gewissen funktionalistischen Reduktionismus nicht von der Hand zu weisen. Auf die Welt der Wahlen übertragen, könnte eine solche einseitige Interpretation den Austrag von Konflikten, wenn überhaupt, in der Welt technischer Wahlverfahren situieren, während den symbolischen Inszenierungen zum Beispiel des Ratswandels stets integrative und konfliktvermeidende Bedeu-

---

[59] *Stollberg-Rilinger*, Einleitung (wie Anm. 54), 12; vgl. insgesamt den Beitrag von *Michael Sikora*, Der Sinn des Verfahrens. Soziologische Deutungsangebote, in: Stollberg-Rilinger (Hrsg.), Vormoderne politische Verfahren (wie Anm. 54), 25–51. Die heuristische Unterscheidung zwischen instrumentellen und symbolischen Dimensionen ist auch für den Dresdner Forschungsverbund zur „Institutionalität und Geschichtlichkeit" von großer Bedeutung, vgl. zum Beispiel *Karl-Siegbert Rehberg*, Die „Öffentlichkeit" der Institutionen. Grundbegriffliche Überlegungen im Rahmen der Theorie und Analyse institutioneller Mechanismen, in: Gerhard Göhler (Hrsg.), Macht der Öffentlichkeit – Öffentlichkeit der Macht. Baden-Baden 1995, 181–211.

tung zugeschrieben wird. Eine solche Dichotomisierung würde hinter zentrale Erkenntnisse der historischen Kulturforschung zurückfallen – ich erinnere nur an Thomas Wellers Studie über Leipzig, wo soziale Rangstreitigkeiten mit Hingabe im Medium von Präzedenzkonflikten ausgetragen wurden. Umgekehrt müssen eben auch die symbolischen Dimensionen scheinbar technischer Tatbestände wie Abstimmungs- und Wahlverfahren ernstgenommen werden.

Dabei konnten die genauen Bedeutungszuschreibungen für diese Wahlverfahren im Kölner Fall durchaus variieren. Die Beteiligung an der Abstimmung stellte, wie beschrieben, per se eine Statusmarkierung dar, einen Ausweis der Partizipationsberechtigung. Damit konnte ohne Probleme, gleichsam komplementär, eine andere soziale Markierung koexistieren, nämlich die Inanspruchnahme eines Vorranges bei der Kür, eine Art von halböffentlichem Präzedenzrecht für einige besonders ausgezeichnete Personen. Dagegen standen auf der anderen Seite, jedenfalls im 16. Jahrhundert, gelegentliche Kampfabstimmungen und Mehrheitsentscheidungen. Auch ihnen mochte eine symbolische Bedeutung zukommen, und in diesem Sinne wurden sie von Hermann von Weinsberg denn auch bisweilen hervorgehoben („die meiste stimmen gelten"). Beide Ebenen hingen zweifellos zusammen. Ganz ohne ein technisch-instrumentelles Durchsetzungspotential hing das System der korporativen Partizipation in der niederrheinischen Reichsstadt gleichsam in der Luft, drohte an Geltung und Autorität zu verlieren. Wurde die symbolische Partizipation nicht durch ein Minimum an tatsächlicher Entscheidungsmacht gestützt, dann drohte eine Legitimationskrise, wie es in den Jahren 1608 bis 1610 und dann wieder ab 1680 der Fall sein sollte. Der Gülich-Aufstand begann mit der Kritik, daß „die Rahts personen uff den Gaffelen mit gifften und gaben erwehlet" würden. Und eine seiner ersten, erfolgreich durchgesetzten Forderungen war die (Wieder-)Herstellung der „freyen kuir", die so – nicht zum ersten Mal in der Kölner Geschichte – zu einem Kernpostulat der politischen Opposition wurde.[60]

---

[60] *Bernd Dreher,* Oligarchische Machtstrukturen, Stadtregiment und Gemeindepartizipation. Der Prozeß gegen die Bürgermeister Krebs, Cronenberg und Wolfskehl 1680/81 als Auftakt zur Revolte des Nikolaus Gülich, in: Georg Mölich/Gerd Schwerhoff (Hrsg.), Köln als Kommunikationszentrum. Studien zur frühneuzeitlichen Stadtgeschichte. (Der Riss im Himmel. Bd. 4.) Köln 2000, 403–452, hier 408 und 434 f. Vgl. *Schwerhoff,* Apud populum potestas? (wie Anm. 26), 215 ff.

Repräsentation per Losentscheid

Wahl und Auswahlverfahren der *procuradores de Cortes* in den kastilischen Städten der Frühen Neuzeit

Von

Thomas Weller

I. Das Jahr 1812 und die Folgen: die kastilischen *Cortes* im Urteil der liberalen Geschichtsschreibung

Die Anfänge des modernen Parlamentarismus in Spanien lassen sich recht genau datieren: Nachdem sich am 2. Mai 1808 in Madrid die Bevölkerung gegen die napoleonische Fremdherrschaft erhoben und sich der Widerstand auf das ganze Land ausgebreitet hatte, berief die Zentraljunta der Aufständischen nur ein Jahr später, im Oktober 1809, eine parlamentarische Versammlung nach Cádiz ein. Am 24. September 1810 traten dort Vertreter aus den unbesetzten spanischen und den loyalen hispanoamerikanischen Provinzen unter dem Schutz der britischen Flotte zusammen, um über eine Verfassung zu beraten.[1] Das Ergebnis, die 1812 verabschiedete Verfassung von Cádiz – die freilich schon zwei Jahre später durch den wiedereingesetzten König Ferdinand VII. außer Kraft gesetzt wurde –, gilt als Magna Charta des spanischen Liberalismus und fungierte das ganze 19. Jahrhundert hindurch als Symbol der Freiheit. Nach dem Vorbild der revolutionären französischen Verfassung von 1791 proklamierte die Verfassung von 1812 das Prinzip der Volkssouveränität sowie das allgemeine und gleiche Wahlrecht und brach damit erstmals entschieden mit dem politischen System des *Ancien Régime*.[2]

---

[1] *Federico Suárez*, El proceso de la convocatoria a Cortes (1808–1810). Pamplona 1982; *Miguel Artola* [u.a.] (Eds.), Las Cortes de Cádiz. Madrid 2003; *Antonio Colomer Viadel*, Los liberales y el origen de la monarquía parlamentaria en España. 2., überarb. u. erw. Aufl. Valencia 1993; *Dieter Nohlen*, Spanischer Parlamentarismus im 19. Jahrhundert. Régimen parlamentario und parlamentarische Regierung. (Heidelberger politische Schriften, Bd. 4.) Meisenheim am Glan 1970.

[2] Vgl. *Andreas Timmermann*, Die „gemäßigte Monarchie" in der Verfassung von Cádiz (1812) und das frühe liberale Verfassungsdenken in Spanien. (Spanische Forschungen der Görresgesellschaft, Rh. 2, Bd. 39.) Münster 2007; *ders.*, Die nationale Souveränität in der Verfassung von Cádiz (1812), in: Der Staat 39, 2000, 570–587; *Mónica Quijada Mauriño*, Una constitución singular. La Carta Gaditana en perspective comparada, in: Revista de Indias 68, 2008, 15–38.

Die *Cortes* von Cádiz markieren jedoch nicht nur die Geburtsstunde des modernen Parlamentarismus in Spanien, sondern auch den Beginn der wissenschaftlichen Beschäftigung mit den Vorläufern moderner parlamentarischer Institutionen auf der Iberischen Halbinsel. Zwar orientierte sich die 1812 von den *Cortes* verabschiedete Verfassung eindeutig am französischen Vorbild von 1791, aber vor dem Hintergrund des Befreiungskampfes gegen die französischen Besatzungstruppen erschien der explizite Rekurs auf die Prinzipien der Französischen Revolution politisch wenig opportun. Überdies waren die Befürworter eines radikalen Bruchs mit den bestehenden Verhältnissen innerhalb der verfassunggebenden Versammlung zunächst in der Minderheit. Ein gemäßigter Flügel, als dessen prominentester Vertreter der aufgeklärte Jurist und Schriftsteller Gaspar Melchor de Jovellanos (1744–1811) gelten kann[3], sprach sich deshalb für eine Rückbesinnung auf die vorabsolutistischen Traditionen politischer Partizipation in den iberischen Königreichen des Mittelalters aus. Schon vor Einberufung der *Cortes* von Cádiz hatte sich unter Führung von Jovellanos eine Kommission gebildet, die sich mit den Vorläuferinstitutionen gleichen Namens auf der Iberischen Halbinsel beschäftigen sollte.[4] Neben dem Philologen und Historiker Antonio de Capmany y Montpalau (1742–1831)[5] war es vor allem der Rechtshistoriker Francisco Martínez Marina (1754–1883)[6], dessen Arbeiten den Blick des 19. Jahrhunderts auf die vormodernen Verfassungsverhältnisse nachhaltig beeinflussen sollten[7].

---

[3] Zur Person vgl. *Manfred Ritter*, Gaspar Melchor de Jovellanos (1744–1811). Seine Persönlichkeit und sein Werk in der Geschichte der spanischen Aufklärung. Diss. phil. Mannheim 1965; *Manuel Fernández Álvarez*, Jovellanos, el patriota. 4. Aufl. Madrid 2005; *Fernando Baras Escolà*, El reformismo político de Jovellanos. Nobleza y poder en la España del siglo XVIII. (Ciencias sociales. Vol. 21.) Zaragoza 1993.

[4] Vgl. *Bartolomé Clavero*, Cortes tradicionales e invención de la historia de España, in: Las Cortes de Castilla y León 1188–1988. Actas de la tercera etapa del congreso científico sobre la historia de las Cortes de Castilla y León. Editado por las Cortes de Castilla y León. Valladolid 1990, 147–195, hier 150; *Suárez*, El proceso (wie Anm. 1), 133–183.

[5] Vgl. *José Álvarez Junco*, Capmany y su informe sobre la necesidad de una Constitución, in: Cuadernos Hispanoamericanos 210, 1967, 533–551; allgemein zu Person und Werk vgl. *Francisco José Fernández de la Cigoña/Estanislao Cantero Núñez*, Antonio Capmany (1742–1813): pensamiento, obra histórica, política y jurídica. Madrid 1991; *François Étienvre*, Nación y constitución en Antonio de Capmany, in: Cinta Canterla González (Ed.), Nación y constitución: de la Ilustración al Liberalismo. Sevilla 2006, 265–275.

[6] Zu Person und Werk vgl. *Jaime Alberti*, Martínez Marina. Derecho y política. (Biblioteca académica asturiana. Vol. 1.) Oviedo 1980.

[7] Vgl. insbesondere *Francisco Martínez Marina*, Teoría de las Cortes o grandes Juntas nacionales de los reinos de León y Castilla. Monumentos de su constitución política y de la soberanía del pueblo. Con algunas observaciones sobre la ley fundamental de la monarquía española sancionada en Cádiz a 19 marzo 1812. Madrid 1813. Im folgenden wird die folgende Ausgabe zitiert: *Francisco Martínez Marina*, Teoría de las Cortes. Ed. *José Manuel Pérez-Prendes*. 3 Tle. (Biblioteca de la literatura y el pensamiento hispánicos, Vol. 42.) Madrid 1979.

Ständeversammlungen lassen sich in Kastilien und León bis ins Jahr 1188 zurückverfolgen. Die kastilischen *Cortes* gehören damit zu den ältesten ständischen Institutionen Europas.[8] Die Bemühungen Martínez Marinas und anderer Liberaler aber, die Ursprünge des Prinzips der Volkssouveränität und der Nationalrepräsentation in diesen mittelalterlichen Institutionen aufzufinden, wurden schon von kritischen Zeitgenossen als das entlarvt, was sie waren: eine *invention of tradition*.[9] Dem romantisierenden Bild, das die Liberalen des 19. Jahrhunderts von den mittelalterlichen Verhältnissen zeichneten, stellten sie in logischer Konsequenz das Schicksal der *Cortes* unter den Habsburgern und Bourbonen als Verlustgeschichte gegenüber – ein Narrativ, das zum Teil bis heute fortwirkt.

So ist auch in der neueren Forschung mit Blick auf Kastilien immer wieder vom Machtverlust der einstmals einflußreichen Institution die Rede[10], ja noch vor wenigen Jahren ist das frühneuzeitliche Kastilien gar als ein „Territorium ohne Stände" apostrophiert worden[11] – eine Einschätzung, die freilich schon deshalb verwundern muß, weil die kastilischen *Cortes* bis 1665 in ausgesprochener Regelmäßigkeit tagten, im Schnitt alle zwei bis drei Jahre und damit weitaus häufiger als die Ständeversammlungen der Krone von Aragón.[12] So wird die traditionelle Sichtweise inzwischen auch keineswegs mehr uneingeschränkt geteilt. Andere Autoren sprechen den kastilischen *Cortes* im Gegenteil noch weit bis ins 17. Jahrhundert und zum Teil sogar darüber hinaus eine tragende Rolle insbesondere im Bereich der Finanzpolitik zu.[13] Doch auch

---

[8] Vgl. *Evelyn S. Procter*, Curia and Cortes in Leon and Castile, 1072–1295. Cambridge 1980; *Joseph F. O'Callaghan*, The Cortes of Castile-León 1188–1350. Philadelphia 1989; *Odilo Engels*, Königtum und Stände in Spanien während des späteren Mittelalters, in: Reinhard Schneider (Hrsg.), Das spätmittelalterliche Königtum im europäischen Vergleich. Sigmaringen 1987, 81–121.

[9] Zur zeitgenössischen Kritik vgl. insbesondere *Juan Sempere y Guarinos*, Histoire des Cortès d'Espagne. Bordeaux 1815, bes. V–VII, 403 f.; dazu auch *Clavero*, Cortes tradicionales (wie Anm. 4), 175–178; allgemein zu Sempere y Guarinos *Rafael Herrera Guillén*, Las indecisiones del primer liberalismo español: Juan Sempere y Guarinos. (Biblioteca Saavedra Fajardo de pensamiento político, Vol. 4.) Madrid 2007; *Juan Rico Giménez*, De la ilustración al liberalismo (el pensamiento de Sempere y Guarinos). Alicante 1997.

[10] Vgl. *Juan Manuel Carretero Zamora*, Cortes, monarquía, ciudades: las Cortes de Castilla a comienzos de la época moderna (1476–1515). Madrid 1988; zuletzt ders., Cortes, representación política y pacto fiscal (1498–1518), in: Vincent Challet (Ed.), La sociedad política a fines del siglo XV en los reinos ibéricos y en Europa: ¿Élites, pueblo, súbditos? / La société politique à la fin du XVe siècle dans les royaumes ibériques et en Europe: actes du colloque franco-espagnol de Paris, 26–29 mai 2004. Valladolid 2007, 129–144.

[11] *Pablo Fernández Albaladejo/Julio A. Pardos Martínez*, Castilla, territorio sin Cortes (s. XV–XVIII), in: Revista de las Cortes Generales 15, 1988, 113–208.

[12] Einen Überblick über die ständischen Institutionen in den einzelnen Teilreichen der spanischen Monarchie gibt *Luis González Antón*, Las Cortes en la España del Antiguo Régimen. Madrid 1989.

[13] Vgl. *Charles David Hendricks*, Charles V and the Cortes of Castile. Politics in Renaissance Spain. Diss. phil. Cornell University, Ithaca, NY 1976; *Charles Jago*, Habsburg Absolutism and the Cortes of Castile, in: AHR 86, 1981, 307–326; *ders.*, Crown and Cortes in

wenn diese Einschätzung zutreffen mag – als Projektionsfläche für einen liberalen Verfassungsentwurf taugten die kastilischen *Cortes* in der Frühen Neuzeit jedenfalls nicht.

Dies hat zunächst einmal damit zu tun, daß Klerus und Adel schon im 15. Jahrhundert das Interesse an den Versammlungen der *Cortes* verloren und andere Wege der politischen Partizipation bevorzugten.[14] Im Jahre 1538 wurden die ersten beiden Stände oder Arme (*brazos*), wie sie in den spanischen Quellen genannt werden, letztmalig zu einer ordentlichen Versammlung der *Cortes* geladen. Der Hintergrund war die geplante Einführung einer neuen Verbrauchssteuer (*sisa*). Als Klerus und Adel diesem Projekt ihre Zustimmung verweigerten, kam es zum offenen Bruch zwischen dem Monarchen und den ersten beiden Ständen.[15] Karl V. und seine Nachfolger luden von nun an nur noch die Vertreter der Städte zu den Versammlungen. Jede der insgesamt 18 Städte mit Sitz und Stimme in den *Cortes* entsandte zwei *procuradores*. Diese Einschränkung des Teilnehmerkreises erschien der liberalen Geschichtsschreibung des 19. Jahrhunderts nicht nur gleichbedeutend mit einem Machtverlust der Stände gegenüber dem Monarchen, sondern vor allem auch unvereinbar mit der Vorstellung einer Nationalrepräsentation, so schrieb der bereits erwähnte Antoni Capmany in seinem Bericht für die Ständekommission: „Seit die Vertreter der Städte, die nie die Nation repräsentierten, alleine die *Cortes* bildeten, gab es für den Fürsten kein Hindernis mehr."[16]

Early Modern Spain, in: Parliaments, Estates & Representation 12, 1992, 177–192; *Irving A. A. Thompson*, Crown and Cortes in Castile 1590–1665, in: Parliaments, Estates & Representation 2/1, 1982, 29–45; *ders.*, Absolutism in Castile, in: John Miller (Ed.), Absolutism in Sixteenth Century Europe. Basingstoke 1990, 69–98, bes. 80 ff. (die beiden zuletzt genannten Aufsätze wieder in: *Irving A. A. Thompson*, Crown and Cortes: Government, Institutions and Representation in Early-Modern Castile. [Variorum collected studies series, Vol. 427.] Aldershot 1993, VI, 29–45, V, 69–98); *José Ignacio Fortea Pérez*, Monarquía y cortes en la Corona de Castilla. Las ciudades ante la política fiscal de Felipe II. Valladolid 1990; *ders.*, The Cortes of Castile and Philipp II's Fiscal Policy, in: Parliaments, Estates & Representation 11, 1991, 117–138; zuletzt *ders.*, Orto y ocaso de las Cortes de Castilla, in: José Alcalá-Zamora y Queipo de Llano/Ernest Belenguer Cebrià (Ed.), Calderón de la Barca y la España del Barroco. Madrid 2001, Vol. 1, 779–803; zum Stellenwert der *Cortes* unter den Bourbonen vgl. *Juan Luis Castellano*, Las Cortes de Castilla y su diputación (1621–1789): entre pactismo y absolutismo. Madrid 1990.

[14] Vgl. *César Olivera Serrano*, Las cortes de Castilla y León y la crisis del Reino (1445–1474). El Registro de Cortes. Burgos 1986, bes. 119–152; *ders.*, The Parliamentary Reforms of the Castilian Cortes in 1469: A Victory for the Nobility?, in: Parliaments, Estates & Represenation 10, 1990, 127–131; *Salustiano de Dios*, La evolución de las Cortes de Castilla durante el siglo XV, in: Adeline Rucquoi (Ed.), Realidad e imágenes del poder. España a fines de la Edad Media. Valladolid 1988, 137–169.

[15] Zu den Ereignissen der Jahre 1538/39 vgl. *Juan Sánchez Montes*, 1539. Agobios Carolinos y ciudades castellanas. Granada 1975.

[16] „Desde que los procuradores de las ciudades, que nunca representaban la nación, quedaron solos para formar las Cortes, no encontró obstáculos el Príncipe", zitiert nach: *Álvarez Junco*, Capmany (wie Anm. 5), 536 [soweit nicht anders ausgewiesen, stammen alle Übersetzungen aus dem Spanischen von mir – T. W.].

Nicht weniger anstößig erschien den liberalen Autoren auch der Umstand, daß die *procuradores de Cortes* für ihre Willfährigkeit gegenüber den Steuerforderungen der Krone vom Monarchen in aller Regel äußerst großzügig entlohnt wurden. Seit Karl V. hätten die spanischen Könige „die Kühnheit und die Unverfrorenheit besessen", so das vernichtende Urteil von Martínez Marina,

„die Stimmen der Repräsentanten der Nation zu kaufen, indem sie ihre Habsucht anstachelten mit der Lockspeise von Leibrenten, Ehren, Anstellungen und anderen Gnadenerweisen, die sich noch vervielfachten je nach dem Grad an Unterwürfigkeit und Erniedrigung, mit dem man dem Despotismus diente".[17]

Anders als Capmany sieht Martínez Marina in den Vertretern der Städte also durchaus Repräsentanten der Nation, um freilich ihre Käuflichkeit mit um so schärferen Worten zu geißeln, ein Vorwurf, der aus heutiger Sicht nicht weniger anachronistisch erscheint. In der Sache aber hatte Martínez Marina durchaus recht. Das Amt eines *procurador de Cortes* war für den Inhaber in der Tat äußerst lukrativ. Für die Dauer der *Cortes* – seit der Mitte des 16. Jahrhunderts im Schnitt drei, in Ausnahmefällen bis zu sechs Jahre – residierten die Städtevertreter auf Kosten der Staatskasse am königlichen Hof in Madrid, wo sich ihnen vielfältige Möglichkeiten boten, soziale Netzwerke zu knüpfen und für sich und ihre Angehörigen königliche Vergünstigungen zu erwirken. Neben ihrer nicht unbeträchtlichen Besoldung wurden sie prozentual an den Einkünften aus den von ihnen bewilligten Steuern beteiligt und erhielten für ihre Dienste nachträglich nicht selten noch einen Adelstitel oder die begehrte Mitgliedschaft in einem der drei großen Ritterorden verliehen.[18]

Obgleich wir es hier mit Praktiken zu tun haben, die für die alteuropäischen Gesellschaften insgesamt charakteristisch waren und aus zeitgenössischer Perspektive keineswegs per se als anstößig galten[19], standen die *procuradores*

---

[17] „[...] tuvieron la osadía y desvergüenza de comprar los votos de los representantes de la nación provocando su avaricia con el cebo de pensiones vitalicias, honores, empleos y gracias que se multiplicaban a proporción del abatimiento y humillación con que se servía al dispotismo" (*Martínez Marina*, Teoría de las Cortes [wie Anm. 7], 873).

[18] Vgl. *Fortea Pérez*, Monarquía y cortes (wie Anm. 13), 354–364; *Carretero Zamora*, Cortes, monarquía, ciudades (wie Anm. 10), 341–373; *ders.*, El hábito, una aspiración de los procuradores de las Cortes de Castilla, ss. XVI y XVII, in: Cistercium 216, 1999, 603–627; *Irving A. A. Thompson*, Cortes, Cities and Procuradores in Castile, in: *ders.*, Crown and Cortes (wie Anm. 13), VIII, 1–72 (engl. Übersetzung von: Cortes y ciudades [tipología de los procuradores – extracción social, representatividad], in: Las Cortes de Castilla y León en la Edad Moderna: actas de la segunda etapa del congreso científico sobre la Historia de las Cortes de Castilla y León, Salamanca, del 7 al 10 de abril de 1987. Valladolid 1989, 191–248).

[19] Vgl. *Antoni Mączak* (Hrsg.), Klientelsysteme in Europa der Frühen Neuzeit. (Schriften des historischen Kollegs, Kolloquien, Bd. 9.) München 1988; *Wolfgang Reinhard*, Amici e creature. Politische Mikrogeschichte der römischen Kurie im 17. Jahrhundert, in: QuFiAB 76, 1996, 308–334.

de Cortes aber auch bei vielen ihrer Zeitgenossen, und nicht erst bei den liberalen Historikern des 19. Jahrhunderts, in einem eher zweifelhaften Ruf. Die Kritik entzündete sich indes nicht allein an der geradezu sprichwörtlichen Empfänglichkeit der *procuradores* für die königlichen Vergünstigungen, die sie stets dem Verdacht aussetzten, mehr den Interessen der Krone zu dienen als denen ihrer Städte. Auch die Art und Weise, wie sie zu ihrem Amt gelangten, gab wiederholt Anlaß zur Kritik.

Kurz nach dem Ausbruch des Aufstands der *comunidades*, jener Erhebung der kastilischen Städte gegen Karl V. und seinen Regenten Adrian von Utrecht, die sich an der umstrittenen Bewilligung neuer Steuern durch die *Cortes* von Santiago und La Coruña im Mai 1520 entzündet hatte[20], erklärte die Stadt Burgos, daß für den ganzen Aufruhr die Wahl der *procuradores* verantwortlich gewesen sei. Personen, die der König habe zufriedenstellen wollen, hätten ihre eigene Wahl oder die von Verwandten und Freunden durchgesetzt. Diese auf unlautere Weise zu ihrem Amt gelangten *procuradores* hätten dann aufgrund von Drohungen oder Gewährung weiterer Gnadenerweise den Steuerforderungen der Krone gegen den Willen ihrer Gemeinden (*de sus pueblos*) zugestimmt.[21] Um solche Mißstände zu vermeiden, forderte Burgos, daß die Wähler künftig keinerlei Anweisungen oder Befehle von seiten des Königs mehr erhalten, weder in schriftlicher noch mündlicher Form noch auf sonst irgendeine Art und Weise in ihrer freien Wahl eingeschränkt werden dürften.[22]

---

[20] Vgl. dazu statt vieler den Sammelband von *Fernando Martínez Gil* (Ed.), En torno a las comunidades de Castilla. Actas del congreso internacional „Poder, Conflicto y Revuelta en la España de Carlos I", Toledo, 16 al 20 de octubre de 2000. Cuenca 2002; darin insbesondere den Beitrag von *Juan Manuel Carretero Zamora*, Las Cortes en el programa comunero. ¿Reforma institucional o propuesta revolucionaria?, 233–278; in deutscher Sprache und mit weiterer Literatur ferner *Ludolf Pelizaeus*, Dynamik der Macht. Städtischer Widerstand und Konfliktbewältigung im Reich Karls V. (Geschichte in der Epoche Karls V., Bd. 9.) Münster 2007.

[21] „[…] todos los alborotos y escándalos que en estos reynos han avydo la principal causa ha sido […] por las formas que se an tenydo en las eleçiones de aquellos [procuradores] queryendo su magestad por contentar algunos de sus servidores que estos han querydo más a sus ynteresses propios que al serviçio de su magestad y bien destos reynos que sean elegidos por procuradores de Cortes ellos o sus parientes amigos, e asy por amenazas o merçedes han otorgado contra voluntad de sus pueblos lo que han querydo", zitiert nach: *Hilario Casado Alonso*, Nuevos documentos sobre la guerra de las Comunidades en Burgos, in: La Ciudad de Burgos. Actas del Congreso de Historia de Burgos; MC aniversario de la fundación de la ciudad 884–1984. León 1985. 251. – Eine im Wortlaut geringfügig abweichende Version befindet sich im Archivo General de Simancas (im folgenden: AGS), Patronato Real, leg. 3, n⁰ 124. „Propuestas que la ciudad de Burgos llevó a la Junta de ciudades con voto en Cortes, año 1520", ediert von *María Asenjo González*, in: Juan Manuel Nieto Soria (Ed.), Orígenes de la monarquía hispánica: propaganda y legitimación (ca. 1400–1520). Madrid 1999. 519–529. vgl. dazu auch *Carretero Zamora*, Las Cortes (wie Anm. 20). 250.

[22] „[…] que aquellos que los han de elegir no sean encargados ni mandados de parte de su magestad por escrito ni por palabra, ni en otra manera qualesquiera, de manera que los ele-

Die Forderung nach der Freiheit und Unabhängigkeit der Wahl, wie sie die Stadt Burgos hier erhob, erscheint aus heutiger Sicht unmittelbar einleuchtend. Wirft man aber einen Blick auf die Art und Weise, wie in den einzelnen kastilischen Städten die Vertreter bei den *Cortes* nominiert wurden, so ergibt sich ein überraschender Befund. In fast allen anderen Städten mit Sitz und Stimme in den *Cortes* – mit Ausnahme von Burgos – fand zu dieser Zeit bereits gar keine Wahl im engeren Sinne mehr statt. Die *procuradores de Cortes* wurden vielmehr durch das Los bestimmt, ein Verfahren, das zwar auf seine Weise größtmöglichen Schutz vor Manipulationen bot, aber andere Nachteile in sich barg, weshalb es aus heutiger Sicht für die Bestellung politischer Amtsträger völlig ungeeignet erscheint. Doch auch unter den Zeitgenossen war das Los zur Ermittlung der *procuradores de Cortes* keineswegs unumstritten. Die daraus resultierenden Probleme geißelte etwa der Jesuit Juan de Mariana (1536–1624), einer der prominentesten politischen Denker im frühneuzeitlichen Spanien, im Jahre 1609 mit scharfen Worten:

„[…] die meisten der *procuradores* sind kaum zu gebrauchen, da sie ihr Amt durch das Los erhalten haben, es sind Leute, die in allen Dingen wenig Skrupel haben und entschlossen sind, sich auf Kosten des armen Volks ihre Taschen zu füllen".[23]

Ungeachtet solcher Kritik setzte sich das Losverfahren in je unterschiedlicher Ausprägung im Verlauf des 16. Jahrhunderts in fast allen Städten mit Sitz und Stimme in den *Cortes* durch und erwies sich auch in der Folgezeit als ausgesprochen resistent gegenüber gesellschaftlichen und politischen Umbrüchen.

Dieses Phänomen erscheint aus heutiger Sicht erklärungsbedürftig. Um besser zu verstehen, warum die kastilischen Städte in der Frühen Neuzeit ein so wichtiges Amt wie das des *procurador de Cortes* per Los vergaben, gilt es zunächst, die unterschiedlichen Wahl- beziehungsweise Auswahlverfahren in den kastilischen Städten näher in den Blick zu nehmen. Ein besonderes Augenmerk soll dabei dem Verhältnis von Technik und Symbolik der Verfahren gelten. Vor diesem Hintergrund wird dann zu klären sein, aus welchen Gründen es im Laufe des 15. und 16. Jahrhunderts zur Ablösung der zuvor üblichen Wahl- durch Losverfahren kam. Antworten auf diese Frage sind, wie sich zeigen wird, vornehmlich in den innerstädtischen politischen und sozialen Gegebenheiten zu finden. Das Amt des *procurador de Cortes* war nun aber gerade ein Amt, das über den Rahmen der einzelnen Stadt hinauswies. Die *Cortes* verkörperten pars pro toto den gesamten Herrschaftsverband, ihre Entscheidungen galten für alle Untertanen der kastilischen Krone als bindend.

---

tores tengan franco albedryo y voluntad libre para escoger las tales personas y hazer las eleciones […]", zitiert nach: *Casado Alonso*, Nuevos documentos (wie Anm. 21), 251.

[23] „[…] los más de ellos son poco a propósito, como sacados por suertes, gentes de poco ajobo en todo y que van resueltos á costa del pueblo miserable a henchir sus bolsas" (*Juan de Mariana*, Tratado y discurso sobre la moneda de vellón [1609]. Estudio introductorio: Lucas Beltrán. Madrid 1987, 36).

Vor allem aus diesem Grund erscheint das Losverfahren zur Nominierung der
procuradores de Cortes aus heutiger Sicht so befremdlich. Abschließend soll
daher der Frage nachgegangen werden, ob und wie sich die Nominierung der
Vertreter der Städte bei den *Cortes* durch das Los mit dem zeitgenössischen
Konzept politischer Repräsentation vereinbaren ließ.

II. Die Nominierung der *procuradores de Cortes* in den kastilischen Städten: Technik und Symbolik der Verfahren

Bereits um 1435 hatte sich der Kreis der Städte mit Sitz und Stimme in den
Cortes auf jene 17, später 18 Städte verengt, die bis zur Mitte des 17. Jahrhun-
derts das alleinige Recht besaßen, jeweils zwei Vertreter zu den kastilischen
Ständeversammlungen zu entsenden. Dabei handelte es sich um die Städte
Burgos, León, Granada (das nach der christlichen Wiedereroberung 1492 hin-
zutrat), Sevilla, Córdoba, Murcia, Jaén, Ávila, Cuenca, Guadalajara, Madrid,
Salamanca, Segovia, Soria, Toro, Valladolid, Zamora und Toledo. Die Art und
Weise, wie die einzelnen Städte ihre Vertreter bei den *Cortes* nominierten, va-
riierte von Stadt zu Stadt zum Teil erheblich. Gleichwohl lassen sich durchaus
Gemeinsamkeiten und allgemeine Entwicklungslinien erkennen.[24]

Eine Ausnahmestellung nahm die Stadt Burgos ein, jene Stadt, die sich im
Zusammenhang mit dem *comuneros*-Aufstand besonders pronociert für das
Recht der Städte ausgesprochen hatte, ihre *procuradores de Cortes* in freier
Wahl zu bestimmen. Als Haupt Kastiliens hatte Burgos nicht nur den Vorsitz
innerhalb der *Cortes* inne – wenngleich den Burgalesen dieses Privileg seit
Jahrhunderten von den Toledanern streitig gemacht wurde[25] –, Burgos war
auch die einzige Stadt, in der die *procuradores de Cortes* bis zum Ende des
Ancien Régime in geheimer Wahl bestimmt wurden. Diesen Umstand hebt
auch Martínez Marina in seiner „Teoría de las Cortes" mit Nachdruck hervor:

„Aus Burgos kommen zwei Vertreter zu den kastilischen *Cortes* [...], die durch eine Wahl
bestimmt werden, um die geeignetsten Subjekte zu finden, und so wird durch die Wahl in
aller Regel das Richtige getroffen, während das Los sich meistens irrt."[26]

[24] Vgl. zum Folgenden *Carretero Zamora*, Cortes, monarquía, ciudades (wie Anm. 10),
303–341; *Fortea Pérez*, Monarquía y cortes (wie Anm. 13), 350–354.
[25] Zu den Rangstreitigkeiten zwischen Burgos und Toledo vgl. *Eloy Benito Ruano*, La
prelación ciudadana. Las disputas por la precedencia entre las ciudades de la Corona de
Castilla. Toledo 1972; *Thomas Weller*, War Kastilien anders? Zeremoniell und Verfahren
der kastilischen Cortes (1538–1665), in: Tim Neu/Michael Sikora/Thomas Weller (Hrsg.),
Zelebrieren und Verhandeln. Zur Praxis ständischer Institutionen in frühneuzeitlichen
Europa. (Symbolische Kommunikation und gesellschaftliche Wertesysteme, Bd. 27.)
Münster 2009, 61–88, hier 76–80.
[26] „Desta ciudad de Burgos vienen a las Cortes de Castilla dos procuradores [...] sacados
por su elección buscando los sugetos más a propósito, y ansi lo más ordinario aciertan por

Mit einer Wahl im modernen Sinne hatte das Nominierungsverfahren in Burgos jedoch bei näherem Hinsehen nur wenig gemeinsam. Zunächst einmal war der Kreis der Wähler und der Kandidaten äußerst überschaubar, was mit der von der Krone beförderten oligarchischen Abschließung der kastilischen Stadträte zusammenhing, einer Entwicklung, die bereits im 14. Jahrhundert einsetzte und auch vor Burgos nicht haltmachte. Schon unter Alfons XI. wurden 1345 die sogenannten *regimientos* eingeführt. Die politische Macht in den Städten ruhte von nun an nicht mehr in den Händen der sogenannten *concejos abiertos*, der offenen Stadträte mit einer relativ breiten sozialen Basis, sondern ging auf die vom König bestellten *regidores* über.[27] Zum *regidor* ernannt wurden ausschließlich Angehörige der städtischen Oberschicht, meist handelte es sich dabei um Mitglieder alteingesessener stadtadeliger Geschlechter. Vorbehaltlich der Genehmigung durch den König konnten die Inhaber, wenn sie aus dem Amt ausschieden, ihren Sitz im Stadtrat an eine Person ihrer Wahl weitergeben. Die weitverbreitete Praxis dieser sogenannten *renuncias* sorgte erst recht dafür, daß einzelne Ratssitze fest im Besitz bestimmter Familien blieben und von einer Generation an die nächste weitergegeben wurden.[28]

Dem *regimiento* wurde ebenfalls bereits unter Alfons XI. als Organ der Rechtsprechung die sogenannte *justicia* an die Seite gestellt, die aus sechs *alcaldes mayores*, einem *escribano* und dem *corregidor* bestand. Bei letzterem handelte es sich um einen auf Zeit eingesetzten Beamten der Krone, der stets aus einer anderen Stadt stammte, neben der Ausübung der höchsten Gerichtsgewalt innerhalb der Stadtmauern auch die Sitzungen des *regimiento* leitete

la elección, lo que por la suerte suele errarse" (*Martínez Marina*, Teoría de las Cortes [wie Anm. 7], 437).

[27] Bei diesem Prozeß handelte es sich jedoch weniger um eine ‚Revolution von oben' als vielmehr um eine königliche Sanktionierung weiter zurückreichender Oligarchisierungstendenzen in den Städten, vgl. für Burgos *Teófilo F. Ruiz*, The Transformation of Castilian Municipalities: The Case of Burgos 1248–1350, in: P & P 77, 1977, 3–32, bes. 27; *Juan Antonio Bonachía*, El concejo de Burgos en la baja Edad Media (1345–1426). Valladolid 1978; allgemein *Manuel Fernando Ladero Quesada*, Las ciudades de la Corona de Castilla en la baja Edad Media (siglos XIII al XV). Madrid 1996, 35–61; *Juan Antonio Bonachía/ Juan Carlos Marín Cea*, Oligarquías y poderes concejiles en la Castilla bajomedieval: balance y perspectivas, in: Revista d'història medieval 9, 1998, 17–40.

[28] Vgl. *José María Monsalvo Antón*, Parentesco y sistema concejil. Observaciones sobre la funcionalidad política de los linajes urbanos en Castilla y León (siglos XIII–XV), in: Hispania 53, 1993, 937–969; *Máximo Diago Hernando*, El papel de los linajes en las estructuras de gobierno urbano en Castilla y en el Imperio Alemán durante los siglos bajomedievales, in: En la España Medieval 20, 1997, 143–177; *Rafael Sánchez Saus*, Los patricios urbanos, in: Miguel Ángel Ladero Quesada (Ed.), El mundo social de Isabel la Católica: la sociedad castellana a finales del siglo XV. Madrid 2004, 143–155; *Mauro Hernández*, Ayuntamientos urbanos, trampolines sociales. Reflexiones sobre las oligarquías locales en la Castilla moderna, in: Mélanges de la Casa de Velázquez 34, 2004, 91–114; *María Isabel del Val Valdivieso*, Élites populares urbanas en la época de Isabel I de Castilla, in: Challet (Ed.), La sociedad política (wie Anm. 10), 33–48.

und erheblichen Einfluß auf dessen politische Entscheidungen hatte.[29] An den gewöhnlichen Sitzungen des Stadtrats (*cabildo*) nahmen in Burgos außerdem noch zwei gewählte Vertreter der Bürgerschaft teil, die allerdings – wie in den anderen kastilischen Städten auch – schon seit dem Spätmittelalter nur noch Sitze, aber keine Stimmen mehr im Rat hatten.

Sowohl hinsichtlich der Oligarchisierungstendenzen des Stadtrats wie auch im Hinblick auf den gewachsenen Einfluß der Krone auf die städtische Politik fügte sich Burgos also durchaus in das Panorama ein, das sich in der Frühen Neuzeit in ganz Kastilien bot.[30] Um so erstaunlicher erscheint es, daß in Burgos, anders als in allen übrigen Städten mit Vertretung in den *Cortes*, die beiden Vertreter der Stadt bei den Ständeversammlungen auch weiterhin in geheimer Wahl bestimmt wurden. Zu diesem Zweck kamen die zum Zeitpunkt der Wahl in der Stadt befindlichen *regidores* (maximal 16) und die sechs *alcaldes mayores* in der zur Kathedrale von Burgos gehörigen Kapelle San Juan Bautista zusammen, wo sich auch der Stadtrat zu seinen gewöhnlichen Sitzungen versammelte. Die Wahl begann mit der Verteilung von Listen mit den Namen der Kandidaten. Jeder Anwesende erhielt einen Zettel, auf dem die Namen aller anderen Anwesenden, ohne den des Wählers, aufgelistet waren. Dann verließ jeder Wähler einzeln den Raum und entnahm der Liste zwei Namen, die in Anwesenheit des *corregidor* und des *escribano* in einen Kasten geworfen wurden. Anschließend wurden die Stimmen ausgezählt und die beiden Kandidaten, auf welche die meisten Stimmen entfallen waren, der Versammlung bekanntgegeben. Bis zur Mitte des 16. Jahrhunderts wurde die exklusive Öffentlichkeit beim anschließenden Akt der Verleihung der Vollmachten an die Gewählten noch durch Hinzuziehung von Vertretern der Gemeinde

---

[29] Vgl. *Benjamín González Alonso*, El corregidor castellano (1348–1800). Madrid 1970; *Agustín Bermúdez Aznar*, El corregidor en Castilla durante la baja Edad Media (1348–1474). Murcia 1974; *Marvin Lunenfeld*, Keepers of the City. The Corregidores of Isabella I of Castile (1474–1504). Cambridge 1987; *Yolanda Guerrero Navarrete*, Orden público y corregidor en Burgos (siglo XV), in: Anales de la Universidad de Alicante. Historia medieval 13, 2000, 59–102.

[30] Vgl. dazu neben den in Anm. 28 genannten Titeln auch *Fortea Pérez*, Monarquía y cortes (wie Anm. 13), 179–206; *ders.*, Poder real y poder municipal en Castilla en el siglo XVI, in: Reyna Pastor/Ian Kieniewicz/Eduardo García de Entierra (Eds.), Estructuras y formas del poder en la historia. (Acta Salmanticencia. Estudios históricos y geográficos.) Salamanca 1991, 117–142. – Ein gänzlich anderes Bild von den Verhältnissen im frühneuzeitlichen Spanien zeichnen *Helen Nader*, Liberty in Absolutist Spain. The Habsburg Sale of Towns, 1516–1700. Baltimore/London 1990, und im Anschluß daran *Peter Blickle*, Kommunalismus. Skizzen einer gesellschaftlichen Organisationsform. Bd. 2: Europa. München 2000, 45–54. Insbesondere Blickles Darstellung der städtischen Verfassungsverhältnisse ignoriert in weiten Teilen die Ergebnisse der spanischen Forschung und entwirft ein Panorama, das zumindest für die größeren Städte Kastiliens kaum zutreffend ist; von einer „strong tradition of town democracy" (*Nader*, Liberty. 8) kann dort schon seit dem Spätmittelalter eigentlich nicht mehr die Rede sein.

erweitert – ganz offenkundig ein symbolischer Rest gemeindlicher Mitbestimmung –, 1576 kam aber auch diese Praxis zum Erliegen.[31]

In Burgos wurde also tatsächlich gewählt; inwieweit das dort übliche Verfahren aber die Auswahl der geeignetsten Personen ermöglichte, wie Martínez Marina unterstellt, erscheint nicht nur angesichts des exklusiven Kreises der Wähler und Kandidaten fraglich. Die geheime Wahl ließ zwar keine Rückschlüsse darauf zu, wer wem seine Stimme gab, eine Autonomie des Verfahrens gegenüber externen Einflüssen aber war dadurch allein noch nicht gewährleistet. Daß wir es hier keineswegs mit einer freien Wahl im modernen Sinne zu tun haben, läßt sich schon daran ablesen, daß einzelne Familien bei der Vergabe der Ämter stark überrepräsentiert waren. So gelang es beispielsweise der Familie Cartagena zwischen 1505 und 1515 gleich bei fünf aufeinanderfolgenden Wahlen, eines ihrer Familienmitglieder als *procurador de Cortes* durchzusetzen.[32] Dies läßt vermuten, daß es unter den zur Wahl berechtigten Personen Absprachen und informelle Vereinbarungen gab, die außerhalb des eigentlichen Verfahrens lagen. Die Machtbeziehungen zwischen den Burgaleser Familienverbänden und Interessengruppen müssen dabei so stabil gewesen sein, daß es wegen des Wahlergebnisses nicht oder nur sehr selten zu Konflikten kam. Nur so ist wohl zu erklären, daß man in Burgos, anders als in fast allen übrigen Städten, nie auf das Losverfahren rekurrierte.

Der starke Einfluß von bestimmten Familienverbänden oder Geschlechtern, den sogenannten *linajes* – in Burgos lag die politische Macht am Ausgang des 15. Jahrhunderts in den Händen von vier oder fünf großen Familien[33] –, prägte in allen Städten den politischen Alltag und insbesondere auch

---

[31] Ein solches Spannungsverhältnis zwischen Exklusivität der Wahlhandlung und symbolischer Partizipation der Gemeinde läßt sich auch bei vielen städtischen Wahlverfahren im Heiligen Römischen Reich beobachten. Möglicherweise handelte es sich hier um ein für städtische Wahlen insgesamt charakteristisches Phänomen, vgl. dazu auch den Beitrag von Gerd Schwerhoff in diesem Band; allgemein zur Ratswahl (mit weiterer Literatur) *Dietrich W. Poeck*, Rituale der Ratswahl. Zeichen und Zeremoniell der Ratssetzung in Europa (12.–18. Jahrhundert). (Städteforschung, Rh. A, Bd. 60.) Köln 2003; *Antje Diener-Staeckling*, Der Himmel über dem Rat. Zur Symbolik der Ratswahl in mitteldeutschen Städten. (Studien zur Landesgeschichte, Bd. 19.) Halle 2008; für das frühneuzeitliche Leipzig *Thomas Weller*, Theatrum Praecedentiae. Zeremonieller Rang und gesellschaftliche Ordnung in der frühneuzeitlichen Stadt: Leipzig 1500–1800. Darmstadt 2006, 145–174; *ders.*, Ritual oder politisches Verfahren? Zum Status der Ratswahl im frühneuzeitlichen Leipzig, in: Stadtgeschichte. Mitteilungen des Leipziger Geschichtsvereins, Jahrbuch 2008, 13–35.
[32] Vgl. *Carretero Zamora*, Cortes, monarquía, ciudades (wie Anm. 10), 334.
[33] Vgl. *Yolanda Guerrero Navarrete/José María Sánchez Benito*, La Corona y el poder municipal. Aproximación a su estudio a través de la elección a procuradores en Cortes en Cuenca y Burgos en el siglo XV, in: Las Cortes de Castilla y León (wie Anm. 4), 381–399, hier 395; *Yolanda Guerrero Navarrete*, Fórmulas de transmisión del poder en el sistema oligárquico burgalés, in: La Ciudad de Burgos (wie Anm. 21), 173–183; *Paul Hiltpold*, Noble Status and Urban Privilege: Burgos 1572, in: The Sixteenth Century Journal 12, 1981, 21–44.

die Praxis der Ämtervergabe. Während der Einfluß der *linajes* in Burgos aber offenbar rein informeller Natur war, fand er in anderen Städten auch institutionellen Niederschlag, insbesondere bei den Verfahren der Ämtervergabe. Dieser Zusammenhang läßt sich am Beispiel von Valladolid besonders deutlich erkennen. Seit dem Mittelalter dominierten dort zwei große Geschlechter, das der Tovar und das der Reoyo, das politische Leben der Stadt. Zwar ging deren Einfluß angesichts des wachsenden Zuzugs von Ortsfremden sowie aufgrund zunehmender Eingriffe der Krone in die städtische Politik im Verlauf der Frühen Neuzeit allmählich zurück, was sich unter anderem an der Besetzung des *regimiento* und anderer städtischer Ämter ablesen läßt. Die Nominierung der *procuradores de Cortes* aber blieb von diesen Tendenzen bemerkenswerterweise unberührt.[34]

Unmittelbar nach Erhalt des Ausschreibens (*convocatoria*) zu den jeweiligen *Cortes* mit der Aufforderung, *procuradores* zu nominieren, leitete der Stadtrat von Valladolid das Ausschreiben umgehend an die Oberhäupter der Tovar und der Reoyo weiter. Beide Geschlechter benannten daraufhin je einen *procurador*. Häufig standen letztere auch bereits fest, das heißt, schon vor Eingang des königlichen Ausschreibens hatten sich die Betreffenden dem Stadtrat als designierte *procuradorers* für die nächsten *Cortes* präsentiert. Die beiden großen Geschlechter der Tovar und der Reoyo setzten sich wiederum aus vier oder fünf kleineren Familienverbänden zusammen, die sich nach einem durch das Los bestimmten Turnus mit der Besetzung der Prokurationen abwechselten, so daß keiner dieser Unterverbände bei zwei aufeinanderfolgenden *Cortes* einen *procurador* stellen konnte. Dieses Verfahren war im Prinzip unstrittig und gab im gesamten 16. und 17. Jahrhundert nicht einmal Anlaß zu Konflikten. Weitaus problematischer gestaltete sich jedoch mithin das Nominierungsverfahren innerhalb des jeweiligen Familienverbands, der turnusgemäß an der Reihe war. Zu diesem Zweck versammelten sich alle Familienoberhäupter des betreffenden Verbandes an dem für solche Zusammenkünfte üblichen Ort. Dort stellten sich nun mehrere Kandidaten der Versammlung vor, die für ihre Verdienste warben und aus denen dann in einer offenen Abstimmung der zukünftige *procurador* nach Maßgabe des Alters und der Verdienste seiner Familie bestimmt wurde. Gewaltsam ausgetragene Konflikte aus diesem Anlaß waren durchaus keine Seltenheit, nahmen im 16. Jahrhundert aber bereits zunehmend die Form eines Rechtsstreits an.

Die in Burgos und Valladolid üblichen Nominierungsverfahren stellten jedoch – in je unterschiedlicher Weise – Ausnahmen von der Regel dar. Denn in fast allen anderen Städten mit Sitz und Stimme in den *Cortes* wurden die *pro-*

---

[34] Vgl. zum Folgenden *Montserrat Caballero Villa/Eduardo Pedruelo Martín*, Valladolid y sus procuradores de Cortes (1592–1621), in: Las Cortes de Castilla y León (wie Anm. 4), 463–476; *Bartolomé Bennassar*, Valladolid au siècle d'or. Une ville de Castille et sa campagne au XVIᵉ siècle. (Civilisations et Sociétés, Vol. 4.) Paris 1967, 407–411.

curadores spätestens seit der zweiten Hälfte des 16. Jahrhunderts durch das Los bestimmt. Unterschiede bestanden lediglich hinsichtlich der Zusammensetzung des in das Losverfahren einbezogenen Personenkreises.[35] In Toledo und Sevilla wurde der eine *procurador* aus dem Kreis der *regidores* ermittelt. Der zweite *procurador* mußte ein *jurado* sein. Bei den *jurados* handelte es sich ursprünglich um gewählte Vertreter der Gemeinde, die bei den Sitzungen des Stadtrats anwesend waren, dort jedoch kein Stimmrecht besaßen. Der Gegensatz zwischen *regidores* und *jurados* wurde allerdings aufgrund der quer zu dieser verfassungsmäßigen Unterscheidung verlaufenden Klientel- und Patronagenetzwerke bereits im Spätmittelalter zunehmend aufgeweicht. Im Verlauf des 16. Jahrhunderts geriet auch das Amt des *jurado* mehr und mehr in den Sog der innerstädtischen Oligarchisierungstendenzen, verlor in den meisten Städten gänzlich seinen Charakter als Wahlamt und wurde vielfach käuflich. Von einer politischen Vertretung der Gemeinde im Stadtrat konnte auch hier längst keine Rede mehr sein.[36]

In Zamora, Cuenca, Guadalajara und Madrid wurde der zweite *procurador* aus dem Kreis der in der Stadt ansässigen Adeligen, der *caballeros* oder *hidalgos*, ermittelt, die keinen Sitz im Stadtrat hatten. In den übrigen zehn Städten mit Vertretung in den *Cortes*, León, Granada, Córdoba, Murcia, Jaén, Ávila, Toro, Salamanca, Soria und Segovia, entstammten beide *procuradores* dem engeren Kreis der *regidores*, wobei in Soria, Salamanca und Segovia, ähnlich wie in Valladolid, die Zugehörigkeit zu einem von zwei beziehungsweise drei großen Geschlechtern eine zusätzliche Rolle spielte. In Jaén und offenbar auch in Murcia und Ávila wechselten sich die *regidores* nach einem festen Rotationsmechanismus, der sogenannten *rueda*, mit der Bekleidung des Amtes ab. Und auch in anderen Städten war es üblich, daß diejenigen, die schon einmal *procurador* gewesen waren, so lange aussetzen mußten, wie es andere Kandidaten gab, auf die das Los noch nicht gefallen war.

In vielen Städten setzte sich das Losverfahren allerdings erst im 16. Jahrhundert durch. In León beispielsweise griff man zunächst nur dann auf das Los zurück, wenn die zuvor übliche namentliche Abstimmung kein einhelliges Ergebnis erbracht hatte. Noch besser läßt sich dieser Wandel in Granada studieren, wo er sich innerhalb weniger Jahrzehnte vollzog.[37] Die Stadt war erst 1492, als letzte muslimische Enklave auf der Iberischen Halbinsel, von den Christen zurückerobert worden und entsandte erstmals 1498 anläßlich der

---

[35] Vgl. *Carretero Zamora*, Cortes, monarquía, ciudades (wie Anm. 10), 311–330.
[36] Vgl. *Fortea Pérez*, Monarquía y cortes (wie Anm. 13), 181 f.; *Joaquín Cerda Ruiz-Funés*, Consideraciones sobre el municipio castellano de la Edad Moderna, Juraderías y Jurados de Murcia, Toledo y Sevilla, in: Actas del IV Symposium de Historia de la Administración. Madrid 1983, 125–158.
[37] Vgl. zum Folgenden *Carretero Zamora*, Cortes, monarquía, ciudades (wie Anm. 10), 305–308.

Huldigung für Prinzessin Isabella von Portugal Vertreter zu den *Cortes*. Am
30. März 1498 wurden diese bei einer regulären Sitzung des *regimiento* aus
dem Kreis der *regidores* per Abstimmung nach dem Umfrageprinzip nominiert. Jeder der Stimmberechtigten begründete dabei seine Präferenz für einen
bestimmten Kandidaten, indem er dessen besondere Qualitäten und Eignung
für das Amt hervorhob. Die letzte Stimme hatte dabei stets der *corregidor*, der
das Ergebnis feststellte und sich üblicherweise der Mehrheit anschloß. In den
ersten Jahrzehnten des 16. Jahrhunderts wurden die Protokolle über die Abstimmung dann immer kürzer, bis sie nur noch den Namen des Abstimmenden
und die der vorgeschlagenen Kandidaten enthielten, was bereits auf eine zunehmende Formalisierung des Verfahrens schließen läßt.

   Der bis dato in Granada übliche Modus der Nominierung der *procuradores
de Cortes* wies die Merkmale des für vormoderne Korporationen generell ty-
pischen Umfrageverfahrens auf. Die Hierarchie der beteiligten Personen
wurde im Verfahren nicht nur symbolisch abgebildet, sie präjudizierte in aller
Regel auch die Entscheidung. Technische und symbolische Verfahrenselemente kamen so gleichsam zur Deckung.[38] Im Falle von Granada kam dabei
vor allem die alle anderen überragende Stellung des Conde de Tendilla zum
Ausdruck. Íñigo López de Mendoza y Quiñones, der zweite Conde de Tendilla, war der Eroberer von Granada und hatte, wie seine Nachfolger, neben
dem Amt des Generalkapitäns auch einen Sitz im *regimiento* inne.[39] Der
Conde gab bei den Abstimmungen stets als erster seine Stimme ab. Die übrigen *regidores* schlossen sich seinem Votum in der Regel an, sofern sie nicht
den Conde de Tendilla selbst für das Amt des *procurador de Cortes* vorschlu-
gen. Letzterer nahm allerdings nur ein einziges Mal, im Jahr 1510, die Wahl
an.

   In der zweiten Hälfte des 16. Jahrhunderts wurde die Abstimmung nach
dem Umfrageprinzip aber auch in Granada durch das in den meisten anderen
Städten bereits übliche Losverfahren ersetzt. Über den genauen Ablauf dieses
in den Quellen als *sorteo* oder *insaculación* bezeichneten Verfahrens ist wenig
bekannt. Lediglich für das benachbarte Córdoba ist eine detaillierte Beschreibung des Verfahrens überliefert. Am 9. Dezember 1575 versammelten sich
die *regidores*, um aus ihrer Mitte zwei *procuradores de Cortes* zu nominieren.
Über den weiteren Ablauf des Verfahrens heißt es in der Quelle:

---

[38] Vgl. *Barbara Stollberg-Rilinger*, Einleitung, in: dies. (Hrsg.), Vormoderne politische
Verfahren. (ZHF, Beih. 25.) Berlin 2001, 9–24, hier 17 f.; *Weller*, Ritual oder politisches
Verfahren (wie Anm. 31).
[39] Vgl. *Juan Manuel Martín García*, Íñigo López de Mendoza: el Conde de Tendilla. Co-
mares 2003; *José Szmolka Clares*, El Conde de Tendilla: primer capitán general de Granada. Granada 1985.

„Alle besagten Herren *veinticuatros*[40], deren Namen hier geschrieben stehen, sind zusammen 24 an der Zahl. Ihre Namen wurden auf gleich aussehende Zettel geschrieben, je ein Name auf einen Zettel. Und als man damit fertig war, wurde ein Kasten geholt, in dem sich die Haselnüsse aus Silber und ein Tonkrug befanden. Jedem der besagten *veinticuatros* wurden ein Zettel mit seinem Namen und eine silberne Haselnuß überreicht, in die er den Zettel hineinstecken mußte. [...] Der Herr *corregidor* warf die Nüsse danach eigenhändig in den Tonkrug. Nachdem sich alle Nüsse im Krug befanden, wurden sie noch einmal herausgenommen, auf dem Boden ausgebreitet und gezählt. Es waren 24. Dann kamen die Nüsse wieder in den Krug. Salvador, ein etwa acht oder neun Jahre alter Junge, schüttelte den Krug und zog dann zwei Nüsse, die geöffnet wurden. Die Namen auf den darin enthaltenen Zetteln lauteten [...]."[41]

Auffällig an dieser Beschreibung ist auch hier das Ineinandergreifen von technisch-instrumentellen und symbolisch-expressiven Elementen. Ziel des Verfahrens, dies zeigt besonders der Kontrast mit dem Umfrageverfahren, war die weitestmögliche Ausschaltung externer Einflüsse und Manipulationen. Diesem Ziel dienten sowohl das nochmalige Nachzählen der Nüsse wie auch die Tatsache, daß diese nicht von den *regidores* selbst, sondern vom *corregidor* in den Krug geworfen wurden, der selbst nicht wählbar war und den korrekten Ablauf des Verfahrens überwachte. War das Umfrageprinzip durch die hierarchischen Strukturen innerhalb des *regimiento* geprägt, so garantierte das Losverfahren absolute Chancengleichheit und brachte auch symbolisch die Gleichrangigkeit der Wähler und Kandidaten zum Ausdruck. Einem kleinen Jungen wurde die Aufgabe zuteil, gleichsam in kindlicher Unschuld die Lose zu ziehen. Zur Aufbewahrung diente ein einfacher Tonkrug, auf edlere Materialien wurde hier offenbar bewußt verzichtet. Allerdings waren die Behälter für die Zettel mit den Namen der Kandidaten aus Silber. Warum diese gerade die Form von vermutlich kunstvoll gearbeiteten Haselnüssen hatten – vielleicht um das Anfertigen von Duplikaten zu erschweren? –, läßt sich nicht mit Sicherheit sagen. Das Kind als Symbol der Unschuld könnte aber möglicherweise auch als Appell zur Wahrung des inneren Friedens gedeutet werden.

Denn der Hauptgrund, warum sich in fast allen kastilischen Städten das Losverfahren zur Bestimmung der *procuradores de Cortes* durchsetzte, ist

---

[40] So die in den andalusischen Städten übliche Bezeichnung für die *regidores*, deren Zahl in der Praxis jedoch variieren konnte.
[41] „Todos los dichos cavalleros veinticuatros cuyos nombres aquí se han escrito son veinticuatro, y se escribieron sus nombres en papeles parejos, cada uno en un papel, y así escritos se trajo una caja donde estaban las avellanas de plata y un cántaro de barro, y se entregaron a cada uno de los dichos veinticuatro un papel escrito en él su nombre y una avellana de plata para que lo meta en él [...], se echaron por mano del señor corregidor en el cántaro, y echadas se volvieron a sacar en el suelo y estando en él se contaron y hubo veinte y cuatro avellanas, volviéronse a echar en el cántaro, meneose y meneadas por Salvador, muchacho de hasta ocho o nueve años al parecer, fueron sacadas dos avellanas que se abrieron y sus nombres decían [...]" (Actas de las Cortes de Castilla, publicadas por acuerdo del Congreso de los Diputados, a propuesta de su Comisión de Gobierno Interior, t. 5 adicional, Códice restaurado. Madrid 1885, 157–158).

wohl in den zahlreichen innerstädtischen Spannungen und Konflikten zu finden, wie sie für das spätmittelalterliche Kastilien charakteristisch waren. Mithin gewalttätige Auseinandersetzungen zwischen verfeindeten Familienverbänden und Parteiungen waren noch bis ins 16. Jahrhundert geradezu an der
Tagesordnung und entzündeten sich besonders häufig aus Anlaß von Wahlen;
die Verhältnisse in Kastilien erscheinen mit denen in Italien in dieser Hinsicht
durchaus vergleichbar.[42]

Das Losverfahren war wie kaum ein anderes Nominierungsverfahren dazu
geeignet, Konflikte um die Verteilung politischer Ämter zu entschärfen, da es
größtmögliche Sicherheit gegenüber Manipulation bot. Keine Seite konnte
der anderen vorwerfen, Einfluß auf die Ämtervergabe genommen zu haben.[43]
Und auch den Eingriffen der Krone war auf diese Weise ein wirksamer Riegel
vorgeschoben. Der Preis für die Ausschaltung jeglicher externer Einflüsse auf
das Verfahren war allerdings hoch: Auch die Stadträte selbst gaben damit jeglichen Einfluß auf die Auswahl ihrer Vertreter bei den *Cortes* preis. Allerdings
war der Kreis der Personen, die überhaupt für das Amt in Frage kamen, in den
meisten Städten bereits auf die Angehörigen der städtischen Führungselite begrenzt. Trotzdem konnte es vorkommen, daß Personen mit dem begehrten
Amt betraut wurden, die für dessen Verrichtung aus unterschiedlichen Gründen nicht geeignet erschienen.

1646 etwa traf das Los in Madrid einen *regidor*, der zwei Jahre zuvor noch
wegen Betrugs und Veruntreuung seines Sitzes im Stadtrat enthoben worden
war. Nur weil es ihm gelungen war, beim König eine Begnadigung zu erwirken, war er überhaupt zum Losverfahren zugelassen worden.[44] Über Nicolás
de Carrión, der im selben Jahr 1646 die Stadt Zamora auf den *Cortes* vertreten
sollte, klagte der Stadtrat, er sei überhaupt nicht in der Lage, das Amt eines
procurador zu versehen, da er weder lesen noch schreiben könne und noch
weitere persönliche Mängel besitze, über die man aus Respekt vor den *Cortes*
lieber schweigen wolle. Der Rat von Zamora verweigerte Carrión aus diesem

---

[42] Vgl. dazu den Beitrag von Christoph Dartmann in diesem Band sowie *Hagen Keller*,
„Kommune": Städtische Selbstregierung und mittelalterliche „Volksherrschaft" im Spiegel
italienischer Wahlverfahren des 12. bis 14. Jahrhunderts, in: Gerd Althoff u. a. (Hrsg.), Person und Gemeinschaft im Mittelalter. Karl Schmid zum 65. Geburtstag. Sigmaringen 1988,
537–616; *ders.*, Wahlformen und Gemeinschaftsverständnis in den italienischen Stadtkommunen (12./14. Jahrhundert), in: Reinhard Schneider/Harald Zimmermann (Hrsg.), Wahlen und Wählen im Mittelalter. (VuF. Bd. 37.) Sigmaringen 1990, 345–374; *Ulrich Meier*,
„Nichts wollen sie tun ohne die Zustimmung ihrer Bürger". Symbolische und technische
Formen politischer Verfahren im spätmittelalterlichen Florenz, in: Stollberg-Rilinger
(Hrsg.), Vormoderne politische Verfahren (wie Anm. 38), 175–206.
[43] Darin sieht auch *Keller*, Kommune (wie Anm. 42), 610, das Hauptmotiv für die zunehmende Verlosung von Ämtern in den italienischen Kommunen; vgl. zu Florenz auch *Meier*,
Nichts wollen sie tun (wie Anm. 42), 188.
[44] *Thompson*, Cortes. Cities and Procuradores (wie Anm. 18), 9.

Grunde die Erteilung der notwendigen Vollmacht für die Vertretung der Stadt bei den *Cortes*, was aber offenbar folgenlos blieb.[45]

Solche extremen Fälle waren sicher nicht die Regel, mögen aber ihrerseits einer Praxis Vorschub geleistet haben, welche die spezifischen Vorzüge des Losverfahrens konterkarierte und auch deswegen von den Zeitgenossen immer wieder scharf kritisiert wurde: die Übertragung oder der Verkauf des Amtes an Dritte. 1575 traf das Los in Cuenca einen Mann, den der Stadtrat für gänzlich ungeeignet erachtete, das Amt eines *procurador* zu versehen. Der Gewählte war jedoch gewillt, sein Amt an den *regidor* Juan de Montemayor zu verkaufen. Obgleich letzterer bereits bei den vorangegangenen *Cortes* die Stadt Cuenca als *procurador* vertreten hatte und eigentlich nicht erneut zum Zuge kommen durfte, erklärte sich die Krone gerne bereit, ihm einen Dispens zu erteilen.[46] 1579 bat der *regidor* Francisco Tello, der per Los zum *procurador* für die Stadt Sevilla bestimmt worden war, den König um die Erlaubnis, einen Vertreter zu benennen, da er selbst aus gesundheitlichen Gründen nicht in der Lage sei, das Amt zu versehen. Die übrigen *regidores* strengten daraufhin eine Klage an, da es in Sevilla in solchen Fällen üblich war, unter den verbliebenen *regidores* erneut zu losen.[47] Obgleich die Kläger in diesem Fall erfolgreich waren, ist auch dieser Zwischenfall ein Indiz dafür, daß die Weitergabe oder der Verkauf des Amtes durchaus keine Seltenheit waren. Nur so ist es auch zu erklären, daß sich unter den *procuradores de Cortes* vor allem im 17. Jahrhundert immer wieder Angehörige des Hochadels finden, die gar nicht in der jeweiligen Stadt ansässig waren, für die Übertragung des Amtes aber zum Teil hohe Summen zu zahlen bereit waren – eine Praxis, gegen die auch das Losverfahren keinen wirksamen Schutz bieten konnte.

Wer ganz sichergehen wollte, das angestrebte Amt eines *procurador de Cortes* tatsächlich zu erhalten, brachte den Rat der Stadt freilich am besten gleich dazu, das Nominierungsverfahren zu seinen Gunsten zu ändern, so wie der Conde de Lemos im Jahre 1646 im galicischen Orense. Hatte der Rat der Stadt seine Vertreter bei den *Cortes* zunächst nach dem Vorbild der übrigen Städte durch das Los bestimmt – Orense war erst seit 1623 berechtigt, eigene *procuradores de Cortes* nach Madrid zu entsenden –, so führte man 1646 erstmals eine Wahl durch – das Ergebnis freilich stand wohl schon vorher fest: Als einer der beiden *procuradores de Cortes* wurde der Conde de Lemos gewählt.[48]

---

[45] Ebd.
[46] *Fortea Pérez*, Monarquía y cortes (wie Anm. 13), 358.
[47] Ebd. 359.
[48] *Thompson*, Cortes, Cities and Procuradores (wie Anm. 18), 9.

III. Repräsentation per Losentscheid: die Nominierungsverfahren und der zeitgenössische Begriff der politischen Repräsentation

Als mutmaßliche Gründe für die Durchsetzung des Losverfahrens zur Bestimmung der *procuradores de Cortes* sind vornehmlich innerstädtische Faktoren namhaft zu machen. Das Los sollte offenbar eine möglichst gleichmäßige und gerechte Verteilung der Prokurationen auf die Angehörigen der städtischen Elite gewährleisten und so dazu beitragen, Faktionsbildungen und Parteienkämpfe zu vermeiden. Dies läßt zugleich Rückschlüsse auf die Wahrnehmung des Amtes zu: Die Mitglieder der Stadträte erblickten darin offenbar nicht zuletzt einträgliche Pfründen. Die Tätigkeit als *procurador de Cortes* bedeutete neben der Besoldung und den königlichen Gnadenerweisen einen in der Regel mehrjährigen Aufenthalt bei Hof und damit auch die Möglichkeit, soziale Netzwerke zu knüpfen, um auf diese Weise die eigenen Interessen oder die von Familienangehörigen zu befördern. Dies dürfte auch einer der wesentlichen Gründe für die häufige Abwesenheit der *procuradores* von den regelmäßigen Sitzungen der *Cortes* gewesen sein, ein zentrales Problem, das das Verfahren der *Cortes* erheblich in die Länge zog und gegen das sich sämtliche Disziplinierungsmaßnahmen als wirkungslos erwiesen.[49]

Und doch waren die Vertreter der Städte ihrem Selbstverständnis nach sicher nicht nur willfährige und primär auf ihren eigenen Vorteil bedachte Vollstrecker der königlichen Finanzpolitik. Dies läßt sich unter anderem daran ablesen, daß die Redaktion der ständischen Gravamina und deren Resolution durch den König beziehungsweise die dafür zuständigen Hofbeamten die ganze Frühe Neuzeit hindurch zu den vorrangigen Anliegen der *procuradores de Cortes* gehörten. Dabei gab es kaum ein politisches Thema, für das sich die Städte und ihre Vertreter nicht zuständig fühlten. Die von den Städtevertretern zusammengestellten und nach Abschluß der *Cortes* im Druck publizierten *capítulos* besaßen, vorbehaltlich der königlichen Zustimmung, die gleiche Kraft wie ein direkt vom König erlassenes Gesetz. Über die praktische Relevanz und die Exekution einzelner Bestimmungen ist damit freilich noch nichts gesagt. Die häufige Wiederholung bestimmter Forderungen deutet wohl eher darauf hin, daß wir es hier vielfach mit Formen „symbolischer Gesetzgebung" zu tun haben.[50]

---

[49] Vgl. *Weller*, War Kastilien anders? (wie Anm. 25).

[50] Vgl. *Jürgen Schlumbohm*, Gesetze, die nicht durchgesetzt werden – ein Strukturmerkmal des frühneuzeitlichen Staates?, in: GG 23, 1997, 647–663; *Achim Landwehr*, ‚Normdurchsetzung' in der Frühen Neuzeit? Kritik eines Begriffs, in: ZfG 48, 2000, 146–162; *ders.*, Normen als Praxis und Kultur. Policeyordnungen in der Frühen Neuzeit, in: Wiener Zeitschrift zur Geschichte der Neuzeit 4, 2004, 109–113.

Doch ganz unabhängig von der Frage nach dem tatsächlichen Einfluß der *Cortes* auf die Politik der Krone kam schon dem Umstand, daß die *Cortes* überhaupt in regelmäßigen Abständen zusammentraten, eine nicht zu unterschätzende Bedeutung zu. Die bei den *Cortes* versammelten Vertreter der Städte verkörperten pars pro toto den gesamten Herrschaftsverband, das Reich (*reino*), das auf diese Weise überhaupt erst politische Handlungsfähigkeit erlangte. Um so irritierender ist indes aus heutiger Sicht der Umstand, daß die Angehörigen eines solchen ‚repräsentativen‘ Organs durch das Los bestimmt wurden. Das Befremden des modernen Betrachters beruht jedoch bei näherem Hinsehen auf einem Mißverständnis: Dem vormodernen Begriff der politischen Repräsentation wird dabei zumeist eine Bedeutung unterstellt, die dieses Konzept in den Jahrhunderten vor der Französischen Revolution noch gar nicht hatte.

Die *procuradores de Cortes* waren zu keinem Zeitpunkt Volksvertreter im modernen Sinne des Wortes. Wenn sie dennoch als Repräsentanten angesehen werden können, dann in einem ganz anderen, eben spezifisch vormodernen Sinne.[51] In der spätmittelalterlichen Korporationstheorie meint Repräsentation zunächst einmal nichts anderes, als daß ein herausgehobener Teil des Ganzen so angesehen wird, als wäre er die Gesamtheit.[52] „Die Stände vertreten nicht das Land, sie sind es", wie Otto Brunner mit Blick auf die Landstände des Alten Reichs so überaus treffend formuliert hat.[53] Brunners Diktum läßt sich auf die Verhältnisse im frühneuzeitlichen Kastilien uneingeschränkt übertragen, wenngleich die *Cortes* seit 1538 ihrer beiden wichtigsten Glieder beraubt waren. Dessenungeachtet verkörperten die als einzige verbliebenen Vertreter der Städte das Reich, das heißt, ihre Beschlüsse wurden so angesehen, als seien sie im Namen aller erfolgt.[54] Das gerade skizzierte Repräsentationsverständnis kam am prägnantesten in der schon im Mittelalter gebräuchlichen Wendung „el Reino junto en Cortes" (das in den *Cortes* ver-

---

[51] Vgl. dazu auch die Überlegungen von *Barbara Stollberg-Rilinger*, Vormünder des Volkes. Konzepte landständischer Repräsentation in der Spätphase des Alten Reiches. Berlin 1999, bes. 13–17; *dies.*, Was heißt landständische Repräsentation? Überlegungen zur argumentativen Verwendung eines politischen Begriffs, in: Zeitsprünge. Forschungen zur Frühen Neuzeit, 2000, 120–136; zuletzt *dies.*, Ständische Repräsentation – Kontinuität oder Kontinuitätsfiktion?, in: ZNR 28, 2006, 279–298.

[52] Vgl. *Hasso Hofmann*, Repräsentation. Studien zu Wort- und Begriffsgeschichte von der Antike bis ins 19. Jahrhundert, Berlin 2003, 191–285; *ders.*, Der spätmittelalterliche Rechtsbegriff der Repräsentation in Reich und Kirche, in: Der Staat 27, 1988, 523–546.

[53] *Otto Brunner*, Land und Herrschaft. Grundfragen der territorialen Verfassungsgeschichte Österreichs. Darmstadt 1973 [Ndr. der 5. Aufl., Wien 1968], 423.

[54] Vgl. dazu mit ganz ähnlicher Formulierung wie Brunner *José Antonio Maravall*, Quevedo y la teoría de Cortes, in: Revista de Estudios políticos 48, 1946, 145–149, hier 147: „Las Cortes son el Reino junto, reunido, y en cortes es el Reino el que [...] toma una resolución que [...] compromete a todo él." („Die *Cortes* sind das versammelte Reich, und in den *Cortes* ist es das Reich, das einen Beschluß faßt, der für es als Ganzes verbindlich ist.")

sammelte Reich) zum Ausdruck. Diese Formel wurde häufig auch verkürzt, so daß die Begriffe *Cortes* und *reino* im zeitgenössischen Sprachgebrauch vielfach synonym verwendet wurden, und zwar – so hat es den Anschein – um so häufiger und mit um so mehr Nachdruck, seit das Reich eben nur noch aus den Vertretern jener 18 Städte bestand, die Sitz und Stimme in den *Cortes* hatten.[55] Insbesondere die Krone betonte dieses Repräsentationsverständnis stets mit besonderem Nachdruck. So hieß es etwa schon in dem Ausschreiben für die *Cortes* von Sevilla von 1500 mit aller Deutlichkeit, daß „sich zu diesen *Cortes* alle *procuradores* der Städte versammeln mögen, welche auf diese Weise gemeinsam versammelt das Reich repräsentieren".[56]

Dabei ging es aber einzig und allein darum, daß die Entscheidungen der bei den *Cortes* versammelten *procuradores* so angesehen wurden, als ob sie das – als ideelle Personengesamtheit faktisch handlungsunfähige – Reich selbst getroffen hätte. Von zentraler Bedeutung war es in diesem Zusammenhang, den Kreis der Stimmberechtigten eindeutig zu fixieren, und genau dies war mit der Festlegung der Anzahl der Städte und der zu entsendenden *procuradores* bereits frühzeitig geschehen. Die Art und Weise, wie die *procuradores* zu ihrem Amt gelangten, ob durch Wahl oder Los, und wer sie wählte, war in diesem Zusammenhang hingegen gänzlich unerheblich.[57] Auch im Kontext der *comuneros* spielte diese Frage bezeichnenderweise kaum eine Rolle. Der Umstand, daß nur 18 Städte das Reich repräsentierten, erschien den Vertretern der *comunidades* gänzlich unbedenklich, und auch hinsichtlich der Bestellung der *procuradores* wurde vornehmlich Kritik an der Einflußnahme der Krone geäußert, eine ‚Wahlrechtsreform' im Sinne einer Ausweitung des Wahlrechts auf breitere Bevölkerungsschichten stand in den meisten Städten nicht auf der Agenda.[58]

Die Vertreter der Städte bei den *Cortes* können aber noch in einer weiteren Hinsicht als Repräsentanten gelten. Wenn sie sich bei den *Cortes* einfanden, verkörperten sie nicht nur das Reich in seiner Gesamtheit, sondern sie handelten dabei auch im Auftrag ihrer jeweiligen Stadt oder – noch genauer – des dortigen Stadtrats, der sie dazu schriftlich bevollmächtigt hatte. Auch für die

---

[55] Vgl. *José Ignacio Fortea Pérez*, Las ciudades, las Cortes y el problema de la representación política en la Castilla moderna, in: ders. (Ed.), Imágenes de la diversidad. El mundo urbano en la Corona de Castilla (s. XVI–XVIII). Santander 1997, 421–446, hier 424.

[56] „[…] que se juntasen a estas Cortes todos los procuradores de sus çibdades e villas, los quales aquí asy juntos sus reynos representamos" (Real Academia de la Historia 9/1784, fol. 177v. „Razonamiento que los procuradores hezieron al otorgamiento del serviçio en las Cortes de Sevilla de 1500", zitiert nach: *Carretero Zamora*, Las Cortes [wie Anm. 20], 239).

[57] Zum gleichen Ergebnis kommt mit Blick auf die italienischen Kommunen auch *Keller*, Kommune (wie Anm. 42), 606: „Das Problem der Repräsentativität liegt außerhalb des Reflexionshorizonts."

[58] Vgl. *Carretero Zamora*, Las Cortes (wie Anm. 20), 252.

Begründung dieses Repräsentationsverhältnisses – im Gegensatz zur vorstehend skizzierten „Identitätsrepräsentation" handelt es sich hier um eine „Stellvertreterrepräsentation"[59] – war die Frage, wie die jeweiligen Vertreter zu ihrem Amt gelangt waren, aber zunächst einmal sekundär. Entscheidend war allein die Erteilung der Vollmacht durch die zu vertretende Körperschaft. Häufig erhielten die *procuradores de Cortes* allerdings nur ein imperatives Mandat, obgleich die Krone seit dem 16. Jahrhundert nichts unversucht ließ, um die Städte zur Erteilung uneingeschränkter Vollmachten zu bewegen.[60] Hier ist ein Zusammenhang mit dem Nominierungsverfahren der *procuradores de Cortes* nicht von der Hand zu weisen. Solange die *procuradores de Cortes* durch das Los bestimmt wurden, barg die Erteilung uneingeschränkter Vollmachten aus Sicht des Stadtrates erhebliche Risiken. Wer am Ende tatsächlich die Interessen der Stadt bei den *Cortes* vertrat, hing, zumal angesichts der weitverbreiteten Praxis der Übertragung des Amtes an Dritte, letztlich von zu vielen Unwägbarkeiten ab. Es ist daher nicht weiter verwunderlich, daß die Städte danach trachteten, so wenig Entscheidungskompetenzen wie möglich an ihre Vertreter bei den *Cortes* abzugeben. Dies war aber sicher nicht der einzige Grund für die Erteilung eingeschränkter Vollmachten, ein Mittel, von dem im übrigen auch die Stadt Burgos Gebrauch machte, obgleich sie ihre *procuradores de Cortes* nicht durch das Los bestimmte.

Eine „Repräsentation per Losentscheid" ist mit unserem modernen Demokratieverständnis tendenziell unvereinbar.[61] Für die kastilischen Städte aber war die Nominierung ihrer Vertreter bei den *Cortes* durch das Los aus mehreren Gründen die adäquateste, ja in vielen Fällen wohl sogar die einzig praktikable Lösung. Im Hinblick auf die Situation innerhalb der Stadtmauern trug das Losverfahren zur Stabilisierung der Machtverhältnisse und zur Friedenswahrung bei. Es bot sicheren Schutz vor Manipulationen und gewährleistete eine weitgehende Verteilungsgerechtigkeit bei der Vergabe des einträglichen Amtes – freilich immer nur bezogen auf die Angehörigen der städtischen Elite.

Die Nachteile des Losverfahrens wurden dadurch aufgewogen, daß der Kreis der Kandidaten für das Amt überschaubar war und es sich dabei überwiegend um Personen handelte, die bereits mit der Ausübung politischer Funktionen innerhalb der Stadt vertraut waren und insofern die für die Vertretung der Stadt bei den *Cortes* erforderlichen Mindestqualifikationen besaßen.

[59] Zu den Begriffen *Hofmann*, Repräsentation (wie Anm. 52).
[60] Vgl. *Fortea Pérez*, Monarquía y cortes (wie Anm. 13), 364–386.
[61] Vgl. aber zu aktuellen Bestrebungen, das Losverfahren innerhalb demokratischer Gesellschaften und Institutionen zu rehabilitieren, *Yves Sintomer*, Le pouvoir au peuple. Jurys citoyens, tirage au sort et démocratie participative. Paris 2007, 7–13, 103–123; *Hubertus Buchstein*, Demokratie und Lotterie. Das Losverfahren als politisches Instrument von der Antike bis zur EU. Frankfurt am Main/New York 2009, 336–449.

Dennoch gab es Ausnahmen, wobei die Vergabe oder der Verkauf des Amtes an Dritte einen weiteren Unsicherheitsfaktor darstellte. Dagegen waren die Stadträte nur gefeit, wenn sie den Handlungsspielraum ihrer Vertreter bei den *Cortes* durch Erteilung eines imperativen Mandats einschränkten.

Weder für das Repräsentationsverhältnis zwischen Stadt und *procurador* noch für das zwischen *Cortes* und *reino* – dies ist das aus heutiger Sicht eigentlich Bemerkenswerte – war die Nominierung der Städtevertreter durch das Los aber in irgendeiner Art und Weise problematisch. Im frühneuzeitlichen Kastilien ging es dabei ebensowenig wie in anderen Teilen Alteuropas um das Verhältnis zwischen gewählten politischen Vertretern und einem Staatsvolk. Daß die bei den *Cortes* versammelten Vertreter von 18 kastilischen Städten das gesamte Reich verkörperten und in seinem Namen handelten, stand für die Zeitgenossen außer Frage. Wie sie zu ihrem Amt gelangt waren, ob per Wahl oder Los, und wer sie gewählt hatte, spielte im Hinblick auf den repräsentativen Charakter der Versammlung gar keine Rolle. Erst mit der Französischen Revolution und den Ereignissen in ihrem Gefolge sollte sich dies ändern – und erst im Zuge dieser Ereignisse geriet auch das Losverfahren allgemein in Mißkredit. Die *Cortes* von Cádiz im Jahre 1812 waren die ersten, deren Vertreter aus einer Wahl hervorgegangen waren.

Werte- und Verfahrenswandel bei den Papstwahlen in Mittelalter und Früher Neuzeit*

Von

Günther Wassilowsky

Damit ein kirchliches Wahlverfahren imstande ist, aus sich selbst heraus legitime *Ergebnisse* zu produzieren, bedarf die *Form* des Verfahrens, seine technisch-symbolische Gestalt, der vorausgehenden religiösen Legitimierung. Wo im kirchlichen Bereich ein Verfahren zur alleinigen Quelle für die Legitimation des *Verfahrensergebnisses* wird, dort ist diese Quelle ursprünglich vom Wasser theologischer Wertevorstellungen gespeist worden. Hat also eine kirchliche *Verfahrensform* einmal grundsätzliche religiöse Legitimation erfahren, produziert sie bei minutiöser Befolgung immer wieder legitime und religiös qualifizierte Ergebnisse, ohne daß deren transzendente Dignität im einzelnen noch einmal nachgewiesen werden müßte. Bei so gearteten kirchlichen Verfahren ist jedenfalls der Zusammenhang von transzendenter Legitimationsbedürftigkeit und geringer Verfahrensautonomie durchaus nicht zwingend.[1] Allerdings erhält eine *Verfahrensform* nur so lange ihre legitimitätsgenerierende Potenz, wie die religiösen Vorstellungen, die sie hervorgebracht und begründet haben, im jeweiligen zeitgenössischen Wertehorizont Gültigkeit für sich beanspruchen können. Da aber religiöse Wertesysteme bekanntlich historischem Wandel unterliegen, verändern sich mit ihnen auch Technik und Symbolik kirchlicher Wahlverfahren.

Einen solchen Transformationsprozeß eines zusammenhängenden Werte- und Verfahrenssystems möchte ich im folgenden aus dem Bereich der vormodernen Papstwahl vorstellen. Es geht im wesentlichen um die Papstwahlpraxis vor und nach der von Papst Gregor XV. Ludovisi erlassenen Konklavereform aus dem Jahre 1621/22. Die Konstitution „Aeterni Patris Filius" und das dazugehörige, wenige Monate später promulgierte „Caeremoniale in

---

* Der Aufsatz faßt einige zentrale Ergebnisse meiner im Februar 2007 von der Katholisch-Theologischen Fakultät der Westfälischen Wilhelms-Universität Münster im Fach Mittlere und Neuere Kirchengeschichte angenommenen Habilitationsschrift zusammen, die in Kürze im Druck erscheinen wird: *Günther Wassilowsky, die Konklavereform Gregors VI. (1621/22). Wertekonflikte, symbolische Inszenierung und Verfahrenswandel im posttridentinischen Papsttum.* (Päpste und Papsttum, Bd. 38.) Stuttgart 2010.
[1] Zum Luhmannschen Begriff der Verfahrensautonomie und den Möglichkeiten seiner Anwendung in der historischen Verfahrensforschung vgl. *Barbara Stollberg-Rilinger*, Einleitung, in: dies. (Hrsg.), Vormoderne politische Verfahren. (ZHF, Beih. 25.) Berlin 2001, 9–24, hier v.a. 20f.; *Michael Sikora*, Der Sinn des Verfahrens. Soziologische Deutungsangebote, in: ebd. 25–52.

Electione Summi Romani Pontificis observandum" stellen nicht nur einen epochalen Normierungsschub für die konkreten Verfahrensformen innerhalb eines Konklaves dar, sondern zeigen einen für die gesamte soziopolitische und religiöse Kultur des frühneuzeitlichen Papsttums fundamentalen Paradigmenwechsel an, der in seiner Bedeutung bislang weder von der klassischen kirchenhistorischen Papstgeschichtsschreibung noch von der neuen mikropolitischen Romforschung[2] angemessen wahrgenommen wurde.

I. Die Entwicklung der *modi eligendi* im Mittelalter

„In scissura mentium Deus non est." Dieser Satz, in einer Homilie Gregors des Großen[3] in Form theologischer Warnung ausgesprochen, steht als oberstes Postulat über allen kirchlichen Wahlen des ersten christlichen Jahrtausends. Zwar bleibt der einmütige Konsens auch noch weit nach der Einführung des Mehrheitsprinzips *der* Idealfall des Ausgangs eines jeden kirchlichen Entscheidungsfindungsprozesses, doch bis ins 12. Jahrhundert war *unanimitas* die einzig legitime Beschlußform in der Kirche überhaupt.[4] Dahinter standen nicht zuerst politisch-funktionale Erwägungen, wie etwa daß einmütigen Entscheidungen eine stärkere Durchsetzungskraft zukommt, sondern in erster Linie religiöse Vorstellungen. Die Einheit unter den Jüngern und in der Gemeinde galt im Christentum seit den Abschiedsreden Jesu[5] und den Paränesen des Paulus[6] als Indiz göttlicher Anwesenheit, Uneinigkeit dementsprechend als ein Werk des Diabolus. Und da auch im Kollektiv zu treffende „Personalentscheidungen" seit den Anfängen der Kirche nicht einfachhin als ein notwendiges technisches Geschäft zur Rekrutierung der Führungselite aufgefaßt wurden, eignete der Wahl des Leiters einer Gemeinde oder einer Diözese immer schon transzen-

---

[2] Einen Überblick über die aktuelle Forschungslage bieten: *Arne Karsten/Julia Zunckel*, Perspektiven der Romforschung. in: HZ 282. 2006, 681–715.
[3] Gregor I.. Homiliarum in Evangelia liber II. Hom. 22, 4. Ed. Migne PL 76. Paris 1849, 1176.
[4] Für den Zeitraum der alten Kirche immer noch unüberholt: *Paolo Grossi*, Unanimitas. Alle origini del concetto di persona giuridica nel diritto canonico, in: Annali di storia del diritto 2. 1958. 229–331. Zur Geltung des Einmütigkeitsprinzips im Mittelalter: *Yves M.-J. Congar*. Quod omnes tangit, ab omnibus tractari et approbari debet, in: Heinz Rausch (Hrsg.). Die geschichtlichen Grundlagen der modernen Volksvertretung. Die Entwicklung von den mittelalterlichen Korporationen zu den modernen Parlamenten. Bd. 1: Allgemeine Fragen und europäischer Überblick. Darmstadt 1980. 115–182. Jetzt zusammenfassend zu kanonischen Wahlen insgesamt: *Klaus Ganzer*, Unanimitas, maioritas, pars sanior. Zur repräsentativen Willensbildung von Gemeinschaften in der kirchlichen Rechtsgeschichte. (Akademie der Wissenschaften und der Literatur in Mainz, Abhandlungen der Geistes- und Sozialwissenschaftlichen Klasse. Jg. 2000, Nr. 9.) Mainz 2000.
[5] Joh 17. 20–26.
[6] Beispielsweise 1 Kor 12. 1–31a.

dente Dignität. Und *unanimitas* war schließlich das untrügliche Zeichen für die göttliche Inspiriertheit des Resultates einer Wahl.

Es sind gerade theologische Vorgaben, Ideen und Normen, durch welche kirchliche Wahlen seit jeher vor sehr spezifische Herausforderungen gestellt waren. Die spannungsreiche Konfrontation von theologischen Wertvorstellungen mit den in kirchlichen Wahlen nicht geringer wirkenden soziopolitischen Faktoren dürften dann auch im wesentlichen dafür verantwortlich gewesen sein, daß Wahlverfahren im kirchlichen Bereich früher einen höheren Komplexitäts- und Formalitätsgrad aufwiesen und sie stärker theoretisch reflektiert und dokumentiert wurden als Wahlverfahren im weltlichen Bereich.[7]

So trug beispielsweise das theologische Ideal der *unanimitas* zur Ausdifferenzierung der Wahlhandlung in mehrere Phasen bei. Es galt, den konfliktreichen Prozeß der Aushandlung vom eigentlichen, einmütigen Wahlakt zu trennen. In Reinform findet sich diese Aufteilung ab dem 12. Jahrhundert im Verfahren der sogenannten *electio communis*, bei der man sich in einem ersten Abschnitt (*nominatio*) doch mehr oder weniger mehrheitlich auf einen Kandidaten einigte. In einer zweiten Phase (*electio*) wurde dieser Beschluß schließlich von einem einzelnen Vertreter feierlich ausgeführt. Stellvertretend für das gesamte Wählerkollegium wählte dieser den ausgehandelten Kandidaten, ohne daß die dissentierende Minderheit dabei noch in Erscheinung treten mußte (beziehungsweise konnte).[8]

Auch die Bischofs- und Papstwahl umfaßte schon aufgrund des alten Prinzips der Beteiligung von *clerus et populus* von Anfang an mehrere Stufen: Auf die vorgeschaltete Kandidatendiskussion, bei der bereits säkulare Gewalten ihren Einfluß geltend machten, folgte die eigentliche Wahlversammlung, zu der in der Regel nur eine klerikale Elite zugelassen war. War die im kleinen Kreis unter Ausschluß der Öffentlichkeit getroffene Entscheidung dann gefallen, so hatte die Masse des Volkes *unanimitas* durch summarische Zustimmung zu bekunden. Zuletzt konnte noch die Bestätigung durch weltliche oder ranghöhere kirchliche Instanzen notwendig sein.[9] Auch wenn die einmütige Akklamation des Volkes auf die gehorsame Annahme des Kandidaten hinauslief und ihr von den Kommentatoren des Gratian auch keine konstitutive

---

[7] Vgl. *Reinhard Schneider*, Wechselwirkungen von kanonischer und weltlicher Wahl, in: ders./Harald Zimmermann (Hrsg.), Wahlen und Wählen im Mittelalter. (VuF, Bd. 27.) Sigmaringen 1990, 135–172.

[8] *Alfred von Wretschko*, Die Electio communis bei den kirchlichen Wahlen des Mittelalters, in: Deutsche Zeitschrift für Kirchenrecht 11, 1902, 321–392.

[9] Aus der großen Fülle der Literatur zur mittelalterlichen Bischofserhebung seien hier nur die beiden folgenden neueren Publikationen genannt, in denen sich die älteren Arbeiten aufgeführt finden: *Franz-Reiner Erkens* (Hrsg.), Die früh- und hochmittelalterliche Bischofserhebung im europäischen Vergleich. (AKG, Beih. 48.) Köln 1998; *Klaus Schreiner*, Wahl, Amtsantritt und Amtsenthebung von Bischöfen. Rituelle Handlungsmuster, rechtlich normierte Verfahren, traditionsgeschützte Gewohnheiten, in: Stollberg-Rilinger (Hrsg.), Vormoderne politische Verfahren (wie Anm. 1), 73–117.

Rechtserheblichkeit beigemessen wird[10], war sie lange Zeit ein formal vorgeschriebener, integraler Bestandteil der bischöflichen Amtserhebung. Bei der
Papstwahl fand diese akklamatorische Zustimmung des Volkes seit dem
8. Jahrhundert ihren konkreten Ort innerhalb des Zeremoniells des *possesso*.
Noch das ganze Mittelalter über wurde diese im Anschluß an Wahl und Krönung stattfindende Prozession des neuen Pontifex zum Lateranpalast von den
zustimmenden Rufen und Hymnen des römischen Volkes begleitet.

Ein weiteres Mittel, um durch Ausdifferenzierung des Wahlaktes zu *unanimitas* zu gelangen, stellte das Rechtsinstitut der *prima vox* dar, dem gemäß es im Anschluß an den gemeinsamen Beratungsprozeß einem bestimmten Mitglied des Wählerkreises zukommt, einen mehr oder weniger binden-
den Wahlvorschlag zu unterbreiten. Das nahezu wirkungslos gebliebene
Papstwahldekret Nikolaus' II. von 1059 versuchte Einmütigkeit mit Hilfe
ebendieser Strategie des Vorwahlrechtes herzustellen. Allein den Kardinalbi-
schöfen spricht es die Auswahl des Kandidaten zu, der die übrigen Kardinalpriester und -diakone, der Klerus und das Volk Roms dann nur noch zustimmen dürfen.[11]

Als großer Paradigmenwechsel in der Ideen- und Verfahrensgeschichte der
mittelalterlichen Papstwahl ist das von Alexander III. auf dem III. Laterankonzil erlassene Dekret „Licet de vitanda" von 1179 zu bewerten.[12] Zwar sind
die dort formulierten Vorgaben nach wie vor allzu fragmentarisch, um von einer Art schriftlicher „Geschäftsordnung" der Papstwahl sprechen zu können,
die das III. Lateankonzil der Kirche gegeben hätte. Trotzdem stellt der Text
die bis dato ausführlichste Regelung der Papstwahl dar, die bis ins 12. Jahrhundert nur äußerst gering rechtlich festgelegt war.[13] Die entscheidende
Wende wird durch die Lockerung der bislang unter allen Umständen gültigen
Pflicht zu *unanimitas* und die Einführung des Mehrheitsprinzips in die kanonische Wahl herbeigeführt. Erstmalig trug auch die kirchliche Norm der Mei-
nungsvielfalt im Wählerkollegium Rechnung, und man gab es zumindest im
Kern der eigentlichen Wahlhandlung auf, die Pflege von Einheitsfiktionen und
der Errichtung von Einheitsfassaden auch dann noch zu fordern, wenn *unanimitas* in der Realität nicht herstellbar war. Damit schaffte das Papstwahldekret
von 1179 das Ideal der einmütigen Wahlentscheidung nicht ab, aber es relati-
vierte seine unbedingte Geltung und sicherte die Handlungsfähigkeit in Situationen ohne Aussicht auf umfassenden Konsens.

[10] *Hubert Müller*, Der Anteil der Laien an der Bischofswahl. (Kanonistische Studien und
Texte. 29.) Amsterdam 1977.
[11] *Detlev Jasper*, Das Papstwahldekret von 1059. Überlieferung und Textgestalt. (Beiträge
zur Geschichte und Quellenkunde des Mittelalters. Bd. 12.) Sigmaringen 1986.
[12] Conciliorum Oecumenicorum Decreta. Ed. *Giuseppe Alberigo* u. a. Bologna 1973, 211.
[13] *Bernhard Schimmelpfennig*, Papst- und Bischofswahlen seit dem 12. Jahrhundert, in:
Schneider/Zimmermann (Hrsg.), Wahlen und Wählen (wie Anm. 7), 173–195, hier 175 f.

Im zentralen Passus von „Licet de vitanda" wird nun das Recht zur Wahl des Papstes erstmalig exklusiv den Kardinälen zugesprochen[14] – und zwar ohne Unterschied der Zugehörigkeit zu einem der drei *ordines*, wie sie im Dekret Nikolaus' II. noch Kriterium für das Vorwahlrecht der Kardinalbischöfe gewesen war. Gefordert wird nicht die relative oder absolute Mehrheit, sondern die qualifizierte Mehrheit von zwei Dritteln der Stimmen der anwesenden Papstwähler. Rezipiert wird hier eine unter den führenden zeitgenössischen Kanonisten verbreitete Vorstellung, daß die Gesamtheit einer Korporation in zwei Dritteln repräsentiert und das verbleibende abweichende Drittel deswegen zu vernachlässigen sei.[15] Und schließlich wird die Konfirmation der Wahl nicht mehr dem Klerus und Volk Roms oder einem weltlichen Herrscher zugesprochen; vielmehr liegt auch die Annahme beziehungsweise Bestätigung der Wahlentscheidung fortan ausschließlich in kardinalizischen Händen.

Drei Faktoren werden im wesentlichen für das Eindringen des Mehrheitsprinzips in das kanonische Wahlrecht verantwortlich gemacht: Es sind erstens die Schisma-Erfahrungen bei den Papstwahlen des 12. Jahrhunderts, insbesondere die Doppelwahl des Jahres 1159.[16] Zweitens wird mitunter die kanonistische Rezeption von Rechtsnormen der römischen Republik angenommen, wo das Mehrheitsprinzip bei korporativen Willensbildungen allgemein praktiziert wurde.[17] Einen Einfluß der Wahlpraxis in den ansonsten so avantgardistischen italienischen Stadtkommunen wird man kaum vermuten dürfen, da dort im 12. Jahrhundert Mehrheitsentscheidungen nur bei Abstimmungen in Sachfragen galten und das Mehrheitsprinzip bei Personenwahlen in Städten wie Bologna oder Florenz erst rund 100 Jahre nach der Papstwahl vorherrschend wurde.[18] Und bei der deutschen Königswahl wurde das Mehrheitsprinzip bekanntlich erst durch die Goldene Bulle von 1356 verankert.[19]

---

[14] „Statuimus igitur ut si forte, inimico homine superseminante zizania, inter cardinales de substituendo pontifice non potuerit concordia plena esse, et duabus partibus concordantibus tertia pars noluerit concordare aut sibi alium praesumpserit ordinare, ille Romanus pontifex habeatur, qui a duabus partibus fuerit electus et receptus" (Conciliorum Oecumenicorum Decreta [wie Anm. 12], 211).

[15] Belege bei *Werner Maleczek*, Abstimmungsarten. Wie kommt man zu einem vernünftigen Wahlergebnis?, in: Schneider/Zimmermann (Hrsg.), Wahlen und Wählen (wie Anm. 7), 79–134, hier 104. Zum frühmittelalterlichen Repräsentationsbegriff vgl. auch *Hasso Hofmann*, Repräsentation. Studien zur Wort- und Begriffsgeschichte von der Antike bis ins 19. Jahrhundert. (Schriften zur Verfassungsgeschichte, Bd. 22.) Berlin 1974, 4. Aufl. ebd. 2003, 102–115.

[16] Dazu: *Johannes Laudage*, Alexander III. und Friedrich Barbarossa. (Forschungen zur Kaiser- und Papstgeschichte des Mittelalters, Bd. 16.) Köln 1997, 103–123.

[17] *Klaus Ganzer*, Das Mehrheitsprinzip bei den kirchlichen Wahlen des Mittelalters, in: Theologische Quartalschrift 147, 1967, 60–87, hier 63, 66, 79.

[18] *Hagen Keller*, Wahlformen und Gemeinschaftsverständnis in den italienischen Stadtkommunen (12./14. Jahrhundert), in: Schneider/Zimmermann (Hrsg.), Wahlen und Wählen (wie Anm. 7), 345–374, hier 361.

[19] *Ulrich Reuling*, Zur Entwicklung der Wahlformen bei den hochmittelalterlichen Kö-

Als dritte und wichtigste Voraussetzung für die Etablierung der Zweidrittelmehrheit als kanonischen Wahlprinzips wird man jedoch die Herausbildung
eines geschlossenen, exakt definierten und korporativ verfestigten Kardinalskollegiums anführen müssen – wobei das mit dem Dekret erst erlassene Ex-
klusivrecht der Kardinäle gleichzeitig einen weiteren und sehr wesentlichen
Schub in Richtung einer korporativen Identitätsbildung mit sich gebracht haben dürfte. Für die Anwendung des Mehrheitsgrundsatzes war die klare Definition des Wählerkollegiums jedenfalls eine notwendige Bedingung. Nur
wenn der Kreis der zur Wahl berechtigten Personen an den Rändern nicht aus-
franst, sondern eine festgelegte Exklusions- beziehungsweise Inklusions-
grenze aufweist, kann schließlich die Gegebenheit einer Zweidrittelmehrheit
numerisch überhaupt festgestellt werden. Ab 1179 war nun die Papstwahl das
alleinige und vornehmste Geschäft der Kardinäle sowie ihr entscheidendes
Distinktionsmerkmal gegenüber dem Rest der Menschheit.

Der Text des Papstwahldekretes von Alexander III. endet mit der Hervorhe-
bung eines weiteren Wahlprinzips, das die eingeführte *maioritas* ergänzt beziehungsweise stört und für den Bereich der kirchlichen Wahlen im allgemeinen zu größter Bedeutung gelangen sollte: nämlich des Gedankens der *sanioritas*, dem gemäß das Stimmenwägen neben das Stimmenzählen tritt. In der
Kirche sollte nicht allein die rechnerische Mehrheit die Entscheidungsgrund-
lage bilden, vielmehr mußte sich der größere Teil gleichzeitig auch als der gesündere, qualitativ bessere erweisen. Das kanonische Recht verband also das
abstrakte und rationale (das heißt besser nachprüfbare und durchsichtigere)
Prinzip der Mehrheit stets mit dem diffizil anzuwendenden Kriterium der Idoneität, was freilich zu neuen Konflikten führen mußte. Auch für die Idee der
sanioritas gab es spätantike Vorbilder, wie insbesondere die Benediktusre-
gel[20], doch erst ab Alexander III. wurde die Wendung „*maior et sanior pars*
zum immer öfter gebrauchten Formelgut der Urkundensprache"[21]. Flankie-
rend dazu wurden schließlich große intellektuelle Anstrengungen unternommen, damit auch der Nachweis der *sanior pars* nach einigermaßen nachvoll-
ziehbaren, vernünftigen Kriterien geführt werden konnte. Die höhere Qualität
einer einzelnen Stimme beziehungsweise eines summierten Stimmenanteiles
leitete sich stets sowohl von der Seite des Gewählten als auch von der Seite
des Wählenden her. Im ersten monographischen Wahltraktat überhaupt, der
im Umfeld des III. Lateranums verfaßten „Summa de electione" des Bernhard
von Pavia († 1213), soll sich der Gewählte durch *scientia* und *integritas* aus-
zeichnen. Grundsätzlich wird beim Gewählten nach den Verdiensten (*merita*)
in Bildung, Lebenswandel, Frömmigkeit etc. gesucht, während der Wähler

nigserhebungen im Reich, in: Schneider/Zimmermann (Hrsg.), Wahlen und Wählen (wie
Anm. 7), 227–270.
[20] *Kassius Hallinger*, Das Wahlrecht der Benediktusregula, in: ZKiG 76, 1965, 233–245.
[21] *Maleczek*, Abstimmungsarten (wie Anm. 15), 120.

sich in erster Linie durch seinen Eifer (*zelus*) qualifiziert, was sich durch die Absichtslosigkeit der Stimmabgabe hinsichtlich der eigenen Interessen und ihres offensichtlichen Nutzens im Blick auf kirchliche Belange offenbart. Autorität und Alter, Würde und Weihegrad sind schließlich Qualitäten, die von beiden Seiten her eine Einzelstimme stärker gewichten.[22]

Das Papstwahldekret von 1179 schärft die Geltung des Prinzips der *maior et sanior pars* für die kanonischen Wahlen im allgemeinen ein.[23] Mit der Begründung, daß im Falle einer strittigen Papstwahl – im Unterschied beispielsweise zur Abt- und Bischofswahl[24] – keine höhere Richtinstanz über die *sanior pars* befinden kann, solle dort die numerisch ermittelte Zweidrittelmehrheit die Wahl am Ende entscheiden. Anders als das Dekret von der Forschung allgemein interpretiert wird[25], heißt das freilich nicht, daß damit die kanonische Rechtsnorm der *sanioritas* im Bereich der Papstwahl von keinerlei Relevanz wäre. Zwar ist das Prinzip aufgrund der fehlenden übergeordneten Instanz nicht im Sinne einer Wahlanfechtung formal operationalisierbar, um nicht in die gefürchtete Handlungsunfähigkeit zu steuern. Dennoch ging man selbstredend von der zeitgenössisch üblichen Präsumtion aus, daß die *maior pars* auch die *sanior pars* darstelle. Und darüber hinaus war das Denkmuster, daß eine Stimme schwerer wiegt, je nachdem, von welcher Person sie abgegeben wird und auf welchen Kandidaten sie fällt, durchaus auch bei der Papstwahl hochgradig wirksam und hat sogar das Wahlverfahren selbst bestimmt.

Was nun die konkreten Wahlformen angeht, die vor und im 12. Jahrhundert bei der Papstwahl Anwendung fanden, so muß sich die alte und mediävistische Papsttumsgeschichte aufgrund mangelnder Quellen weitgehend mit Vermutungen begnügen.[26] Die ältere Forschung hat für die Zeit des 11. Jahrhunderts eine zweigeteilte Struktur der gesamten Wahlhandlung (*tractatio*) ermittelt: In der Phase der *denominatio* gab „ein jeder einzelne durch laute Nen-

---

[22] Nachweise bei *Ganzer*, Mehrheitsprinzip (wie Anm. 17), 81, und *Maleczek*, Abstimmungsarten (wie Anm. 15), 122 f.

[23] „Ex hoc tamen nullum canonicis constitutionibus et aliis ecclesiasticis praeiudicium generetur, in quibus maioris et sanioris partis debet sententia praevalere, quia quod in eis dubium venerit, superioris poterit iudicio definiri. In Romana vero ecclesia aliquid speciale constituitur, quia non potest recursus ad superiorem haberi" (Conciliorum Oecumenicorum Decreta [wie Anm. 12], 211).

[24] *Bernhard Schimmelpfennig*, Das Prinzip der „sanior pars" bei Bischofswahlen im Mittelalter, in: Concilium 16, 1980, 473–477.

[25] Wie beispielsweise *Schimmelpfennig*, Papst- und Bischofswahlen (wie Anm. 13), 175.

[26] Auch die römischen Sakramentare und *ordines* aus dem ersten christlichen Jahrtausend machen zur Papstwahl „keinerlei Angaben", vgl. *Klemens Richter*, Die Ordination des Bischofs von Rom. Eine Untersuchung zur Weiheliturgie vom Neuen Testament bis zum Pontificale Romanum von 1968. Münster 1972, 14, 47. Und aus dem *liber pontificalis*, der die Papstwahlen nur sehr formelhaft beschreibt, ist bezüglich des praktizierten Wahlverfahrens des ersten Jahrtausends nicht viel mehr zu ermitteln, vgl. *Philip Daileader*, One Will, one Voice, and Equal Love: Papal Elections and the *liber pontificalis* in the Early Middle Ages, in: ArchHPont 31, 1993, 11–31.

nung, ja durch Hinweis mit der Hand vor allen Anwesenden seine Stimme ab".[27] Beim zweiten Teil der *tractatio* – der sogenannten *deliberatio* – hätte es sich schließlich um eine gemeinsam und offen geführte Prüfung gehandelt, „ob die durch die Denominatio in Vorschlag Gebrachten in allen wesentlichen Punkten den Bestimmungen gerecht wurden, die die Kanones an den stellten, welcher die höchste Spitze der hierarchischen Ordnung bilden sollte".[28] In der Zwischenzeit neu gefundene zeremonielle *ordines* zur Wahl, Konsekration und Krönung des Papstes haben zu einer Präzisierung dieses zweigeteilten Wahlvorgangs der offenen Stimmenabgabe und der gemeinsamen Stimmenprüfung bedauerlicherweise nichts beigetragen.[29]

Die wenigen Arbeiten jüngeren Datums zur Geschichte des *modus eligendi* bei der mittelalterlichen Papstwahl setzen überhaupt erst mit dem 12. Jahrhundert ein[30], als sich parallel zum Mehrheitsprinzip die Formen der Skrutinalwahl und der Kompromißwahl herausbildeten und dann vom IV. Laterankonzil 1215 allgemein für alle kirchlichen Wahlen vorgeschrieben wurden. Das Dekret „Quia propter" definiert die Wahl *per scrutinium* in erster Linie als eine Art der Stimmen*erfragung*.[31] Drei vertrauenswürdige Personen aus dem Wahlkollegium sollen geheim und einzeln (*secreto et singulatim*) die Kardinäle um ihre Voten befragen, diese schriftlich festhalten und sofort anschließend öffentlich bekanntgeben. Derjenige sei gewählt, auf den sich das ganze Kapitel oder der größere und gesündere Teil einige. Die Wahl *per compromissum* ist im Dekret noch karger beschrieben. Hier erteilt das Konzil lediglich die Vorgabe, daß die Wahlvollmacht (*potestas eligendi*) einigen geeigneten Männern übertragen werden soll, die dann an Stelle aller

---

[27] *Richard Zoepffel*, Die Papstwahlen und die mit ihnen im nächsten Zusammenhange stehenden Ceremonien in ihrer Entwickelung vom 11. bis zum 14. Jahrhundert. Göttingen 1871, 37. Vgl. auch *Jean Gaudemet*, Les élections dans l'église latine des origines au XVIᵉ siècle. Paris 1979, 106–130.

[28] *Zoepffel*, Die Papstwahlen (wie Anm. 27), 39.

[29] Ein von Bernhard Schimmelpfennig entdeckter Text aus dem 12. Jahrhundert verliert über den Wahlvorgang selbst lediglich folgenden Satz: „Et in quem maior pars cardinalium convenerit, ipsum archidiaconus de pluviali amantat et electo nomen imponit." Vgl. *Bernhard Schimmelpfennig*, Ein bisher unbekannter Text zur Wahl, Konsekration und Krönung des Papstes im 12. Jahrhundert, in: ArchHPont 6, 1968, 43–70, hier 60; ebenso: *ders.*, Ein Fragment zur Wahl, Konsekration und Krönung des Papstes im 12. Jahrhundert, in: ArchHPont 8, 1970, 323–331, hier 326.

[30] *Peter Herde*, Die Entwicklung der Papstwahl im dreizehnten Jahrhundert. Praxis und kanonistische Grundlagen, in: Österreichisches Archiv für Kirchenrecht 32, 1981, 11–41; *Schimmelpfennig*, Papst- und Bischofswahlen (wie Anm. 13).

[31] „[…] statuimus ut cum electio fuerit celebranda, praesentibus omnibus qui debent et volunt et possunt commode interesse, assumantur tres de collegio fide digni, qui secreto et singulatim voces cunctorum diligenter exquirant, et in scriptis redacta, mox publicent in communi, nullo prorsus appellationis obstaculo interiecto, ut is collatione adhibita eligatur, in quem omnes vel maior vel sanior pars capituli consentit" (Conciliorum Oecumenicorum Decreta [wie Anm. 12], 246).

für die „verwitwete Kirche" sorgen.[32] Andere Wahlarten, „die manche zu erfinden suchen" („quas quidam invenire conantur"), werden für ungültig erklärt – es sei denn, eine Wahl wäre gemeinsam von allen, gleichsam durch göttliche Eingebung, makellos („absque vitio") gefeiert worden.[33] Diese letztgenannte, nicht näher charakterisierte Möglichkeit ist als dritter Typus unter der Bezeichnung „Inspirationswahl" in die Geschichte der *modi eligendi* eingegangen.

Um eine präzisere Vorstellung vom technischen und zeremoniellen Prozedere zu erhalten, wie diese vom IV. Lateranum allgemeinkirchlich sanktionierten Wahlformen bei der Papstwahl der Folgezeit konkret angewandt wurden, bieten der mediävistischen Forschung die von Marc Dykmans edierten, jedoch bislang nur ansatzweise ausgewerteten *ordines* zum päpstlichen Zeremoniell des 13. und 14. Jahrhunderts weiterführende Hinweise.[34] Bernhard Schimmelpfennig hat daraus für seine Beschreibung der Kompromiß- und Skrutinalwahl[35] die ersten Kapitel des seit Jean Mabillon (1632–1707) so genannten *Ordo Romanus XIV* herangezogen.[36] Diese früheste detaillierte Schilderung des Konklavezeremoniells ist zumindest in Teilen von Kardinal Jacobus Gaetani Stefaneschi (um 1261–1341) Anfang des 14. Jahrhunderts verfaßt worden, um am Beginn einer Papstwahl zwecks Orientierung der Teilnehmer verlesen zu werden.

In der Beschreibung des Kompromißverfahrens geht der Zeremonientext in folgenden Punkten über das Konzilsdekret von 1215 hinaus: Um eine Papstwahl *per compromissum* herbeizuführen, muß sich das gesamte Wahlkollegium *unanimiter et concorditer* für diesen Wahlmodus entscheiden. Sodann wird in den drei Kardinalsordnungen jeweils ein Kompromissar einmütig bestimmt. Innerhalb der maximalen Zeitspanne, in der eine Kerze oder Fackel abbrennt, wählen die drei Elektoren wiederum *concorditer* den Papst – wobei die Möglichkeit einer Revokation der kardinalizischen Wahlmänner nach Be-

---

[32] Ebd.: „[...] vel saltem eligendi potestas aliquibus viris idoneis committatur, qui vice omnium ecclesiae viduatae provideant de pastore."

[33] Ebd.: „Aliter electio facta non valeat, nisi forte communiter esset ab omnibus quasi per inspirationem divinam absque vitio celebrata."

[34] *Marc Dykmans*, Le cérémonial papal de la fin du moyen âge à la renaissance. Tome 1: Ce cérémonial papal du XIIIᵉ siècle. Tome 2: De Rome en Avignon ou le cérémonial de Jacques Stefaneschi. Tome 3: Les textes avignonnais jusqu'à la fin du Grand Schisme d'Occident. Tome 4: Le retour à Rome ou le cérémonial du Patriarche Pierre Ameil. (Bibliothèque de l'Institut Belge de Rome, Fasc. 24–27.) Brüssel 1977–1985.

[35] *Schimmelpfennig*, Papst- und Bischofswahlen (wie Anm. 13), 186–188.

[36] *Dykmans*, Le cérémonial papal (wie Anm. 34), Tome 2, 257–269. Zum *Ordo Romanus XIV* vgl. auch *Bernhard Schimmelpfennig*, Die Zeremonienbücher der römischen Kurie im Mittelalter. (Bibliothek des Deutschen Historischen Instituts in Rom, Bd. 40.) Tübingen 1973, 59–61, 66–70, darin findet sich auch eine weitere Textfassung der die Papstwahl betreffenden Artikel.

kanntgabe des Wahlergebnisses je nach überlieferter Textfassung des *Ordo Romanus XIV* variiert.[37]

Die *electio per viam scrutinii* erfährt ihre Konkretisierung folgendermaßen: Zunächst werden in zwei Vorwahlen zwei Dreiergruppen von „Wahlhelfern" aus je einem Kardinalbischof, -priester und -diakon bestimmt. Das erste Trio, die sogenannten *scrutatores scrutatorum*, hat die Aufgabe, zuerst die Mitglieder der zweiten Gruppe, die *scrutatores collegii*, nach ihrem Votum zu befragen. Den Letztgenannten kommt im Anschluß daran die Erfassung der Stimmen aller anderen Kardinäle zu. Der Ablauf der Befragung wird im Vergleich zur Konzilsvorgabe insofern auf die Situation der Papstwahl hin präzisiert, als sie sowohl in der hierarchischen Rangfolge der Kardinalsordnungen wie auch ordnungsintern gemäß der Anciennität stattfinden soll. Die Voten, die stets mit der Nennung des eigenen Namens beginnen (*Ego N. N. nomino et eligo N. N. in summum pontificem*), werden geheim und einzeln (*secreto et singulatim*) vor den *scrutatores* mündlich ausgesprochen, in dieser Form vom schriftführenden Diakon der Skrutatoren festgehalten und anschließend zur Überprüfung dem Wähler gezeigt. Der einzelne Kardinal kann durchaus mehreren Kandidaten eine Stimme geben, wenn auch der *Ordo* zugleich betont, daß es sich schicke und von Vorteil wäre, dies nicht zu tun.[38]

Auf die Befragung folgt die Publikation der Voten, die vom Diakon in hierarchischer Reihenfolge verlesen und von einem anderen Kardinal auf einem gesonderten Blatt notiert werden. Öffentlich festgehalten wird der Name des Wählers zusammen mit dem beziehungsweise den von ihm Gewählten. Formal summiert werden die Voten allein nach dem Mehrheitsprinzip.[39] Haben mehrere Kandidaten eine Zweidrittelmehrheit auf sich gezogen, ist keiner von ihnen gewählt und das Skrutinium muß wiederholt werden. Erreicht ein Kandidat nur eine einfache Mehrheit, so besteht die Möglichkeit zum sogenannten *accessus*, einer nur bei der Papstwahl vorkommenden Art von Zusatz- oder Ergänzungswahl zur Skrutalwahl. Wer beim *scrutinium* den Kandidaten mit den meisten Stimmen noch nicht gewählt hat, kann ihm nach der Auszählung öffentlich „beitreten". Damit wird einerseits erreicht, daß das Verfahren nicht wieder ganz von vorne aufgerollt werden muß und die bereits erworbenen Stimmen in einem zweiten Durchgang eventuell verlorengehen. Zum anderen ist diese sogenannte Akzeßwahl auch bei bereits erreichter Zweidrittelmehr-

---

[37] Dazu *Schimmelpfennig*, Papst- und Bischofswahlen (wie Anm. 13), 186f.
[38] „Decentie tamen est, et fortassis expedientie, quod non multi ab uno in scrutinio nominerentur" (*Dykmans*, Le cérémonial papal [wie Anm. 34], Tome 2, 260). Auf dieses Phänomen (und Problem), mehrere Kandidaten wählen zu können, ist die Forschung noch überhaupt nicht eingegangen. Im *Ordo* selbst findet sich verblüffenderweise auch kein Hinweis, wie die mehrfachen Stimmen eines einzelnen Kardinals dann gezählt worden sind.
[39] „Post hec non fit collatio meriti ad meritum, zeli ad zelum, sed solum numeri ad numerum" (*Dykmans*, Le cérémonial papal [wie Anm. 34], Tome 2, 261).

heit ein effizientes Instrument, in Zeiten des Majoritätsprinzips das hohe theologische Ideal einer Papstwahl in *unanimitas* zu realisieren.

Der *Ordo Romanus XIV* schweigt bezeichnenderweise bezüglich einer Beschreibung der Wahl *quasi per inspirationem*. Bereits Mitte des 13. Jahrhunderts wurde ihr von führenden Kanonisten wie Sinibaldo Fieschi (dem späteren Innozenz IV., 1180/90–1254) und Heinrich von Segusia (Hostiensis, vor 1200–1271) die Qualität eines formalen Verfahrens abgesprochen.[40] Ungeklärt waren unter den Zeitgenossen damit auch die Bedingungen, die zu ihrer rechtmäßigen Ausführung gegeben sein mußten: ob beispielsweise Beratungen vorausgehen durften oder aber ob bei einer Inspirationswahl nicht doch von Anfang an eine vom Heiligen Geist gewirkte völlige Einigkeit im Wahlkollegium bezüglich eines Kandidaten zu bestehen habe. Die mediävistische Forschung hat wenige Inspirationswahlen ausmachen können und betrachtet diesen Modus daher als eine bei der Papstwahl eher selten praktizierte Ausnahme.[41]

Nachdem die Päpste des 13. Jahrhunderts gemäß gegenwärtigem Kenntnisstand (und soweit die Quellenlage überhaupt gesichertes Wissen darüber zu generieren erlaubt) hauptsächlich *per compromissum* auf den Stuhl Petri gelangten, dominierte bei den Papstwahlen seit dem 14. Jahrhundert das Skrutinalverfahren.[42]

Der Durchbruch zur Skrutinalwahl wird gemeinhin mit der Einführung des „Konklaves" im Sinne einer konkreten Einschließung des Kardinalskollegiums zum Zwecke der Wahlhandlungen in Zusammenhang gebracht.[43] Bekanntlich geschah dies mit dem von Gregor X. auf dem II. Konzil von Lyon erlassenen Papstwahldekret „Ubi periculum".[44] Den ausschlaggebenden Anlaß für die ,Erfindung' des Konklaves haben die immer längeren Sedisvakanz-

---

[40] Belege bei *Herde*, Die Entwicklung der Papstwahl (wie Anm. 30), 29 f.

[41] *Schimmelpfennig*, Papst- und Bischofswahlen (wie Anm. 13), 182, betrachtet die Wahl Gregors VII. (1073), Coelestins V. (1294) und mit Vorbehalten die Wahl Clemens' VI. (1342) sowie Martins V. (1417) als Inspirationswahlen. *Herde*, Die Entwicklung der Papstwahl (wie Anm. 30), 33, sieht in der Wahl von 1294 die „erste sichere Inspirationswahl der Papstgeschichte", wenngleich auch sie „keineswegs gemäß strenger kanonischer Lehre durch das Walten des Geistes Gottes zustande gekommen" sei.

[42] *Herde*, Die Entwicklung der Papstwahl (wie Anm. 30), 29.

[43] Ebd.

[44] Conciliorum Oecumenicorum Decreta (wie Anm. 12), 314–320. Zur Textgeschichte des Dekrets: *Burkard Roberg*, Der konziliare Wortlaut des Konklave-Dekrets *Ubi periculum* von 1274, in: AHC 2, 1970, 231–262. Freilich hat Karl Wenck bereits bei der Wahl von Coelestin IV. vom „ersten wirklichen Konklave" gesprochen, vgl. *Karl Wenck*, Das erste Konklave der Papstgeschichte. Rom, August bis Oktober 1241, in: QuFiAB 18, 1926, 101–170. Nimmt man aber die Situation der selbst gewählten oder von außen erzwungenen, auch nur zeitweiligen und partiellen Abschottung der Wahlhandlungen als Kriterium, so müßte man auch schon vor 1241 bei einigen Papstwahlen von einem ,Konklave' sprechen. Hier wird der Begriff ,Konklave' deshalb erst für Papstwahlen in der Zeit nach der von Gregor X. dekretierten Konklaveordnung verwendet.

zeiten gegeben. Hierfür waren im wesentlichen die langwierigen Parteibil-
dungsprozesse innerhalb des kardinalizischen Wahlkollegiums verantwortlich, in denen sich wiederum die starke Polarisierung des römischen Stadt-
adels widerspiegelte.[45] Gegen den Widerstand der Mehrzahl der Kardinäle im
Jahre 1274 erlassen, zwei Jahre später bei der Wahl Innozenz' V. getreu angewandt und von den folgenden Päpsten Hadrian IV. und Johannes XXI. wieder
aufgehoben, wurde das Dekret von Coelestin V. schließlich 1294 erneut in
Geltung gesetzt und erteilte dann einige Jahrhunderte lang die ausführlichsten
Anweisungen für den technischen inneren Ablauf einer Papstwahl, für ihre
Abschließung nach außen, ihren Termin und ihren Ort. Der im Dekret verwendete Begriff *conclave* beschreibt noch ein einziges Zimmer im Palast des
verstorbenen Papstes, das alle Kardinäle „ohne Zwischenwand oder sonstige
Abtrennung" bewohnen und das von allen Seiten so verschlossen ist, daß es
niemand betreten oder verlassen kann.[46] In „Ubi periculum" finden sich erstmalig Bestimmungen zu den *conclavisti*, zur Essensreduktion nach drittem
Konklavetag, zur Kontrolle der internen wie externen Kommunikation. Wenn
es so etwas wie eine verbriefte Geschäftsordnung der Papstwahl aus der Zeit
des Mittelalters geben sollte, dann wird man eine solche am ehesten in diesem
Text erkennen können.

Mit „Ubi periculum" von Gregor X. ist die mittelalterliche Papstwahlgesetzgebung in der Substanz als abgeschlossen anzusehen. Nachdem das Dekret von Coelestin V. wieder in Kraft gesetzt wurde, handelt es sich bei den
nachfolgenden Konklavebullen entweder um abermalige Einschärfungen ihrer unbedingten Geltung[47] oder aber um eine Weiterentwicklung beziehungsweise zeitliche Adaptationen[48] von dort geregelten Einzelaspekten.[49]

---

[45] *Wenck*, Das erste Konklave (wie Anm. 44), 112–118.
[46] „In eodem autem palatio unum conclave, nullo intermedio pariete seu alio velamine,
omnes habitent in communi, quod servato libero ad secretam cameram aditu, ita claudatur
undique, ut nullus illud intrare valeat vel exire" (Conciliorum Oecumenicorum Decreta
[wie Anm. 12], 315).
[47] So schärft die von Clemens V. erlassene Bulle „Ne Romani" (1311) noch einmal die Beachtung aller Regelungen der Konklaveordnung Gregors X. ein und untersagt es den Kardinälen, in Zeiten der Sedisvakanz Neuerungen im Konklaverecht einzuführen beziehungsweise während der Sedisvakanz päpstliche Jurisdiktion auszuüben in Dingen, die
nach „Ubi periculum" nicht gefordert sind.
[48] „Licet in constitutione" (1351) von Clemens VI. lockert die harten Konklavebedingun-
gen etwas auf: Beispielsweise erlaubt die Bulle die Trennung des Konklaveraums durch
Vorhänge oder Wände in einzelne Zellen, die Mitnahme von jeweils zwei Konklavisten
und stellt es den Kardinälen anheim, im Konklave durchaus auch üppigere Speisen als
Wasser und Brot zu konsumieren. Der Text findet sich abgedruckt in: *Dykmans*, Le cérémonial papal (wie Anm. 34), Tome 3, 280f., Nr. 106.
[49] Einen Sonderfall stellt freilich die vom Konstanzer Konzil im Oktober 1417 erlassene
Papstwahlordnung dar (Conciliorum Oecumenicorum Decreta [wie Anm. 12], 445f.), die
zur Behebung des längsten Papst-Schismas der Kirchengeschichte (1378–1417) nur „für
dieses eine Mal" („pro hac vice") den Teilnehmerkreis wieder erweiterte, und zwar um je
sechs nichtkardinalizische Vertreter der fünf Konzilsnationen. Um die Wahl nach allen Sei-

II. Technik und Symbolik der Skrutinalwahl nach dem *Caeremoniale Romanum* (1488): der Stimmzettel als Opfergabe

Die Analyse des vom IV. Laterankonzil verabschiedeten Wahldekretes und des *Ordo Romanus XIV* von Jacobus Gaetani Stefaneschi hat ergeben, daß es sich bei der kirchlichen Skrutinalwahl des Mittelalters um ein formalisiertes, nach hierarchischer Ordnung gestaltetes Umfrage- und Auszählungsverfahren in zwei Abschnitten gehandelt hat.[50] Während die Stimmenerfragung als „geheime" Mitteilung des Wählers an den Skrutator erfolgen sollte, erfuhr bei der Auszählung der Voten jeder anwesende Kardinal sowohl den Urheber als auch den Adressaten jeder abgegebenen Stimme. Unter einem „Skrutinium" ist also zunächst einmal die je individuell vollzogene Ermittlung des Willens jedes *einzelnen* Wählers zu verstehen und nicht etwa die auf einem einzeln oder gemeinsam verwendeten Zettel schriftlich notierte Stimme. Dies entspricht auch der ursprünglichen Bedeutung des lateinischen Begriffes, wonach *scrutatio* oder *scrutinium* zuerst eine „Durchsuchung", „Untersuchung" beziehungsweise ein „Ausforschen", „Aussinnen" der inneren Befindlichkeit einer Sache oder Person meint, ein *scrutator* beim Konklave demnach primär ein „Durchsucher" und „Prüfer" der inneren Wahlentscheidung eines Kardinals ist. Erst durch die vornehmlich spezifische Verwendung im Zusammenhang kirchlicher Wahlen im allgemeinen und der Papstwahl im besonderen werden diese Begriffe semantisch auf „Stimmzettel", „Abstimmung", „Wahlgang" beziehungsweise *scrutator* auf „Stimmenzähler", „Wahlhelfer" sukzessive eingeengt.

Daß die seit dem IV. Laterankonzil immer wieder verwendete Formel *secreto et singulatim* sich also lediglich auf die Form der Stimmenabgabe (die eine geflüsterte Stimmenbefragung ist) bezieht, ihr Ergebnis aber (sowohl was den Wähler als auch den Gewählten angeht) im Rahmen des zweiten Aktes der Skrutinalwahl durchaus konklaveöffentlich bekanntgemacht wurde und man bei der mittelalterlichen *electio per viam scrutinii* folglich nicht von einer geheimen Wahl im heutigen Sinn sprechen kann, ist von der Wahlforschung bislang kaum realisiert, geschweige denn näher analysiert worden.[51]

---

ten abzusichern und künftigen Schismen vorzubeugen, forderte das Konstanzer Papstwahlverfahren darüber hinaus die Zweidrittelmehrheit nicht nur im Kollegium der Kardinäle, sondern in jeder einzelnen „Nation". Allgemein zur Konstanzer Papstwahl vgl. *Walter Brandmüller*, Das Konzil von Konstanz 1414–1418. Bd. 2: Bis zum Konzilsende. Paderborn 1998, 322–335.

[50] Zur Umfrage als einer zeremoniellen Verfahrensordnung vgl. *Barbara Stollberg-Rilinger*, Zeremoniell als politisches Verfahren. Rangordnung und Rangstreit als Strukturmerkmale des frühneuzeitlichen Staates, in: Johannes Kunisch (Hrsg.), Neue Studien zur frühneuzeitlichen Reichsgeschichte. (ZHF, Beih. 19.) Berlin 1997, 91–132, hier 108–113.

[51] Beispielsweise deutet *Philipp Hofmeister*, Die geheime Abstimmung im Kapitel und Rat der Ordensgenossenschaften, in: Österreichisches Archiv für Kirchenrecht 17, 1966,

Im 15. Jahrhundert durchläuft die päpstliche Skrutinalwahl jedoch noch einmal einen eklatanten Formwandel, der schließlich im *Caeremoniale Romanum* von 1488 seinen Niederschlag gefunden hat. Die dort dokumentierte Form bleibt bis zur gregorianischen Konklavereform von 1621 maßgeblich und soll im folgenden einer eingehenden Deutung unterzogen werden, und zwar sowohl hinsichtlich der gewandelten Technik als auch in bezug auf ihre auffällige Symbolik.

Das einzigartige Werk des Zeremonienmeisters Agostino Piccolomini Patrizi (1435–1495), das unter Mitarbeit von Johannes Burckard (um 1450–1506) entstand und nach langjährigen Vorarbeiten im März 1488 Papst Innozenz VIII. übergeben werden konnte, bringt einen langen Tradierungs- und Kodifizierungsprozeß der Zeremonien am päpstlichen Hof zu einem vorläufigen Abschluß.[52] Wie in der Edition des authentischen Textes des *Caeremoniale Romanum* deutlich wird[53], flossen diese älteren Zeremonienbücher in das spätmittelalterliche Werk, das bis ins 20. Jahrhundert das wichtigste Referenzwerk für die Gestaltung des päpstlichen Zeremoniells darstellen wird, in starkem Maße ein. Welche Vorlagen für welche Passagen im *Caeremoniale Romanum* Pate standen, ist jedoch noch nie textkritisch untersucht worden. Bei den hier interessierenden Abschnitten über das Konklavezeremoniell ist zwar unübersehbar, daß Patrizi und Burckard den *Ordo* Stefaneschis vorliegen hatten und auch reichlich darauf zurückgriffen, ob aber die dort nicht enthaltenen, wesentlich Neues bringenden Elemente des *Caeremoniale Romanum* aus anderen Vorlagen stammen oder aber genuine Neuschöpfungen dieser unvergleichlich produktiven Renaissanceliturgen gewesen sind, kann nach gegenwärtigem Forschungsstand nicht entschieden werden. Jedenfalls sprechen selbst im zeitlich nicht allzu weit entfernt liegenden Vorgängerwerk, dem Zeremonienbuch des päpstlichen Sakristans Petrus Amelii († 1401)[54], in den das Konklave betreffenden Artikeln keine Indizien dafür, daß die 1488

19–43, das *secreto* des IV. Laterankonzils im modernen Sinn und geht daher fälschlicherweise von geheimen kanonischen Skrutinalwahlen seit dem 13. Jahrhundert aus. Auch bei der mittelalterlichen Bischofswahl bedeutete eine Wahl *per formam scrutinii* eine „umbfrag und samlung der stymmen". Bei der Auswertung der Hildesheimer Bischofschronik stößt Klaus Schreiner bei der Wahl von Bischof Hemmingus (1471–1481) auf diese Form der Skrutinalwahl, vgl. *Schreiner*, Wahl, Amtsantritt und Amtsenthebung (wie Anm. 9), 79f.
[52] Zur Entstehung, Konzeption und Wirkungsgeschichte des Kurienzeremoniale vgl. *Nikolaus Staubach*, „Honor Dei" oder „Bapsts Gepreng"? Zur Reorganisation des Papstzeremoniells in der Renaissance, in: ders. (Hrsg.), Rom und das Reich vor der Reformation. (Tradition – Reform – Innovation. Studien zur Modernität des Mittelalters, Bd. 7.) Frankfurt am Main 2004, 91–136, hier 98–106; *Jörg Bölling*, Das Papstzeremoniell der Renaissance. Texte – Musik – Performanz. (Tradition – Reform – Innovation. Studien zur Modernität des Mittelalters. Bd. 12.) Frankfurt am Main 2006, 25–29, 80–90.
[53] *Marc Dykmans* (Hrsg.), L'Œuvre de Patrizi Piccolomini ou le Cérémonial Papal de la Première Renaissance. 2 Vols. (Studi e Testi. Vol. 293/294.) Vatikanstadt 1980/82.
[54] *Dykmans*, Le cérémonial papal (wie Anm. 34), Tome 4, hier insbes. 228–231.

beschriebene Form der Skrutinalwahl bereits im 14. Jahrhundert praktiziert worden wäre.

Was ist neu am *ritus eligendi per viam scrutinii*, wie ihn das *Caeremoniale Romanum* darbietet? Zunächst einmal geblieben ist die zweiteilige Struktur der Skrutinalwahl mit Stimmenabgabe und Stimmenauszählung. Die gravierendste Neuerung liegt in der Form der Stimmenabgabe, die nun nicht mehr im Rahmen einer mündlichen Befragung stattfindet. Eingeführt wurde statt dessen der beschriebene und versiegelte Stimmzettel.[55] Die Abgabe dieser sogenannten *cedula* läuft nun nicht einfach nach pragmatisch-instrumentellen Maßgaben ab, sondern wird mit einem äußerst stark symbolisch aufgeladenen Zeremoniell gestaltet[56]: Während alle Kardinäle in der Wahlkapelle auf ihren vorgesehenen Plätzen sitzen, schreitet der Prior der Kardinalbischöfe, seinen bereits beschriebenen Stimmzettel in der Hand haltend, an den Altar und spricht dort während einer Kniebeuge ein kurzes Gebet. Wieder aufgerichtet, küßt er seinen Stimmzettel und legt ihn in einen großen, auf dem Altar stehenden Kelch. Der links am Altar positionierte erste Kardinaldiakon hebt dazu die auf dem Kelch liegende Patene. Nach der Ablegung der *cedula* in den Kelch tritt der Kardinalbischof an die rechte Seite des Altars und hebt zusammen beziehungsweise im Wechsel mit dem Kardinaldiakon die Kelchpatene, während die anderen Kardinäle nun auf die gleiche Weise die Stimmabgabe vollziehen. Das *Caeremoniale* hebt hervor, daß dies einzeln und in der Reihenfolge der drei Kardinalsordnungen zu geschehen habe, den Bischöfen folgen die Priester, nach ihnen treten die Diakone an den Altar.

Der auf den Zettel geschriebene Text weist folgende Struktur auf: Zwischen das „Ego eligo" sind der Name des Wählers und sein Bistum gefügt. Der Name des Gewählten wird zusammen mit seiner Titelkirche und mit seinem Kardinalsrang genannt. Wie bereits bei der mündlichen Stimmabfrage gemäß dem IV. Laterankonzil kann ein Kardinal auch zwei oder mehrere Kardinäle aus dem Kollegium wählen, er kann aber auch einen Nichtkardinal auf der Rückseite des Zettels nominieren. Die Zettel sollen akkurat gefaltet und mit dem persönlichen Siegelring der Kardinäle verschlossen worden sein.

Wenn nun alle anwesenden Kardinäle auf diese Weise ihre Stimme abgegeben haben, folgt die wiederum minutiös geregelte Auszählung der Voten[57]: Die beiden erwähnten Prioren heben gemeinsam den mit den Stimmen gefüllten Kelch vom Altar und stellen ihn auf einen im vorderen Kapellendrittel stehenden Tisch (*mensa*). An diesem sitzt nun – neben den anderen beiden

---

[55] Wenn manche Autoren die Einführung beschriebener Stimmzettel bereits Jacobus Gaetani Stefaneschi zuschreiben, kann dies nur damit zusammenhängen, daß sie seinen Wahl-*Ordo* selbst nie konsultiert haben, vgl. *Joseph M. Colomer/Iain McLean*, Electing Popes: Approval Balloting and Qualified-Majority Rule, in: JInterH 29, 1998, 1–22, hier 15.
[56] *Dykmans*, L'Œuvre de Patrizi Piccolomini (wie Anm. 53), Vol. 1, 46 (Nr. 44).
[57] Ebd. 467 (Nr. 46).

priores – auch der *prior presbiterorum*. Der *prior episcoporum* nimmt mit der rechten Hand den Kelch, während er mit der linken die Patene festhält und den mit den Stimmen gefüllten Kelch einmal über dem Tisch umdreht, ohne daß ein Zettel herausfällt, um ihn dann wieder auf die *mensa* zurückzustellen. Mit der linken Hand hebt er nun die Patene, nimmt mit der rechten einen Stimmzettel, den die Hand gerade durch Zufall ergreift, zieht ihn zwischen zwei Fingern offen sichtbar aus dem Kelch und überreicht ihn schließlich dem *prior diaconorum*. Dieser öffnet die *cedula* unmittelbar und liest mit einer Stimme, die von allen gehört werden kann, laut und deutlich („voce qua ab omnibus exaudiri possit, distincte legit") den gesamten Text des Stimmzettels – also inklusive des Wählernamens – vor. Es ist folglich kein Kardinal in der Kapelle des Wahlgeschehens anwesend, der nicht spätestens in der Phase der Auszählung von jedem seiner Kollegen erfahren würde, wem er seine Stimme gegeben hat.

Erfaßt werden die Voten in vorbereiteten großen Listen, auf denen die Namen aller Wähler in der Reihenfolge ihres Ranges stehen. Jeder der anwesenden Kardinäle verfügt über eine solche Liste, auf der er die Voten und ihre Urheber vermerken kann. Dem ersten Kardinaldiakon kommt schließlich die Aufgabe zu, das Ergebnis der summierten Voten für jeden einzelnen Kardinal laut zu verkünden.

Hat nun keiner der Kardinäle eine Zweidrittelmehrheit auf sich gezogen, besteht die Möglichkeit zur sogenannten Akzeßwahl.[58] Wer im Skrutinium den Kandidaten mit den meisten Stimmen nicht gewählt hat, kann im Rahmen dieser Ergänzungswahl zu ihm „hinzutreten". Das *Caeremoniale Romanum* betont ausdrücklich, daß die jüngeren Kardinäle aus Ehrerbietung und Anstand („ex honestate et decore") warten sollen, bis die älteren mit dem Akzeß beginnen. Der Beitritt wird durch Aufstehen und die Worte signalisiert: „Ego accedo ad reverendissimum dominum meum talem." Sollte die Zweidrittelmehrheit auch mit den beigetretenen Stimmen nicht erreicht werden, so beginnt am kommenden Tag das Skrutinalverfahren von neuem. Täglich ist also nur ein Skrutinium mit eventuellem Akzeß vorgesehen. Wenn nun aber die erforderlichen Stimmen *per viam accessus* zusammenkommen, dann spricht der letzte, ausschlaggebende Kardinal den entscheidenden performativen Satz: „Et ego accedo ad reverendissimum dominum meum talem, et facio eum papam."

An die Wahl schließen sich unmittelbar der Namens- und Kleiderwechsel des Neugewählten[59] und die Publikation des Wahlergebnisses für den Klerus und das Volk von Rom an, die der erste Kardinaldiakon durch das „kleine offene Sakristeifenster" mit der heute noch gebräuchlichen Formel (*Annuntio*

---

vobis gaudium magnum, papam habemus) vornimmt.[60] Den Abschluß der Wahl und das Ende des gesamten Konklaves bildet die erste Adoration durch die Kardinäle[61]: Mit wertvollem rotem Pluviale bekleidet, auf dem Haupt eine mit Gold und Edelsteinen besetzte Mitra, sitzt der neue Papst *super altare*[62], während die Kardinäle mit Mozzetta (hier *croccea* genannt) und Kapuzenmantel (*cappa*) gemäß ihrer Rangordnung an ihn herantreten und ihm mit einem Fuß-, Hand- und Mundkuß huldigen. Dann werden die verriegelten Pforten und vermauerten Fenster des Konklaves geöffnet und der Papst wird mit Hymnen in einer Prozession nach St. Peter begleitet, wo ihn zwei weitere Huldigungen erwarten (erneut durch die Kardinäle und dann – in Stellvertretung für den römischen *clerus et populus* – durch höhere Prälaten und Adelige). Soweit die ‚dichte Beschreibung‘ der Skrutinalwahl in der vom *Caeremoniale Romanum* vorgesehenen Form.

Der Wechsel von einer mündlichen Stimmenbefragung hin zu einer schriftlichen Stimmzettelabgabe, den die päpstliche Skrutinalwahl im Spätmittelalter durchläuft, ist in verfahrens*technischer* und mehr noch in verfahrens*symbolischer* Hinsicht von eminenter Bedeutung. Die rituelle Gestaltung des Ablegens des Stimmzettels in einen auf dem Altar stehenden Kelch weist ganz und gar die Struktur einer mittelalterlichen Oblation auf. Das *Caeremoniale Romanum* – so die These – will die Skrutinalwahl als eine extramissale Opfergabe verstanden wissen.

Arnold Angenendt hat in einem materialreichen Aufsatz zur Geschichte des Offertoriums gezeigt, wie das mittelalterliche Christentum das religionsgeschichtlich weitverbreitete Austausch-Schema von Gabe und Gegengabe aufgegriffen und mit welch ungeheurer Varianz es innerhalb wie außerhalb der Meßliturgie eine Kultur der Darbringung von materiellen Opfergaben auf dem Altar entwickelt hat.[63] Obwohl sich unter den von Angenendt nahezu

---

[60] Ebd. 49 (Nr. 51).

[61] Ebd. 50 (Nr. 53).

[62] *Bernhard Schimmelpfennig*, Die Krönung des Papstes im Mittelalter dargestellt am Beispiel der Krönung Pius' II. (3. 9. 1458), in: QuFiAB 54, 1974, 192–270, 213, legt nahe, den Ausdruck *super altare* auch im Rahmen der Papstwahl durchaus wörtlich zu nehmen, und zwar mit der Begründung, es heiße nach den späteren Huldigungen in St. Peter im *Caeremoniale Romanum*, daß der „electus descendit de altari". Reale Altarsetzungen nach der Wahl sind bezeugt ab dem Hochmittelalter bei deutschen Königen, bei Bischöfen, aber auch in Männer- und Frauenstiften, vgl. *Medard Barth*, „Das Setzen auf den Altar" als Inthronisation weltlicher und geistlicher Würdenträger, mit besonderer Berücksichtigung des rheinischen Raumes, in: Archives de l'église d'Alsace 30, 1964, 53–63; *Schneider*, Wechselwirkungen (wie Anm. 7), 153; *Reinhard Schneider*, Bischöfliche Thron- und Altarsetzungen, in: Joachim Dahlhaus u. a. (Hrsg.), Papstgeschichte und Landesgeschichte. Festschrift für Hermann Jakobs zum 65. Geburtstag. Köln 1995, 1–15.

[63] *Arnold Angenendt*, Das Offertorium. In liturgischer Praxis und symbolischer Kommunikation, in: Gerd Althoff (Hrsg.), Zeichen – Rituale – Werte. Internationales Kolloquium des Sonderforschungsbereichs 496 an der Westfälischen Wilhelms-Universität Münster. Unt. Mitarb. v. Christiane Witthöft. (Symbolische Kommunikation und gesellschaftliche

umfassend aufgeführten *dona altaria* das im Rahmen der kanonischen Papstwahl abgelegte Skrutinium nicht befindet, spricht jedoch die ermittelte Ritual-
struktur der Stimmabgabe, wie sie 1488 von den päpstlichen Zeremoniaren
beschrieben wird, eindeutig für seine Klassifizierung als extramissale Opfergabe: Der Ritusablauf entspricht jener Struktur, die sich aus altfranzösischen
Epen hat rekonstruieren lassen.[64] Am Beginn steht der Gang zum Altar, dort
angekommen wird eine Verneigung oder Kniebeuge gemacht, erst danach
folgt das Ablegen des Opfers auf dem Altar. Die „Opfermaterie"[65] ist der
Stimmzettel, dessen extraordinäre Bedeutung und Wertschätzung durch den
Kuß symbolisiert wird, der kein fester Bestandteil im Ritusverlauf sonstiger
Oblationen ist. Daß nun die zentralen Utensilien des Opfergangs in unserem
Fall die auch bei der Eucharistie verwendeten sind – nämlich Patene und
Kelch –, kann nicht nur pragmatische Gründe haben, denn schließlich hätte
auch eine gewöhnliche Schale als Wahlurne dienen können. Vielmehr dürften
darin abermals die besondere Dignität des Vorgangs sowie der Versuch zum
Ausdruck kommen, die Papstwahl in die Nähe des Altarsakramentes zu stel-
len.

Der Altar als Opferplatz ist das zentrale, spezifizierende Element einer jeden Oblation; und damit sind wir bei der religiösen Bedeutung des Vollzugs
materieller Altaropferungen im allgemeinen und bei der Deutung der Skrutinalwahl als *donum altaris* im besonderen. So unterschiedliche und ganz spezifische Bedeutungen materielle Opferrituale in den verschiedenen Religio-
nen und Situationen auch besitzen können, die Reziprozität des Gebens und
damit die Erwartung einer Gegengabe Gottes werden von der Religionsgeschichte als ein transreligiöses allgemeines Charakteristikum einer jeden Op-
ferpraxis angesehen. Die Altarsakralität ist dabei von konstitutiver Relevanz.
Das *ponere super altare* als den „Ort der Präsenz der Gottheit"[66] stellt primär
eine Bitte dar, das Geopferte in veränderter Form wieder zurückzuerhalten.[67]
Neben der Bitte um Verwandlung, Segnung, um sakrale Firmierung oder Sün-

Wertesysteme. Bd. 3.) Münster 2004, 71–150 (dort auch alle einschlägige Literatur zur
mittelalterlichen Oblation).
[64] Ebd. 90.
[65] *Hubert Siewert*, Art. „Opfer", in: Hubert Cancik u.a. (Hrsg.), Handbuch religionswis-
senschaftlicher Grundbegriffe. Bd. 4. Stuttgart 1998, 268–284, hier 275f.
[66] *Carl Heinz Ratschow*, Art. „Altar (religionsgeschichtlich)", in: TRE 2, 1978, 305–308,
hier 307.
[67] „Was auf den Altar gelegt wurde, war der göttlichen Sphäre überstellt, gehörte nicht
mehr den Menschen und füllte sich mit heiliger Kraft. Während manche Gaben den Menschen für immer entzogen bleiben sollten – weswegen sie bei der Opferung unbrauchbar
gemacht oder auch verbrannt wurden –, kehrten andere Gaben, nun verwandelt und mit
göttlicher Kraft aufgeladen, in den Lebenskreis der Menschen zurück, etwa zum Verzehr in
der Kultgemeinde oder als Heilsgabe und Stärkungsmittel in den Fahrnissen des Lebens"
(*Angenendt*, Das Offertorium [wie Anm. 63], 92).

dentilgung wird man schließlich den Dank als ein vermutlich ebenso verbreitetes Opfermotiv anführen müssen.

Die päpstlichen Zeremonienmeister der Renaissance gestalteten die Stimmabgabe bei der Skrutinalwahl in der Symbolsprache des Opferrituals, um damit die Bitte der Kardinäle um eine (Ver-)Wandlung ihrer Stimmen zeremoniell anzeigen zu lassen. Innerhalb eines spezifisch christlichen Deutungshorizontes intendiert jede liturgische Oblation letztlich die Einfügung in Christi segensreiches Opfer – eine Verbindung, die theologisch als der Ursprung jedweden Heils aufgefaßt wird. Durch die Verwendung exakt jener Gerätschaften, die auch bei der eucharistischen Opferung im Zentrum stehen, wird der Zusammenhang der Papstwahl mit dem Mysterium der Transsubstantiation symbolsprachlich aufs engste hergestellt: Wie bei der Eucharistie der Wein, so werden bei der Skrutinalwahl die Stimmzettel in den Kelch gegeben, um sie dann transformiert wieder zu empfangen. Gott möge sozusagen die aufrichtig geopferten inneren Einzelentscheidungen der Kardinäle zusammenfügen und der Kirche einen guten Papst (zurück)geben.

Um Aussagen über die Singularität oder Verbreitung dieser eucharistischen Opfersymbolik im Rahmen von kanonischen Wahlverfahren insgesamt treffen zu können, fehlen bislang Vergleichsstudien. Es ist nicht ausgeschlossen, daß sich insbesondere im Bereich der Ordenswahlen schon frühere Zeugnisse nachweisen lassen, die dann von der päpstlichen Kurie lediglich rezipiert worden wären.[68] Doch davon unabhängig stellt diese für den Bereich des Papsttums aller Wahrscheinlichkeit nach mit dem *Caeremoniale Romanum* vollzogene Einführung einer neuen und dezidiert religiösen Verfahrenssymbolik einen – wie wir sehen werden – zumindest auf der normativen Ebene außerordentlich wichtigen Schritt auf dem Weg der sukzessiven Spiritualisierung der Papstwahl dar.

In verfahrenstechnischer Hinsicht hat das 1488 kodifizierte päpstliche Wahlzeremoniell nicht annähernd einen so großen Wandel eingeleitet, wie dies hinsichtlich der verfahrenssymbolischen Dimension der Fall gewesen ist. Angesichts der in der Literatur häufig anzutreffenden Vorstellung von der allgemein geheimen Stimmzettelwahl kann an dieser Stelle gar nicht genug hervorgehoben werden, daß die vom IV. Laterankonzil eingeführte Skrutinalwahl bis weit über das Mittelalter hinaus keine geheime Wahl im heutigen Sinne gewesen ist – was heißen würde, daß unbekannt geblieben wäre, welcher Wähler welcher Person seine Stimme gegeben hat. Da die vom *Caeremoniale Romanum* vorgesehenen Stimmzettel sowohl den Namen des Wählenden als auch den Namen des Gewählten aufwiesen und diese in der Auszählungs-

68 Allerdings finden sich in *Gaudemet*, Les élections dans l'église latine (wie Anm. 27), der immer noch den umfassendsten Überblick über die Wahlen in mittelalterlichen Mönchs- (215–308) und Bettelorden (309–348) bietet, keine Hinweise darauf.

phase für alle hörbar vorgelesen wurden, ändert sich 1488 in der Frage der Geheimhaltung der Skrutinalwahl nur Unwesentliches. Lediglich mag die schriftliche Stimmabgabe einen höheren Geheimhaltungsgrad gewährleistet haben, als es bei einer mündlich geflüsterten Stimmabgabe möglich war. Grundsätzlich jedoch gilt: Wo mittelalterliche kanonische Papstwahlordnungen von der Skrutinalwahl fordern, sie solle *secreto* vollzogen werden, bezieht sich dies mehrere Jahrhunderte lang ausschließlich auf die Abgabe der Stimme, nicht aber auf den Wahlvorgang insgesamt. Und spätere Quellen belegen eindeutig, daß man auch bei der Skrutinalwahl des 16. Jahrhunderts in der Regel zwar von einer *verdeckten* Stimmabgabe, aber von einer *offenen* Stimmauszählung und damit einem individuell identifizierbaren Votum auszugehen hat.[69]

Nun stellt sich die Frage, in welchen Feldern und seit wann überhaupt im Bereich kanonischer Wahlen das Ideal beziehungsweise die Forderung nach grundsätzlicher Geheimhaltung aufgekommen ist. Der Forschungsstand zur Entwicklung der geheimen Wahl in der Kirche ist äußerst unbefriedigend.[70] Als gesichert darf gelten, daß die Prioren im Dominikanerorden ab der zweiten Hälfte des 13. Jahrhunderts häufig in geheimen Wahlen gewählt worden sind. Der männliche Zweig folgte 1283 den Dominikanerinnen, bei denen schon seit 1259 nur noch das Stimmenverhältnis und nicht mehr die Entscheidung des einzelnen von den Skrutatoren namentlich bekanntgegeben wurde.[71] Im Jahr 1316 faßte auch das Provinzialkapitel der Franziskanerminoriten in Assisi den Entschluß, fortan auf eine detaillierte Publikation der Stimmzettel zu verzichten.[72] Zur gleichen Zeit wurde Geheimhaltung auch in den italienischen Kommunen immer wichtiger, wobei hier oft ganz verschiedene Wahlarten in einem mehrstufigen Verfahren miteinander kombiniert wurden und auch (der im Kirchenrecht seit 1223 explizit verbotene[73]) Losentscheid eine große Rolle spielte.[74]

---

[69] Daß die Skrutinien offen ausgewertet wurden, belegen beispielsweise die Listen im Diarium von Johannes Burckard, die verzeichnen, welcher Kardinal von welchem Kollegen eine Stimme erhielt. Vgl. für das Konklave von Pius III. (1503): Johannis Burckardi Liber Notarum ab anno 1483 usque ad annum 1506. Ed. *Enrico Celani*. (L. A. Muratori, Rerum Italicarum Scriptores, Nuova Edizione, 32/1.) Città di Castello 1906–1942, 384–387.

[70] Der einzige Aufsatz, der sich primär dieser Frage widmet, sitzt einer Fehlinterpretation der vom IV. Laterankonzil dekretierten Skrutinalwahl auf, hält sie im modernen Sinn für eine geheime Wahl und kommt in dieser Spur zum falschen Ergebnis, daß die „Normen für die Papstwahl [...] natürlich für die übrigen kirchlichen Wahlen übernommen wurden" (*Hofmeister*, Die geheime Abstimmung [wie Anm. 51], 25). Die Einzelaussagen Hofmeisters zum Aufkommen der geheimen Wahl bei den Orden können daher leider auch nur wenig Zuverlässigkeit beanspruchen.

[71] *Gaudemet*, Les élections dans l'église latine (wie Anm. 27), 332 f., 408–410.

[72] *Maleczek*, Abstimmungsarten (wie Anm. 15), 129.

[73] Vgl. ebd. Obwohl bekanntlich Matthias durch Loswurf in den Kreis der Apostel aufgenommen wurde (Apg 1, 5–26), hat die Schrift in diesem Fall zumindest in der lateinischen Kirche nicht normbildend gewirkt. Außer bei einigen Bischofswahlen in der alten Kirche

Im kirchlichen Bereich blieb die (im heutigen Sinne) geheime Wahl bis weit in die Neuzeit hinein eine Ausnahmeerscheinung des Ordenswesens, wo man es zum einen oft mit großen Wählerkollegien von ganzen Konventen sowie mit vergleichsweise egalitären Gemeinschaftsverständnissen zu tun hatte und wo man sich zum anderen in relativer Eigenständigkeit gegenüber diözesanem und universalkirchlichem Recht eigene Wahlverfassungen geben konnte. Es kommt daher auch nicht von ungefähr, daß die – soweit wir bislang sehen – früheste „lehramtliche" Forderung nach geheimer Wahl auf das spezifische Feld der Ordenswahlen abzielt: In seiner letzten Sitzung am 3. und 4. Dezember 1563 sanktionierte das Konzil von Trient die in einigen Orden bereits seit Jahrhunderten geübte Praxis und bestimmte im sechsten Kapitel (*Ratio eligendi superiores*) seines Ordensdekretes, daß von nun an sämtliche Äbte und Äbtissinnen, alle Ordensgeneräle und Vorsteherinnen durch geheime Abstimmung (*per vota secreta*) zu wählen seien, und zwar so, „daß die Namen der einzelnen Wähler nie bekanntgemacht werden".[75]

Damit war zumindest einem Segment der Kirche von Papst und Konzil zugestanden worden, ein bislang gültiges kanonisches Prinzip im Wahlverfahren nicht zu berücksichtigen (oder es wenigstens auf andere Weise einzulösen). Daß nämlich im Bereich der kirchlichen Wahlen das Ideal der absoluten Geheimhaltung über Jahrhunderte so gut wie nicht auftaucht, hat mit dem kanonischen Prinzip der *sanioritas* zu tun. Geheime Wahlen in der Kirche wurden lange Zeit durch die Festschreibung der *sanioritas* im Kirchenrecht verhindert. Denn zur Feststellung der *sanior pars* war ja nicht nur die Zählung der *merita* auf seiten des Gewählten, sondern auch die Kenntnis über den *zelus* auf seiten der Wähler notwendig, wozu deren Namen jeweils bei der Stimmenauszählung öffentlich bekanntgemacht werden mußten. Und jenseits aller Argumente für die Berücksichtigung qualitativer Aspekte konnte das Papsttum auch aus machtstrategischen Erwägungen kein Interesse daran haben, das Prinzip der *sanior pars* zu lockern, bot es doch für den Apostolischen Stuhl gerade im Falle nicht einhelliger Bischofswahlen, bei denen sich die Wahlberechtigten nicht darüber verständigen konnten, ob die *maior pars* mit der *sanior pars* identisch war, immer wieder die Möglichkeit, in die Wahlangelegenheiten einer „Ortskirche" einzugreifen. Das Prinzip der *sanioritas* war so lange als Zentralisierungsinstrument zu funktionalisieren, bis schließlich ab

---

wurde der Zufall des Loses später nie als geeignetes Einfallstor der göttlichen Vorsehung angesehen. Zu losen mag höchstens „dem eschatologischen Habitus der Urgemeinde" entsprochen haben (*Schreiner*, Wahl, Amtsantritt und Amtsenthebung [wie Anm. 9], 81).
[74] *Keller*, Wahlformen (wie Anm. 18), 358–369.
[75] „In electione superiorum quorumcumque, abbatum temporalium, et aliorum officialium ac generalium, et abbatissarum atque aliarum praepositarum, quo omnia recte et sine ulla fraude fiant, in primis sancta synodus districte praecipit, omnes supradictos eligi debere per vota secreta, ita ut singulorum eligentium nomina nunquam publicentur" (Conciliorum Oecumenicorum Decreta [wie Anm. 12], 778).

dem 13. Jahrhundert Bischofsstühle immer häufiger anstatt durch Wahl durch eine einsame päpstliche Entscheidung besetzt wurden.[76]

Die geschichtliche Entwicklung der päpstlichen Skrutinalwahl vollzog sich im wesentlichen in drei Etappen: Bis ins 15. Jahrhundert wurde sie in der vom IV. Laterankonzil verordneten Form als geflüsterte mündliche Befragung durchgeführt; bei Petrus Maria Passerini (1597–1677), einem Dominikaner-Kanonisten des 17. Jahrhunderts, findet sich diese Art später als „Ohrenskrutinium" (*scrutinium auriculare*) bezeichnet.[77] Ab Ende des 15. Jahrhunderts ist dann die zweite Gestalt nachweisbar, die mittels beschriebener und in einem Altarkelch abgelegter Stimmzettel zumindest bei der Abgabe der Stimme ein höheres Maß an Geheimhaltung gewährleistete. Sowohl bei Form eins als auch bei Form zwei wird in der Phase der Stimmauszählung offengelegt, welcher Kardinal welchem Kandidaten seine Stimme gab. Die schließlich dritte Form wäre die in Stimmabgabe wie -auszählung definitiv geheime Stimmzettelwahl.

Die Entwicklung zeigt, daß man immer mehr einen Vorteil darin erkannte, zunächst einmal die Abgabe der Stimmen nicht öffentlich zu vollziehen. Der Sinn der technischen Geheimhaltung dieser ersten Skrutiniumsphase muß in erster Linie darin gesehen werden, daß ein Reagieren auf den Verlauf der Stimmabgabe selbst unmöglich gemacht werden sollte. Die Entscheidung des einzelnen sollte keiner direkten Beeinflussung von außen ausgesetzt sein. Weder sollte die zeitlich vorausgehende Stimmabgabe von führenden, autoritätsstarken Kardinälen den weiteren Gang der Wahl insofern präjudizieren, als durch sie eine Spur gelegt würde, in der sich dann spätere Voten bewegen würden. Noch sollte den Wählern bereits während der Votierung die Möglichkeit eröffnet werden, auf sich abzeichnende Stimmenkumulationen kompensatorisch – ob nun verstärkend oder abschwächend – zu reagieren. Der Sinn der Skrutinaltechnik bestand im wesentlichen darin, die Einzelentscheidung möglichst unabhängig von aktuellen, situationsbedingten Dynamiken im Wählerkollegium zu halten.

Welche zeitgenössische Rationalität steht jedoch hinter der (sowohl von Typ eins als auch von Typ zwei praktizierten) offenen Nennung der Wählernamen in der Phase der Stimmenauszählung? Auch wenn bei der Papstwahl selbstverständlich gilt, daß Kardinalbischöfe, Kardinalpriester und Kardinaldiakone sich in ihrer Wahlvollmacht nicht unterscheiden und bei der Auszählung ihrer Stimmen weder Verdienst noch Eifer addiert werden, sondern aus-

[76] *Klaus Ganzer*, Papsttum und Bischofsbesetzungen in der Zeit von Gregor IX. bis Bonifaz VIII. Ein Beitrag zur Geschichte der päpstlichen Reservationen. (Forschungen zur kirchlichen Rechtsgeschichte und zum Kirchenrecht, Bd. 9.) Köln 1968; *Schimmelpfennig*, Das Prinzip der „sanior pars" (wie Anm. 24).
[77] *Petrus Maria Passerini*, Tractatus de electione canonica. Coloniae Agrippinae 1695.

schließlich die Anzahl der Stimmen[78], ist doch das Prinzip der Saniorität die einzig plausible Erklärung dafür, warum die ursprüngliche Skrutinalwahl stets die Bekanntgabe der Wählerentscheide vorgesehen hat. Freilich ist das Senioritätsprinzip im Falle der Papstwahl nicht derart anzuwenden, daß im Konflikt eine höhere Instanz eingreifen und über den besseren und vernünftigeren Teil entscheiden könnte. Überhaupt findet der Gedanke der *sanioritas* bei der Papstwahl nicht als Anfechtung des numerischen Wahlergebnisses seine Anwendung – derartige Infragestellungen galt es gerade vor dem Erfahrungshintergrund schismatischer Wahlen klar zu verbieten. Und doch ist die Publikationspraxis der Wählervoten nur damit zu erklären, daß im spezifischen Fall einer kanonischen Wahl, bei der über dem Wählerkollegium keine höhere Richterinstanz mehr existiert, eine Art *interne* Saniorität den gesamten Wahlprozeß bestimmt.

Da es niemals vorkam, daß ein Kardinal bereits im ersten Wahlgang eine Zweidrittelmehrheit auf sich vereinigte, ist bei der Papstwahl in der Regel eine ganze Reihe von Skrutinien hintereinandergeschaltet. Die Bekanntmachung von Wähler und Votum kann deswegen in der Sequenz der aufeinanderfolgenden Skrutinien durchaus eine große Wirkung entfalten. Die Skrutinien des Konklaves sind dann auch für lange Zeit eher mit Probeabstimmungen zur Sondierung des Feldes zu vergleichen. Zwar galt rein normativ die Gleichgewichtigkeit einer jeden Kardinalsstimme. Doch faktisch war es im Wahlprozeß doch entscheidend, welcher Kardinal für welchen Kardinal votierte. Und das Verfahren der offenen Skrutinienauszählung ermöglichte erst diesen qualitativen Unterscheidungsprozeß.

Ein weiteres Indiz für die Verankerung der Saniorität als Orientierungsprinzip im damaligen Wertehorizont ist auch die Gestaltung des Stimmzettels. Der erste Teil des Skrutiniumstextes soll nicht nur den bloßen Namen des Wählers enthalten. Zusätzlich zum Namen hat er seine Titelkirche oder aber sein Bistum anzuführen. Und schließlich wird jeder Stimmzettel mit einem Siegelzeichen versehen, aus dem die Zugehörigkeit des Wählers zu einer der drei kardinalizischen Ordnungen hervorgeht. Das erste Signal, das ein bei der Stimmenauszählung aus dem Kelch genommenes *scrutinium* aussendet, ist also der Rang seines Urhebers. Und genauso wird auch der auf dem Stimmzettel nominierte Kardinal stets zusammen mit seinem Titel und Kardinalsrang genannt („tituli Sancti Marci presbiterum cardinalem"[79]).

Wenn auch seit 1179 mit „Licet de vitanda" kirchenrechtlich gilt, daß die Stimme eines jeden Kardinals gleich gezählt wird, so begegnen wir doch so-

---

[78] Auch das *Caeremoniale Romanum* greift die formelhaften Wendungen aus den Papstwahldekreten der Päpste wieder auf, vgl. *Dykmans*, L'Œuvre de Patrizi Piccolomini (wie Anm. 53), Vol. 1, 42 (Nr. 35).
[79] Ebd. 46 (Nr. 44).

wohl in der verfahrenstechnischen als auch in der verfahrenssymbolischen Praxis der Papstwahl dem Kardinalskollegium als einer ausdifferenzierten hierarchischen ‚Ständegesellschaft'. In der Abfolge von hintereinandergeschalteten Skrutinien mit offenen Auszählungen war es möglich, die einzelnen Stimmen gemäß der Saniorität ihres Urhebers zu ‚ponderieren' und diesem Gewicht entsprechend im nächsten Wahlgang zu votieren. Es sind religiöse und ethische Wertvorstellungen wie Frömmigkeit, Weihegrad und Alter, auf die sich das Prinzip des gesünderen und vernünftigeren Teils stützte. Es sind aber auch die gesamtgesellschaftlichen Rangkriterien wie Adel, Autorität, Sozialprestige und Verflechtungspotential, von denen die Wertigkeit einer Stimme in der faktischen Wahlpraxis abhing. Da man bislang nicht realisierte, daß das *secrete et singulatim* abgegebene *scrutinium* lange Zeit mitnichten eine geheime Wahl im heutigen Sinne gewesen ist, konnte auch diese subtile Wirksamkeit des Sanioritätsprinzips bei der Papstwahl nie wahrgenommen werden.

Das Votum eines Kardinals zum Entwurf einer Wahlbulle, die niemals das Licht der Öffentlichkeit erblickte, bestätigt die hier vertretene These zusätzlich und spitzt sie in einem Punkt sogar zu: Im März 1553 läßt Julius III. den Kardinälen den Entwurf einer Bulle zur Reform des Konklaves zukommen mit der Bitte um schriftliche Stellungnahme.[80] Das projektierte Dekret hebt die Bedeutung der Papstwahl für das Heil der Seelen in der gesamten Kirche hervor. Für die Zeit der Sedisvakanz verordnet es, ohne Verzögerung mit den Exequien des verstorbenen Papstes zu beginnen, und es begrenzt die Macht der Kardinäle durch eine genaue Umschreibung ihrer Aufgaben zwischen Papsttod und Papstwahl. Für die Zeit des Konklaves beschränkt es die Zahl der *conclavisti* auf je zwei, schärft noch einmal die Abschließung ein, verbietet jegliche Art von Wahlverabredungen unter den Kardinälen und verordnet Essensreduktion, wenn nach 15 Tagen immer noch keine Entscheidung herbeigeführt sein sollte. Bezüglich der Wahlmodi erteilt der Entwurf nur im 15. Kapitel die kurze Anweisung, daß man bereits am ersten Konklavetag ohne jedwede Verspätung zum ersten Skrutinium schreiten solle, an das sich unmittelbar der Akzeß anschließen könne.[81]

---

[80] „Bulla S.mi D.N. Julii III de reformatione conclavis exhibita cardinalibus ad censurandum". Die projektierte Wahlbulle hat sich (teilweise zusammen mit den Rückläufen der Kardinalsbefragung, mit einer späteren Zusammenstellung der Kardinalsvoten von Angelo Massarelli und mit der modifizierten Endfassung) an verschiedenen Orten und in einigen Kopien erhalten: Biblioteca Apostolica Vaticana, Vaticani latini 12127, fol. 143r–146v; Vaticani latini 12199, fol. 222r–226v. Vaticani latini 6111, fol. 288r–320v. Sie ist ediert in: Concilium Tridentinum. Diariorum. Actorum. Epistularum, Tractatuum nova Collectio. Edidit Societas Goerresiana promovendis inter Catholicos Germaniae Litterarum Studiis, Bd. 13/1. Freiburg 1938, 204–209.
[81] Biblioteca Apostolica Vaticana, Vaticani latini 12127, fol. 146r.

Unter den eingegangenen Kardinalskommentaren ist nun für unsere Fragestellung das dreiseitige italienischsprachige Votum von Kardinal Michael de Sylva (Kardinal seit 1538, † 1556) von einiger Aussagekraft.[82] Zum Schluß seines Gutachtens mahnt der Kardinal an, daß er in der gesamten Bulle keine Aussage darüber finde, ob beim Skrutinium die Voten offen oder versiegelt abgegeben werden sollen. Er plädiert seinerseits ohne Einschränkung für eine nicht geheime Stimmabgabe, und zwar „aus vielen und schwerwiegenden Gründen": Zunächst führt er das Traditionsargument an, denn die Voten seien von alters her immer offen abgegeben worden, und daß sie nun verschlossen seien, sei eine neuartige Erfindung von ganz wenigen Päpsten. Sein nächstes Argument belegt abermals die allgemeine Praxis der offenen Stimmenauszählung. Denn in jedem Falle (ob es sich nun um eine geheime oder offene Votenabgabe handle) würde man ja am Ende wissen, von wem die Voten stammen („e in ogni modo si sa, di chi sono li voti"). Gegen die geheime Stimmabgabe spreche aber neben anderen Nachteilen und Ungebührlichkeiten („inconvenienti"), daß ein Kardinal auf diese Weise einen Unwürdigen („indegno") nominieren könne, ohne schamvoll („con la vergogna") sich selbst hören zu müssen, wie er dessen Namen öffentlich nennt.[83]

Gerade dieses letzte Argument, durch das sich der moderne Sprechakttheoretiker bestätigt sehen dürfte, zeigt, welche Wertevorstellungen die geheime Wahl in vormodernen Wählermilieus verhindert haben. Durch den öffentlich vollzogenen Sprechakt der Nominierung eines Kandidaten sollte (abhängig von dessen Dignität) Ehre oder Schmach im Wähler performativ hergestellt werden – eine Performanz, die beim bloßen Verlesen des Wählerentscheides durch einen Skrutator nicht in der gleichen Intensität erreicht werden konnte. Die Furcht vor öffentlicher *vergogna* oder aber die öffentliche Ehre, mit der man bei der Nominierung eines Würdigen rechnen konnte, sollte den Wahlprozeß von Anfang an in Richtung eines sanioren Ergebnisses lenken. Und die technisch-symbolische Gestaltung des Papstwahlverfahrens war exakt dazu da, um derartige Effekte zu erzeugen.

---

[82] Biblioteca Apostolica Vaticana, Vaticani latini 12127, fol. 151r–152r.

[83] „Non trovo in questa bolla, se nelli scrotinii li voti hanno a esser aperti o sigillati, e per dire in questo ancora il parrer mio, dicco che per molte raggioni e grandi i voti debono essere aperti, e così si trova esser usato in tutti li conclavi antichi, e li voti serrati fu uno invento nuovo da pochissimi pontefici in qua, e in ogni modo si sa, di chi sono li voti, come se fussero apperti, e oltra agli altri inconvenienti non serve ad altro che a posser nominare uno indegno senza sentirsi leggere il nome suo con la vergogna" (Biblioteca Apostolica Vaticana, Vaticani latini 12127, fol. 152r).

III. Technik und Symbolik der Adorationswahl: die Huldigung der Faktionen

Inwieweit hat nun das, was im *Caeremoniale Romanum* so kunstvoll und wohldurchdacht festgehalten wurde, in den nachfolgenden Konklaven überhaupt Anwendung gefunden? Wie viele Päpste bestiegen auf dem Weg des dort beschriebenen Wahlzeremoniells tatsächlich den Thron Petri? Durch eine Analyse der von den päpstlichen Zeremonienmeistern verfaßten Diarien[84], die von der Forschung bislang viel zuwenig herangezogen wurden, kommt man recht nahe an die faktische Praxis hinter den verschlossenen Konklavetüren heran. Bei einer genauen Untersuchung dieser zeremoniellen Berichte über die 20 Papstwahlen, die zwischen der Fertigstellung des *Caeremoniale Romanum* (1488) und der Verabschiedung der gregorianischen Konklavereform (1621) stattgefunden haben, gelangt man zu einem verblüffenden historischen Befund[85]: Auch wenn der im *Caeremoniale* schriftlich festgehaltene Modus in den künftigen Konklaven immer wieder praktiziert wurde, sind faktisch jedoch nur zwei Päpste zu Beginn des 16. Jahrhunderts (Pius III., Julius II.) auf diese Weise gewählt worden. Die überwiegende Mehrheit der Päpste zwischen 1488 und 1621 jedoch ist nach einer Wahlform auf den Stuhl Petri gekommen, die in keinem einzigen normativen Rechtstext zur Papstwahl jemals Erwähnung gefunden hat. In deskriptiven Konklaveberichten wird sie als *electio per viam adorationis* beziehungsweise als *elettione per adoratione* bezeichnet. Da auch die beiden Dekrete Gregors XV. die Abschaffung dieser Adorations- oder Huldigungswahl allein durch die exklusive Verpflichtung auf die anderen drei Wahlformen (Skrutinal-, Kompromiß- und Inspirationswahl) betreiben, die Adorationswahl selbst aber mit keinem Wort erwähnten, hat die gregorianische Konklavereform diesen Wahlmodus über Jahrhunderte hinweg komplett nicht nur aus der Papstwahlpraxis, sondern auch aus dem kollektiven Gedächtnis von Kirche und historischer Wissenschaft getilgt. Viel zu sehr hat sich die Papstwahlforschung bisher allein auf normative Texte gestützt, um dieser über 100jährigen Papstwahlpraxis gewahr zu werden.

Daß eine nicht kodifizierte Wahlform über einen so langen Zeitraum hinweg legitime Päpste hervorbringen konnte, hing damit zusammen, daß für einen frühneuzeitlichen Papstwähler die konkrete Form des Skrutiniums für den Bereich der Papstwahl bis 1621 als kanonisch nicht exakt und zwingend fest-

---

[84] Allgemein zu dieser Quellengattung vgl. meine Einleitung in: *Günther Wassilowsky/ Hubert Wolf*, Päpstliches Zeremoniell in der Frühen Neuzeit. Das Diarium des Zeremonienmeisters Paolo Alaleone de Branca während des Pontifikats Gregors XV. (1621–1623). (Symbolische Kommunikation und gesellschaftliche Wertesysteme, Bd. 20.) Münster 2007, 11–77.
[85] Ausführliche Analysen zu allen Konklaven dieses Zeitraumes in: *Wassilowsky*, Konklavereform (wie Anm. *). Kap. 1.3.

gelegt galt. Die im *Caeremoniale Romanum* beschriebene Stimmabgabe fand erst mit der Bulle Gregors XV. Eingang in die verpflichtende Papstwahlgesetzgebung. Lediglich das vom III. Laterankonzil dekretierte Prinzip der Zweidrittelmehrheit galt bis dahin fraglos als unhintergehbare Voraussetzung für die rechtmäßige Wahl eines Papstes. Ob die drei Wahlmodi, die in „Quia propter" (1215) für kirchliche Wahlen im allgemeinen sanktioniert wurden, auch für die Wahl des Stellvertreters Christi auf Erden zwingend anzuwenden sind, war ebenso bis 1621 durchaus umstritten. Als absolut notwendige Bedingung für eine legitime *electio papae* galt allein der Konsens unter zwei Dritteln der im Konklave anwesenden Kardinäle. Auf welche Weise aber dieser Konsens technisch ermittelt und in welchen symbolischen Praktiken er angezeigt wird, sahen nicht wenige Papstwähler und Kanonisten jedenfalls im 16. und beginnenden 17. Jahrhundert als offen an. Gerade diese normative Ungeklärtheit führte in den Konklaven zu regelmäßigen Verständigungen über die ad hoc anzuwendende Wahlform und versetzt spätere Historiker der frühneuzeitlichen Papstwahl in die glückliche Lage, über Diskurse zu verfügen, die Auskunft geben über den zeitgenössisch hergestellten Zusammenhang von konkretem Verfahren und jeweiligem Wertesystem.

Im großen und ganzen wird man sich die Adorationswahl folgendermaßen vorzustellen haben: Sind die konfliktreichen Verhandlungen an einem Punkt angelangt, an dem der Kardinalnepot (als Haupt der Partei der von seinem Onkel Kreierten) zumindest die einfache Mehrheit organisieren konnte, dann zieht er mit seiner Faktion in die Paulinische Kapelle (den Wahlort vor der gregorianischen Reform!), setzt seinen Kandidaten auf den vor dem Altar aufgestellten Thronsessel und beginnt, den sitzenden Kardinal mit einer tiefen Verbeugung zu verehren. Ein Klient nach dem anderen tut es ihm nach. Der Kardinal ist dann zum Papst gewählt, wenn zwei Drittel der Papstwähler ihm auf diese Weise huldigen. Das heißt: Eine symbolische Geste der Papstverehrung, die das Papstzeremoniell ja immer wieder enthält und auch das Wahlzeremoniell *nach* einer der drei kanonischen Wahlformen vorsieht, wird bei der Adorationswahl zum performativen Ritual, zum konstitutiven Akt, mit dem ein Kardinal zum Papst gewählt wird. Mit anderen Worten: Wird ein Kardinal vom Kardinalskollegium zu zwei Dritteln *als* Papst verehrt, dann *ist* er auch Papst.

Verfahrenslogik und rituelle Symbolik der Adorationswahl – so meine These – entsprechen ganz und gar der spezifischen Klientelstruktur des frühneuzeitlichen Papsthofes und seiner Werteorientierung an *pietas*. Kein anderer Wahlmodus brachte in Technik und Symbolik so deutlich die soziale Verflechtungsordnung der päpstlichen Wahlmonarchie zum Ausdruck und erzeugte sie unter einer neuen hierarchischen Spitze aufs neue. Insofern ist die Adorationswahl integraler Bestandteil jener Kultur römischer Mikropolitik, wie sie in den Studien im Gefolge des von Wolfgang Reinhard begründeten

Forschungsparadigmas am Pontifkat Pauls V. exemplarisch und detailliert rekonstruiert wird.[86]

Die Kardinäle waren auch bei der Wahl des Papstes eingebunden in die für das instabile politische System der römischen Wahlmonarchie so wichtigen Netzwerke der Patronage- und der klientelären Loyalität. Im Zentrum eines römischen Klientelsystems stand bekanntlich der Kardinalnepot als „institutionalisierter Patronagemanager".[87] Im Konklave nach dem Tod des Familienpapstes kam dem Kardinalnepoten die entscheidende Aufgabe zu, die Gruppe jener Kardinäle, die der verstorbene päpstliche Onkel natürlich primär unter dem Gesichtspunkt der Loyalität gegenüber der Papstfamilie neu ins Kardinalskollegium aufgenommen hatte, zu führen und sie in einer Faktion zu binden. Zur Mobilisierung ihrer Klientel etablierten die Kardinalnepoten zu Beginn des 16. Jahrhunderts – meiner Beobachtung nach zum ersten Mal im Konklave Leos X. 1513[88] – ebenjenen Wahlmodus der Adoration,

[86] Vgl. hierzu den Klassiker: _Wolfgang Reinhard_, Freunde und Kreaturen. „Verflechtung" als Konzept zur Erforschung historischer Führungsgruppen. Römische Oligarchie um 1600. München 1979, gekürzt in: _Wolfgang Reinhard_, Ausgewählte Abhandlungen. (Historische Forschungen, Bd. 60.) Berlin 1997, 289–310. Oder jetzt die Einleitung im Sammelband: _Wolfgang Reinhard_ (Hrsg.), Römische Mikropolitik unter Papst Paul V. Borghese (1605–1621) zwischen Spanien, Neapel, Mailand und Genua. (Bibliothek des Deutschen Historischen Instituts in Rom, Bd. 107.) Tübingen 2004.

[87] Vgl. _Birgit Emich_, Europäische Gemeinsamkeiten, römische Eigenheiten: das Klientelsystem am Hof des Papstes, in: Klaus Malettke/Chantal Grell (Hrsg.), Hofgesellschaft und Höflinge an europäischen Fürstenhöfen in der Frühen Neuzeit (15.–18. Jahrhundert). Société de cour et courtisans dans l'Europe de l'époque moderne (XVe–XVIIIe siècle). Münster 2001, 287–302, hier 290.

[88] Im Tagebuch des Zeremonienmeisters Paris de Grassis (um 1460–1528) findet sich unter dem Datum des 10. März 1513 ein Bericht (Diarium Paris de Grassis Bononiensis, Vaticani latini 12274, fol. 18r–19r), nach dem es am Abend unter den Verhandlungsführern zu einer Einigung auf Kardinal Giovanni de' Medici gekommen sei und sich die Kardinäle daraufhin um Mitternacht in der _aula magna_ versammelt hätten. Dort küßten sie den Auserwählten und grüßten ihn als künftigen Pontifex. Nachdem man den auf diese Weise zum Papstamt Erhobenen feierlich (_festivissime_) zu seiner Konklavezelle begleitet hatte, sind schließlich am Vormittag des nächsten Tages die obligatorische Messe und ein formelles Skrutinium zelebriert worden. Daß jedoch im Verständnis der Kardinäle Medici bereits vor diesem Skrutinium zum Papst gewählt war und die Abstimmung nur noch durchgeführt wurde, um der Form zu genügen, das belegt zusätzlich ein zweiter Augenzeugenbericht. Kardinal Sigismondo Gonzaga verfaßte nämlich in besagter Nacht vom 10. auf den 11. März – also exakt in der Zeit zwischen der nächtlichen Adoration und dem morgendlichen Skrutinium – einen Brief an den Markgrafen von Mantua. Aus dem Schreiben geht hervor, daß Medici der Favorit insbesondere der jüngeren Kardinäle gewesen ist, die ihren am Abend hergestellten Verhandlungskonsens noch vor dem Skrutinium des nächsten Tages besiegeln wollten. Ebendies scheinen sie mit dem Ritual der Adoration getan zu haben. „Und auf diese Weise", so formuliert Gonzaga, „ist de' Medici zur ersten Nachtstunde mit der Gnade des Heiligen Geistes zum Papst gemacht worden" („cum gracia del spirito sancto è stato facto papa"). Der Wortlaut des gesamten Briefes findet sich abgedruckt als Anhang Nr. 4 bei _Ludwig von Pastor_, Geschichte der Päpste im Zeitalter der Glaubensspaltung. Bd. 4/2: Von der Wahl Leos X. bis zum Tode Klemens' VII. (1513–1534). Freiburg 1928, 677f.

nach dem ein vom Faktionshaupt auf den Papstthron gesetzter Kardinal dann zum Papst gewählt ist, wenn zwei Drittel der Kardinäle ihm *huldigen*.

Einen festen Ablauf mit unverzichtbaren Elementen bildete die *electio per viam adorationis* erst im Laufe der Jahrzehnte heraus und konnte bis zu einem gewissen Grad stets auch variieren. Auch wenn es immer wieder geschehen ist, daß eine spontane Adoration *stante pede* vor der Zelle des künftigen Papstes vollzogen wurde, bildete sich doch recht rasch die Konvention heraus, daß die Kardinäle zu einer regelgerechten Adorationswahl gemäß ihrer Rangordnung in der *Cappella Paolina* zu sitzen haben. Dieser Raum der *caeremonia adorationis* ist idealiter durch entzündete Kandelaber und das anwesende Altarsakrament religiös-solenn markiert. Auf einem vor dem Altar aufgestellten päpstlichen Thronsessel sitzt erhöht der mit Rochett und Mozzetta bekleidete Kandidat. Den unverzichtbaren Kern des Rituals bildet ein Kniefall oder eine tiefe Verbeugung (*reverentia*), zu der die Kardinäle einzeln und nacheinander an den Thron herantreten. Die Verehrung verstärkend kann nun noch die Geste des Hand-, Fuß- und Mundkusses hinzukommen.

Freilich stellte sich Solennität in der Wirklichkeit nur im seltensten Fall ein. Dies verhinderte allein schon der strategische Einsatz bestimmter Techniken, mit denen man sich oft nahe an der Grenze zur bewußten Überrumpelung bewegte – insbesondere der alten und langsamen Kardinäle durch ihre jüngeren und schnelleren Kollegen.[89]

---

[89] Die folgende Darstellung der Technik und Symbolik beruht zum einen auf der Analyse einer Vielzahl unpublizierter deskriptiver Konklaveberichte, wie sie in den römischen Bibliotheken und Archiven zuhauf anzutreffen sind. Neben den Diarien der päpstlichen Zeremonienmeister sind auch die Berichte anderer Konklaveteilnehmer (insbesondere der *conclavisti*) wertvolle Primärquellen. Eine andere Quellengattung stellen die Konklavetraktate dar. Der dort geführte Diskurs gewährt authentischen Einblick in die von den Zeitgenossen bewußt entworfenen Strategien und die dahinterliegenden aktuellen Wertevorstellungen. Dabei bieten diese Texte keine akademischen Abhandlungen über die theologische oder politische Theorie der Papstwahl im allgemeinen. Sie stellen keine *l'art pour l'art* dar, sondern verfolgen in der Regel einen sehr bestimmten gesellschaftlichen Zweck, nämlich praktische Anweisung für Kardinäle und Konklavisten in künftigen Konklaven zu geben. Die Traktate aus der zweiten Hälfte des 16. Jahrhunderts kommen dabei häufig auch auf die Adorationswahl zu sprechen; vgl. beispielsweise den ob seiner weiten Verbreitung wohl bekanntesten Konklavetraktat dieser Zeit des toskanischen Schriftstellers Francesco Lottini di Volterra (1512–1572). Allein in den vatikanischen Beständen existieren zahlreiche Abschriften dieses Textes mit differierenden Titeln: *Biblioteca Apostolica Vaticana*, Boncompagni Ludovisi C 20, fol. 65r–90v (Theorica del Conclave); Barberiniani latini 4648, fol. 36–52 (Avvertimenti di Conclave); Barberiniani latini 4673, fol. 116–130 (Teorica intorno al Conclave); Barberiniani latini 4756, fol. 1–23 (Discorso di M. Gio Francesco Lottini da Volterra sopra le attioni del Conclave); Vaticani latini 9728, fol. 1–43; Vaticani latini 9729, fol. 11–50; Vaticani latini 12175, fol. 33r–41 (Teorica del Conclave); Vaticani latini 12178, fol. 14r–29r usw. Ein anderer, sehr aufschlußreicher, anonymer Traktat konzentriert sich ganz auf die Technik der Adorationswahl: Biblioteca Apostolica Vaticana, Vaticani latini 12175, fol. 85r–91v.

Entscheidend für die erfolgreiche Durchführung der Adorationswahl war offensichtlich der Faktor Zeit. Der Wahlmodus wurde insbesondere auch deshalb so oft praktiziert, weil er es ermöglichte, zwischen der diskursiven Einigung auf einen Kandidaten und dem rechtsgültigen Vollzug der Wahl keine große Zeitspanne eintreten zu lassen. Meist fanden die Wahlverhandlungen nämlich während der Nacht statt. Wenn sie nun auch nächtens zu einem Ende kamen, hatte man für die Durchführung einer formellen Skrutinalwahl dennoch bis zum kommenden Morgen abwarten müssen. Denn (auch offene) Skrutinien konnten rechtsgültig erst nach der vorgeschriebenen morgendlichen Skrutinalmesse abgehalten werden. Die Adoration jedoch bot unmittelbar nach Herstellung des Verhandlungskonsenses die Möglichkeit, das Ergebnis sofort definitiv zu fixieren und zu besiegeln – und so die Gefahr zu bannen, daß zugesagte Bindungen wieder erodierten.

Für die so wichtige Feststellung der Anzahl der wahrscheinlichen Wählerstimmen entwickelte man im Laufe der Zeit eine Technik, bei welcher der Raumdimension eine große Bedeutung zukam. In der *Cappella Paolina* versammelten sich die *includenti*, in der zweiten Konklavekapelle, der *Cappella Sistina*, die *excludenti*. Zu einer Komplexitätsreduktion führte also allein schon die räumliche Gegebenheit, daß sich nur eine Opposition formieren konnte. Das Aufsuchen der Kardinäle eines bestimmten Raumes innerhalb des Konklaves könnte durchaus die Funktion einer Art Vorwahl erfüllt haben – gleichsam eine Sondierungsabstimmung mit den Füßen. Waren die Türen hinter einem Hereintretenden erst einmal geschlossen worden, ist es für ihn nicht mehr möglich gewesen, ohne weiteres den Raum wieder zu verlassen.

Im Innern der Kapellen scheint es äußerst erstrebenswert gewesen zu sein, daß die anwesenden Kardinäle sich setzten. Denn nur so konnte die exakte Anzahl der für die Huldigung zur Verfügung stehenden Kardinäle ermittelt werden. Die Geschichte der Adorationswahl kennt jedenfalls den Umstand, daß sich die anwesenden Papstwähler, um die Adoration zu verzögern und um Zeit zur Bildung einer Opposition herauszuschinden, absichtlich so sehr im Raum bewegen und umhergehen, daß eine Zählung nicht möglich war. Andererseits operierten die führenden Protagonisten ganz gezielt mit der im Vorfeld einer Adoration herrschenden Unsicherheit, ob nun das Quorum bereits erreicht war oder nicht. Wenn noch keine Zweidrittelmehrheit im Wahlraum zusammenkam, war es durchaus nicht unüblich, daß dies nach draußen trotzdem kommuniziert wurde, um mit einer solchen Täuschung den letzten Rest von Wählerstimmen in die *Cappella Paolina* zu locken.

Überhaupt kann man bei der Adorationswahl durchaus Mechanismen erkennen, durch welche die erforderliche Mehrheit erst hergestellt wird. Es ist gut vorstellbar, unter welchem Zugzwang sich die Kardinäle fühlen mußten, sobald die Zahl der Huldigungen die einfache Mehrheit überschritten hatte. Ein Automatismus setzte sich in Gang – angetrieben von der Furcht, der künftige Papst würde es einem vergelten, wenn man beim Konklave einmal zu seinen letzten Verehrern gehörte. Spätestens vor Erreichen der Zweidrittelmehrheit eilte jeder nach vorne, der noch nicht gehuldigt hatte. Von ebendiesem Mechanismus rührten dann auch die notorischen Überstürztheiten und Tumulte der frühneuzeitlichen Konklaven her.

Auch wenn der Kandidat auf diskursivem Weg bereits vorher ausgehandelt worden war, war die Wahlhuldigung häufig kein rein nachträgliches, automatisches Ratifikationsritual. Es eignete ihr stets ein risikovoller Rest von Offenheit bis zu dem Zeitpunkt, zu dem der letzte Kardinal, der zum Erreichen des Quorums notwendig war, sich verneigt hatte. Erst das Ritual brachte schließlich eine definitive und kollektiv verbindliche Entscheidung hervor, die auch die Dissentierenden verpflichtete. Und hierin lag nun auch der entscheidende Unterschied der päpstlichen Adorationswahl des 16. Jahrhunderts zur königlichen Adorationswahl bei den Karolingern und Ottonen.[90] Diese früh- und hochmittelalterlichen Königserhebungen *per viam adorationis* geschahen immer *unanimiter*; der Vollzug des Rituals konnte also erst vorgenommen werden, wenn eine Einigung unter *allen* Beteiligten *vorher* ausgehandelt worden war. Bei der päpstlichen Adorationswahl jedoch galt das Mehrheitsprinzip. Und dies hatte zur Konsequenz, daß es *erstens* eine dissentierende Opposition auch noch während des Ritualvollzugs geben konnte und daß *zweitens* diese abweichende Faktion an die durch das Wahlritual produzierte Entscheidung gebunden werden mußte. Diese Integration des Mehrheitsprinzips in den Wahlmodus der Adoration stellte an die päpstliche Adorationswahl ungleich höhere Anforderungen, als sie bei der königlichen Huldigungswahl in Einhelligkeit bewältigt werden mußten.

Überhaupt wird man der Adorationswahl im päpstlichen Konklave nur gerecht, wenn man sie als einen vielschichtigen Kommunikationsvorgang mit mehrfachen *technisch-instrumentellen* und *rituell-symbolischen* Dimensionen wahrnimmt. Auf der technischen Ebene ist dieser Typ Huldigung zunächst einmal eine Stimmabgabe, die die schlichte Funktion erfüllt, daß innere Wahlentscheidungen nachprüfbar geäußert, eindeutig erhoben und exakt gezählt werden können. In dieser Hinsicht kommt einer einigermaßen geregelt ablaufenden Adorationswahl durchaus der Charakter eines formalisierten Verfahrens zu.

Doch diese technisch-instrumentelle Funktion ist nur das eine. Hinzu kommt die Inszenierung der Technik. Die Wahl wird zelebriert, die Stimmabgabe in einen szenischen Rahmen gesetzt. Die Technik vollzieht sich in einer

---

[90] *Walter Schlesinger*, Die Anfänge der deutschen Königswahl, in: ZRG GA 66, 1948, 381–440, wiederabgedr. in: ders., Beiträge zur deutschen Verfassungsgeschichte des Mittelalters. Bd. 1. Göttingen 1963, 139–192. Zu den Königswahlen bei den Ottonen vgl. *Hagen Keller*, Ottonische Königsherrschaft. Organisation und Legitimation königlicher Macht. Darmstadt 2002.

symbolischen Form. Die einzelnen instrumentellen Handlungen weisen über sich hinaus, vergegenwärtigen Sinn und haben eine kulturelle Bedeutung, die nach Entzifferung verlangt.

Der spezifische Fall eines Wahlrituals ist nun in ganz besonderer Weise geeignet, um die kulturwissenschaftliche Einsicht in die performative Wirkmächtigkeit symbolischer Handlungen zu untermauern. Denn ein ritueller Wahlakt, aus dem am Ende ein neuer Papst oder König hervorgeht, ist nun offensichtlich alles andere als ein ‚leeres Ritual'. Die verändernde und erzeugende Kraft rituell-symbolischer Praxis wird noch evidenter in einem Fall wie dem unseren: wo es sich nämlich um einen Wahlritus handelt, der im verschriftlichten Normensystem zur Papstwahl überhaupt nicht enthalten ist. Gegen ein rein positivistisches Rechtsverständnis wird hier überdeutlich, welche Kraft, Gültigkeit und Verbindlichkeit vormoderne Akteure einem Ritual zuschreiben konnten, auch wenn es nicht in den kanonischen Texten kodifiziert ist. Die rechtliche Substanz des Adorationsrituals war für die frühneuzeitlichen Konklaveteilnehmer so unhinterfragt gegeben, daß auch die dissentierende Opposition einen auf diese Weise Gewählten als Papst anerkannte. Hätte der von zwei Dritteln der Papstwähler vollzogene Adorationsritus nicht über diese performative Wirkmächtigkeit verfügt, wären Schismata nicht ausgeblieben.

Diese Wirksamkeit hing freilich in großem Maße von Akzeptanz und Aneignung des Wertes der *pietas* ab.[91] Solange dieser Wert als Norm unangefochten praktiziert wurde, begriffen die Papstwähler ihre Stimmabgabe *per viam adorationis* als performativen Akt. Systematisierend könnte man im Falle der Adorationswahl von einer *dreifachen Performanz* sprechen. Die *erste* betrifft primär den adorierten neuen Papst, die *zweite* die adorierenden Kardinäle und die *dritte* die gesamte kuriale Ordnung:

Erstens bewirkt das Ritual am Adorierten den alles entscheidenden Statuswechsel vom Kardinal zum Papst. Schon das Sitzen in Würde und Majestät auf dem Papstthron muß als ein Ritualvollzug betrachtet werden, der vom Kandidaten aktiv ausgeführt wird. Wenn dieses Sitzen *in maiestate* eine interaktive Antwort erfährt durch die Verehrung von seiten einer qualifizierten Mehrheit der Mitglieder im Heiligen Senat, wenn zwei Drittel demjenigen, der auf dem Thron des Papstes sitzt, mit solchen symbolischen Gesten der ehrenden Anerkennung, ja Anbetung (*adoratio*) begegnen, wie sie von Kardinälen ausschließlich einem Papst gegenüber erbracht werden, dann vollzieht sich dieser Statuswechsel. Das Ritual bewirkt, was es bezeichnet: Indem *Papst*verehrung an einem Kardinal öffentlich in Erscheinung tritt, wird das

---

[91] Zur Tugend der *pietas* und ihren römischen Ausdrucksformen vgl. *Wolfgang Reinhard*, Symbol und Performanz zwischen kurialer Mikropolitik und kosmischer Ordnung, in: Günther Wassilowsky/Hubert Wolf (Hrsg.), Werte und Symbole im frühneuzeitlichen Rom. (Symbolische Kommunikation und gesellschaftliche Wertesysteme, Bd. 11.) Münster 2005, 37–50.

Papsttum gleichsam performativ erzeugt. Wer *als* Papst verehrt wird, der *ist* auch Papst.

Zweitens möchte ich den Ritus der Adorationswahl als symbolische Dar- und Herstellung eines wechselseitigen Treueverhältnisses interpretieren. Im Unterschied zur ‚anonymen' Skrutinalwahl und den anderen kodifizierten Formen ist hier die Stimmabgabe eine *face-to-face*-Interaktion zwischen dem einzelnen Wähler und dem künftigen Papst. Das Adorationsritual ist einerseits öffentlicher Ausdruck einer Loyalität gegenüber dem adorierten Kardinal sowie dem Faktionschef. Zugleich konstituiert es ein neuartiges – weil ab jetzt eindeutig vertikal-hierarchisches – Treueverhältnis. Kniend leistet der jeweilige Kardinal eine nicht näher spezifizierte, allumfassende Treueverpflichtung gegenüber dem künftigen Papst. Im Medium der Huldigung[92] kommt es zu einer Art promissorischer Eidesleistung, die eine auf die Zukunft gerichtete Verpflichtung stiftet.[93] Der erhöht gegenübersitzende Kardinal wiederum, der soeben noch Gegenstand konfliktreicher Aushandlung innerhalb und zwischen den Faktionen gewesen ist und sich eigentlich als das Geschöpf von einzelnen Papstmachern betrachten müßte, findet in der aktiven Entgegennahme der päpstlichen Verehrungsgesten zu seiner neuen Rolle als überparteilicher *padre comune*. Das ehemalige ‚Objekt' von Aushandlungsprozessen unter den Faktionshäuptern wird zum ‚Subjekt', das über allen Parteien steht. Der neue Papst kann sich in diesem Ritual von seiner Herkunft distanzieren und ebenfalls neue verpflichtende Treuebündnisse zu allen ihn Verehrenden eingehen. Das Wahlritual reagiert damit auf die spezifische Instabilität der nichtdynastischen, zölibatären Wahlmonarchie. Im Augenblick der Neuordnung des gesamten römischen Systems versucht es wider alle Varianz neue, wenigstens ein Pontifikat lang haltende Treueverhältnisse zu konstituieren. Für jeden neuen Papst, der den frühneuzeitlichen Kirchenstaat und die Kurie mit ihren erst anfänglich ausgebauten Karriere- und Organisationsmustern einigermaßen regieren wollte, waren solche performativen Rituale personaler Dienertreue durchaus funktional geboten.

Drittens kommt es im Vollzug einer Papstwahl *per adorationem* zu einer Darstellung und Erzeugung der sozialen Ordnung der päpstlichen Kurie ins-

---

[92] Zur Huld als einem Zentralbegriff der vormodernen Herrschaftsordnung und zum Ritual der Huldigung im allgemeinen: *Gerd Althoff*, Spielregeln der Politik im Mittelalter. Kommunikation in Frieden und Fehde. Darmstadt 1997, 199–229; *ders.*, Die Macht der Rituale. Symbolik und Herrschaft im Mittelalter. Darmstadt 2003, 171–177.

[93] Zur Unterscheidung zwischen *assertorischen* Eiden, die eine aktuelle innere Verpflichtung disponieren und den Wahrheitsgehalt einer aktuell abgegebenen Aussage absichern wollen, und *promissorischen* Eiden, die menschliches Handeln im Hinblick auf künftige Situationen beeinflussen, vgl. *Klaus Hock*, Art. „Eid. Religionswissenschaftlich", in: RGG⁴ 2, 1999, 1121 f. Zum Verpflichtungscharakter von vormodernen Ritualen im allgemeinen vgl. *Gerd Althoff*, Inszenierung verpflichtet. Zum Verständnis ritueller Akte bei Papst-Kaiser-Begegnungen im 12. Jahrhundert, in: FMSt 36, 2001, 61–84.

gesamt. Auf die Papstwahl ist durchaus zu übertragen, was Barbara Stollberg-Rilinger am Beispiel der Lehensinvestitur im Reich grundsätzlich nachgewiesen hat: daß nämlich in einem politischen Gesamtverband, in dem es keine positivrechtliche Verfassung gibt, durch ein feierliches Ritual (im Reich beispielsweise die Thronbelehnung) „jedesmal *pars pro toto* das Ganze des Reichs in Erscheinung" treten kann.[94] Ähnlich hatte schon André Holenstein die landesherrliche Huldigung in Mittelalter und Früher Neuzeit als eine vormoderne „Verfassung *in actu*" interpretiert.[95] Auch die Bedeutung der Papstwahl erschöpft sich nicht in der ‚technischen' Produktion eines neuen Nachfolgers Petri. Und selbst die symbolische Dimension der Adorationswahl stiftet mehr als einen Status- beziehungsweise Rollenwechsel und eine Vielzahl reziproker Treueverhältnisse. Denn diese einzelnen performativen Interaktionen weisen noch einmal über sich selbst hinaus und repräsentieren die fundamentalen Werte- und Ordnungskategorien des soziokulturellen Systems Rom in seiner Gesamtheit. Im Augenblick der Kreation eines neuen Papstes drückt sich in der Summe der rituellen Akte einer Adorationswahl die soziale Klientelordnung des päpstlichen Roms insgesamt aus und erzeugt diese Ordnung gleichzeitig aufs neue mit einer neuen hierarchischen Spitze.

Der Wahlmodus der Adoration funktioniert also nicht nur in strategischer und technischer Hinsicht nach den Gesetzmäßigkeiten römischer Mikropolitik. Darüber hinaus werden im generierenden Moment des gesamten Systems durch das Huldigungsritual personale *pietas* und *gratitudine* als die leitenden Werteprinzipien inszeniert. Auf diese Weise legitimiert das Ritual sinnenhaftaugenscheinlich das Ergebnis, das aus dem Ermittlungsprozeß zwischen und in den Nepotenfaktionen hervorgegangen ist. Denn derjenige Kardinal, der die meisten Freunde im Konklave für sich mobilisieren konnte, ist auch der plausible – weil am besten verflochtene – Fürst des Kirchenstaates. Und derjenige, dem jetzt die meisten Wähler treue Gefolgschaft symbolisch bekunden, ist auch der rechtmäßige Nachfolger Petri.

IV. Die Konklavereform Gregors XV. (1621/22): Inszenierung des Geheimen

Im posttridentinischen Rom existierten mikropolitische Patronageregeln und *pietas*-Ethiken jedoch nicht konkurrenzlos. Im kurialen Reformdiskurs über

---

[94] *Barbara Stollberg-Rilinger.* Verfassungsgeschichte als Geschichte symbolischen Handelns. Die Investitur mit den Reichslehen in der Frühen Neuzeit, in: Grete Klingenstein (Hrsg.), Kaiserhof und Reich (im Erscheinen).
[95] *André Holenstein.* Die Huldigung der Untertanen. Rechtskultur und Herrschaftsordnung (800–1800). (Quellen und Forschungen zur Agrargeschichte, Bd. 36.) Stuttgart 1991.

das Konklave begegnet ab 1600 eine der ausgeprägtesten Formen von Nepotismuskritik, welche die Annahme widerlegt, daß die Infragestellung nepotistischer Praktiken in jedem Fall eine unzulässige moralische Rückprojektion viel späterer Zeiten darstellt. Am generierenden Ursprung des gesamten Systems der päpstlichen Wahlmonarchie hält es eine Gruppe von dem Tridentinum verpflichteten Kardinälen gerade für moralisch *nicht* geboten, *gratitudine* und *pietas* gegenüber dem Patron zur Handlungsnorm zu erheben. Die Kritik dieser *zelanti* zielt in erster Linie auf eine Entmachtung der Faktionsführer – und im besonderen der Kardinalnepoten – während des Konklaves.

Dem *pietas*-Ethos wird ein eklatant anderer Wertekomplex entgegengesetzt. Strukturprägend für den gesamten Reformdiskurs über die Papstwahl ist die Kontrastierung der *interessi privati* mit dem *bene comune* (beziehungsweise *universale)*. Anstatt des Handelns nach partikulärem Eigennutz wird strikte Gemeinwohlorientierung eingeklagt – das Öffentliche über das Private gestellt. Insbesondere im Wahltraktat des Mailänder Erzbischofs Kardinal Federico Borromeo (1564–1631)[96] läßt sich das Idealbild eines Wahlverfahrens nachweisen, in dem unter Rückgriff auf antimachiavellistische und neostoizistische Tugendkonzepte jede Leidenschaft für das Eigene immer schon durch vernunftgeleitete Affektkontrolle gebannt ist.[97] Damit rückt die Konklavethematik in den umfassenden Zusammenhang gegenreformatorischer Politiktheorien und frühmoderner Staatsideen. Typisch dafür sind die Utilitätskriterien, mittels derer ein Wahlmodus in den Reformschriften beurteilt wird. Vergleichend wird nach den staatskonsolidierenden, herrschaftsstärkenden Eigenschaften von Adorationswahl und geheimer Skrutinalwahl gefragt. Da die Huldigungswahl konjunkturell instabile Netzwerke unter äußerem Druck mobilisiere, die geheime Skrutinalwahl aber faktisch bestehende *amici segreti* ermittle, wird eindeutig für ein geheimes Verfahren plädiert.

Für den großen Jesuitentheologen Kardinal Roberto Bellarmino (1542–1621)[98], der neben Borromeo als der zweite maßgebliche Promotor und Inspi-

---

[96] Zu ihm vgl. *Julia Zunckel*, Das schwere Erbe San Carlos oder: Von der Übererfüllung der Norm. Der Mailänder Kardinalerzbischof Federico Borromeo (1564–1631), in: Arne Karsten (Hrsg.), Jagd nach dem roten Hut. Kardinalskarrieren im barocken Rom. Göttingen 2004, 69–87.
[97] Der Text mit dem schönen Titel „De prudentia in creando pontefice romano" existiert in einer gedruckten, lateinischen (*Federici Cardinalis Borromaei Archiepisci Mediolani*, De Prudentia in creando Pontifice Maximo. Liber Unus. Mediolani, Anno MDCXVII.; vgl. auch das Manuskript in: Biblioteca Apostolica Vaticana, Barberiniani latini 1251) und der ursprünglichen, italienischsprachigen Version (Bibliotheca Ambrosiana [Mailand], P. 145 sup. [n. 7], fol. 1–40; G. 21 inf. [n. 8]). Die italienischsprachige Version findet sich auch abgedruckt als Anhang zum Aufsatz von *Carlo Marcora*, Il cardinal Federico Borromeo ed i conclavi, in: Memorie storiche della diocesi di Milano 11, 1964, 61–100.
[98] Zu Leben und Werk vgl. *Günther Wassilowsky*, Robert Bellarmin, in: Friedrich Wilhelm Graf (Hrsg.), Klassiker der Theologie. Bd. 1: Von Tertullian bis Calvin. München 2005, 267–280.

rator der Reform zu gelten hat, stehen bei Technik und Symbolik der Papstwahl stärker innerkirchliche Ordnungs- und Verfassungsstrukturen auf dem
Spiel.[99] Im Zuge des fortschreitenden päpstlichen Absolutismus, der sich an
der römischen Kurie vornehmlich im Verlust des Senatscharaktes des Kardinalskollegiums manifestierte, konnte das Kardinalat exklusive Würde beinahe nur mehr von seiner Identität als Wahlkörper des Papstes ableiten. Dieses vornehmste Relikt kardinalizischer Dignität mußte jedoch durch die Praxis der Adorationswahl als massiv gefährdet angesehen werden, da in ihr die
communitas electorum zerstört und die Freiheit des einzelnen Papstwählers
nahezu aufgehoben wurde. Weil solche Beeinträchtigungen in den Augen der
Reformer weitreichende Konsequenzen in allen Segmenten der religiös-poli-
tischen Kultur nach sich zogen, wurde der Reform der Papstwahl der Stellenwert eines Schlüsselwerkes zur Reform von Papsttum, Kurie und Kirche insgesamt zugeschrieben.

Zentral innerhalb dieser in Vorschlag gebrachten neuen Konzeption von
Papstwahl ist die Kategorie des Gewissens. Anstatt äußerer Verflechtung soll
der innere Gewissensspruch den Ausschlag bei der Wahlentscheidung geben.
Denn allein das Gewissen des Papstwählers ist der Ort, an dem ermittelt werden kann, welcher unter den Kandidaten den geeignetsten im Blick auf die
Leitung von Kirche und Kirchenstaat darstellt. In den Vorstellungen der Reformer ist das Gewissen das Medium, in dem die Vorsehung Gottes ihren Weg
ins römische System findet. Daher zielen sie mit ihrem Reformwerk auf einen
entschiedenen Verinnerlichungs- und Individualisierungsschub in der ‚Herz-
kammer' der posttridentinischen römisch-katholischen Kirche. Geheime In-
nerlichkeit innerhalb ihrer Verfahrensidee dient dazu, den Papstwähler auf
sein Gewissen zu disponieren und ihm gleichzeitig die Freiheit zu sichern,
daß er diesem Gewissensspruch in seiner Wahlentscheidung auch Ausdruck
zu verleihen vermag.

Warum nun die Forderungen der zelantischen Kardinäle nach einer ein-
schneidenden Konklavereform gerade während des kurzen Pontifikats des
greisen Ludovisi-Papstes und seines umtriebigen Kardinalnepoten Ludovico
Ludovisi Gehör fanden, nachdem ein solches Werk über Jahrzehnte hinweg
immer wieder am Widerstand nepotistischer und nationaler Klientelverbände

---

[99] Von der führenden Rolle, die Bellarmino in der Debatte über eine umfassende Konklavereform spielte, zeugen unter anderem zwei von ihm verfaßte Schriften, und zwar ein zu
Beginn des Pontifikats Pauls V. erstelltes Gutachten über den Entwurf einer Konklavebulle
(Titel: „Sententia de Constitutione Pauli V pro reformatione conclavis", Biblioteca Apostolica Vaticana, Vaticani latini 6329, fol. 30r–32v; Barberiniani latini 6329, fol. 246r–
247v) sowie eine eigene ausführliche Stellungnahme, in der 13 Gründe aufgeführt werden,
die *gegen* und 15 Gründe, die *für* eine Abschaffung der Adorationswahl sprechen (Titel:
„Quae faciunt pro forma Adorationis, quae Contra" beziehungsweise „An forma eligendi
Summum Pontificem debeat tolli per Adorationem", Biblioteca Apostolica Vaticana, Vaticani latini 12178, fol. 51r–54v; Barberiniani latini 2032, fol. 331r–333).

am Papsthof gescheitert war, ist eine Frage, die uns in diesem Zusammenhang nicht interessieren muß.[100] Ebenso ist es an dieser Stelle unmöglich, das gesamte gregorianische Regelwerk vorzustellen. Im Zentrum der zahlreichen Einzelentscheidungen, welche die gregorianische Bulle „Aeterni Patris Filius"[101] und das sie ergänzende „Caeremoniale in Electione Summi Romani Pontificis observandum"[102] von 1621/22 getroffen haben, steht die Ablösung der konklaveöffentlichen, rituellen Adorationswahl durch ein geheimes, schriftliches Skrutinalverfahren. Die Abschaffung der *electio per viam adorationis* ist das entscheidende Movens und das Herzstück der Reform überhaupt. Daß die rechtsgeschichtliche Forschung dies bislang nicht realisierte, liegt an ihrer primär rechtsimmanenten und wenig (beziehungsweise häufig von Gegenwartsinteressen irregeführten) kontextualisierenden Betrachtungsweise.[103] Da aber die beiden Dekrete Gregors XV. die Adorationswahl selbst mit keinem Wort erwähnt hatten, ist diese Stoßrichtung seiner Reform auch nie erkannt worden. Hätte „Aeterni Patris Filius" explizit negativ oder korrigierend von der Adorationswahl gesprochen und auf diese Weise riskiert, die zurückliegenden Konklaven und die aus ihnen *via adorationis* hervorgegangenen Päpste zu diskreditieren, wäre dieser Wahlmodus wohl kaum in Vergessenheit geraten. Die gregorianische Wahlreform hätte damit aber ein Verfahren, das bis dato in keinem kirchlichen Rechtstext Erwähnung fand und dessen Praxis sie gerade ausmerzen wollte, gewissermaßen erst geschaffen und in die Geschichte der Papstwahl eingeschrieben. Aus gutem Grund entschied man sich

---

[100] Ausführlich zur langen Geschichte der gescheiterten Konklavereform im 16. Jahrhundert und schließlich zu den soziopolitischen wie religiös-ideellen Voraussetzungen ihrer Realisation unter den Ludovisi vgl. das Kapitel „Reform aufgrund mangelnder Verflechtung – oder religiöser Überzeugung?" in: *Wassilowsky*, Konklavereform (wie Anm. *).
[101] Magnum Bullarium Romanum. Bullarum privilegiorum ac diplomatum romanorum pontificum amplissima collectio. Romae 1733–1762, Bd. 5/4, 400–403.
[102] Ebd. Bd. 5/5, 5–17.
[103] Als erster in der modernen Forschung ist der Kirchenrechtshistoriker *George Phillips*, Kirchenrecht. Regensburg 1854, Bd. 5/2, 849, auf die Adorationswahl aufmerksam geworden. Noch am ausführlichsten kommt *Ludwig Wahrmund*, Die Bulle „Aeterni patris filius" und der staatliche Einfluß auf die Papstwahlen, in: Archiv für katholisches Kirchenrecht 71, 1894, 201–334, auf die Adorationswahl zu sprechen. Allerdings ist Wahrmunds Fragestellung geprägt durch die um 1890 mit Johann Baptist Sägmüller geführte Kontroverse über den Beginn des staatlichen „Rechtes" der Ausschließung einzelner Kandidaten von der Wahl zum Papst, des sogenannten *ius exclusivae*. Durch diese Fokussierung trat der eigentliche Anlaß zu „Aeterni Patris Filius" nicht ins Gesichtsfeld. Die nachfolgende historische Literatur geht recht hilflos mit dieser kanonisch nicht vorgesehenen Wahlart um: Paul Herre, der bei der Auswertung zahlreicher Konklaveberichte natürlich häufig auf Begriff und Phänomen gestoßen ist, erwähnt die Adorationswahl lediglich, ohne jedoch Ritus und Verfahren beschreiben oder interpretieren zu können, vgl. *Paul Herre*, Papsttum und Papstwahl im Zeitalter Philipps II. Leipzig 1907, 36, 41, 45 f., 54, 236, 355, 357, 362, 488, 525, 530, 585, 609, 611 f., 622. Ähnlich in den Konklavekapiteln der großen Papstgeschichte von *Ludwig von Pastor*, Geschichte der Päpste seit dem Ausgang des Mittelalters. 16 Bde. Freiburg 1886/87.

deswegen dafür, die unliebsam gewordene Wahlart stillschweigend allein
durch die exklusive ‚Einführung‘ und verbindliche Definition der anderen
Wahlmodi zu tilgen – und war mit dieser *damnatio memoriae* auch bis zum
heutigen Tag erfolgreich.

Trotz – oder gerade wegen – dieser Fokussierung auf die Adorationswahl
hatte die gregorianische Konklavereform das umfassendste Regelwerk in der
bis dato zurückliegenden Geschichte des Papstwahlrechtes mit der höchsten
Dichte formaler Vorschriften hervorgebracht. Die Bulle „Aeterni Patris Filius" faßte das geltende Recht zusammen, bestätigte es und setzte jene Vorschriften außer Kraft, die zu ihr im Widerspruch standen. Zum ersten Mal in
der Geschichte der Kirche kam es zu einer detaillierten Kodifikation der drei
Formen der Skrutinal-, Kompromiß- und Inspirationswahl. Die verschiedenen
Papstwahldekrete von „Ubi periculum" bis zu „In eligendis" von 1562[104] hatten sich bezüglich der Normierung des eigentlichen rechtlichen Nukleus eines
Konklaves stets enthalten. Vergleichbar mit der Goldenen Bulle zur Regelung
der Königswahl im Reich lag mit dem Dekret von 1621 fortan auch für die
Papstwahl eine ausführliche zeremonielle Verfahrensordnung vor. Anders als
der Text von 1356 antizipierte die Papstwahlbulle mit ihren Verfahrensprinzi-
pien von Mehrheitsentscheid, absoluter Geheimhaltung, räumlich-zeitlicher
Abgrenzung (Konklave) und ihrer Egalisierung des Wahlkörpers auf frappie-
rende Weise zentrale Elemente demokratisch-moderner Verfahren.

Für das Kardinalat kam der Bulle geradezu identitätsbegründende Bedeutung zu, was sich bereits darin äußerte, daß ein Kardinal ihre getreue Befolgung künftig nicht nur bei jeder ersten Sedisvakanzkongregation, sondern
auch schon im Rahmen der Kreationszeremonie zu beschwören hatte.[105]

Der eigentliche Paradigmenwechsel – nicht nur für den Bereich der (Papst-)
Wahlgeschichte, sondern für die Kultur des posttridentinischen Papsttums
insgesamt – wird jedoch mit der Einführung der definitiv geheimen Skrutinalwahl vollzogen. Die Architekten der gregorianischen Konklavereform entwickelten eine hochkomplexe Handlungssequenz, um zunächst auf *verfahrenstechnischer* Ebene absolute Sicherheit für die Geheimhaltung des gesamten Wahlvorgangs – sowohl in der Phase der Abgabe als auch in der Phase der
Auszählung der Stimmen – zu garantieren.[106] Die technische Gewährleistung

---

[104] Diese 1562, in der Schlußphase des Konzils von Trient, von Pius IV. verabschiedete
und maßgeblich auf kaiserliche Reformforderungen zurückgehende Bulle (Magnum Bullarium Romanum [wie Anm. 101], Bd. 4/2, 145–148) ist letztlich nur geschrieben worden,
um eine tiefgreifende Reform abzuschmettern, so daß die Bemühungen um Konklavereform auch bruchlos fortgeführt wurden. Vgl. dazu demnächst *Günther Wassilowsky, Reformatio in Capite? Das Konzil von Trient und die Reform des Papsttums,* in: RQA 103,
2008, 172–187.
[105] Vgl. § 25 von „Aeterni Patris Filius" (Magnum Bullarium Romanum [wie Anm. 101],
Bd. 5/4, 403).
[106] Im *Caeremoniale* von 1622 findet sich diese in der Bulle aufgestellte Geheimhaltungs-

des Geheimen wurde begleitet von einer gleichzeitigen symbolischen Inszenierung des Geheimen, die wiederum vielfältige Funktionen zu erfüllen hatte. Zunächst einmal sollte die zeremonielle Gestaltung des eigentlichen Wahlverfahrens im Innern des Konklaves die Geheimhaltungstechnik in ihrer Instrumentalität verstärken. Die Zelebration der Beschriftung, Faltung, Versiegelung und Abgabe des Stimmzettels, die im wesentlichen die im *Caeremoniale Romanum* vorgeschlagene Opferform aufgriff, erfüllte über die Absicherung der Geheimhaltung hinaus den Zweck, den theologischen Sinn des geheimen Verfahrens performativ zu vergegenwärtigen. Der Ritus der Stimmabgabe inszeniert die innere Gottunmittelbarkeit des einzelnen Papstwählers. Technik und Symbolik dienen unauflösbar ein und demselben Geheimhaltungsideal, das unbedingte Egalität unter allen Papstwählern herstellen will. Das reformierte Papstwahlverfahren soll technisch ermöglichen, daß sich die einzelnen Wähler von ihren horizontalen Bindungen emanzipieren und gleichsam vertikal auf göttliche Transzendenz ausrichten können.

Aus der Fülle der technischen und symbolischen Mittel, in der sich die Theologie des neuen Konklavezeremoniells ausdrückt, möchte ich nur noch auf eine freilich prominente und doch ganz unbekannte Neuerung aufmerksam machen: Im Zuge der gregorianischen Papstwahlreform kommt es nämlich zu einem Wechsel der Bühne, auf der die ganze Wahlhandlung stattfinden soll. Erst nach 1621 avanciert die Sixtinische Kapelle zum Geburtsort der Päpste schlechthin. Vorher wurde gewöhnlich, wenn denn das Konklave im Vatikanischen Palast stattfand, in der Paulinischen Kapelle gewählt.[107] Moti-

maxime durch die Entwicklung einer hoch ausdifferenzierten Handlungssequenz mit exakt und im Detail definierten Einzelschritten eingelöst. Sie muß mindestens zwei Mal an jedem Konklavetag, und zwar am Vormittag nach einer heiligen Messe und nachmittags im Anschluß an den Hymnus „Veni Creator Spiritus" und ein gesprochenes Gebet zum Heiligen Geist, durchgeführt werden. Das gregorianische Skrutinalverfahren gliedert sich in die drei großen Akte des *antescrutinium*, des eigentlichen *scrutinium* und des *postscrutinium*. Und diese Hauptakte sind schließlich wiederum in fünf, acht und drei beziehungsweise acht Unterakte – gleichsam einzelne „Szenen" – ausdifferenziert, so daß sich folgende Gesamtstruktur ergibt: *Antescrutinium* (Praeparatio schedularum scrutinii et accessus, Extractio scrutatorum et deputatorum pro votis infirmorum, Scriptio schedularum scrutinii, Complicatio schedularum, Obsignatio schedularum); *Scrutinium* (Delatio schedulae, Praestatio iuramenti, Positio schedulae in calicem, Permixtio schedularum, Numeratio schedularum, Publicatio scrutinii, Insertio schedulae in filum, Depositio schedularum); *Postscrutinium (ohne Akzeß)* (Numeratio suffragiorum, Recognitio suffragiorum, Combustio schedularum); *Postscrutinium (mit Akzeß)* (Numeratio suffragiorum, Accessus, Apertio sigillorum et signorum, Annotatio sigillorum et signorum, Examen suffragiorum, Numeratio suffragiorum, Recognitio scrutinii et accessus, Combustio schedularum). Für eine ausführliche Darstellung und Interpretation dieser Einzelschritte kann in diesem Zusammenhang nur auf das dritte Kapitel von *Wassilowsky*, Konklavereform (wie Anm. *), verwiesen werden.
[107] Die gregorianische Bulle selbst legt klugerweise den Wahlort nicht fest. Neben den Angaben in den päpstlichen Zeremoniardiarien kann der faktisch praktizierte Ortswechsel jedoch auch durch eine Analyse gedruckter wie ungedruckter zeitgenössischer Konklave-

viert ist dieser Szenenwechsel durch den tridentinisch-katholischen Glauben an die performative Wirkmacht von Bildern. Unter dem gewaltigen sixtinischen Altarfresko des Jüngsten Gerichtes von Michelangelo, das bekanntlich Christus als den eschatologischen Richter zeigt, hat fortan jeder einzelne Kardinal bei jeder Stimmabgabe die noch heute gebräuchliche Eidesformel zu sprechen, deren Wortlaut im Kontext ihrer Entstehung eine eindeutig antiklienteläre Stoßrichtung aufwies: „Christus den Herrn, der mein Richter sein wird, nehme ich zum Zeugen, daß ich denjenigen wähle, den ich nach Gottes Willen" – und nicht etwa nach dem Willen des *capo della fattione* – „wählen muß."[108]

Bei der neuen Wahlform kommt es nicht mehr wie beim Ritual der Adoration zu einem *face-to-face* der Wähler mit dem künftigen Papst, sondern mit Christus selbst. Der Blick in die ewigen Höllenfeuer sollte den unaufhaltbaren Automatismus eines Meineides ins Bewußtsein rufen. Wer entgegen seinem vor Christus abgelegten Eidesschwurs den Stimmzettel dennoch nach dem Kalkül von Nepotismus und Patronage ausfüllte, der würde am Ende der Zeiten jenen von Michelangelo gemalten verzweifelten Kampf der Verdammten zu führen haben und von den Dämonen in den ewigen Abgrund gerissen werden.

V. Zur Wirkung der gregorianischen Reform:
Wandel und Beharrung nach 1621/22

Untersucht man die Berichte zum Konklave Urbans VIII. von 1623[109], also der ersten Papstwahl nach gregorianischem Zeremoniell, hinsichtlich der Anwendung und Auswirkung des neuen Verfahrens, so kann folgendes Fazit festgehalten werden: Erwartungsgemäß bewirkte der Erlaß von „Aeterni Patris Filius" keinen schlagartigen und alle Glieder erfassenden Mentalitäts- und

---

pläne nachgewiesen werden – ein bislang nicht ausgewerteter, für kunst-, druck- und kirchenhistorische Erkenntnisinteressen jedoch höchst aufschlußreicher Quellenbestand.

[108] „Testor Christum Dominum, qui me iudicaturus est, me eligere, quem secundum Deum iudico eligi debere" (Magnum Bullarium Romanum [wie Anm. 101], Bd. 5/5, 14).

[109] Neben dem wertvollen Diarium des venezianischen Kammerklerikers und späteren Kardinals Federico Cornaro („Relatione distinta in forma di Diario della malatia e morte di Papa Gregorio XV., e dello Stato nel qual al punto si trova il Collegio di Cardinali, con altre considerationi sopra li soggetti Papabili il futuro Conclave; fatta da Mons. Cornaro Vescovo di Bergamo e Chierico di Camera il mese di Luglio 1623. In Roma" [Boncompagni Ludovisi C 20, fol. 341r–357v]) ist für unsere Fragestellung der 150 Seiten umfassende Konklavebericht eines anonymen Konklavisten von größter Aussagekraft, überschrieben mit dem verheißungsvollen Titel: „Conclave nel quale fù messa la prima volta in uso la Bolla di Gregorio XV e fù creato Sommo Pontefice il Cardinale Maffeo Barberini detto Urbano VIII" (Biblioteca Apostolica Vaticana, Vaticani latini 12187, fol. 1r–74v; Barberiniani latini 4681, fol. 179–211; Barberiniani latini 4696; Barberiniani latini 4724).

Praxiswandel im Kollegium der Papstwähler. Sowohl die mentalen Strukturen als auch die sozialen Praktiken waren nach wie vor geprägt von den Plausibilitäten und Zwängen einer überkommenen Kultur der *gratitudine* und Patronage. Wie vor der Reform versuchten die nepotischen Faktionsführer ihre Kreaturen in die bestehenden Netzwerke der *pietas* einzubinden. Und ein Großteil der Kardinäle verhielt sich immer noch gemäß den Vorteilen, die diese Bindung an eine Autorität für sie bedeutete. Die Autorität entlastete das kardinalizische Individuum in der schwierigen ‚Gewissensarbeit' und sie organisierte im äußersten Fall Mehrheiten, wenn man selbst als *papabile* galt. Die Wahlfreiheit, welche die Bulle von 1621 dem Papstwähler erstmals eingeräumt hatte, wurde im Konklave von 1623 von der Mehrzahl der Kardinäle zumindest nicht dergestalt genutzt, daß sie von der Vorgabe des Faktionschefs abgewichen wären.[110]

Neben diesen Kontinuitätslinien treten jedoch genauso deutlich Elemente eklatanter Diskontinuität zutage: Gegen alle Widerstände und gegen jede Versuchung wurde die kodifizierte Form des gregorianischen Skrutinalverfahrens 17 Tage lang bis zum Ende minutiös eingehalten. Daher ist bei der Ermittlung der konkreten Auswirkungen von „Aeterni Patris Filius" zuallererst die Tatsache in Rechnung zu stellen, daß es in Anwendung des neuen Verfahrens zu der ersten faktisch geheimen Papstwahl in der Geschichte des Papsttums gekommen ist und folglich Urban VIII. als der erste Papst zu gelten hat, der in definitiv geheimer Abstimmung auf den Stuhl Petri gelangte. Die Adorationswahl wurde für alle Zeiten erfolgreich beseitigt und konnte sich auch nicht unter der Tarnung einer anderen Wahlform wieder ins Konklave einschleichen.

Die neue Geheimhaltung bis zum Ende der eigentlichen Wahl hatte jedoch auch auf die Prozesse innerhalb der Faktionen unweigerlich Auswirkungen. Die Faktionsführer mußten ihre Wahlvorgaben den Faktionsgliedern viel stärker plausibel machen, damit sie ihnen auch im Geheimen Folge leisteten. Denn anders als bei der Adorationswahl fiel die Entscheidung bei der geheimen Skrutinalwahl trotz aller Absprachen, die natürlich auch noch nach 1621 zuhauf stattfanden, erst *innerhalb* des eigentlichen Wahlverfahrens selbst. Erst dann stellte sich heraus, ob die faktionsöffentlich gemachten Zusagen im Geheimen tatsächlich eingehalten wurden. Die zeitgenössischen Quellen

---

[110] Dieser Schluß läßt sich anhand der erhalten gebliebenen Skrutinienlisten von 1623 (Biblioteca Apostolica Vaticana, Barberiniani latini 4435, fol. 72r–74r) ziehen: Lediglich zu Beginn des Konklaves scheinen die Kardinäle die neue Freiheit, welche ihnen durch die Geheimhaltung eingeräumt wurde, für ein paar Abstimmungen genutzt zu haben. Doch lange sollte diese Libertät nicht währen. Bald verstärkten die Nepoten den Druck auf ihre Klienten, und so erhielt Bandini, der Kandidat von Ludovico Ludovisi, im Morgenskrutinium des 22. Juli bereits 21 der insgesamt 52 Stimmen. Daraufhin rief Borghese seine Leute zur Disziplin, so daß wiederum sein Kandidat Mellini aus dem Nachmittagswahlgang desselben Tages mit 26 Voten (15 im Skrutinium und 11 zusätzlichen im Akzeß) hervorging.

sprechen deswegen vom „rischio dei suffragii".[111] Damit hat die gregorianische Konklavereform die Macht der Kardinalnepoten zwar nicht gänzlich getilgt, aber eine Papstwahl war für sie wesentlich unkalkulierbarer geworden
als innerhalb des offenen Adorationsverfahrens, bei dem Plausibilitätsdefizite
in den Wahlverhandlungen durch äußeren Druck kompensiert werden konnten. Und eine Faktionsabweichung fiel nun nicht mehr auf den einzelnen Dis-
sidenten, sondern auf den Kardinalnepoten selbst und seine Kunst der Fakti-
onsführung zurück.

Gerade der letztgenannte Umstand der Verminderung beziehungsweise des
Wegfalls der äußeren Kontrolle durch das Faktionshaupt dürfte schließlich
maßgeblich für den deutlichen Anstieg der durchschnittlichen Konklavedauer
verantwortlich gewesen sein.[112] Die Bedeutung der gregorianischen Konklavereform läßt sich am einfachsten an der nach 1621 eintretenden Entschleuni-
gung messen. Die durchschnittliche Dauer eines Konklaves lag im Zeitraum
von der Wahl Alexanders VI. (1492) bis einschließlich der Erhebung Gregors XV. (1621) bei aufgerundet 21 Tagen. Nimmt man als Bezugsgröße nach
der Reform von 1621 die 17 Konklaven bis 1800 (Pius VII.), so mußte der
Zeremonienmeister im Schnitt rund 81 Tage warten, bis er Pontifikalschuhe
und Papstmütze herbeibringen konnte – was eine *Vervierfachung* der Konklavedauer im Vergleich zur Zeit vor der Reform bedeutet. Der Befund bleibt
auch dann noch signifikant, wenn das 18. Jahrhundert nicht mitgerechnet wird:
Zwischen 1623 und 1700 *verdreifacht* sich die Anzahl der Tage auf rund 64.

Eine der fundamentalsten – und freilich augenfälligsten – Wirkungen des
neuen, gregorianischen Wahlverfahrens ist im Bereich der *visuellen* Legitima-
tionsstrategien päpstlicher Herrschaft festzustellen. Welch kategorischer Paradigmenwechsel auf diesem Feld durch die Bulle von 1621 eingeleitet
wurde, mag zum Schluß eine Bildquelle, der für die Herrschaftslegitimation
der Barberini eine nicht geringe Bedeutung zukommt, exemplarisch veran-
schaulichen. Gemeint ist ein Wandteppich, der eine Szene der Wahl Maffeo
Barberinis zum Papst darstellt und in den prachtvollen Zyklus „Vita di Urbano VIII" gehört (vgl. Abb. 1). Obwohl seit Mitte des 15. Jahrhunderts immer wieder der Versuch unternommen wurde, auch am päpstlichen Hof eine
Tapisserie-Manufaktur mit dem technischen Können der führenden Werkstät-
ten in Flandern, Frankreich oder im übrigen Italien einzurichten, war der Kardinalnepot Urbans VIII. Francesco Barberini[113] der erste, der diesen Plan in

[111] Biblioteca Apostolica Vaticana, Vaticani latini 12187, fol. 65r.
[112] Neben diesem Grund ist die längere Dauer der Konklaven ab Mitte des 17. Jahrhunderts zweifelsohne auch auf die wachsende Einflußnahme der weltlichen Instanzen auf die
Papstwahl (wiederum als Folgeerscheinung des politischen Niedergangs des Papsttums)
zurückzuführen.
[113] Allgemein zur Kunstpatronage Francesco Barberinis gerade im Kontrast zu Ludovico
Ludovisi vgl. *Arne Karsten*, Künstler und Kardinäle. Vom Mäzenatentum römischer Kardinalnepoten im 17. Jahrhundert, Köln 2003, 83–87.

Abb. 1: Manufaktur Barberini: Tapisserie von der Wahl Maffeo Barberinis zum Papst (1668/69), 405 x 527 cm, Musei Vaticani (Inventarnummer 43921), Vatikan. Abgedruckt zum Beispiel in: Barock im Vatikan. Kunst und Kultur im Rom der Päpste II (1572–1676). Ausstellungskatalog. Bonn/Berlin 2006, 268.

die Realität umsetzte. Dementsprechend galten die Erzeugnisse aus dem Tapisserie-Atelier der Barberini als Prestige- und Kultobjekte erster Klasse.[114] Zwischen 1663 und 1679 sind insgesamt zehn jeweils circa vier auf fünf Meter große Bildteppiche hergestellt worden, deren primäre Absicht es war, die göttliche Erwählung Urbans VIII. und das Wirken der Vorsehung im Verlauf seiner Regierungszeit ansichtig werden zu lassen.

Die im Teppich geknüpfte Szene zeigt eine tatsächliche historische Begebenheit aus dem Barberini-Konklave: Als am letzten Tag des Konklaves, dem 6. August 1623, die abgegebenen Akzeßzettel im Rahmen des Verfahrensschrittes der *numeratio schedularum* gezählt wurden, stellte sich heraus, daß ein Stimmzettel fehlte.[115] Während der zweistündigen vergeblichen Suche nach dem Zettel herrschten in der Wahlkapelle unter Michelangelos „Jüngstem Gericht" größte Aufregung und Ratlosigkeit – während sich außerhalb

---

[114] Vgl. die neueste und umfassende kunsthistorische Arbeit zur Tapisserie-Kunst unter den Barberini: *Pascal-François Bertrand*, Les tapisseries des Barberini et la décoration d'intérieur dans la Rome baroque. Turnhout 2005.
[115] Vgl. Biblioteca Apostolica Vaticana, Vaticani latini 12187, fol. 70v/71r.

des Konklaves die Kunde von der Wahl Barberinis bereits in der ganzen Stadt verbreitete. Mitten im Aufruhr kam von Kardinal Odoardo Farnese der Vorschlag, den fehlenden Stimmzettel nicht als Stimme für Barberini zu rechnen, um endlich mit der Öffnung der vorhandenen *schedulae* beginnen zu können. Barberini würde diese eine Stimme für seine Wahl ohnehin nicht benötigen. Doch einer solchen Lösung des Problems widersprach Barberini selbst aufs heftigste und pochte statt dessen auf die Beachtung des gregorianischen Wahlgesetzes, das in diesem Falle bestimme, alle Stimmzettel zu verbrennen und das gesamte Akzeßverfahren von vorne beginnen zu lassen. Mit lauter Stimme muß darauf Farnese entgegnet haben: „Also wiederholen wir den Akzeß, damit die Wahl mit noch viel größerer Herrlichkeit (*gloria*) vollzogen wird."[116]

Im Zentrum des Bildes sitzt Kardinal Maffeo Barberini, wie er die ihm vom Zeremonienmeister bereits dargereichte Tiara mit seiner Linken zurückweist und mit der rechten Hand voller Entschiedenheit in Richtung der *tabula scrutinii* zeigt. Dort sieht man die drei Skrutatoren stehen, wie sie den vermißten Stimmzettel des ersten Akzesses vom 6. August suchen: Ganz hinten überprüft der dritte Skrutator Kardinal Zollern, ob der Kelch tatsächlich leer ist; in der Mitte zählt Scaglia mit seinen verdächtig langen Ärmeln; und schließlich ist vorne der erste Skrutator Boncompagni zu identifizieren – aber nicht etwa, wie er „den wieder aufgetauchten Stimmzettel hochhält"[117], sondern wie er das Problem als solches mit Hilfe eines vorhandenen Stimmzettels *anzeigt*. Barberini ist nur einige wenige Schritte von dem im Hintergrund stehenden vakanten Papstthron entfernt. Aber erfüllt von den Tugenden der *modestia* und *magnanimitas*, die von rechts oben als allegorische Figuren ins Bild schweben, verlangt Barberini die Wiederholung der gesamten Stimmabgabe. Es ist also exakt dieses Ereignis des Konklaves von 1623 – das Insistieren Maffeo Barberinis auf die minutiöse Einhaltung der gregorianischen Bulle –, das die Familie im Jahre 1669, 46 Jahre nach der Wahl des Onkels, jetzt und für alle Ewigkeit memoriert haben möchte. In der Barberinischen Bildpropaganda der zweiten Hälfte des 17. Jahrhunderts ist der Geist von „Aeterni Patris Filius" nun definitiv angekommen: Die legitime Herrschaft Papst Urbans VIII. hat ihren ruhmvollen Ursprung in der exakten Durchführung des gregorianischen Wahlzeremoniells – oder wie sich in kirchenhistorischer Adaptation des Luhmannschen Verfahrensaxioms formulieren ließe: *Religiöse* Legitimation frühneuzeitlicher Papstherrschaft geschieht durch die minutiöse Durchführung *wertegeleiteter* Verfahren.

---

[116] Vgl. Biblioteca Apostolica Vaticana, Boncompagni Ludovisi C 20, fol. 356r.

[117] Wer sich an Fehlinterpretationen erfreut, wie sie gewöhnlich in einem bestimmten Typus von Kunstgeschichte ohne historische Kontextualisierung Blüte treiben, der sei verwiesen auf die Erläuterungen zu diesem Bildteppich im Katalog zur Ausstellung „Barock im Vatikan. Kunst und Kultur im Rom der Päpste II (1572–1676)" (Ausstellungskatalog. Bonn/Berlin 2006, 268 f.)

Präsenz und Präzedenz

Der kaiserliche Wahlkommissar und die Entwicklung von Verfahren und Zeremoniell bei den frühneuzeitlichen Bischofswahlen*

Von

Hubert Wolf

I. Bischofswahlen im historischen Wandel

Wie wird man eigentlich Bischof? Das kirchliche Gesetzbuch ist da eindeutig: Kraft göttlicher Einsetzung treten die Bischöfe durch die Gabe des Heiligen Geistes an die Stelle der Apostel und werden in der Kirche zu Hirten bestellt.[1] Auch Papst Leo XIII. betonte am 9. Mai 1897 in der Enzyklika „Divinum illud munus", es sei der Heilige Geist selbst, der die Bischöfe einsetze.[2]

Um die Kandidaten zu benennen, die sich dieser Einsetzung als würdig erweisen würden, hat sich der Heilige Geist in bald 2000 Jahren apostolischer Sukzession einer erstaunlichen Vielfalt von Verfahren und Zeremoniellen bedient.[3] Zunächst designierten die Apostel beziehungsweise Apostelschüler ihren Nachfolger, dann wählte die ganze Gemeinde den Bischof – nach dem Grundsatz „Wer allen vorstehen soll, muß auch von allen gewählt werden". Später bestätigte das Volk nur noch *per acclamationem* die Vorwahl des Bischofs durch den Klerus, während der zuständige Metropolit die *electio* kontrollierte – ein Prozedere, das sich nach und nach zu einem Wahlrecht des Domkapitels als Klerus der Kathedralkirche verdichtete. Allerdings gelang es zunächst dem Kaiser beziehungsweise dem König, sich das Recht der Einsetzung oder zumindest der Nomination der Bischöfe zu sichern, bevor es durch

---

* Der folgende Text dokumentiert die um Fußnoten erweiterte Fassung eines Vortrags, den der Verfasser am 1. Juni 2007 im Rahmen des vom Sonderforschungsbereich 496 veranstalteten Kolloquiums zu „Technik und Symbolik vormoderner Wahlverfahren" gehalten hat. Die Vortragsform bleibt bewußt erhalten, die Anmerkungen beschränken sich auf die wichtigsten Angaben.

[1] Codex Iuris Canonici 1983, c. 375, § 1.
[2] Vgl. den Text der Enzyklika in: Acta Sanctae Sedis (ASS) 29, 1896/97, 644–658, hier 650.
[3] Vgl. als ersten knappen Überblick über die Besetzung der Bischofsstühle *Anton Landersdorfer*, Die Bestellung der Bischöfe in der Katholischen Kirche, in: Münchener Theologische Zeitschrift 41, 1990, 271–290.

das Wormser Konkordat von 1122[4] zu einem Kompromiß zwischen geistlicher und weltlicher Gewalt kam: Zwar wählte das Domkapitel den neuen
Bischof, aber *praesentia regis*, in Anwesenheit des Königs, der darüber entschied, welcher Kandidat die *sanior pars*[5] der Stimmen erhalten hatte, und
ohne dessen Zustimmung niemand Bischof in der Reichskirche werden
konnte. Zumindest dem Anspruch nach hatte wenig später dann der Papst das
totale Ernennungsrecht inne, bis schließlich das Wiener Konkordat von 1448
wieder dem Domkapitel das ausschließliche und freie Wahlrecht garantierte.

Diese Regelung blieb in der gesamten Frühen Neuzeit bis zum Untergang
der alten Reichskirche 1803 unverändert in Kraft. Erst die Zirkumskriptions-
bullen und Konkordate des 19. und vor allem des 20. Jahrhunderts brachten
wieder Bewegung in die Szene: Mehr und mehr gelang es dem Papst, seinen
Einfluß auf die Besetzung der Bischofsstühle zu verstärken.[6] Im *Codex Iuris
Canonici* von 1917 heißt es: „Der Papst ernennt die Bischöfe frei"[7] – die Formulierung wurde übrigens gleichlautend in das neue Kirchenrecht von 1983
aufgenommen.[8] In Deutschland konnte Rom das freie Ernennungsrecht freilich nur in Bayern mit dem Konkordat von 1924 durchsetzen[9], den Domkapiteln in Preußen und Baden blieb hingegen ein Restwahlrecht erhalten: Sie
wählen den Bischof anhand einer römischen Terna, die Kandidatenvorschläge
aus Deutschland „würdigt", das heißt oft nicht berücksichtigt.[10] In den – zu-
gegeben zynischen – Worten des ehemaligen Kölner Erzbischofs Josef Kardinal Frings formuliert: „Auf der Dreierliste steht ein Neger, ein Chinese und
der, der es werden soll."[11] Diesen könnten die Domkapitel dann frei wählen.

Verfahren und Inszenierung der Bischofswahlen scheinen für den Kirchen-
historiker äußerst spannend zu sein, weil sie sich ständig verändert haben –
nur nicht in der Epoche, die hier behandelt wird. In der Frühen Neuzeit – ge-

---

4 Dazu mit weiterführender Literatur *Odilo Engels*, Art. „Wormser Konkordat", in: Walter
Kasper u. a. (Hrsg.), Lexikon für Theologie und Kirche. Bd. 10. 3. Aufl. Freiburg 2001,
1293 f.
5 Vgl. *Bernhard Schimmelpfennig*, Das Prinzip der „sanior pars" bei Bischofswahlen im
Mittelalter. in: Concilium 16. 1980. 473–477.
6 Dazu *Erwin Gatz*, Domkapitel und Bischofswahlen in den deutschsprachigen Ländern
seit dem 19. Jahrhundert. in: Albert Portmann-Tinguely (Hrsg.), Kirche, Staat und Katholische Wissenschaft in der Neuzeit. Festschrift für Heribert Raab zum 65. Geburtstag am
16. März 1988. (Quellen und Forschungen auf dem Gebiet der Geschichte, NF., Bd. 12.)
Paderborn 1988. 397–409.
7 Codex Iuris Canonici 1917. c. 329. § 2.
8 Codex Iuris Canonici 1983. c. 377. § 1: hier ist die Bestimmung mit Rücksicht auf die
geltenden Konkordate um den Halbsatz „oder bestätigt die rechtmäßig Gewählten" ergänzt.
9 Die einschlägigen Quellen dazu bei *Ernst Rudolf Huber/Wolfgang Huber*, Staat und Kirche im 19. und 20. Jahrhundert. Bd. 4. Berlin 1988. 293–314.
10 Ebd. 315–368.
11 Zitiert nach *Gerhard Hartmann*. Der Bischof. Seine Wahl und Ernennung. Graz/Köln/
Wien 1990. 71 f.

nauer von 1448 bis 1803 – ging es lediglich um Reichskirchenpolitik mit ihren schmutzigen Wahlgeschäften.[12] Aber hinsichtlich des Wahlverfahrens und des Wahlzeremoniells hat sich nichts getan, jedenfalls dann nicht, wenn man der neueren Forschung glaubt. So hat Sylvia Schraut 1999 im Rahmen einer Tagung über vormoderne politische Verfahren in Münster einen interessanten Vortrag über „Die Bischofswahlen im Alten Reich seit Mitte des 17. Jahrhunderts" gehalten.[13] Sie formulierte die These, daß die Domkapitel in dieser Zeit streng darauf achteten, „ihr freies Wahlrecht zu behaupten"[14], und daß das Wahlergebnis infolge von Vorverhandlungen, Bestechungen und Stimmenkauf meistens bereits feststand, bevor sich das Wahlgremium nach der Heilig-Geist-Messe in den Kapitelsaal zurückzog, um den eigentlichen Wahlakt vorzunehmen.[15] Sylvia Schraut behauptet schließlich, sowohl der Kaiserhof als auch die Domkapitel hätten die ganze Epoche über strikt „an den überlieferten symbolischen Formen der Bischofswahl" festgehalten[16], weil die erklärte Absicht, „das Wahlverfahren gegen den Wandel der Zeit zu immunisieren, [...] die Beibehaltung des überlieferten Zeremoniells als Ganzes" verlangt und „Veränderungen auch in Teilen des Wahlzeremoniells grundsätzlich nicht" zugelassen habe[17]. Dieser Schlußfolgerung ist zu widersprechen.

II. Konflikte zwischen Kaiser und Kapitel

Seit dem Ende des Dreißigjährigen Krieges und verstärkt seit Beginn des 18. Jahrhunderts wandelten sich die Machtverhältnisse zwischen dem Kaiser und den Domkapiteln kontinuierlich. Das hatte auch erhebliche Auswirkungen auf Zeremoniell und Verfahren der Wahl.

Beide Seiten entwickelten ein ganz neues Selbstbewußtsein, das jeweils ‚historisch' begründet wurde. In Wien entdeckte man die *praesentia regis* des Wormser Konkordates von 1122 neu und zog daraus den Schluß: Ohne Zustimmung des Kaisers kann niemand in der Reichskirche Bischof werden – Wiener Konkordat und freies Wahlrecht der Domkapitel hin oder her. Die

---

[12] Dazu grundlegend verschiedene Beiträge von Rudolf Reinhardt, die in seiner Festschrift gesammelt erneut vorgelegt wurden: *Rudolf Reinhardt*, Reich – Kirche – Politik. Ausgewählte Beiträge zur Geschichte der Germania Sacra in der Frühen Neuzeit. Hrsg. v. Hubert Wolf als Festgabe für Herrn Prof. Dr. Rudolf Reinhardt zum 70. Geburtstag. Ostfildern 1998.

[13] *Sylvia Schraut*, Die Bischofswahl im Alten Reich seit Mitte des 17. Jahrhunderts. Symbolische Formen einer Wahl mit verabredetem Ausgang, in: Barbara Stollberg-Rilinger (Hrsg.), Vormoderne politische Verfahren. (ZHF, Beih. 25.) Berlin 2001, 119–137.

[14] Ebd. 131.

[15] Ebd. 136 und öfter.

[16] Ebd. 136.

[17] Ebd. 137.

Domkapitel dagegen verstanden sich als die eigentlichen Bischofsmacher. Sie waren die ‚Erbherren' der Stifte, sie verliehen eigentlich nicht nur das geistliche Amt, sondern auch die Regalien. Nach dem Abflauen der ‚reformatorischen Gefahr' vermeinten sie, den kaiserlichen Schutz immer weniger zu brauchen.

Daß dies zu teils heftigen Konflikten führte, liegt auf der Hand. Sie gipfelten schließlich 1706/07 im Desaster der Doppelwahl von Münster. Ein Kompromiß zwischen Kaiser und Domkapiteln mußte gefunden werden, der es nicht zuletzt durch neuartige symbolische Inszenierungen beiden Parteien erlaubte, auch dann ihr Gesicht zu wahren, wenn sie ihre jeweiligen Interessen in einem Wahlverfahren nicht durchsetzen konnten.

Diese These soll im folgenden in der gebotenen Kürze näher belegt werden. Die Grundlage dazu bilden Forschungen im Wiener Haus-, Hof- und Staatsarchiv und im Vatikanischen Geheimarchiv[18] sowie die bahnbrechende, bereits 1975 erschienene Studie von Günter Christ über die *praesentia regis* bei Bischofswahlen der Frühen Neuzeit[19], die leider in der Forschung nicht ausreichend rezipiert worden ist.

III. Das neue Selbstbewußtsein der Domkapitel

Zunächst zu den Domkapiteln: Sie sahen sich immer mehr als die „eigentlichen Regenten" der Hochstifte und hatten seit dem Westfälischen Frieden ein enormes Selbstbewußtsein entwickelt, das sich besonders während ihrer Sedisvakanzregierungen zeigte. Ein neugewählter Fürstbischof sollte sich genötigt sehen, „nit mehr bey Ewer Kayl Mayt sondern bey Ihren Capitulen alß deren Erb- und Grundt Herren die Investitur zunehmen"[20] – wie der kaiserliche Gesandte Ignaz von Tastungen 1695/96 an Kaiser Leopold I. schrieb, womit er die Intentionen der selbstherrlichen Domherren treffend auf den Punkt brachte. Um einem der Ihren den Aufstieg zur Reichsfürstenwürde zu ermöglichen, forderten diese, die Fürstbischöfe sollten *ex gremio* und nicht mehr aus hochadeligen Dynastien kommen. Die Wünsche des Kaisers und seine

---

[18] Vgl. als deren Ergebnis auch meine Habilitationsschrift: *Hubert Wolf*, Die Reichskirchenpolitik des Hauses Lothringen 1680–1715. Eine Habsburger Sekundogenitur im Reich? (Beiträge zur Geschichte der Reichskirche in der Neuzeit, Bd. 15.) Stuttgart 1994, hier insbesondere die quellenhistorischen Hinweise 42–54.
[19] *Günter Christ*, Praesentia Regis. Kaiserliche Diplomatie und Reichskirchenpolitik vornehmlich am Beispiel der Entwicklung des Zeremoniells für die kaiserlichen Wahlgesandten in Würzburg und Bamberg. (Beiträge zur Geschichte der Reichskirche in der Neuzeit, Bd. 4.) Wiesbaden 1975. Auf Einzelnachweis aus meiner Habilitationsschrift und der Studie von Christ wird im folgenden mit Ausnahme wörtlicher Zitate verzichtet.
[20] Haus-, Hof- und Staatsarchiv Wien (künftig: HHStAW), Geistliche Wahlakten 45a, Ignaz von Tastungen an Kaiser Leopold I. O. D. [1695/96].

Reichskirchenpolitik traten für sie in den Hintergrund. Dieses neue Selbstbewußtsein der Domkapitel zeigte sich exemplarisch an der Entwicklung der Wahlkapitulationen und dem veränderten Bildprogramm der von ihnen geprägten Sedisvakanzmünzen.

Aus den Wahlkapitulationen[21] geht hervor, daß die Domkapitel als Erb- und Grundherren des Stifts eine Mitregentschaft neben dem Bischof anstrebten und die Kapitulation als ständisches „Staatsgrundgesetz des geistlichen Wahlstaates"[22] betrachteten. Die Mitregierung der Kapitel erreichte jedoch bereits Ende des 17. Jahrhunderts ihren Höhepunkt. Im Zuge des Absolutismus versuchten die Fürstbischöfe, vor allem wenn sie aus hochadeligen Häusern stammten, sich dem Druck der Kapitel und ihrer ständischen Mitregentschaft immer stärker zu entziehen. Im Gegenzug leiteten die Domkapitel während der Sedisvakanz aus ihrem Wahlrecht weitreichende Ansprüche ab. Sie verstanden sich als die eigentlichen ,Bischofsmacher', aus deren Händen der neue Fürstbischof nicht nur das geistliche Amt, sondern auch das mit diesem verbundene Fürstentum anzunehmen hatte. Die Domherren verliehen ihrem Selbstverständnis nach durch die Wahl jetzt Diözese *und* Hochstift. Der Kaiser war dazu eigentlich nicht mehr nötig.

Die Entwicklung der Ikonographie der Sedisvakanzmünzen, die in zahlreichen Fürstbistümern von den Domkapiteln als Inhabern des Münzregals in dieser Zeit geprägt wurden, spricht eine deutliche Sprache.[23] Als Beispiel seien hier die Prägungen des Domkapitels Münster herangezogen.[24] Der Münsteraner Sedisvakanztaler der Jahre 1650/51 (Abb. 1) zeigt auf der Rückseite Kaiser Ferdinand III., stehend mit Krone, Reichsapfel und Schwert, und auf der Vorderseite das Wappen des Domkapitels mit dem Brustbild des heiligen Paulus und der Umschrift MONETA NOVA CAPITULI MONASTERI SEDEVACANTE. Der Taler von 1683 (Abb. 2) orientiert sich an diesem Typ und bietet entsprechend das Brustbild Kaiser Leopolds I. auf dem Revers und das Kapitelwappen mit entsprechender Umschrift auf dem Avers. Gleiches gilt – mit einem Brustbild Pauli statt des kompletten Kapitelwappens – für den

---

[21] Dazu exemplarisch und mit weiterführender Literatur *Konstantin Maier*, Das Domkapitel von Konstanz und seine Wahlkapitulationen. Ein Beitrag zur Geschichte von Hochstift und Diözese in der Neuzeit. (Beiträge zur Geschichte der Reichskirche in der Neuzeit, Bd. 11.) Stuttgart 1990.

[22] *Hans Erich Feine*, Die Besetzung der Reichsbistümer vom Westfälischen Frieden bis zur Säkularisation 1648–1803. (Kirchenrechtliche Abhandlungen, Bd. 97/98.) Stuttgart 1921, 338.

[23] Dazu *Karl Friedrich Zepernick*, Die Capitels- und Sedisvakanzmünzen und Medaillen der Deutschen Erz-, Hoch- und unmittelbaren Reichsstifter. Halle 1822.

[24] Ebd. 163–170. Abbildungen ebd. auf Tafel XII, ferner bei *Günter Schön*, Deutscher Münzkatalog 18. Jahrhundert. München 1984, 414–418. Die Vorlagen für die hier abgebildeten Münsteraner Sedisvakanzprägungen stellte das Westfälische Landesmuseum, das über eine ausgezeichnete numismatische Abteilung verfügt, für den Druck bereit. Dafür sei Herrn Dr. Peter Ilisch herzlich gedankt.

Abb. 1: Sedisvakanztaler Silber (1650): *Rückseite:* .FERDINANDVS.III.D.G.ROMA.
IMP.SEMP.AVGVS.T. Stehender Kaiser Ferdinand III. mit Schwert und Reichsapfel.
Vorderseite: MONETA.NOVA.CAPITVLI.MONASTERI.SEDE.VACANTE Verzierter
Kapitelsschild mit Brustbild Pauli zwischen 16 und 50; darunter Mzz. E-K.

Abb. 2: Sedisvakanztaler Silber (1683): *Rückseite:* .LEOPOLDVS.AVG.-IMP.CAE-
SAR. *Vorderseite:* MONETA.NOVA.CAPITVLI.MONASTERI.SEDE.VACANTE Be-
helmter reichverzierter Kapitelsschild mit Brustbild Pauli; Helmschmuck zwischen 16 und
83; im Helmschmuck ein weiteres Brustbild Pauli.

Sedisvakanztaler von 1688 (Abb. 3). Damit übten die Münsteraner Domherren ihr Münzregal während der Sedisvakanz nach dem Vorbild der Münzprä-
gung der freien Reichsstände aus, die auf der Rückseite ihrer Münzen jeweils
ein Porträt des Kaisers abbildeten und damit die enge Beziehung zum Reichsoberhaupt als dem Schutzherrn der kleineren Reichsstände zum Ausdruck
brachten.

Im Jahr 1706 zeigt sich die Situation in Münster völlig verändert (Abb. 4).
Der Kaiser taucht auf den Münzen nicht mehr auf. Auf der Rückseite findet

Abb. 3: Sedisvakanztaler Silber (1688): *Rückseite*: LEOPOLDVS.I-RO.IMP.SEM. AUG. Brustbild r. des belorbeerten und geharnischten Kaisers Leopold; am Armabschluß: GS. *Vorderseite*: CAPIT.CATH.-EC-MON.SEDE.VACANT Brustbild Pauli r. mit Nimbus, Schwert und Buch zwischen 16 und 88.

Abb. 4: Sedisvakanztaler Silber (1706): *Rückseite*: CAPITULUM+CATH+MO-NAST+SEDE+VACANT* Behelmtes verziertes Kapitelswappen, in der Mitte: Brustbild Pauli; Helmschmuck zwischen 17 und 06; im Helmschmuck ein weiteres Brustbild Pauli. *Vorderseite*: DEUS+ADIUTOR+ET+ PROTECTOR+NOSTER* Der Dom zu Münster.

sich jetzt vielmehr das Wappen des Domkapitels mit der Umschrift des während der Sedisvakanz regierenden Domkapitels, auf dem Avers eine Ansicht des Doms zu Münster mit der Umschrift DEUS ADIUTOR ET PROTECTOR NOSTER. Der eigentliche Schutzvogt und Helfer Münsters in der Not ist Gott und nicht (mehr) der Kaiser als oberster Schirmherr der Reichskirche.

Der eineinhalbfache Taler der Sedisvakanz von 1719 (Abb. 5) zeigt vorne wieder das Kapitelwappen, auf der Rückseite nun aber Kaiser Karl den Großen als FUNDATOR der Kirche beziehungsweise des Bistums von Münster.

Abb. 5: Sedisvakanztaler Silber (1719): *Rückseite:* im äußeren Kranz: 19 Wappenschilde
der älteren Domherren. Im inneren Kranz: CAPITUL.MONAST:SEDE:VACANTE Paulus mit Schwert und Buch. darüber 1719. *Vorderseite:* im äußeren Kranz: 19 Wappenschilde der jüngeren Domherren. Im inneren Kranz: CAROLUS:M:R:I:ECCL:MONS.
FUNDATOR Karl der Große mit Schwert und Reichsapfel.

Zusätzlich sind auf Avers und Revers im Kreis jeweils 19 Wappen der einzelnen Domherren dargestellt, welche die korporativ-kollegiale Sedisvakanzre-
gierung bilden. Damit ist ein Höhepunkt des domkapitularischen Selbstver-
ständnisses und des Beharrens auf Selbständigkeit dem aktuell regierenden
Kaiser gegenüber erreicht. Das Domkapitel Münster bestand aus 41 Kanoni-
katen, von denen 1719 38 besetzt waren.[25] Diese Korporation ist *sede vacante*
der eigentliche (Münz-)Herr. Ein Hinweis auf Kaiser Karl VI. fehlt nicht nur,
vielmehr wird dieser durch Karl den Großen als den Kaiser schlechthin ersetzt. Karl dem Großen und nicht Karl VI. verdankt demnach das Bistum
Münster seine Existenz und das Domkapitel seine (Wahl-)Freiheit.

IV. *Praesentia regis*: die ‚Erfindung‘ des Zeremonialgesandten

Der Kaiser nahm diese Entwicklung nicht einfach hin, sondern versuchte, ihr
entgegenzuwirken.[26] Die neue Stärke der Kapitel provozierte ein kaiserliches
Gegengewicht. Beide Seiten ‚erfanden‘ ihre je eigene Tradition und demon-
strierten sie sichtbar nach außen. Der Wiener Hof versuchte in der Frühen

---

[25] Vgl. *Friedrich Keinemann.* Das Domkapitel zu Münster im 18. Jahrhundert. (Geschichtliche Arbeiten zur Westfälischen Landesforschung. Bd. 11.) Münster 1967, 3.
[26] Dazu grundlegend *Christ.* Praesentia Regis (wie Anm. 19), 96–108 und passim.

Neuzeit verstärkt, seine Ansprüche in der Reichskirche und den einzelnen geistlichen Hochstiften durchzusetzen. Theoretisch wurde dieses durch eine Wiederentdeckung und Neuinterpretation der mittelalterlichen *praesentia regis* bei den Bischofswahlen begründet. Die Grundlage bildete eine Rückbesinnung auf die mittelalterliche Kaiseridee mit ihrer Lehnshoheit über die Reichskirche. Die Strategen des Wiener Hofs nahmen deswegen im Laufe des 17. und 18. Jahrhunderts nicht das eigentlich geltende Wiener Konkordat von 1448, sondern das Wormser Konkordat von 1122 immer stärker als Referenzpunkt ihrer Überlegungen. Die neue alte Präsenz des Kaisers bei den Bischofswahlen sollte in Person des kaiserlichen *Wahlkommissars* zum Ausdruck kommen. Dieses Amt wurde im Laufe der Zeit völlig neu definiert, wenn man nicht so weit gehen will, zu sagen, es sei Ende des 16. Jahrhunderts neu erfunden worden.

Zunächst hatte der Kaiser nur in *schriftlicher* Weise versucht, durch kaiserliche *Reskripte* auf die Wahlen Einfluß zu gewinnen. Zu Beginn des 17. Jahrhunderts tauchten dann erstmals – nach Ausweis der „Geistlichen Wahlakten" im Wiener Haus-, Hof- und Staatsarchiv und der lokalen Überlieferungen in einzelnen Hochstiften – *Wahlgesandtschaften* auf, die meist aus zwei bis drei kaiserlichen Diplomaten bestanden. Sie waren reine „Verhandlungsgesandtschaften" (Christ), die ohne zeremonielle Rücksichten einen den Kaiser genehmen Kandidaten politisch durchsetzen sollten. Seit Mitte des 17. Jahrhunderts wurde dann stets nur noch *ein* kaiserlicher Wahlkommissar entsandt, der nun vor allem die Majestät des Kaisers selbst vor Ort zu repräsentieren hatte. Die „Zeremonialgesandtschaft" (Christ) war entstanden.

Das eigentliche Verfahren einer Bischofswahl in der *Germania sacra* der Frühen Neuzeit begann naturgemäß – abgesehen von der Wahl eines Koadjutors mit dem Recht der Nachfolge – mit dem Tod des Amtsinhabers. Vorsondierungen und Parteibildungen im Domkapitel wurden freilich nicht selten lange vor dem Eintritt der Sedisvakanz betrieben.

Danach blieben dem Domkapitel längstens drei Monate bis zur Wahl eines neuen Bischofs. Erst seit dem 17. Jahrhundert wurde es allgemein üblich, daß das Domkapitel die Sedisvakanz dem Kaiser per Notifikation zur Kenntnis brachte. Ein *Wahltermin* war darin zunächst meist nicht genannt. Das Domkapitel setzte ihn jedenfalls stets ohne Rücksprache mit dem Kaiser fest. Dieser hatte demnach oft keine Einflußmöglichkeit auf die Wahl. Bevor er einen Vertreter in die Bischofsstadt schicken konnte, hatte das Domkapitel nicht selten schon gewählt. Das Beziehungsnetz zwischen Hochstift und Kaiser war zunächst eher dünn geknüpft, die Kommunikation noch kaum institutionalisiert und formalisiert. Erst seit Beginn des 18. Jahrhunderts gelang es Wien, die rechtzeitige und formal korrekte Mitteilung des Wahltermins durch das Domkapitel als verbindliche Auflage für die Gültigkeit einer Bischofswahl durchzusetzen.

Durch Übergabe seines Kreditivs in feierlicher Audienz beim Domkapitel wurde der offizielle Charakter des Gesandten als Repräsentant des Kaisers bei der Wahl öffentlich inszeniert. Er sorgte so für die nach dem Wormser Konkordat notwendige *praesentia regis*, die Gegenwart des obersten Schutzvogtes der Kirche.

Mehrfach berichten die kaiserlichen Wahlkommissare seit dem ausgehenden 17. Jahrhundert freilich davon, daß sie schon Wochen vor dem feierlichen Audienztermin, mit dem ihre eigentliche Zeremonialgesandtschaft begann, ‚inkognito‘, also als Privatpersonen, in die Bischofsstadt gereist seien, um zugunsten des kaiserlichen Wunschkandidaten eine Mehrheit im Domkapitel zu organisieren – notfalls durch Bestechung. So konnten sie das ‚schmutzige‘ politische Wahlgeschäft betreiben, ohne durch das Zeremoniell gehindert zu sein, das mit dem *in-persona-Caesaris*-Agieren-Müssen verbunden war.

V. Die Katastrophe von Münster 1706/07

Zu Beginn des 18. Jahrhunderts standen sich Kaiser und Domkapitel gleichermaßen selbstbewußt gegenüber, die Konflikte bei Bischofswahlen häuften sich. Zum großen Eklat kam es 1706/07 in Münster.[27] Joseph I. war entschlossen, mangels eines eigenen habsburgischen Kandidaten seinen Neffen Karl Joseph von Lothringen, den Bischof von Osnabrück, auch zum Münsteraner Bischofsstuhl zu verhelfen. Er konnte dafür aber nur eine Minderheit des Domkapitels gewinnen. Die Mehrheit wollte einen der Ihren, Franz Arnold von Wolff-Metternich, den Fürstbischof von Paderborn, wählen. Die Fronten verhärteten sich immer mehr. Der Kaiser ließ den Papst den Wahltermin zweimal verschieben – umsonst. Er belegte Franz Arnold mit der Exklusive – vergeblich. Es kam zu einer Doppelwahl in getrennten Wahlgängen in Chor und Kapitelsaal und bei der fast gleichzeitigen Präsentation beider Bischöfe im Dom zu einem völlig dissonanten zweistimmigen Tedeum, weil die Minorität wenige Sekunden länger gebraucht hatte als die Majorität.

Schon vor der Doppelwahl selbst war eine Kommunikation zwischen dem kaiserlichen Gesandten, Christian von Eck, und Wolff-Metternich unmöglich geworden. In seinem Tagebuch notierte der Wahlkommissar am 24. Juli 1706:

„Nun hatte übrigens mich gestern, um annoch den letzten Versuch zu thun, bey Ihro Fürstl. Gdn. von Paderborn anfragen lassen, daß ich zu Ihnen kommen wolte, um aus ein und andern höchstnothwendigen Sachen Zusprechen; es ist mir aber die Antwort wider Zurückgekommen, wie Ihro Fürstl. Gdn. es vor diesen Tag depreciren liessen, indem Sie viel gute Freunde bey sich hätten, und mit denenselben eben bey einem Gläslein Wein begriffen wä-

[27] Zur Münsteraner Doppelwahl zusammenfassend *Wolf*, Reichskirchenpolitik (wie Anm. 18), 95–177.

ren, da ich hingegen des andern Tages wann mir beliebte, kommen könnte. Diese Antwort kam mir um so unanständiger und befrembdlicher vor, alß bey Besuchung eines Legati Repraesentantis und Plenipotentiarii ein Glas Wein auff die Seite zusetzen, und importantern Sachen Platz zugeben, der Wolstand und die Nothwendigkeit selbst erforderte: dahero das andertemal um solche Erlaubniß, Zu dem H. Bischoff Zu kommen, ansuchen ließse, aber wiedrum keine andre Antwort erhielte, alß daß Ihro Fürstl. Gdn. mit ihren guten Freunden sich schon soviel übernommen hätten, daß mit Ihnen nichts rechtes mehr auszurechten wäre [...]."[28]

Nach der Doppelwahl von Münster herrschte zwischen dem Kaiser auf der einen und dem neuen Fürstbischof sowie der Mehrheit des Domkapitels auf der anderen Seite jahrelang eine völlige Sprachlosigkeit, die Reich und Reichskirche gefährdete. Keiner konnte ohne Gesichtsverlust den ersten Schritt auf den anderen zugehen. Gewinner dieser Blockade auf reichskirchenpolitischer Ebene war der Papst. Er konnte die Doppelwahl in Münster nutzen, um seinen Anspruch, die Bischöfe in der sonst so romkritischen Reichskirche zu ernennen, effektvoll in Szene zu setzen. Er kassierte beide Wahlen, die der Majorität und die der Minorität, und ernannte kraft eigenen Rechts den Kandidaten der Majorität zum Bischof von Münster. Dies konnte weder dem Kaiser noch den deutschen Domkapiteln recht sein. Beide hatten ihr Recht an den Papst verloren. Zu so einer Situation durfte es nie wieder kommen; es mußte eine Lösung gefunden werden.

VI. Präsenz und Präzedenz: Zeremoniell und Konfliktentschärfung

Die Doppelwahl von Münster diente seitdem als abschreckendes Beispiel. Aus ihren verhängnisvollen Folgen scheinen beide Seiten gelernt zu haben. Wie nach dem öffentlichen Streit in Münster eine kaiserliche Belehnung des päpstlich bestätigten Wolff-Metternich stattfinden sollte, beschäftigte Juristen und Zeremonialstrategen jahrelang. Das Bemühen um Stabilität auch im Falle eines erneuten Dissenses schlug sich im Zeremoniell nieder, das sich vor allem hinsichtlich der Anwesenheit und Funktion des Wahlkommissars im Dom am Wahltag selbst fortentwickelte.

Wie verlief dieser Wahltag bis dahin normalerweise? Er begann stets mit der Heilig-Geist-Messe. Anschließend fand die Wahl meist im Kapitelsaal statt, wo sich die wahlberechtigten Domkapitulare, ein Notar, zwei Zeugen und gegebenenfalls der päpstliche Nuntius versammelten. Der kaiserliche Wahlkommissar erhielt dazu nie Zutritt. Nachdem der Domdekan die Wahl

---

[28] HHStAW, Lotharingisches Hausarchiv (künftig: LHA) 141, Bericht Graf Ecks an Kaiser Joseph I. vom 28. Juli 1706. Enthält Entwurf des Diariums Ecks vom 19. bis 28. Juli 1706. Die Ausfertigung findet sich im HHStAW, Reichskanzlei, Berichte aus Hamburg, 5c.

eröffnet hatte, wurde entweder per Inspiration, Skrutinium, Kompromiß oder
Skrutinalkompromiß abgestimmt. Die eigentliche Wahl erfolgte nach Auszählung und Bekanntgabe der Stimmen durch die sogenannte *electio communis*: Einer der Domherren, meist der Domdekan, wählte als Sprecher der Korporation Domkapitel durch formellen Kürspruch den Bischof, worauf die Akklamation des übrigen Domkapitels stattfand. Der Gewählte oder, falls dieser
abwesend war, ein Prokurator nahm die Wahl an. Dann folgten – hier stütze
ich mich auf das Standardwerk von Hans Erich Feine[29] – die unmittelbare Publikation der Wahl im Dom und die Akklamation durch Klerus und Volk.
Daran schloß sich die Altarsetzung oder eine andere Form der Inthronisation
an. Das Wahlinstrument wurde zumeist noch am selben Tag ausgefertigt und
der Papst um Konfirmation beziehungsweise Admission des Erwählten gebe-
ten, was aber meist reine Formsache war.

VII. Audienz des kaiserlichen Wahlkommissars beim Domkapitel

Bis 1710 endete die offizielle Tätigkeit eines kaiserlichen Wahlkommissars in
der Regel schon sehr bald nach ihrem Beginn: mit der Audienz beim Domkapitel und seinem Vortrag dort.[30] Der Präzedenz des Kaisers war damit Genüge
getan. Meist erhielt der Wahlgesandte noch am gleichen Tag sein Rekreditiv
vom Domdekan ausgestellt. Damit erlosch sein Charakter als Vertreter des
Kaisers vor Ort. Er wurde wieder zum ‚Privatmann‘. Nicht wenige Wahlkommissare reisten sogar vor dem Wahltag wieder ab.

Schon immer hatten die kaiserlichen Gesandten besonders *dann* Wert auf
ein ihrer Person und damit dem Kaiser selbst angemessenes Zeremoniell gelegt, wenn es ihnen als ‚Privatmännern‘ und politischen Agenten nicht gelungen war, die reichskirchenpolitische Weisung aus Wien erfolgreich umzuset-
zen. Die prinzipielle Ergebenheit des Domkapitels und des Stifts der Majestät
gegenüber sollte in solchen Fällen wenigstens symbolisch adäquat zum Ausdruck kommen. Nur so ließ sich eine politische Niederlage in Wien durch den
Wahlkommissar halbwegs ‚verkaufen‘, nach dem Motto: Sie haben zwar unseren Kandidaten nicht gewählt, aber die Präsenz des Kaisers in der Person
seines Kommissars ästimiert und seine absolute Präzedenz durch symbolische
Akte der Reverenz und Ehrfurcht zum Ausdruck gebracht. Ein aktueller Dissens in der Sache erforderte also die Symbolisierung des grundsätzlich bestehenden Konsenses. Selbst bei der Doppelwahl von Münster beachtete auch
die dissentierende Mehrheit des Domkapitels die Präzedenz des kaiserlichen

---

[29] *Feine*, Besetzung (wie Anm. 22).
[30] Vgl. *Christ*, Praesentia Regis (wie Anm. 19), 96–108.

Wahlkommissars bei der feierlichen Kapitelsaudienz genauestens und entsprach damit den damals vom Wiener Hof geforderten Standards voll, wie Graf Eck in seinem Bericht an den Kaiser bei allem Frust über das sich abzeichnende politische Scheitern zugestehen mußte. In seinem Tagebuch beschreibt er detailliert, wie er zur Kapitelsaudienz abgeholt wurde, und zwar mit einem

„mit 6 Pferden bespannten Trauer-Wagen mit vorhergegangenen 15 fürstlichen Laquayen, 3 Läuffern, und an beeden Seiten des Wagens marchirten 16 Heyducken, alles in Trauer gekleidet, aus meinem Logiment nach der Dohm-Kirche geführet worden, woselbst mich an der Thür vier Dohmherren in ihrer geistlichen Kleidung empfangen, und durch die Kirche, / in welcher an beiden Seiten die Reuter-garde rangiert war, geführet, da dann an der ander Seite nahe dem Chor das ganze Dohm-Capitul gleichfalß in geistlichem Habit vor mir gestunden, von dem Dohm-Probst und Dohm-Scholasten (weilen der Dohm-Dechant an einem Fieber daniderlieget) sofort angenommen, und durch das ganze Capitel collegialiter weiter biß in einen Saal, dass Capitul-hauß genannt, gebracht worden, allwo an einem Eck ein schwarzer Teppich auf dem Ende ausgebreitet, und in der Mitte ein mit Trauer bezogener Arm-Sessel gestanden, worauf ich, alle Capitularen herum vor mir im Gesicht habend, mich auf Anweisung des Dohm-Probstes niedergelassen, und da auch diese ihren gewöhnlichen Platz genommen, den Hut aufgesetzt, nachdeme ich ihnen gleichfalß sich Zubedekken / gezeiget, (so sie auch gethan) welchen aber gleichem Anfang bey Nennung des verstorbenen Fürsten wiederum abgezogen, da sie sich gleichmäßig entblösset, und übrigens von wegen Ew. Kayl. Mayst. meinen Vortrag [...] gethan habe, wobey ich den letzteren passum mit-gezeichnet, von dem kunftig Zu erwehlenden Subjecto und dessen erforderten qualitäten, gleich alß ob von Ew. Kayli. Majes. mir solches in meiner allergnädigst gegebenen instruction von Wort zu Wort anbefohlen wäre, wegen verschiedener erheblichen mit der Osnabrückischen Gesandtschaft wol überlegten Motiven, und umb der Sache einen beßern Nachdruck Zu geben, von einem aus dem Sack gezogenen Zettul abgelesen, und nachmals die Rede wider memoriter, alß vorhergangenen maßen, vollführet, / worauß dann durch des Capituls Syndicum mir die [...] Antwort ertheilet, und ich auß eben dieselbe Manier, alß ich empfangen bin, aus der Dohm-Kirche nach meinem Quartier widerum begleitet und gebracht worden."[31]

Die Forschung hat der *feierlichen Audienz* des kaiserlichen Wahlkommissars beim Domkapitel, bevor dieses zum eigentlichen Wahlakt schritt, bereits breite Aufmerksamkeit geschenkt. Daneben bot sich aber eine zweite Station des Wahlverfahrens an, um durch ein entsprechendes *Zeremoniell* nach dem Desaster von Münster die Präzedenz noch klarer zum Ausdruck zu bringen, die dem Wahlgesandten vor allen anderen am Wahlverfahren beteiligten Personen zustand – namentlich vor dem Domkapitel und seinen Dignitären, den Gesandten anderer Mächte und vor allem dem neu gewählten Bischof.

---

[31] HHStAW, LHA 141, Bericht Ecks an Kaiser Joseph I. vom 28. Juli 1706 (wie Anm. 28).

VIII. Notifikation, Compliment und Gratulation
nach der Wahl

Entscheidend für das neue Zeremoniell war die Phase unmittelbar nach erfolgter Wahl.[32] Hier kam der Wahlgesandte gleich zweimal in ganz neuer Weise ins Spiel. Der in sich geschlossene Ablauf des Verfahrens (Wahlvorbereitung, Wahl, Publikation, Inthronisation und Besitzergreifung des Hochstifts), wie ihn Feine und ihm folgend die bisherige Forschung für das 16. und 17. Jahrhundert korrekt schildern, wird seit 1710 durch den jetzt erstmals im Dom am Wahltag selbst anwesenden kaiserlichen Wahlkommissar in doppelter Weise unterbrochen:

1. Bevor das Domkapitel den Wahlausgang Klerus und Volk im Dom bekanntmachen darf, muß ein Vertreter des Kapitels sich zu dem an einem Ehrenplatz im Chor sitzenden Kommissar begeben, um ihm den Ausgang der Wahl feierlich mitzuteilen. Damit wird dem Kaiser selbst *in persona commissarii* das Wahlergebnis offiziell notifiziert.

2. Bevor der neu gewählte Bischof inthronisiert wird beziehungsweise überhaupt irgend etwas tun kann, steht er, sofort nachdem er den Dom betritt, dem Vertreter des Kaisers gegenüber, dem er ein „Compliment" zu machen hat, worauf dieser mit einer „Gratulation" namens des Kaisers antwortet.

Sylvia Schraut irrt also, wenn sie behauptet:

„Die Anhörung der kaiserlichen Botschaft stellt damit die einzige Station im offiziellen Wahlablauf dar, in der nicht das Domkapitel allein über symbolische Formen und Inhalte des Wahlgeschehens im engeren Sinne bestimmt, sondern sich das Interesse des obersten Lehr- und Schutzherrn, des Kaisers, im Zeremoniell Ausdruck verschaffen konnte."[33]

Die beiden Ehrerbietungen seitens des Kapitels und des neugewählten Bischofs an den Kaiser waren vor 1710 nirgendwo üblich gewesen und stellten ein absolutes Novum des Wahlzeremoniells dar. Mit ihnen wurden Rang und Stand der Beteiligten symbolisch inszeniert. Domkapitel und Neo-Elekt ordneten sich klar sichtbar dem Kaiser beziehungsweise dem *in persona Caesaris* agierenden Wahlkommissar unter. Das Zeremoniell verdeutlichte noch einmal die oberste Kirchenvogtei und die Oberlehnshoheit des Kaisers den Fürstbischöfen der Reichskirche gegenüber.

---

[32] Dazu grundlegend *Christ*, Praesentia Regis (wie Anm. 19), 109–156, der bei seiner Konzentration auf die zeremoniellen Quellen die entscheidende Bedeutung der Münsteraner Doppelwahl von 1706/07 für die Änderung des Zeremoniells nicht erkennen konnte. Dies ist nämlich nur durch eine kritische Zusammenschau der einschlägigen Quellen möglich, die hier für diese Frage erstmals geleistet wird. Zur Problematik der sachgemäßen Benutzung der für Bischofswahlen einschlägigen Quellen in Wien vgl. *Hubert Wolf*, Die „Geistlichen Wahlakten" im Wiener Haus-, Hof- und Staatsarchiv, oder: Von der Tücke im Umgang mit einem Quellenbestand, in: ZKiG 107, 1996, 248–255.

[33] *Schraut*, Bischofswahl (wie Anm. 13), 131.

Im Laufe des 18. Jahrhunderts setzten sich diese Neuerungen rasch überall durch. Sie scheinen zunächst aus reinen Akten der Höflichkeit von beiden Seiten zu bestehen, sind jedoch integrativer Bestandteil des Verfahrens selbst. Hier werden die entscheidenden kaiserlichen Funktionen bei einer Bischofswahl symbolisch zum Ausdruck gebracht: nämlich *Überprüfung der Wahl* und *Bestätigung des Gewählten* im Sinne der *praesentia regis* des Wormser Konkordates.

Die Domkapitelsprotokolle und andere lokale Überlieferungsstränge versuchten zunächst teilweise, beide Akte als bloße Gesten der Höflichkeit herunterzuspielen. Die kaiserlichen Wahlkommissare in ihren Berichten, der Wiener Hof in seinen Konferenzrelationen und ein großer Teil der zeitgenössischen kanonistischen und staatskirchenrechtlichen Literatur sahen jedoch in diesen ,Höflichkeitsgesten' von Anfang an bedeutende symbolische Akte mit höchster rechtlicher Relevanz für die Gültigkeit der Wahl selbst. Dieser Sichtweise schlossen sich auch die Domkapitel nach und nach an. Daraus ergibt sich folgende Interpretation:

1. Die „Notifikation" der Wahl durch einen Vertreter des Domkapitels symbolisiert nichts anderes, als daß das Kapitel beim Kaiser beziehungsweise seinem Repräsentanten vor Ort um Genehmigung der Wahl nachsucht. Dem Kaiser kommt so zumindest zeremoniell absoluter Vorrang zu: Vor allen anderen, vor der Proklamation *coram publico*, hat er vom Wahlausgang zu erfahren. Vor Inthronisation und Besitzergreifung wird ihm zumindest zeremoniell ein Prüfungsrecht der gerade vollzogenen Wahl zuerkannt. So wird seine Präzedenz symbolisch anerkannt, auch wenn er sich realpolitisch nicht durchgesetzt hat und die Wahl nicht auf seinen Wunschkandidaten gefallen ist. Dadurch wird es möglich, einen faktisch-politischen Dissens über die Person des neuen Fürstbischofs ,aufzuheben' und Konflikte hinter einer Konsensfassade zu verbergen. Weder das Domkapitel noch der Kaiser verlieren öffentlich ihr Gesicht. Im Gegenteil: Nach außen demonstriert man Einverständnis. Man hat aus dem Desaster von Münster gelernt.

2. Das „Compliment" des neugewählten Fürstbischofs vor seiner Inthronisation beinhaltet neben dem Dank an den Kaiser und seinen Repräsentanten ein Treueversprechen sowie die Bitte um „Genehmhaltung"[34] der Wahl. Damit wird die reichsrechtliche Bindung des Neo-Elekten an Kaiser und Reich öffentlich vor aller Augen demonstriert – auch und gerade wenn er gegen den erklärten Willen des Kaisers gewählt wurde.

3. Die „Gratulation" an den neuen Bischof seitens des Kommissars bedeutet die Bestätigung seiner Wahl durch den Kaiser und beinhaltet, wie die Gesandten berichten, auch die vorläufige Temporalienübertragung. Damit sind möglicherweise während der Wahl aufgetretene Streitigkeiten aufge-

---

[34] *Christ*, Praesentia Regis (wie Anm. 19), 119.

hoben, die Ordnung von Reich und Reichskirche symbolisch wiederherge-
stellt und der Anspruch des Domkapitels, eigentlicher Lehnsherr zu sein,
zurückgewiesen.
4. Zugleich wird die vom Wormser Konkordat vorgegebene und rechtlich verbindliche Reihenfolge zumindest in einem zeremoniellen Akt wiederherge-
stellt sowie die *praesentia regis* auch in dieser Hinsicht sichtbar inszeniert
und neu ins Bewußtsein gehoben: Zuerst erfolgt die Wahl durch das Domkapitel, dann – und das ist neu im Verfahren der Frühen Neuzeit – die kaiserliche Bestätigung und Belehnung und dann erst die Bestätigung durch
den Papst.

Hier ergaben sich neue zeremonielle Formen der Konfliktregelung *post factum*, die weit über die Möglichkeiten hinausgingen, welche die schon vorher
übliche Audienz des Gesandten beim Domkapitel *vor* der Wahl bot. Das Zeremoniell um den kaiserlichen Wahlgesandten wandelte sich seit Ende des
17. Jahrhunderts eben doch entscheidend. Denn in Münster hatte es alle zeremonielle Korrektheit des Domkapitels bei der Audienz nicht vermocht, die
Enttäuschung des Kaisers und die Wut seines Wahlkommissars vor Ort, Christian von Eck, auszugleichen. Dieser regte sich sogar derart über die Renitenz
des Domkapitels auf, daß er mitten im Wahlgeschäft am Schlag starb.

IX. Zeremonielle Entwicklungen als *flexible response* – ein Ausblick

Während der Kaiser auch im 18. Jahrhundert seine Reichskirchenpolitik und
seine Wunschkandidaten faktisch durchaus nicht immer durchsetzen konnte,
war der zeremonielle Vorrang seines Gesandten vor dem Domkapitel in jedem
Fall gesichert. Seit 1710 kristallisierte sich die Anwesenheit des kaiserlichen
Gesandten im Dom bei den Inthronisationsfeierlichkeiten, die auf den Wahlakt folgten, für den Neo-Elekten als unverzichtbarer Bestandteil des Wahlzeremoniells heraus. Günter Christ ist zuzustimmen, wenn er schreibt:

„Während andere Teile des Gesandtenzeremoniells durchweg ins 17., in einzelnen Fällen
sogar ins 16. Jahrhundert zurückreichen, läßt sich die Gegenwart eines kaiserlichen Wahlgesandten, mit Ausnahme von Mainz, vor 1710 in keinem anderen Reichsstift belegen,
wird dann aber innerhalb von zwei Jahrzehnten nahezu allerorten üblich."[35]

Und auch das Bildprogramm der Sedisvakanztaler wurde im Verlauf des
18. Jahrhunderts ein wenig abgemildert. 1761 zeigen die Münsteraner Münzen zwar ein Bild des Doms als Avers und Karl den Großen als Gründer Münsters auf dem Revers (Abb. 6): der regierende Kaiser tauchte auf den Sedisva-

---

[35] Ebd. 109. Eine Ausnahme bilden nur die Salzburger Bischofswahlen.

Abb. 6: Sedisvakanztaler Silber (1761): *Rückseite:* ++S.CAROLUS+MAGNUS*FUN-
DATOR. Stehender Karl der Große mit Schwert und Reichsapfel zwischen .17 und 61. Zu
seinen Füßen: T [Thiebaud, Augsburg]. *Vorderseite:* *CAPIT:CATH:ECCLESIÆ MONA-
STERIENSIS SEDE VACANTE. Der Dom zu Münster. Im Abschnitt: EIN SPECIES/
REICHS THALER/.

Abb. 7: Sedisvakanztaler Silber (1801): *Rückseite:* S. * CAROLUS MAGNUS FUN-
DATOR. Karl der Große stehend mit Schwert und Reichsapfel. *Vorderseite:* CAPITULUM
CATHEDRALE MONASTERIENSE SEDEVACANTE 1801. Heiliger Paulus mit
Schwert und Buch.

kanztalern nicht mehr auf. Auf die Prägung aller 41 Familienwappen der einzelnen Domherren wurde jetzt jedoch verzichtet. Gleiches gilt für den Sedisvakanztaler von 1801 (Abb. 7), dessen Vorderseite jedoch wieder das Kapitelswappen mit dem Apostel Paulus ziert.

Die Präsenz des Kaisers in Person des Wahlkommissars und seine unbedingte zeremonielle Präzedenz setzten sich im Verlauf des 18. Jahrhunderts
sogar als notwendige Bedingungen für die Gültigkeit eines Bischofswahlver-

fahrens durch. Schon der sonst so umstrittene Fall Münster 1706/07 unterstreicht: Bereits Ende des 17. Jahrhunderts war es dem Wiener Hof durchzusetzen gelungen, daß eine Bischofswahl in der Reichskirche nicht mehr als
gültig angesehen wurde, wenn nicht eine zeremoniell korrekte Kapitelsaudienz des kaiserlichen Kommissars stattfand, mit Übergabe des Kreditivs,
Vortrag der *propositio* als kaiserlicher Willensäußerung und Rekreditiv des
Domkapitels, das dem Gesandten die Erfüllung seiner Mission bestätigte.

Es bleibt festzuhalten: Die am Verfahren beteiligten Parteien reagierten auf
das Desaster von Münster, indem sie Konflikte zeremoniell abfederten, real-
politische Niederlagen symbolisch kompensierten, eine Konsensfassade auf-
bauten und sich selbst zwangen, sich nach dem Streit die Hand zu reichen. Sie
wollten verhindern, daß sich die Vorgänge der Jahre 1706/07 in Münster wie-
derholten und letztlich der Papst der lachende Dritte wäre. Deshalb einigte
man sich recht schnell auf ein Verfahren, das auch im Falle eines bleibenden
politischen Dissenses symbolisch die Einheit von Reich, Reichskirche und
Reichsoberhaupt zum Ausdruck brachte. Nicht zum ersten Mal in der Kirchengeschichte wurde hier der Papst (freilich ungewollt und *ex negativo*) zum
‚Sakrament der Einheit': Der sprichwörtliche deutsche Antipapismus
schweißte die Kontrahenten Domkapitel und Kaiser zusammen.

Dadurch, daß die Domkapitel seit 1710 die Präsenz des Wahlkommissars
im Dom akzeptierten und so symbolisch die Präzedenz des Kaisers anerkannten, wurden sie politisch in ihren Wahlentscheidungen freier. Die weitgehende
Autonomie, die sie für ‚ihr' Wahlverfahren erreicht hatten, wurde behauptet:
Gerade die neuartige zeremonielle Inklusion des kaiserlichen Wahlkommissars, mit der die Anerkennung des Kaisers als politischen Hauptes des Reiches symbolisch bestärkt wurde, ermöglichte die Exklusion kaiserlicher Ansprüche auf die eigentliche (kirchliche) Wahlentscheidung. Der Kaiser konnte
seine Wunschkandidaten politisch nicht immer durchsetzen, er gewann aber
durch sein Beharren auf Präsenz und Präzedenz symbolisches Kapital, das vor
allem für seine Position gegenüber dem Papst und dem Volk von erheblicher
Bedeutung war. Und das Zeremoniell sorgte dafür, daß weiterhin eine Ver-
ständigung zwischen dem Kaiser und dem Kapitel möglich blieb, ja es zwang
die Parteien unmittelbar nach einer möglicherweise strittigen Wahl zur Kommunikation, an die sich in der Folge anknüpfen ließ.

Kirchenpolitische Katastrophen wie 1706/07 in Münster, nach denen Dom-
kapitel, neuer Bischof und Wahlkommissar so sehr düpiert waren, daß eine
Kommunikation miteinander nicht mehr möglich war, gehörten seither der
Vergangenheit an. Das angeblich so starre Wahlzeremoniell, das in keinem
einzigen Punkt geändert werden konnte, hat dies durch eine äußerst flexible
Weiterentwicklung möglich gemacht.

Kanonisch und frei

Das Verfahren der frühneuzeitlichen Abtwahl als Spiegel konkurrierender Wertesysteme

Von

Klaus Unterburger

Königreich Bayern, 1906: Ein kanonistisches Streitthema erregte die Gemüter in den Kolumnen der Tageszeitungen[1]: Gemäß einer Statutenänderung der bayerischen Benediktinerkongregation erfolgte die Wahl des neuen Abtes von Metten am 29. Dezember 1905 ohne Hinzuziehung eines königlichen und eines bischöflichen Kommissars. Sah man vor allem auf seiten des bischöflichen Ordinariates in Regensburg seine Rechte verletzt, so stand hinter der Wahlrechtsänderung das Ideal der Freiheit, der Autonomie und der Reinheit des Klosters und des Ordensstandes. Diese sollten von äußeren, weltlichen Einflüssen ungestört sein. Den Ultramontanen schien ein über 1000 Jahre alter Mißstand endlich abgestellt: Die Wahl sollte kanonisch und frei vor sich gehen, ohne Einmischung von weltlicher oder auch von bischöflicher Seite; das Verfahren der Abtwahl entspreche endlich seinem eigentlichen Sinn- und Bedeutungsgehalt.

I. Begriff und Entstehung der Norm einer *electio canonica et libera*

Damit rücken jene Anforderungen an die Wahl eines Abtes in den Blickpunkt, die deren Gültigkeit konstituieren, die also die unumgängliche Voraussetzung dafür bilden, daß eine kirchliche Wahl als performativer Akt zustande kommt: Die Wahl müsse kanonisch und frei, als *electio canonica et libera*, vollzogen worden sein. Dieser Begriff hat freilich seine eigene Geschichte durchlaufen. Für das Frühmittelalter wird man bis ins 11. Jahrhundert im klösterlichen Bereich von einer Bedeutung von *eligere* ausgehen müssen, die nicht die Auswahl des in der Regel bereits vom Eigenkirchenherrn nominierten Abtes, sondern dessen einstimmige Akzeptation durch den Konvent bezeichnet.[2] Erst

---

[1] Vgl. *Philipp Schneider*, Die Mettener Abtwahl nach den Grundsätzen des allgemeinen Kirchenrechts, zugleich ein Beitrag zur Geschichte der bayerischen Benediktinerkongregation, in: Archiv für katholisches Kirchenrecht 86, 1906, 429–446.

[2] Vgl. *Reinhard Schneider*, Wechselwirkungen von kanonischer und weltlicher Wahl, in:

innerhalb der Kloster- und Kirchenreformbewegung des 11. Jahrhunderts gewannen die Attribute „kanonisch" und „frei" ihre eigentliche Stoßrichtung: Freiheit von der weltlichen Gewalt, vom bestimmenden Einfluß von Laien.[3] Hinter diesem Ruf nach vermeintlich altem Recht standen dabei eine ganze Anthropologie mit ihrer Neubewertung von „geistlich" und „weltlich" und eine neue Form der klerikalisierten, romzentrierten und selbstfokussierten Ekklesiologie.[4] Das päpstliche Dekretalenrecht hat diese Freiheit dann genauer fixiert, indem es die Zusammenkunft der Wähler an einem Ort, die vorherige Anrufung des Heiligen Geistes, die Wahl eines nach dem kanonischen Recht Geeigneten und die Freiheit von Simonie und Zwang vorschrieb.[5] Die drei beziehungsweise vier Wahlformen, Inspiration, Kompromiß, Skrutinium und als Sammelname für Mischformen der letzten beiden der sogenannte Skrutinalkompromiß, hatte das IV. Laterankonzil in seinem berühmten *canon 24* dekretiert[6], und seit dem 13. Jahrhundert gewann auch bei den alten Orden durch die Rezeption des *ius romanum* das Mehrheits- gegenüber dem Sanioritätsprinzip an Gewicht[7].

II. Die Praxis: die Einflußnahme der weltlichen und geistlichen Autoritäten im Vorfeld und bei der Wahl als Spiegel der realen Machtverhältnisse

Dieses eigentlich, nach den kanonistischen Postulaten, in sich autonome Verfahren schloß zwar für den eigentlichen Wahlakt den Einfluß von „Laien" aus; dennoch kam diesen faktisch, vor allem unter dem Titel der Schutz- und Schirmvogtei, weiter der bestimmende Einfluß in der vorhergehenden Auswahl des Klosterprälaten zu. So wurde etwa die Abtei Zwiefalten 1089 von

ders./Harald Zimmermann (Hrsg.), Wahlen und Wählen im Mittelalter. (VuF, Bd. 37.) Sigmaringen 1990, 135–171, hier 140; *Hubertus Seibert*, Abtserhebungen zwischen Rechtsnorm und Rechtswirklichkeit. Formen der Nachfolgeregelung in lothringischen und schwäbischen Klöstern der Salierzeit. (Quellen und Abhandlungen zur mittelalterlichen Kirchengeschichte, Bd. 78.) Mainz 1995, 267, 434 f., 437 f.

[3] Vgl. *Paul Schmid*, Der Begriff der kanonischen Wahl in den Anfängen des Investiturstreits. Stuttgart 1926; *Seibert*, Abtserhebungen (wie Anm. 2), vor allem 267–270.

[4] Vgl. *Yves Congar*, Die Lehre von der Kirche. Von Augustinus bis zum Abendländischen Schisma. (Handbuch der Dogmengeschichte, Bd. 3, Fasz. 3c.) Freiburg/Basel/Wien 1971, 61–68.

[5] Vgl. X, 1, 6 de electione.

[6] IV. Laterankonzil 1215, can. 24. Conciliorum oecumenicorum decreta. Hrsg. v. *Giuseppe Alberigo*. 3. Aufl. Bologna 1973 [= COD], 246 f. Vgl. auch ebd. X, 1, 6, 42. – *Canon 25* des IV. Laterankonzils richtete sich zudem scharf gegen diejenigen, die an einer unkanonischen Wahl, der Einsetzung durch Laien, mitwirkten.

[7] Vgl. *Klaus Ganzer*, Das Mehrheitsprinzip bei den kirchlichen Wahlen des Mittelalters, in: Theological Quarterly 147, 1967, 60–87.

Hirsau, also dem Zentrum der Klosterreformbewegung auf deutschem Gebiet, besiedelt. Dennoch gelang es der benachbarten Familie von Stein über 150 Jahre, vom 13. bis zum 15. Jahrhundert, den Abt zu stellen, der also von diesen eingesetzt und nicht vom Konvent erst ausgewählt wurde.[8] Im Augustinerchorherrenstift im oberbayerischen Weyarn präsentierte das Salzburger Domkapitel gar bis zur Säkularisation im Jahre 1803 den Propst.[9] Solche Beispiele zeigen, daß die aus Stiftung, Fundation und Dotation erwachsenden, eigenkirchlich geprägten Vogteiverhältnisse der Stifte, auch nach dem Eingang der gregorianischen Reform- und *libertas*-Postulate in das kanonische Recht, weiter bestanden.[10]

Im Prozeß der spätmittelalterlichen Territorialisierung gelang mächtigeren Dynastien eine Konzentration solcher Rechte durch Beerbung oder Erwerb auf Kosten konkurrierender Geschlechter. Sie bildeten einen entscheidenden Baustein zur Grundlegung der Landesherrschaft. Die Zwiefaltener Vogteirechte fielen etwa 1474 an den Herzog von Württemberg, der eine gezielte Vermehrung der Schirmvogteien anstrebte.[11] Ähnliches läßt sich von den benachbarten österreichischen Habsburgern[12] und den bayerischen Wittelsbachern[13] sagen, wobei zu betonen ist, daß der Ausbau von deren landesherrlichem Kirchenregiment nicht auf Kosten der geistlichen Gewalt, sondern kleinerer Dynastien ging, die ausstarben oder unter politischen oder finanziellen Druck gerieten.[14] Der Einfluß der Territorialherren wurde dabei im Vorfeld der Wahlen durch persönliche Präsenz oder (häufiger) durch diejenige weltlicher oder geistlicher Räte geltend gemacht: Der landständische Aufbau der

---

[8] Vgl. *Wilfried Setzler*, Die Abtswahlen im Kloster Zwiefalten in der Auseinandersetzung mit den Grafen und Herzogen von Wirtemberg, in: StMittOSB 87, 1976, 339–383, hier 350–353.
[9] Vgl. *Florian Sepp*, Weyarn. Ein Augustiner-Chorherrenstift zwischen Katholischer Reform und Säkularisation. (Studien zur altbayerischen Kirchengeschichte, Bd. 11.) München 2003, 39–61. – Seit dem 17. Jahrhundert entwickelte das Stift gegen das Salzburger Domkapitel ein ausgeprägteres Selbstbewußtsein, so daß es zu Konflikten kam; schließlich machte Salzburg Zugeständnisse.
[10] Vgl. die *canones*: DGr c. 16, q. 7, vor allem c. 27–30.
[11] Vgl. *Wilfried Setzler*, Kloster Zwiefalten. Eine schwäbische Benediktinerabtei zwischen Reichsfreiheit und Landsässigkeit. Diss. phil. Tübingen. Sigmaringen 1979, 35–86; *Dieter Stievermann*, Landesherrschaft und Klosterwesen im spätmittelalterlichen Württemberg. Sigmaringen 1989, vor allem 115–127.
[12] Vgl. *Heinrich Ritter von Srbik*, Staat und Kirche in Österreich während des Mittelalters. (Forschungen zur inneren Geschichte Österreichs, Bd. 1.) Innsbruck 1904, 75–95, 199–209.
[13] Vgl. *Bernhard Walcher*, Beiträge zur Geschichte der bayerischen Abtswahlen. Mit besonderer Berücksichtigung der Benediktinerklöster. (StMittOSB, Ergänzungsheft, Bd. 5.) München 1930, 3–9.
[14] Vgl. hierzu: *Rudolf Reinhardt*, Bemerkungen zum geschichtlichen Verhältnis von Kirche und Staat, in: Theologie im Wandel. Festschrift zum 150jährigen Bestehen der Katholisch-Theologischen Fakultät an der Universität Tübingen 1817–1967. (Tübinger Theologische Reihe, Bd. 1.) München/Freiburg im Breisgau 1967, 155–178, hier 165 f.

deutschen Territorien brachte nach Ableben des Klosterprälaten die Versiegelung und Inventarisierung der Güter mit sich, ebenso die Aufsicht und Anwesenheit im Vorfeld und bei der Wahl sowie die nachfolgende Konfirmation
derselben und Possessgebung nach erfolgtem Gehorsamsversprechen.[15] Dem
bestimmenden landesherrlichen Einfluß konnten die Konvente sich lediglich
bei einer extrem kurzen Sedisvakanz entziehen[16], doch brachte der Ausbau
der Verwaltungs- und Behördenstruktur seit dem 16. Jahrhundert eine immer
zuverlässigere Kontrolle mit sich; schließlich war der steigende staatliche Fi-
nanzbedarf auch auf eine gute Güterverwaltung der Klöster angewiesen. Ihren
bestimmenden Einfluß begründete die weltliche Seite mit dem Herkommen
und dem Staatsinteresse, waren die Klöster doch von weltlicher Seite aus gestiftet und profitierten vom landesherrlichen Schutz, hatten deshalb aber ihrerseits zum Funktionieren des frühneuzeitlichen Staates durch Erflehen des
göttlichen Beistandes und sparsame Wirtschaftsführung beizutragen.[17]

Vor allem bei den nichtexemten Abteien der benediktinischen und augusti-
nischen Ordensfamilie machten seit dem Spätmittelalter aber auch die Bischöfe als Träger der geistlichen Jurisdiktion ihre Ansprüche geltend. Auch
deren Gesandtschaften versiegelten die Abtei und inventarisierten den Besitz,
beanspruchten Anwesenheit und Vorsitz bei der Wahlhandlung und das Recht
auf Bestätigung und Verleihung der jurisdiktionellen Rechte nach erfolgtem
Gehorsamsversprechen. Den Bischöfen stand, meist vertreten durch Weihbi-
schöfe, bei allen Prälatenklöstern das Recht der Abtweihe zu.[18]

III. Die Elemente der Abt- und Propstwahl in systematischer Zusammenschau

War der Vollzug der Wahl in freier und kanonischer Form in der Regel notwendige Bedingung einer Erhebung eines Religiosen zur Prälatur, so war im
Vorfeld der Druck der landesherrlichen und geistlichen Wahlkommissare
meist doch ausschlaggebend. Dabei muß in den meisten Fällen von einem Zu-
sammenwirken von weltlichen und geistlichen Kommissaren ausgegangen
werden.[19] Beide Wahlgesandtschaften wurden ehrenvoll empfangen und be-

---

[15] Vgl. *Walcher*, Beiträge (wie Anm. 13).

[16] Vgl. ebd. 12 f.

[17] Vgl. ebd. 14–20; *Klaus Unterburger*. Das Bayerische Konkordat von 1583. Die Neuori-
entierung der päpstlichen Deutschlandpolitik nach dem Konzil von Trient und deren Konsequenzen für das Verhältnis von weltlicher und geistlicher Gewalt. (Münchener kirchenhistorische Studien. Bd. 11.) Stuttgart 2006. vor allem 306–312.

[18] Vgl. X, I 4. c. 7; X. I 10. c. 44; X. I 6, c. 44; X, I 33. c. 14; vgl. auch: *Walcher*, Beiträge
(wie Anm. 13). 36 f.

[19] Vgl. die Bestimmungen des Konkordats zwischen dem Erzbischof von Salzburg und
dem Kurfürsten von Bayern von 1628. die analog auch auf andere Fälle angewandt wur-

wirtet und in den besten Zimmern untergebracht.[20] In deren Instruktionen hielt man meist nicht nur die Sicherung der kanonischen Wahl, sondern auch die Beförderung einer guten Wahl als deren Aufgabe fest. Neben und vor den kanonischen Kriterien von legitimer Geburt, Alter, Erfahrung, mindestens zehnjähriger Klosterzugehörigkeit, Priesterweihe und würdigem Lebenswandel waren Bildung und die Erfahrung in der Wirtschaftsführung, die in einem Klosteramt erworben war, die wichtigsten Anforderungskriterien.[21]

Auch beim Wahlakt selbst konnte man sich den Einflüssen der externen Autoritäten kaum entziehen. Nach Heilig-Geist-Amt und Kommunion zog man in feierlicher Prozession meist ins Refektorium oder den Kapitelsaal als Konklaveort. Öfters drängte die weltliche Seite darauf, ihre Kommissare als Kompromißwähler zu wählen.[22] Skrutatoren waren oft benachbarte Äbte.[23] Den Vorsitz des Wahlaktes führte meist der bischöfliche Vertreter, aber auch wenn unter den landesherrlichen Wahlkommissaren Laien waren, waren diese, ebenso wie Notare, in der Regel ständig anwesend.[24] In seiner Ansprache ermahnte der Vorsitzende die Wähler, alle Eigeninteressen zurückzustellen und nur den Vorteil des Klosters im Blick zu haben. Auch wurde – was die Dekrete Papst Clemens' VIII. (1592–1605) nochmals einschärften[25] – aus der

---

den. Der Rezeß ist in seinen wesentlichen Teilen gedruckt bei *Maximilian von Freyberg*, Pragmatische Geschichte der bayrischen Gesetzgebung und Staatsverwaltung seit den Zeiten Max I. Bd. 3. Leipzig 1838, 415.

[20] Vgl. etwa *Klaus Unterburger*, Stift Baumburg im 16. Jahrhundert, in: Walter Brugger/ Anton Landersdorfer/Christian Soika (Hrsg.), Baumburg an der Alz. Das ehemalige Augustiner-Chorherrenstift in Geschichte, Kunst, Musik und Wirtschaft. Regensburg 2007, 165–186.

[21] Vgl. X, I 6, c. 7; *Elmar Hochholzer*, Abtswahlen in der Benediktinerabtei Münsterschwarzach (1466–1803), in: Mainfränkisches Jahrbuch für Geschichte und Kunst 35, 1983, 35–48, vor allem 37; *Beda Maria Sonnenberg*, Die Abtswahl nach Johannes von Kastl. Untersuchungen und Textedition. (StMittOSB, Ergänzungsbd. 45.) St. Ottilien 2008, 208–236; *Setzler*, Abtswahlen (wie Anm. 8), 347 f.

[22] Dies gestand etwa das bayerische Konkordat von 1583 den bayerischen Kommissaren zu: „Quod ad Electiones Praelatorum, mortuo Praelato ad utrumque et Ecclesiasticum et saecularem magistratum referatur, qui inter se conveniant de die Electionis constituenda. Cuius Electionis tractatui intererunt Ducales Commissarii (ipsi autem electioni non aliter, quam si in Compromissarios seu Scrutatores assumantur): atque ubi Electio canonice processerit, et electus statim confirmari debebit, Principis nomine, qui adsunt, electioni factae assensum praestabunt" (Bayerisches Konkordat von 1583, Artikel 2, in: *Unterburger*, Konkordat [wie Anm. 17], 525).

[23] Vgl. etwa *Rudolf Reinhardt*, Restauration, Visitation, Inspiration. Die Reformbestrebungen in der Benediktinerabtei Weingarten von 1567 bis 1627. (Veröffentlichungen der Kommission für Geschichtliche Landeskunde in Baden-Württemberg, Rh. B: Forschungen, Bd. 11.) Stuttgart 1960, 46.

[24] Vgl. etwa ebd. 45. Mitunter führte auch der Prior des verwaisten Klosters den Wahlvorsitz.

[25] Vgl.: „In Superiorum & Officialium omnium electionibus, forma praescripta a sacro Concilio Tridentino, & Ordinis Constitutionibus inviolabiliter servetur; jurentque Electores secundum veritatem cujusque conscientiae, probiores ac magis idoneos se electuros; ac propterea priusquam ad electionem deveniatur, inprimis & ante omnia praelegantur Consti-

Regel das entsprechende Kapitel über die Eigenschaft des Klostervorstehers verlesen. Auch auf landesherrlichen Druck hin (es sei denn, man ernannte landesherrliche Deputierte als Kompromißwähler) war die Skrutinalwahl in der Frühen Neuzeit die häufigste Form, so daß die Skrutatoren (also meist benachbarte Äbte im Auftrag des Landesherrn) das wichtige und verantwortungsvolle Amt ausübten, die Stimmen zu sammeln beziehungsweise zu erfragen und am Ende den Kürspruch vorzunehmen. Vorher hatte jeder Wähler einzeln vor dem Kruzifix niederzuknien und zu schwören, nur den würdigsten wählen zu wollen.[26] In der Regel wurde hier nach Mehrheitswahlrecht in bis zu drei Wahlgängen vorgegangen; brachte der dritte Wahlgang kein Ergebnis, so zählte mancherorts die relative Mehrheit, in anderen Klöstern mußte bei der geistlichen Autorität um Weisung nachgesucht werden.[27]

War die Wahl erfolgt, so hatte der Elekt seine Zustimmung zu geben: Der 1798 zum Propst des Augustinerchorherrenstifts Rottenbuch gewählte bisherige Klosterökonom Herkulan Schwaiger tat dies etwa „mit zitternder Stimme" und den an Augustinus angelehnten Worten: „nolens volo, volens nolo, nolo ut praesim, volo ut prosim".[28] Die Bestätigung nach erfolgtem Gehorsamsversprechen durch den bischöflichen Vertreter wurde häufig mit der Übergabe des Ringes vollzogen. Der Neuerwählte wurde mit Stola, Birett und Chorrock bekleidet; unter Glockengeläut zog man in Prozession in die Kirche. Es folgten der Hymnus „Te Deum" und – in unterschiedlicher Reihenfolge – wo noch üblich die Altarsetzung, jedenfalls Inthronisation, Pronuntiation vor Klerus und Volk sowie Anweisung des Platzes im Chor. Die Altarsetzung als Zeichen der Besitzergreifung der Kirche, die ihr Zentrum im Altar mit seinen Reliquien hatte, war etwa in Weingarten[29] und Zwiefalten[30] im 16. Jahrhundert noch üblich, wurde dann aber durch ein Stellen oder Setzen vor den Hochaltar ersetzt: in der Würzburger Benediktinerabtei St. Stephan war hin-

tutiones de qualitate & requisitis eligendorum. Ad officia gradus & Praelaturas, illi praecipue eligantur, qui possint & consueverint regulas Ordinis, & Constitutiones observare, praesertim quae pertinent ad servitiam Chori ac vestitum & victum communem." Papst Clemens VIII.. Bulle „Nullus omnino", 20. März 1601, Magnum Bullarium Romanum. Ed. *Cherubini*. Vol. 3. Rom 1742, 89–92, hier Nr. 23, 91.

[26] Vgl. für die Benediktinerabtei St. Stephan in Würzburg die Forma Juramenti eligentium Abbatem ad S. Stephanum, abgedruckt in: *Georg Schwinger*, Das St.-Stephans-Kloster O.S.B. in Würzburg. Beiträge zu dessen Geschichte, in: Archiv des historischen Vereins von Unterfranken und Aschaffenburg 40. 1898. 111–198; 41, 1899, 157–237; 42, 1900, 75–140; 43. 1901. 27–84, hier 43.

[27] *Paulus Weißenberger*, Die Abtswahl vom Jahre 1787 im Reichsstift Neresheim, in: ZWLG 17. 1958. 253–270, hier 262 f.; *Schwinger*. St.-Stephans-Kloster (wie Anm. 26), 62 f.

[28] Vgl. *Johann Pörnbacher*, Das Kloster Rottenbuch zwischen Barock und Aufklärung (1740–1803). (Schriftenreihe zur bayerischen Landesgeschichte, Bd. 123.) München 1999, 140. Das Wort lehnt sich an *Augustinus*. civ. 19,19, an.

[29] Vgl. *Reinhardt*, Restauration (wie Anm. 23), 46.

[30] Vgl. *Setzler*. Abtswahlen (wie Anm. 8). 350.

gegen lediglich die Prostration auf dem Teppich vor dem Hochaltar in Gebrauch[31], die Essener Fürstäbtissinnen knieten vor der Thronsetzung vor dem Altar auf einer mit Teppich überzogenen Gebetsbank[32], die Hamborner Prämonstratenseräbte berührten die Tücher auf dem Altar[33], während der Benediktinerabt von Münsterschwarzach zwar nicht in der eigenen Klosterkirche, wohl aber in der Pfarrkirche von Stadtschwarzach auf den Altar gesetzt wurde.[34] Die Mitglieder des Konvents hatten dem neuen Prälaten in die Hand hinein Ehrfurcht und Gehorsam zu versprechen. Schließlich wurde der Wahlakt vorerst beendet durch die Übergabe der Schlüssel der Abtei und den Lehenseid der Untertanen.[35] Im Laufe der Neuzeit hatte diese Realeinweisung gegenüber der nachfolgenden Formalanweisung in der Regel an Bedeutung verloren, sie wurde als vorläufiger Konsens gedeutet. Im 17. Jahrhundert behielten sich so Landesherr und geistliche Autorität das Recht vor, anhand der seither breit überlieferten Wahlprotokolle den Wahlakt gegen Gebühr noch einmal zu überprüfen; eine Gesandtschaft des Stifts hatte um die schriftliche Konfirmation der Wahl durch den Landesherrn und um Bestätigung und Weihespendung durch den Ortsordinarius nachzusuchen.[36] Bei der folgenden Abtsweihe waren nach dem *Pontificale Romanum* Gehorsamseid gegenüber dem Bischof, Segnung und Übergabe von Regelbuch, Ring, Stab, Mitra und

[31] Vgl.: „Neo-Electus sub sonitu Campanarum medius inter Commissarios praeeuntibus elegentibus ad Ecclesiam et ad Majus Altare deducitur, ubi se super Tapete prosternit, et intonatur Te Deum laudamus" (Artikel 33 des Methodus in Electionibus Abbatum communiter observari solita, in: *Schwinger*, St.-Stephans-Kloster [wie Anm. 26], 43, 1901, 77 [der Methodus 75–78]).
[32] Vgl. *Ute Küppers-Braun*, Frauen des hohen Adels im kaiserlich-freiweltlichen Damenstift Essen (1605–1803). Eine verfassungs- und sozialgeschichtliche Studie. Zugleich ein Beitrag zur Geschichte der Stifte Thorn, Elten, Vreden und St. Ursula in Köln. (Veröffentlichungen des Instituts für kirchengeschichtliche Forschung des Bistums Essen, Quellen und Studien, Bd. 8.) Münster 1997, 112, 114; *Ferdinand Schmidt*, Die Wahl der Gräfin Elisabeth vom Berge zur Fürstäbtissin des Reichsstifts Essen im Jahre 1605, in: Beiträge zur Geschichte von Stift und Stadt Essen, 35, 1913, 71–160, hier 142f.
[33] Vgl.: „Gratiisque deo actis campanisque pulsatis saepem(emoratus) d(ominus) praelatus et pater abbas posuit et induxit d(ictum) d(ominum) electum et confirmatum abbatem in possessionem realem, corporalem et actualem d(ictae) abbatiae per pannos et cornua altaris, quae apprehendit, aliisque solennitatibus assignando eidem supremum stallum in choro, quem occupavit et insedit" (Protokoll über die Hamborner Abtswahl, 2. Januar 1647, in: Ludger Horstkötter [Hrsg.], Dokumente zu den Abtswahlen der Abtei Hamborn [1451–1806]. [Quellen und Materialien zur Hamborner Geschichte, Bd. 7.] Duisburg 1991, 73–82, hier 77).
[34] Vgl. *Hochholzer*, Abtswahlen (wie Anm. 21), 44.
[35] Vgl. etwa ebd. 43f.
[36] Vgl. für die fränkischen Abteien *Elmar Hochholzer*, Die Benediktinerabteien im Hochstift Würzburg in der Zeit der katholischen Reform (ca. 1550–1618). (Veröffentlichungen der Gesellschaft für fränkische Geschichte, Rh. 9, Bd. 35.) Neustadt an der Aisch 1988, 262.

Handschuhen und Huldigung der Religiosen durch Hand- und Fußkuß die zentralen rituellen Elemente.[37]

Auf symbolische Weise und in Verbindung mit performativen Elementen spiegelte das Zeremoniell der Abtwahl somit die Zuordnung von einem vierfachen Beziehungsgefüge:

a) die herrschafts- und lehensmäßige Einbindung des Prälaten in das Reich und den Territorialstaat;

b) die jurisdiktionelle Unterordnung unter die episkopale *potestas*;

c) die Gehorsamsbindung des Konvents und die herrschaftliche Abhängigkeit der Klosteruntertanen vom Neuerwählten;

d) durch die Konklaveordnung und Eide, aber auch die Zurückstellung aller privaten und weltlichen Interessen und die strenge Gewissensbindung von Wählern und Gewählten auf das *bonum commune* des Klosters und der Stiftskirche.

IV. Die Ordensreform des Trienter Konzils

Diese Elemente sind freilich nicht statisch zu verstehen. Vielmehr kam es seit dem 16. Jahrhundert zu charakteristischen Verschiebungen. Die Reform von Mönchtum und Orden hatte ja seit dem Spätmittelalter zu den wichtigsten Strängen des Rufes nach einer Reform der Kirche *in capite et membris* gehört, der nicht zuletzt in die Reformdiskussionen und -dekrete des Trienter Konzils einmündete. So bildete die Ordensreform auch einen der bedeutendsten Bausteine des Trienter Reformwerks. Deren wichtigste Leitlinien waren die Rückkehr zu dem, was man als die alte Regelobservanz betrachtete, die Stärkung des Gemeinschaftslebens und der Autorität der Diözesanbischöfe, die Ausweitung von Noviziat und Studien und die strenge Klaustrierung der Frauengemeinschaften.

Im Jahre 1553 wurde unter Leitung der Kardinäle Bernardino Maffei (1514–1553) und Marcello Cervini (1501–1555, 1555 Papst Marcellus II.) ein Entwurf einer Regularenreform vorbereitet. Auf Betreiben Maffeis[38] sollte hier zum ersten Mal auch die geheime (*per secreta suffragia*) schriftliche, also nicht mehr mündlich erfragte Wahl der Ordensgeneräle, Provinziale und Äbtissinnen gemeinkirchlich vorgeschrieben werden.[39] Begründet wurde dies

[37] Vgl. *Aimé-Georges Martimort* (Hrsg.), Handbuch der Liturgiewissenschaft. Bd. 2: Die übrigen Sakramente und die Sakramentalien. Die Heiligung der Zeit. Freiburg im Breisgau 1965, 202–206.
[38] Vgl. Concilium Tridentinum [= CT]. Diariorum, Actuorum, Epistularum, Tractatuum nova collectio. Bd. 13. Hrsg. v. *Hubert Jedin*. Freiburg im Breisgau 1938, 256 Anm. 2.
[39] Vgl.: „Et quoniam generales ordinum, visitatores aliique superiores necnon in monasteriis monialium abbatissae fiunt saepe per ambitum et per superiorum dimittentium officium

mit der – die Begrifflichkeit der gregorianischen Reformepoche aufgreifen-
den – *antiqua libertas* der Orden und Klöster, der Freiheit also vor der Einmischung externer Autoritäten. Die Generäle der Minoriten und der Karmeliten
widersetzten sich freilich dieser Absicht.[40] Julius Magnanus (Generalmagi-
ster 1553–1559), General der Franziskanerkonventualen, begründete die Ablehnung damit, daß wenigstens die Skrutatoren zur Gewichtung der Stimmen
die Wähler kennen müßten. Die *multitudo* würde die *boni*, die immer in der
Minderzahl seien, sonst stets überstimmen. Er trat hier für das alte Sanioritätsprinzip ein, wie es ja auch Kapitel 64 der Benediktsregel vorsah, das die
mündliche Stimmabgabe notwendig machte.[41] Die Einwände Magnanus'
wurden übernommen. Sie gingen in eine sehr zurückhaltende, auf die Selbst-
reform der einzelnen Gemeinschaften setzende Reformbulle Papst Julius' III.
(1550–1555) ein, die dessen früher Tod freilich nie Gesetz werden ließ.[42]

Die Ordensreform tauchte Jahre später in der letzten Sitzungsperiode des
Konzils als Teil der Reformlibelle der Nationen erneut auf, die hier vor allem
die bischöfliche Gewalt stärken wollten. Erst in den letzten Konzilswochen
hören wir aber von einer Reformdeputation, bei der Gabriele Paleotti (1522–
1597) einen bedeutenden Einfluß ausgeübt zu haben scheint, ohne daß wir
über deren Arbeit genauer informiert wären.[43] Das Ergebnis wurde dem Kon-

auctoritatem ita ut ab iis successores sibi eliguntur, considerandum videtur, ut antiqua libertas religionibus et monasteriis restituatur, an de cetero non per voces et palam, sed per
secreta suffragia tam generales ordinum et visitatores quam abbatissae eligi deberent et an
in huiusmodi electionibus melius esset, ne per Rev.mos protectores aut per generales aut
alios quoscunque absentium vota suppleantur, sed ius eligendi penes vocales praesentes
tantum remaneat" (Reformatio regularium [cum votis generalium Minorum conventualium
et Praedicatorum], vor dem 16. Juli 1553, CT Bd. 13, 254–256, hier 256).
[40] Vgl. Responsio R. P. generalis Minorum conventualium ad ea, quae Rev.mi reformatores de reformandis regularium ordinibus scripsere, Sommer 1553, CT Bd. 13, 256–258,
hier 258; Responsio R. P. generalis Praedicatorum Cervino cardinali transmissa, nach dem
21. Januar 1564, CT Bd. 13, 259f., hier 260.
[41] Vgl.: „Noster generalis et provincialis et abbatissae apud nos per secreta suffragia eliguntur, ita sane, ut unusquisque votum suum apud scribam et deputatos iuratosque duos
exquisitores clam et secreto deponat, ac nemo sane aliorum scire atque intelligere potest;
datis porro votis a vocalibus et facto diligenti scrutinio ab exquisitoribus cum
omnium, qui adeunt, consensu, vota intelligibili voce a scriba ipso leguntur et publicantur,
nullaque ista ratione potest oriri dissensio inter fratres. Verum si hoc modo secreta essent
suffragia, ut suffragantes personae ignorarentur, maxima inde mala provenirent in religio-
nem nostram, quae non optimatum, sed popularis res publica est, idque in primis, quod in-
cauta multitudo, quae ut Horatius inquit, bellua est multorum capitum, bonos, qui sunt
multo pauciores, semper vincerent." Vgl. Responsio R. P. generalis Minorum conventualium ad ea, quae Rev.mi reformatores de reformandis regularium ordinibus scripsere, Sommer 1553, CT Bd. 13, 256–258, hier 258.
[42] Vgl. *Hubert Jedin*, Zur Vorgeschichte der Regularenreform Trid. Sess. XXV, in: ders.,
Kirche des Glaubens – Kirche der Geschichte. Ausgewählte Aufsätze und Vorträge. Bd. 2:
Konzil und Kirchenreform. Freiburg im Breisgau/Basel/Wien 1966, 360–397, hier 386.
[43] Vgl. ebd. 387–395.

zil am 20. November vorgelegt[44] und nach kurzer Diskussion[45] in der letzten feierlichen *sessio* am 3. und 4. Dezember beschlossen.

Canon 9 des Entwurfs brachte die Forderung, daß alle Äbte und Ordensoberen *per vota secreta* gewählt werden müßten und Stimmen von Abwesenden nicht zählen dürften[46]; daß dabei die schriftliche Wahl noch nicht vorgeschrieben wurde, beweist *canon 6* des parallel verhandelten Monialen-Entwurfs, der vorzuschreiben suchte, daß die bischöflichen Skrutatoren in den Frauenklöstern am Sprechgitter die Voten der Nonnen erfragen sollten.[47] Explizit wandte sich der reformeifrige, asketisch-spirituell orientierte Erzbischof Bartolomeu von Braga (1514–1589, seit 1558 Erzbischof) gegen eine geheime Wahl in Schriftform, während er die Geheimhaltung der Stimmen durch die Skrutatoren ausdrücklich billigte.[48] Nach antikem Brauch schlug der Bischof von Aix die Abstimmung mit Bohnen vor.[49] Die Stoßrichtung des Geheimhaltungskanons war klar gegen eine Einmischung von außen in das Wahlgeschehen, vor allem gegen die Einmischung weltlicher Fürsten, gerichtet, was mehrere Disputanten expliziter ausgedrückt sehen wollten und was schließlich auch die zusammenfassende *censura* als Votum der Generalkongregation festhielt[50]; in den endgültigen Wortlaut des Dekrets (*canon 6*) wurde diese Änderung aus Rücksicht auf die Vertreter der Mächte nicht aufgenommen, dafür das strikte Verbot, daß niemals die einzelnen Stimmen publiziert werden dürfen.[51] Kanonisten haben später darüber gestritten, ob durch dieses Dekret Kompromiß- und Inspirationswahl implizit verboten wurden[52];

---

[44] Vgl. Decretum de reformatione regularium exhibitum examinandum patribus, 20. November 1563, CT Bd. 9, Hrsg. v. *Stehan Ehses*, Freiburg im Breisgau 1923, 1036–1040; Decretum de reformatione monialium exhibitum examinandum patribus, 20. November 1563, CT Bd. 9, 1040–1044.

[45] Vgl. die Protokolle der Generalkongregationen vom 23. November bis zum 27. November, CT Bd. 9, 1044–1069.

[46] Vgl. Decretum de reformatione regularium exhibitum examinandum patribus, 20. November 1563, CT Bd. 9, 1036–1040, hier 1037.

[47] Vgl. Decretum de reformatione monialium exhibitum examinandum patribus, 20. November 1563, CT Bd. 9, 1040–1044, hier 1043.

[48] Vgl.: „9. Quod dicitur de votis secretis, quoad bollettinos, non placet; alio modo placet" (Congregatio generalis. Examinantur iidem 6 canones reformationis [at alii] regularium et monialium, 24. November 1563, CT Bd. 9, 1047–1049, hier 1048).

[49] Vgl. Congregatio generalis. Examinantur iidem sex canones reformationis, et de regularibus et monialibus, 26. November 1563, CT Bd. 9, 1060–1062, hier 1061.

[50] Vgl.: „9. Admoneantur principes, ne se intromittant in creatione generalium, provincialium et aliorum officialium" (Summa censurarum, 23.–27. November 1563, CT Bd. 9, 1067–1069, hier 1068).

[51] Vgl.: „In electione quorumcumque superiorum, abbatum, temporalium et aliorum officialium, ac generalium et abbatissarum atque aliarum praepositarum, quo omnia recte et sine fraude fiant: in primis sancta synodus districte praecipit, omnes supradictos eligi debere per vota secreta, ita ut singulorum eligentium nomina numquam publicentur" (Konzil von Trient, ses. XXV, can. 6 de regul., COD 778).

[52] Vgl. *Willibald Plöchl*, Geschichte des Kirchenrechts. Bd. 3: Das katholische Kirchenrecht der Neuzeit. T. 1, Wien/München 1959, 510.

in der Praxis sind sie jedenfalls weiterhin, wenn auch seltener, vorgekommen und auch die Gesetzgebung der an das Tridentinum sich anschließenden Provinzialsynoden sieht sie vor.[53] Die Salzburger Provinzialsynode von 1569 schreibt auch die Konfirmation der Prälaten durch den Ortsbischof bindend vor, der den Glauben, die Bildung und die Geeignetheit des Elekten sowie den Vorgang der Wahl zu prüfen und ihm die *professio fidei* abzunehmen hatte, ehe er die Konfirmationsurkunde ausstellen durfte.[54]

V. Die Konflikte zwischen geistlicher und weltlicher Gewalt in der nachtridentinischen Zeit

Trugen die Reformdekrete des Tridentinums Kompromißcharakter, da man auf die Unterstützung der Nationen angewiesen war, so war die Tendenz der Trienter Reform doch episkopal und gegen das sogenannte Staatskirchentum gerichtet gewesen. Als solches rekurrierte man auf das gregorianisch geprägte kanonische Recht und versuchte die Fürsten als Laien aus den *spiritualia* und *temporalia* zu drängen.[55] Auch der Wahlkanon 6 der Regularenreform liegt auf dieser Linie. Hierin sind viele Streitfälle und Entwicklungen des neuzeitlichen Wahlzeremoniells begründet:

Nach wie vor fiel die eigentliche Wahlentscheidung in der Regel im Vorfeld der Wahl im Zusammenspiel zwischen den geistlichen Räten der Territorialherren und den Konsistorien der Diözesanordinarien. Gemeinsame Interessen legten ein gemeinschaftliches Vorgehen nahe, dem sich ein Konvent schwerlich entziehen konnte. Im Augustinerchorherrenstift Baumburg etwa wurde die Wahl der Pröpste Ende des 16. und im 17. Jahrhundert im Vorfeld von beiden Gewalten einvernehmlich dirigiert, trotz der frühen Ausrichtung des dortigen Konvents auf die Trienter Reform.[56] Dennoch regierte auf lange Sicht die Tendenz der Zurückdrängung der Weltlichen aus dem eigentlichen, geist-

[53] Salzburger Provinzialsynode, 28. März 1569, const. IX, cap. 1, in: Joseph Hartzheim (Hrsg.), Concilia Germaniae. Bd. 7: Concilia 1564–1589. Köln 1767, 245.
[54] Vgl. Salzburger Provinzialsynode, 28. März 1569, const. XI, in: Hartzheim (Hrsg.), Concilia (wie Anm. 53), Bd. 7, 247–250.
[55] Vgl. *Giuseppe Alberigo*, La riforma dei Principi, in: Hubert Jedin/Paolo Prodi (Eds.), Il Concilio di Trento come crocevia della politica europea. (Annali dell'Istituto storico italo-germanico, Vol. 4.) Bologna 1977, 161–177; *Unterburger*, Konkordat (wie Anm. 17); *Jürgen Bücking*, Frühabsolutismus und Kirchenreform in Tirol (1565–1665). Ein Beitrag zum Ringen zwischen „Staat" und „Kirche" in der frühen Neuzeit. (Veröffentlichungen des Instituts für europäische Geschichte Mainz, Abt. Abendländische Religionsgeschichte, Bd. 66.) Tübingen 1972; *Rudolf Reinhardt*, Die Beziehungen von Hochstift und Diözese Konstanz zu Habsburg-Österreich in der Neuzeit. Zugleich ein Beitrag zur archivalischen Erforschung des Problems „Kirche und Staat". (Beiträge zur Geschichte der Reichskirche in der Neuzeit, Bd. 2.) Wiesbaden 1966.
[56] Vgl. *Unterburger*, Baumburg (wie Anm. 20).

lichen Wahlgeschäft; dies war im 16. Jahrhundert vor allem für Konvente notwendig, die ihre Selbständigkeit gegenüber Schutzvögten sichern wollten, die der neuen protestantischen Lehre anhingen. Da hier vor allem die Abtwahl der neuralgische Punkt für den Fortbestand des Klosters war, versuchte man diese oft so schnell durchzuführen, daß der Landesherr zu spät kam, was aber nur bei Einigkeit des Konvents gelang. Eine andere Möglichkeit war es, sich bei der Wahl an eine konkurrierende katholische Gegenautorität anzulehnen. Die Fürstpropstei Ellwangen und das Benediktinerstift Zwiefalten haben mit diesen Strategien ihre Fortexistenz gesichert, obwohl dem protestantisch gewordenen württembergischen Herzog die Schutzvogtei zukam.[57] Auf Dauer strebten die Konvente und die bischöflichen Ordinariate jedoch nach einer grundsätzlicheren Zurückdrängung des weltlichen Einflusses auf das geistliche Wahlgeschäft. Klar war jetzt geregelt, daß nur den Konventualen Stimmrecht zukam. Immer entschiedener wollte man nun die weltlichen Kommissare vom Wahlkonklave ausschließen. Dies gelang nur zum Teil, doch wo sie sich nicht verdrängen ließen, mußten sie mit verstärktem Protest der Geistlichen rechnen. Ein generelles Verbot der Anwesenheit weltlicher Kommissare konnte der Passauer Bischof Urban von Trennbach (1525–1598, seit 1561 Bischof von Passau) schon im Konkordat aus dem Jahre 1592 gegen das kaiserliche Haus Österreich *ratione canonum* durchsetzen. Bei den Wahlen in den zahlreichen und großen Abteien sollten nur die bischöflichen Vertreter dem Wahlvorgang beiwohnen dürfen, damit die „*libertas* und *substantia electionis* oder *postulationis* gänzlich erhalten" und „*sinistrae impressiones*" verhindert würden.[58] Ein Ziel der landesherrlichen Abgesandten war es deshalb, als Skrutatoren oder als Kompromißwähler angenommen zu werden, was die meisten der zwischen den Bischöfen und den weltlichen Fürsten ausgehandelten Konkordate seit dem späten 16. Jahrhundert zuließen.[59] Deshalb ging die kirchliche Tendenz aber im Gegenzug darauf, die Kommissare zu beidem nicht zu wählen.[60]

---

[57] Vgl. *Rudolf Reinhardt*, Untersuchungen zur Besetzung der Propstei Ellwangen seit dem 16. Jahrhundert. Zugleich ein Beitrag zur politischen Geschichte des Stiftes, in: ders., Reich – Kirche – Politik. Ausgewählte Beiträge zur Geschichte der Germania Sacra in der Frühen Neuzeit. Hrsg. von Hubert Wolf als Festgabe für Herrn Prof. Dr. Rudolf Reinhardt zum 70. Geburtstag. Ostfildern 1998. 22–73. hier 35 f.; *Setzler*, Kloster (wie Anm. 11), 170–173.

[58] Vgl. den Artikel II des Konkordats zwischen dem Passauer Bischof Urban von Trennbach und Kaiser Rudolf II., 6. November 1592, abgedruckt in: *Ernst Tomek*, Kirchengeschichte Österreichs. Bd. 2: Humanismus, Reformation und Gegenreformation. Innsbruck/Wien 1949, 449–457.

[59] Vgl. etwa: Bayerisches Konkordat von 1583, Artikel 2, in: *Unterburger*, Konkordat (wie Anm. 17), 525; Artikel 19 § 3 des Konkordats zwischen dem Bischof von Augsburg, Johann Christoph von Freyberg, und dem Kurfürsten Max Emanuel von Bayern, 29. Januar 1684, abgedruckt in: *Freyberg*, Geschichte (wie Anm. 19), Bd. 3, 387–398.

[60] Vgl. *Unterburger*, Baumburg (wie Anm. 20); *Setzler*, Abtswahlen (wie Anm. 8); *Hans*

Besonders aber setzte sich im 17. Jahrhundert nun immer mehr der vereinzelt schon im 16. Jahrhundert bezeugte Brauch durch, die geheime Wahl mit Stimmzetteln, also schriftlich, und nicht mehr durch mündliche Erfragung der Skrutinien zu vollziehen.[61] Damit verzichtete man endgültig auf das Senioritätsprinzip der alten Ordenstradition, konnte aber einen erhöhten Grad an Autonomie gegen Einflußversuche von außen im Wahlverfahren sichern. Seit dem 17. Jahrhundert wurden in der Regel vor der Wahl Stimmzettel mit den Namen aller zur Wahl stehenden Konventualen ausgeteilt, die dann von den Skrutatoren in einem mit einer Patene bedeckten Kelch eingesammelt und in Anwesenheit von Zeugen ausgezählt wurden.[62] Auch wenn das Zurückdrängen der weltlichen Seite nicht überall und oft nur unzureichend gelang, so spiegelt sich in der Epoche der tridentinischen Reform in der Rezeption der Gedanken der gregorianischen Kanonistik doch ein neues Bewußtsein der Überordnung des geistlichen Bereichs über das Politisch-Weltliche. Um so wichtiger war es aber für den Territorialherrn, im Vorfeld der eigentlichen geistlichen Wahlhandlung die Weichen in seinem Sinne stellen zu können.

So entspann sich beim Tod eines Abtes ein Wettlauf zwischen landesherrlichen und bischöflichen Behörden darum, wer als erstes im Kloster eintraf, um die Güter der Abtei zu versiegeln und zu inventarisieren. Die später ankommende Seite ließ es sich dabei aber nicht nehmen, dasselbe noch einmal zu vollziehen. Präzedenzstreitigkeiten tauchten dabei auf, wessen Siegel oben und welches unten angebracht werden sollte.[63] Mit dem Ordinariat Augsburg einigte sich der bayerische Kurfürst 1684 darauf, daß bei der Sakristei und deren Gegenständen das bischöfliche Siegel oben angebracht würde, bei den übrigen Gütern hingegen das kurfürstliche. Dieselbe Reihenfolge sollte dann jeweils bei der Inventarisierung eingehalten werden, je nachdem, ob es sich

---

Mosler, Die Abtswahlen im Kloster Altenberg, in: Düsseldorfer Jahrbuch 46, 1954, 137–163, hier 148–159.

[61] In Zwiefalten etwa sicher seit 1692, vgl. *Setzler,* Abtswahlen (wie Anm. 8), 349. Auch im Zisterzienserstift Altenberg setzte sich Ende des 17. Jahrhunderts die schriftliche Wahlform durch, vgl. *Mosler,* Abtswahlen (wie Anm. 60), 147.

[62] Vgl. etwa in Münsterschwarzach: „Capitulares juxta ordinem vocantur et praestant genuflexi ante imaginem Crucifixi dictum juramentum eoque praestito quilibet votum in calicem in conspectu omnium immittit, quem calicem Dominus Praeses antecedenter vacuum monstrat." Vgl. Artikel 22 des Methodus in Electionibus Abbatum communiter observari solita, in: *Schwinger,* St.-Stephans-Kloster (wie Anm. 26), 43, 1901, 76; vgl. auch *Pörnbacher,* Rottenbuch (wie Anm. 28), 140.

[63] Vgl. die Bestimmungen des Konkordats zwischen dem Erzbischof von Salzburg und dem Kurfürsten von Bayern von 1628, die analog auch auf andere Fälle angewandt wurden. *Freyberg,* Geschichte (wie Anm. 19), Bd. 3, 415; *Klaus Unterburger,* Kloster Frauenchiemsee im 18. Jahrhundert, in: Walter Brugger/Manfred Weitlauff (Hrsg.), Kloster Frauenchiemsee 782–2003. Geschichte, Kunst, Wirtschaft und Kultur einer altbayerischen Benediktinerinnenabtei. Weißenhorn 2003, 367–390; *Walcher,* Beiträge (wie Anm. 13), 36–41.

um geweihte oder ungeweihte Dinge handelte.[64] Nach der Wahl sollte real-
symbolisch durch eine *traditio clavium* dem Elekten erst von den bischöflichen Kommissaren die geistliche Jurisdiktion übertragen werden, dann von
den landesherrlichen die weltliche, ebenfalls durch Schlüsselübergabe.[65] Bei
den Wahlen der Äbtissin des Benediktinerinnenklosters Frauenchiemsee wurden die Salzburger Räte im 18. Jahrhundert jeweils streng darauf instruiert,
die erzbischöflichen Gerechtsame gegenüber Kurbayern zu wahren; streng
achtete man auch darauf, die Gesandten der weltlichen Macht vom eigentlichen Wahlakt fernzuhalten und im Austausch von Begrüßung und Kompli-
menten als gleichberechtigter reichsunmittelbarer Nachbar behandelt zu werden.[66] Diese Konkurrenz um zeitliche und symbolische Priorität war nicht nur
ein Ringen um faktischen politischen Einfluß. Auf einer symbolischen Ebene
stießen hier zwei Wertesysteme aufeinander: Nach dem Landesherrn gehörte
die materielle Seite eines Benefiziums unter seine Autorität als Stifter und
Schützer derselben, während geistlich daran nur die übernatürlich-gnaden-
hafte Wirklichkeit war. Die bischöfliche Seite hingegen sah das materielle *be-
neficium* ganz im Dienst und deshalb abhängig vom geistlichen *officium*. Mit
der Bestimmungsgewalt über die geistliche Ordnung komme ihr deshalb auch
diejenige über die weltlichen Güter zur Dotierung einer geistlichen Einrichtung zu. Das sei der Grund der Immunität dieser Güter vor weltlichen Eingriffen und des primären Aufsichtsrechtes der Bischöfe; immer häufiger versteif-
ten sich die am kanonischen Recht geschulten Konsistorien deshalb auf diesen Standpunkt.[67]

Mit dem Einzug der staatsrechtlichen Anschauungen des aufgeklärten Territorialismus vor allem in der zweiten Hälfte des 18. Jahrhunderts in die
Denkweise der Räte der weltlichen Reichsstände veränderte sich freilich auch
deren Verhältnis zu den Klöstern im allgemeinen und den Prälatenwahlen im
besonderen. Neben einer allgemeinen Geringschätzung des monastischen Lebens[68] sah man sich aus juristisch-rationalen wie historischen Gründen als die

---

[64] Vgl.: „[…] jedoch ist in Aufrichtung des Inventarii obangeregter Unterschied zu halten,
daß bey den Geweyht- und Geistlichen, in der Sacristey verhandt- und dahin gehörigen Sachen Ihro Hochfürstliche Gnaden Commissarii primum locum, in anderen Sachen aber die
Churfürstliche Abgeordnete haben sollen. Und demnach zu Aufrichtung des Inventarii
(darinn so wohl die Credita, als Debita einzubringen) ein Nothdurfft, die Urbaria, Stifft-
und Gült-Bücher, und Closters-Reithungen, wie auch des gewesten Prälatens Diaria, und
Schreib-Calender zu revidiren, als solle zur Beförderung der Sachen solche Revidirung
von beyderseits Commissariis conjunctim vorgenommen werden." Vgl. Artikel 19 § 2 des
Konkordats zwischen dem Bischof von Augsburg, Johann Christoph von Freyberg, und
dem Kurfürsten Max Emanuel von Bayern. 29. Januar 1684, abgedruckt in: *Freyberg*, Geschichte (wie Anm. 19), Bd. 3, 387–398.
[65] Vgl. ebd. Artikel 19 § 3.
[66] Vgl. *Unterburger*, Frauenchiemsee (wie Anm. 63), vor allem 380–384.
[67] Vgl. *Unterburger*, Konkordat (wie Anm. 17), 522.
[68] Vgl. *Hans-Wolf Jäger*, Mönchskritik und Klostersatire in der deutschen Spätaufklärung,

eigentlichen Herren von Kloster und Klosterbesitz und fühlte sich weder an die Postulate des kanonischen Rechts noch die konkordatären Vereinbarungen der nachtridentinischen Epoche mehr gebunden.[69] In Frauenchiemsee betraten bayerische Räte nun eigenmächtig nach dem Tod der Äbtissin die Klausur und ließen sich trotz erzbischöflichen Protestes ihre Gegenwart beim Wahlskrutinium ebensowenig nehmen[70] wie 1798 bei der Propstwahl in Rottenbuch trotz Widerspruchs des Freisinger Generalvikars[71]. Lorenz von Westenrieder (1748–1829)[72], der als bayerischer Wahlkommissar in Frauenwörth bei der Äbtissinnenwahl 1799 fungierte, hatte dem Kommissar des Erzbischofs erklärt, die bayerische Grundmaxime sei nun, daß der Vorgänger den Nachfolger nicht binden könne. Zudem bestand Westenrieder darauf, beim Eintritt in das Wahlzimmer vor Salzburg eine kurze Zeit den ersten Platz zu behaupten. Gegen das „unerwartete und unerklärbare Erscheinen" der bayerischen Kommission protestierte der Salzburger Rat noch vor der eigentlichen Wahl vor den Klosterfrauen.[73] Seismographisch kündeten hier die eigenmächtigen Verletzungen des herkömmlichen Wahlzeremoniells durch den aufgeklärten Staat die bevorstehende radikale Klostersäkularisation an.

Eine gewisse Ausnahme bildeten einerseits die direkt dem Papst jurisdiktionell untergeordneten, also von der bischöflichen Gewalt exemten Stifte und andererseits die Reichsabteien, die als Reichsstand Sitz am Reichstag hatten und dem Kaiser unmittelbar unterstellt waren. Hier kam dem Papst beziehungsweise dem Kaiser und nicht dem Ortsbischof beziehungsweise einem Territorialfürsten das Konfirmationsrecht zu, auch wenn sich unter dem Namen „Reichsabtei" sehr unterschiedliche Rechtsverhältnisse verbergen konnten, die sich von den mediaten Abteien oft kaum unterschieden. So zeigen die Wahlen beispielsweise der Essener Fürstäbtissinnen, die sowohl exemt als auch reichsunmittelbar waren, daß trotzdem der Kölner Erzbischof wie auch der klevische Schutzvogt neben anderen Territorialmächten massiv durch Gesandtschaften Einfluß auf die Wahlen nahmen und nach erfolgter Wahl oder Postulation ihre Bestätigung gaben, auch wenn sie beim Wahlakt selbst nicht zugegen waren. Im 18. Jahrhundert verstärkte auch hier der Kai-

in: Harm Klueting (Hrsg.), Katholische Aufklärung – Aufklärung im katholischen Deutschland. (Studien zum achtzehnten Jahrhundert, Bd. 15.) Hamburg 1993, 192–207.

[69] Vgl. *Klaus Schlaich*, Der rationale Territorialismus. Die Kirche unter dem staatskirchenrechtlichen Absolutismus um die Wende vom 17. zum 18. Jahrhundert, in: ZRG KA 54, 1968, 268–340.

[70] Vgl. *Unterburger*, Kloster Frauenchiemsee (wie Anm. 63), 382f.

[71] Vgl. hierzu *Pörnbacher*, Rottenbuch (wie Anm. 28), 138f.

[72] Zu ihm vgl. *Wilhelm Haefs*, Aufklärung in Altbayern. Leben, Werk und Wirkung Lorenz von Westenrieders. Neuried 1998.

[73] Vgl. *Unterburger*, Kloster Frauenchiemsee (wie Anm. 63), 382.

ser das Bemühen um den kleinen geistlichen Reichsstand, auch als Gegenge-wicht zum preußischen König, der ja Teilerbe der klevischen Vogtei war.[74] Anders als die Benediktiner und Augustiner bildeten die Zisterzienser und Prämonstratenser seit dem 12. Jahrhundert Klosterverbände mit Generalkapi-tel sowie Visitations- und Reformationsrechten innerhalb des Verbundes. So konnte der Einfluß des Ortsbischofs durch Exemtion stärker zurückgedrängt werden, beim Wahlakt fungierten Mutter- beziehungsweise Nachbaräbte meist als Vorsitzende, Skrutatoren und Kompromißwähler und bestätigten die Wahl; den Diözesanbischof benötigte man zur Abtweihe.[75] Dennoch waren natürlich auch diese Wahlen nicht völlig autonom und vor allem mit den In-teressen der Territorialgewalten bei den Wahlen konfrontiert. In der Prämon-stratenserabtei Hamborn, ebenfalls im klevischen beziehungsweise dann brandenburgischen Einflußbereich gelegen, kam es 1712 zu schweren Kon-flikten, als die klevische Regierung den Erlaß des preußischen Königs veröf-fentlichte, daß jeder Abtwahl künftig ein preußischer Kommissar beiwohnen müsse und jeder Elekt dann beim König um die Konfirmation nachzusuchen habe.[76]

Nach Trient gingen aber vor allem auch die Benediktiner, angetrieben von den päpstlichen Nuntien und angeregt durch den (anderes intendierenden) *ca-non 8* der tridentinischen Regularenreform[77], zur Kongregationsbildung über, meist – wie in Bayern oder Schwaben – gegen den Widerstand der Bischöfe, deren Jurisdiktion oft geschwächt wurde.[78] Dahinter standen nicht nur das

---

[74] Vgl. *Schmidt*, Wahl (wie Anm. 32); *Küppers-Braun*, Frauen (wie Anm. 32), 94–102, 114–178, vor allem 152–178.

[75] Bei den Zisterziensern sollten neben den Mönchen des verwaisten Klosters auch die an-wesenden Äbte der Töchterklöster wählen. Vgl. *Mosler*, Abtswahlen (wie Anm. 60); *Bern-hard Schimmelpfennig*, Zisterzienser, Papsttum und Episkopat im Mittelalter, in: Kaspar Elm u. a. (Hrsg.). Die Zisterzienser. Ordensleben zwischen Ideal und Wirklichkeit. (Schrif-ten des Rheinischen Museumsamtes, Bd. 10.) Bonn 1980, 69–86; *Christian Moßig*, Verfas-sung des Zisterzienserordens und Organisation der Einzelklöster, in: ebd. 115–124; *Nor-bert Backmund*, Geschichte des Prämonstratenserordens. Grafenau 1986, 43–45.

[76] Vgl. Verfügung König Friedrichs I. von Preußen, daß in Zukunft bei jeder Abtswahl ein königlicher Kommissar zugegen sein müsse und daß jeder neugewählte Abt beim König um seine Bestätigung nachzusuchen habe. 8. Juni 1712, in: *Horstkötter* (Hrsg.), Doku-mente (wie Anm. 33). 253–255.

[77] Vgl.: „Monasteria omnia, quae generalibus capitulis aut episcopis non subsunt, nec suos habent ordinarios regulares visitatores, sed sub immediata sedis apostolicae protectione ac directione regi consueverunt: teneantur, infra annum a fine praesentis concilii et deinde quolibet triennio. sese in congregationes redigere iuxta formam constitutionis Innocenti III in concilio generali, quae incipit in singulis. ibique certas regulares personas deputare, quae de modo et ordine, de praedictis congregationibus erigendis, ac statutis in eis exse-quendis deliberent ac statuant" (Konzil von Trient, ses. XXV, can. 8 de regul., COD 779).

[78] Vgl. *Wilhelm Fink*, Beiträge zur Geschichte der bayerischen Benediktinerkongregation. Eine Jubiläumsschrift 1684–1934. (STMittOSB, Ergänzungsheft, Bd. 9.) Metten 1934, 284–286; *Raphael Molitor*, Aus der Rechtsgeschichte benediktinischer Verbände. Bd. 1: Verbände von Kloster zu Kloster. Mainz 1928, 335 f.

Bemühen um eine einheitliche Disziplin und der Rückgriff auf einen vermeintlich alten Brauch, sondern auch die Auffassung, daß der Ordensstand als *status perfectionis* nur durch seinesgleichen und nicht durch Weltkleriker jurisdiktionell in guter Observanz gehalten werden könne. Die Prälatenwahlen wurden so von Äbten und Delegierten der Klöster der Kongregation als Vorsitzende und Skrutatoren geleitet, weltliche und bischöfliche Abgesandte konnten ausgeschlossen werden, auch wenn die Rechte der Bischöfe nur zum Teil, die Rechte der Landesherren in der Regel gar nicht zurückgedrängt wurden. Hier sollte also in einer letzten Aufgipfelung im Wahlverfahren nicht mehr nur das weltlich-politische aus dem geistlichen Wahlakt ausgeschlossen, sondern auch das Kloster als Ort der Vollkommenheit freigehalten werden von den Säkularklerikern.

VI. Zusammenfassung

Symbolisch-expressiv überschnitten sich im Wahlverfahren eines neuen Abtes drei Beziehungsgeflechte, die nie frei von Spannungen waren und stets mehr oder weniger bei der Wahl eines neuen Klostervorstandes miteinander rangen.

1. In der Erhebung eines neuen Abtes spiegelten sich die realen Macht- und Herrschaftsverhältnisse sowohl des Abtes gegenüber Konvent und Untertanen wie auch dessen lehensmäßige und jurisdiktionelle Abhängigkeit von den weltlichen und geistlichen Gewalten.

2. Der Wahlakt war geformt durch die in die Kanonistik eingegangene Ekklesiologie der gregorianischen Reformpartei, die nach dem Tridentinum eine regelrechte *ripresa* gefunden hat und die das *spirituale* dem *temporale* überordnete, Laien und Politik vom Wahlakt also zurückdrängen wollte und schließlich sogar auf eine Autonomie der Ordensverbände gegen die ordentliche Diözesangewalt setzte.

3. Die realen Herrschafts- und Lebensverhältnisse der Abtei standen freilich nicht nur in Spannung zur kanonistischen Ekklesiologie, sondern auch zu den Demutsidealen des neuen *status perfectionis*, der biblisch motiviert aus den Grunddokumenten der Orden sprach. Auch dieses Spannungsverhältnis findet sich im Wahlzeremoniell integriert. Zwar wird man kaum dem Topos der *Regula Benedicti* gefolgt sein und den Geringsten zum Abt gewählt haben.[79] Dennoch konnte auch das frühneuzeitliche Wahlzeremoniell Herrschaft und Dienst an Gott und den Menschen eng miteinander verknüpfen. So wurde in der Reichsabtei Neresheim während des ambro-

---

[79] Vgl.: „Vitae autem merito et sapientiae doctrina eligatur qui ordinandus est, etiam si ultimus fuerit in ordine congregationis" (Regula Benedicti 64, 2).

sianischen Hymnus „Te Deum" nicht nur zur Besitzergreifung der Abt auf einen Thron „oben auf den Altar gesetzt"; dieser warf sich nämlich kurz darauf, beim zweiten Teil des Gesanges, abrupt vor dem Altar als Zeichen der Demut auf den Boden nieder.[80]

---

[80] Vgl.: „Nach kurzer Weile wurde der Neuerwählte unter Anführung des Kapitelkreuzes und Vorantritt des Konvents in die Kirche geführt, wo das ‚Großer Gott, wir loben dich' in lateinischer Sprache ‚feierlichst' gesungen wurde. Während des ersten Teiles des Gesanges saß der neuerwählte Abt auf einem Sessel ‚oben bei dem Altar'; von den Worten ‚Te ergo quaesumus' an aber bis zum Schluß warf sich der neue Prälat vor dem Altar auf den Boden nieder" (*Weißenberger*, Abtswahl [wie Anm. 27], 264).

Abkürzungen

AHC	Annuarium Historiae Conciliorum
AHR	American Historical Review
AJPh	American Journal of Philology
AKG	Archiv für Kulturgeschichte
ArchHPont	Archivum historiae pontificiae
DA	Deutsches Archiv für Erforschung des Mittelalters
FMSt	Frühmittelalterliche Studien
GG	Geschichte und Gesellschaft
HStClPh	Harvard Studies in Classical Philology
HZ	Historische Zeitschrift
JbWLG	Jahrbuch für westdeutsche Landesgeschichte
JInterH	Journal of Interdisciplinary History
JRS	Journal of Roman Studies
MGH	Monumenta Germaniae Historica
Migne PL	Jacques Paul Migne, Patrologiae cursus completa, Series Latina
MIÖG	Mitteilungen des Instituts für österreichische Geschichtsforschung
P & P	Past and Present
QuFiAB	Quellen und Forschungen aus italienischen Archiven und Bibliotheken
REA	Revue des études anciennes
RGG⁴	Religion in Geschichte und Gegenwart, 4. Aufl.
RQA	Römische Quartalschrift für christliche Altertumskunde und für Kirchengeschichte
StMittOSB	Studien und Mitteilungen zur Geschichte des Benediktinerordens
TRE	Theologische Realenzyklopädie
VuF	Vorträge und Forschungen
ZfG	Zeitschrift für Geschichtswissenschaft
ZGO	Zeitschrift für die Geschichte des Oberrheins
ZHF	Zeitschrift für historische Forschung
ZKiG	Zeitschrift für Kirchengeschichte
ZNR	Zeitschrift für neuere Rechtsgeschichte
ZRG GA	Zeitschrift der Savigny-Stiftung für Rechtsgeschichte, Germanistische Abteilung
ZRG KA	Zeitschrift der Savigny-Stiftung für Rechtsgeschichte, Kanonistische Abteilung
ZWLG	Zeitschrift für württembergische Landesgeschichte

Die Autorinnen und Autoren

Prof. Dr. *Christoph Dartmann*, Westfälische Wilhelms-Universität Münster, Exzellenzcluster „Religion und Politik", Johannisstraße 1–4, 48143 Münster

Prof. Dr. *Martin Jehne*, Technische Universität Dresden, Philosophische Fakultät, Institut für Geschichte, 01062 Dresden

Prof. em. Dr. *Hagen Keller*, Westfälische Wilhelms-Universität Münster, Institut für Frühmittelalterforschung, Salzstraße 41, 48143 Münster

Dr. *Stefanie Rüther*, Westfälische Wilhelms-Universität Münster, Exzellenz-cluster „Religion und Politik", Johannisstraße 1–4, 48143 Münster

Prof. Dr. *Gerd Schwerhoff*, Technische Universität Dresden, Philosophische Fakultät, Institut für Geschichte, Geschichte der Frühen Neuzeit, 01062 Dresden

PD Dr. *Klaus Unterburger*, Westfälische Wilhelms-Universität Münster, Seminar für Mittlere und Neuere Kirchengeschichte, Johannisstraße 8–10, 48143 Münster

Prof. Dr. *Günther Wassilowsky*, Institut für Kirchengeschichte und Patrologie, Katholisch-Theologische Privatuniversität Linz, Bethlehemstraße 20, A-4020 Linz

Dr. *Thomas Weller*, Institut für Europäische Geschichte, Abteilung für Universalgeschichte, Alte Universitätsstraße 19, 55116 Mainz

Prof. Dr. *Hubert Wolf*, Westfälische Wilhelms-Universität Münster, Seminar für Mittlere und Neuere Kirchengeschichte, Johannisstraße 8–10, 48143 Münster

www.ingramcontent.com/pod-product-compliance
Lightning Source LLC
Chambersburg PA
CBHW031940090426
42811CB00002B/247

9 783486 596540